VIII

TOMO I

COMENTÁRIOS AO CÓDIGO DE PROCESSO CIVIL

DAS PROVAS: DISPOSIÇÕES GERAIS

RICARDO DE CARVALHO
APRIGLIANO

Bacharel, mestre e doutor em Direito Processual pela Faculdade de Direito da Universidade de São Paulo (USP). Coordenador e professor do Curso de Especialização em Direito Processual Civil da Faculdade de Direito da USP, em parceria com a Associação dos Advogados de São Paulo (AASP).
Autor dos livros *A Apelação e seus efeitos* e *Ordem Pública e Processo.*

COORDENADORES

JOSÉ ROBERTO F. GOUVÊA
LUIS GUILHERME A. BONDIOLI
JOÃO FRANCISCO N. DA FONSECA

VIII
TOMO I

COMENTÁRIOS AO CÓDIGO DE PROCESSO CIVIL

DAS PROVAS: DISPOSIÇÕES GERAIS

ARTS. 369 A 404

2020

saraiva jur

saraiva EDUCAÇÃO | saraiva jur

Av. Paulista, 901, 3º andar
Bela Vista - São Paulo - SP - CEP: 01311-100

SAC | sac.sets@somoseducacao.com.br

Direção executiva	Flávia Alves Bravin
Direção editorial	Renata Pascual Müller
Gerência editorial	Roberto Navarro
Gerência de produção e planejamento	Ana Paula Santos Matos
Gerência de projetos e serviços editoriais	Fernando Penteado
Consultoria acadêmica	Murilo Angeli Dias dos Santos
Planejamento	Clarissa Boraschi Maria (coord.)
Novos projetos	Melissa Rodriguez Arnal da Silva Leite
Edição	Eveline Gonçalves Denardi (coord.) Deborah Caetano de Freitas Viadana
Produção editorial	Fernanda Matajs (coord.) Rosana Peroni Fazolari Verônica Pivisan Reis
Arte e digital	Mônica Landi (coord.) Amanda Mota Loyola Camilla Felix Cianelli Chaves Claudirene de Moura Santos Silva Deborah Mattos Guilherme H. M. Salvador Tiago Dela Rosa
Projetos e serviços editoriais	Breno Lopes de Souza Josiane de Araujo Rodrigues Kelli Priscila Pinto Laura Paraíso Buldrini Filogônio Marília Cordeiro Mônica Gonçalves Dias
Diagramação e revisão	Know-how Editorial
Capa	Aero Comunicação / Danilo Zanott
Produção gráfica	Marli Rampim Sergio Luiz Pereira Lopes
Impressão e acabamento	Edições Loyola

DADOS INTERNACIONAIS DE CATALOGAÇÃO NA PUBLICAÇÃO (CIP)
ANGÉLICA ILACQUA CRB-8/7057

Aprigliano, Ricardo de Carvalho
Comentários ao Código de Processo Civil – artigos 369 a 404 : das provas : disposições gerais – v. VIII, t. I / Ricardo de Carvalho Aprigliano / coords. José Roberto F. Gouvêa, Luis Guilherme A. Bondioli, João Francisco N. da Fonseca – São Paulo : Saraiva Educação, 2020. (Coleção Comentários ao Código de Processo Civil)
360 p.

Bibliografia
ISBN 978-85-536-1981-8 (impresso)

1. Processo Civil. - Brasil. I. Título.

20-0307 CDD 340

Índice para catálogo sistemático:
1. Brasil : Código de Processo Civil 347.91(81)(094.4)

Data de fechamento da edição: 1-4-2020

Dúvidas? Acesse www.editorasaraiva.com.br/direito

CL 606564 CAE 725732

Dedico este livro ao meu sogro, Augusto Cesar Salles Vanni, o Didi, formado nas Arcadas, Turma de 1969, onde, aliás, conheceu a minha sogra, Suely Vanni. É de lá que vem a história de amor deles, da qual surgiram os três filhos, a minha amada Gaia, o Tuto e a Kika. Eu e a Gaia também nos conhecemos na faculdade e desde então estamos vivendo a nossa história de amor, construindo a nossa família.

Mas esta dedicatória não é feita por essa coincidência de nossas trajetórias de vida, e sim por tudo que o Didi representa na minha vida. Meu conselheiro, meu companheiro, um farol em momentos turbulentos. Um amigo, entusiasta das minhas aventuras acadêmicas, apoiador de primeira hora, que não apenas, mas também em relação a este meu terceiro livro, leu e opinou sobre boa parte do texto. Eu sei que o Didi tem orgulho de mim e me admira, mas acho que ele não sabe que meu orgulho e admiração por ele são muito maiores.

AGRADECIMENTOS

Muitas coisas boas aconteceram na minha vida, e tenho tido a sorte e a fortuna de encontrar pessoas que me apoiam, que estão ao meu lado e sem as quais eu não teria feito nem metade do que já consegui fazer. É claro que esse grupo de pessoas importantes começa pela minha família. Waltinho e Sandra, meus pais, fontes de amor infinito, de carinho, de torcida. Meus irmãos e cunhadas, Neto, Rosana, Dudu, Janaina, Beto e Melissa, que estão sempre comigo, interessados e tolerantes com os temas jurídicos dos quais eu adoro falar, mesmo que nenhum deles tenha formação jurídica. À Gaia, supercompanheira que é, desde 1993, que me apoia, que me orgulha, que me inspira, que me acalenta. Os agradecimentos vão também aos meus filhos, Isadora e Felipe, que são a minha fonte de maior orgulho, as minhas obras-primas, a minha maior realização.

Quero agradecer aos amigos, coordenadores desta Coleção, Luis Guilherme Bondioli e João Francisco Naves da Fonseca, por me incluírem em um projeto tão bem-feito, tão cuidadoso, e por conferirem a mim a honra de estar ao lado de vários ídolos e de grandes nomes do direito processual brasileiro. Por tudo que fez, faz, e pelo que representa na minha formação acadêmica, um agradecimento permanente deve ser feito ao Professor Carlos Alberto Carmona.

Devo também estender meus agradecimentos ao fantástico time do Apriglíano Advogados, não só pelo que eles fazem no nosso dia a dia da advocacia, mas pela ajuda nas atividades de pesquisa, revisão e discussão deste livro. Foram meus debatedores, minhas cobaias, meus primeiros críticos. Os registros vão, em primeiro lugar, para as minhas sócias, Christiane Siqueira e Maria Aparecida Gonçalves, excelentes advogadas e pessoas melhores ainda, que cuidaram de tudo nos meus períodos de ausência e seguem cuidando, em uma parceria antiga e que me orgulha muito. Também quero agradecer à Marina Masson, Brunno Neves, Anna Paula Sun, Angelica Leite, Aline Motoie e Lucas Conod, pela ajuda direta e indireta.

Quero finalizar com as pessoas que me ajudaram mais diretamente, com as pesquisas, a procura dos julgados que ilustram as várias situações concretas que procurei trazer, com a revisão do texto e tantas outras coisas que envolvem um projeto como este. Ao longo dos últimos anos, estiveram comigo e foram decisivos para este livro ser feito o Fabio Cavalcante, a Giovanna Martins de Santana e o Caio Jasper Bianco. Aos três, muito obrigado, de coração.

APRESENTAÇÃO

Nossa relação com a Editora Saraiva tornou-se pública em 1995, com a publicação da 26ª edição do *Código de Processo Civil e legislação processual em vigor* e da 14ª edição do *Código Civil e legislação civil em vigor*, ainda de autoria exclusiva de Theotonio Negrão, mas já com a colaboração do primeiro subscritor desta apresentação, revelada na nota daquelas edições. Atualmente, mais de 20 anos depois, essas obras estão na 47ª edição e na 34ª edição, respectivamente, o que é motivo de imensa alegria e satisfação para nós.

Um outro momento marcante desta relação se deu em 2005, por ocasião do lançamento da Coleção Theotonio Negrão, destinada à publicação de dissertações de mestrado e teses de doutorado aprovadas nas melhores instituições de ensino jurídico do País, sob a coordenação do primeiro subscritor desta apresentação e com a participação, na condição de autores, dos outros dois subscritores.

Pouco depois de 2005, em nossas constantes conversas com a Editora Saraiva, surgiu a ideia de mais um projeto conjunto, qual seja, a edição de *Comentários ao Código de Processo Civil*, compostos por volumes a serem escritos individualmente por estudiosos do direito processual civil brasileiro. A inspiração óbvia para esse projeto era a paradigmática coleção coordenada pelo Mestre José Carlos Barbosa Moreira noutra casa editorial. Quando esse projeto não passava ainda de uma simples conversa, a constituição de uma comissão de juristas para a elaboração de um anteprojeto de Código de Processo Civil em 2009 nos causou sensações mistas. De um lado, esse anteprojeto nos colocava em compasso de espera e adiava a concretização do tal projeto. De outro lado, referido anteprojeto nos deixava a certeza de que, um dia, o mencionado projeto ganharia concretude e proporções maiores do que as imaginadas originalmente.

Entre 2009 e 2015, acompanhamos com atenção o processo legislativo que passou pela elaboração dos projetos de lei n. 166/2010 e 8.046/2010 e culminou com a publicação da Lei n. 13.105, de 16 de março de 2015, que trouxe para o Brasil um novo Código de Processo Civil. Nesse ínterim, nosso mais recente projeto conjunto com a Editora Saraiva foi tomando corpo. Conseguimos reunir um selecionado time de doutores, livres-docentes e professores das mais renomadas faculdades de direito do País, que se integrou ao nosso projeto e foi determinante para que ele se tornasse realidade. A todos os integrantes desse time, ficam aqui os nossos mais sinceros agradecimentos!

Com a chegada do ano de 2016, o Código de Processo Civil entrou em vigor, um ano após a sua publicação e já alterado pela Lei n. 13.256, de 4 de fevereiro de 2016. Foi o período de maior reflexão e estudo na história processual recente do País. E é um extrato dessa reflexão e desse estudo que pretendemos ver presente nesta coleção de *Comentários ao Código de Processo Civil*, elaborada em 21 volumes, que, esperamos, contribuam para a boa compreensão e aplicação da lei processual mais importante do Brasil.

São Paulo, julho de 2016.

José Roberto Ferreira Gouvêa
Luis Guilherme Aidar Bondioli
João Francisco Naves da Fonseca

SUMÁRIO

Seção II

Da Produção Antecipada da Prova

Seção III
Da Ata Notarial

Seção IV
Do Depoimento Pessoal

Seção V
Da Confissão

Seção VI
Da Exibição de Documento ou Coisa

CAPÍTULO XII
DAS PROVAS

Seção I
Disposições Gerais

1. Considerações introdutórias

O estudo da prova é dos mais relevantes no direito processual, tendo em vista sua amplíssima aplicação e a importância que a prova assume na determinação da correta solução dos conflitos submetidos a julgamento. As regras sobre provas, contidas principalmente no Código de Processo Civil, são de aplicação amplíssima. Todos os tipos de processos, em todas as divisões do Poder Judiciário, adotam os mesmos parâmetros no que diz respeito ao estudo e à aplicação das normas sobre as provas. Isso significa que não há ramo do direito ao qual não se apliquem tais regras, daí por que seu estudo interessa a todos.[1]

Além disso, é necessário também reconhecer que, em cada processo, isoladamente considerado, a discussão sobre a matéria fática que ampara as respectivas pretensões constitui o elemento mais determinante para viabilizar a aplicação da vontade concreta da lei, a fim de definir a quem compete a titularidade dos direitos em disputa. Nos processos da vida real, o que mais importa ao julgador é compreender como as coisas se deram para, a partir dessa reconstituição dos fatos, aplicar o direito à espécie e solucionar a causa, com justiça e eficiência.

Não se quer com isso desprezar a relevância de outros temas processuais, nem o conhecimento acerca das normas de direito material, mas apenas enfatizar que, em termos puramente práticos, a partir da observação do que ocorre nos litígios submetidos ao Poder Judiciário (e à arbitragem, igualmente), é no campo dos fatos e da sua respectiva prova que as causas são normalmente decididas.

Todos esses elementos dão bem a conta da importância de estudar o tema das provas e compreender a extensa regulação a seu respeito no âmbito do Código de Processo Civil. Antes de iniciar os comentários a cada um dos artigos, convém fixar premissas básicas acerca de certos temas, que auxiliarão a compreender e melhor interpretar as disposições legais sob comento.

---

1 Não pode existir relação processual que não se baseie na afirmação de fatos. O que no mais das vezes ocorre é uma gradação da relevância dos fatos para o julgamento de certos direitos, mas em todas as situações, é indispensável ao autor narrar os fatos nos quais sustenta o seu direito (art. 319, III, CPC). Cf. DINAMARCO, Cândido Rangel. *Instituições de direito processual civil*. 7. ed. São Paulo: Malheiros, 2017. v. 3, p. 48.

Em relação à proposta metodológica, esta obra procurará estruturar os argumentos sob um viés eminentemente prático e atual. Duas razões servem de inspiração para esse propósito.

Primeiro, o fato de que a doutrina brasileira em geral desenvolve os argumentos e estrutura suas lições muito amparada na teoria, reproduzindo por vezes conceitos um tanto abstratos e que nem sempre conseguem ser compreendidos pelos leitores. Um dos fenômenos que esse método de trabalho gera é a pequena utilização das lições doutrinárias como referência para casos concretos, porque nem sempre se encontra nos textos doutrinários a efetiva solução para problemas práticos. Este trabalho é escrito sob o declarado objetivo de resolver problemas práticos, propondo interpretações da lei a partir do confronto com situações reais, largamente obtidas a partir do exame da jurisprudência.

Segundo, o fato de o Código de Processo Civil apostar claramente na formação de precedentes, como forma de solução massificada de causas com conteúdo semelhante e técnica processual para tentar avançar nos graves problemas de administração da Justiça de que padecemos. Essa proposta metodológica do CPC/2015 deve ser enfrentada pela doutrina, propondo-se maior diálogo entre livros e julgados. Este é o segundo propósito do livro, o de servir como um repertório de interpretação de julgados sobre matéria probatória, para deles extrair fundamentos jurídicos que possam ser considerados como as razões determinantes desta ou daquela solução (*ratio decidendi*), bem como as circunstâncias que, não obstante adotadas nas decisões, não constituem o núcleo central da interpretação proposta por essas mesmas decisões (*obiter dictum*).

Se tais objetivos forem atingidos, teremos um Comentário ao CPC diferente de obras correspondentes, com propostas de soluções concretas e com o exame de situações da vida real, a partir dos quais se poderá compreender e interpretar os fenômenos regulados pela legislação processual.

2. Conceito de prova

Nestas primeiras considerações sobre a prova, necessário tecer breves comentários acerca das tentativas verificadas, em todas as obras dedicadas ao tema, de obter um conceito de prova. Afinal, como todo e qualquer trabalho de cunho científico, é relevante estabelecer sobre o que se está a falar, qual será o objeto da investigação.

No que diz respeito às provas, a tarefa não é das mais simples. Como se trata de expressão com muitos significados, e largamente utilizada na linguagem quotidiana, não técnica, é inevitável que ocorram certas confusões e que a expressão seja utilizada com imprecisão conceitual.

Os estudiosos no assunto em geral iniciam suas investigações a partir do significado leigo do substantivo prova[2] e do verbo provar.[3] Essa amplitude de significados faz com que diferentes fenômenos e atividades sejam explicados pelas mesmas expressões, o que contribui para essas dificuldades conceituais. Pode-se afirmar, por exemplo, que certo documento prova que alguém contraiu uma dívida, ou que a prova testemunhal demonstrou que um cônjuge pratica alienação parental em relação ao outro.

Também se diz, em linguagem coloquial, que alguém "está de prova" de que certo fato aconteceu, ou que algo foi dito por alguém. Por fim, é comum encontrar em decisões judiciais expressões como "a prova dos autos revelou que o autor tem razão", ou "a prova dos autos permite concluir pelo inadimplemento do contrato". Em todos esses casos, a expressão é adequadamente utilizada, pois permite transmitir o conceito desejado e esclarece o leitor acerca do que ocorreu. Mas cada um desses exemplos indica a prova em aplicações diferentes, em sentidos variados.

A prova pode ser o resultado de um conjunto de atividades e o produto da cognição do julgador, ao mesmo tempo que pode ser cada modalidade específica de forma pela qual um fato é revelado, trazido ao seu conhecimento (a prova testemunhal, pericial etc.). Ademais, pode ainda ser adotada em termos até mais gerais, descrevendo o ato de provar, o esforço de demonstrar a ocorrência de certos fatos.

Qualquer tentativa de limitar a compreensão de um conceito amplo redundará na eliminação artificial de certos aspectos do problema, ou na criação, igualmente artificial, de nova nomenclatura para designar fenômenos tradicionalmente reunidos sob a expressão "guarda-chuva" da prova.

Seja como for, é possível ir além e situar o leitor nestas múltiplas aplicações do termo prova. Na doutrina clássica, extrai-se que prova é o meio de que se servem as partes e o juiz para formar sua convicção a respeito das afirmações das partes acerca da ocorrência de um fato.[4]

---

2 "Pro.va s.f. **1** o que demonstra que uma afirmação ou fato são verdadeiros; evidência **2** qualquer experimento para testar a qualidade ou veracidade de algo (...)". PROVA. *In Minidicionário Houaiss da língua portuguesa*. Rio de Janeiro: Objetiva, 2001. p. 636.

3 "Pro.var v.{mod. 1} t.d. e t.d.i. **1** (prep. a) mostrar a autenticidade de (algo) com razões, fatos etc.; comprovar ⟨*p. sua inocência (ao júri)*⟩ **2** (prep. a) dar demonstração de; revelar ⟨*tal ato revelou (a todos) seu egoísmo*⟩ 3 (prep. a) realizar ações ou portar-se de certo modo para convencer (alguém) [de algo] (...)". PROVA. *In Minidicionário Houaiss da língua portuguesa*. Rio de Janeiro: Objetiva, 2001. p. 636.

4 "Si chiamano *prove* i mezzi che servono a dare la conoscenza di un fatto e perciò a fornire la dimostrazione e a formare la convinzione della verità del fatto

Entre nós, Cândido Rangel Dinamarco ensina que prova pode ser entendida como "um conjunto de atividades de verificação e demonstração, mediante as quais se procura chegar à verdade quanto aos fatos relevantes para o julgamento".[5] Essa definição examina o fenômeno sob seu aspecto mais geral, reunindo as funções e aplicações antes aludidas.

Outros autores adotam raciocínio semelhante, mas preferem destacar a prova sob dois ou mais enfoques. Assim, por exemplo, Humberto Theodoro Júnior ensina que a prova tem um sentido objetivo – correspondente a "todo e qualquer elemento material dirigido ao juiz da causa para esclarecer o que foi alegado por escrito pelas partes, especialmente circunstâncias fáticas" – e um subjetivo – equivalente à certeza originada quanto ao fato, à convicção formada no espírito do julgador em torno do fato demonstrado.[6]

Paulo Osternack Amaral, autor de prestigiosa tese sobre direito probatório, explica que o conceito de prova se obtém a partir de três perspectivas: enquanto atividade (o conjunto de atos processuais praticados para demonstrar os fatos relevantes e que amparam a pretensão das partes), meio (uso de mecanismos destinados a acessar as fontes de prova e reunir informações de que o julgador precisa para formar sua convicção) e enquanto resultado (o desfecho da valoração realizada pelo juiz).[7]

Na mesma linha são as considerações de William Santos Ferreira, também estudioso do tema das provas, o qual trata da prova sob um tríplice objeto: (*i*) a ação de provar; (*ii*) o meio de prova utilizado no processo para o esclarecimento da questão de fato (a prova testemunhal, a prova pericial); e, por fim, (*iii*) o resultado desse conjunto de atividades, que é retratado na decisão judicial.[8-9]

---

medesimo (...)". LIEBMAN, Enrico Tullio. *Manuale di diritto processuale civile.* Milano: Giuffrè, 1984. v. II, p. 70.

"(...) prova è tutto ciò che serve al giudice per il controllo delle domande o delle affermazioni delle parti." CARNELUTTI, Francesco. *Lezioni di diritto processuale civile.* Padova: La Litotipo, 1926. v. 2, p. 423.

5 DINAMARCO, Cândido Rangel. *Instituições de direito processual civil.* 7. ed. São Paulo: Malheiros, 2017. v. 3, p. 47.

6 Cf. THEODORO JÚNIOR, Humberto. *Curso de direito processual civil.* 56. ed. Rio de Janeiro: Forense, 2015. v. I, p. 850. No mesmo sentido: LOPES, João Batista. Comentários aos arts. 369 a 380 do Código de Processo Civil. *In* BUENO, Cassio Scarpinella (coord.). *Comentários ao Código de Processo Civil.* São Paulo: Saraiva, 2017. v. 2, p. 237.

7 AMARAL, Paulo Osternack. *Prova:* atipicidade, liberdade e instrumentalidade. 2. ed. São Paulo: Revista dos Tribunais, 2017. p. 31.

8 FERREIRA, William Santos. Comentários aos arts. 369 a 380. *In* WAMBIER, Teresa Arruda Alvim (coord.) *et al. Breves comentários ao Novo Código de Processo Civil.* São Paulo: Revista dos Tribunais, 2015. p. 1113.

9 Para Daniel Amorim Assumpção Neves há quatro acepções diferentes. 1. produção de certos atos tendentes ao convencimento do juiz (confunde-se com o procedi-

A obra mais completa e clássica acerca das provas no direito brasileiro, escrita originalmente na vigência do CPC/39 e depois atualizada para o CPC/73, é de MOACYR AMARAL SANTOS. Nela, o autor pontua que prova pode ser compreendida sob dois sentidos. O subjetivo, consistente "na certeza dos fatos alegados em juízo, e objetivo, correspondente aos meios admitidos ou impostos pela lei para chegar-se a essa convicção". Tomado no aspecto subjetivo, a prova é a convicção da verdade sobre os fatos alegados em juízo. No aspecto objetivo, ela é o meio pelo qual a verdade chega ao espírito de quem aprecia (o que pode se dar por pessoais, coisas, documentos).[10]

De modo geral, portanto, os autores procuram explicar o conceito de prova considerando essas múltiplas facetas do tema. Primeiro, ela é uma atividade, pela qual se realiza a investigação, apuração e descoberta dos fatos relevantes para a solução da controvérsia. Essa atividade consiste na investigação de diferentes fatos, a partir de diferentes fontes (uma pessoa que presenciou o ato, ou que participou da execução do contrato objeto do processo, uma máquina ou outra coisa, que precisa ser vistoriada ou periciada, para apuração de causas do problema e/ou dos danos ocasionados), e cada uma dessas atividades é, em geral, regulada na própria lei.

Aqui entra em cena a segunda faceta da prova, como os meios específicos para o esclarecimento dos fatos. Em relação às pessoas que podem contribuir com informações, a lei regula quem pode ou não ser ouvido, a forma, o prazo, o procedimento e outros aspectos (prova testemunhal ou depoimento pessoal). Tudo para que essa atividade seja feita em parâmetros aceitáveis e dela seja possível extrair a maior utilidade possível. O mesmo se dá em relação aos modos, meios e procedimento para a apresentação de documentos no processo (a prova documental), para a realização das perícias (a prova pericial) etc.

A terceira faceta é a prova enquanto resultado daquele conjunto de atividades. Aqui, prevalece a perspectiva da justificação na escolha de uma ou outra prova como determinantes para o resultado da demanda, isto é, do exame, pelo julgador, do conjunto probatório realizado.

---

mento probatório); 2. o meio pelo qual a prova será produzida, p. ex., prova documental; 3. a coisa ou pessoa da qual se extrai informação, a fonte de prova, como o documento, a testemunha; 4. o resultado do convencimento do juiz: a prova dos autos revelou que o réu é inocente. NEVES, DANIEL AMORIM ASSUMPÇÃO. *Novo Código de Processo Civil comentado*. Salvador: Juspodivm, 2016. p. 643.

10 Complementa essa noção preliminar o mestre afirmando que "não pode o juiz, na apreciação dos fatos controvertidos, guiar-se, para nortear e fazer gerar a sua convicção a respeito deles, apenas pela sua consciência, por suposições, impressões pessoais, ou usar de processos ou medidas que correspondam a atentados a direitos legítimos e merecedores de amparo da própria Justiça". SANTOS, MOACYR AMARAL. *A prova judiciária no cível e comercial*. 4. ed. São Paulo: Max Limonad, 1970. v. 1, p. 17.

O sistema brasileiro de motivação é o da persuasão racional do julgador, mas, para além dessa liberdade de fundamentadamente indicar as razões do convencimento, a lei estabelece, no que tange às provas, um conjunto de parâmetros que o julgador deverá também considerar para adequadamente valorar o conjunto probatório.[11]

Todas essas definições estão corretas, e não há quanto a isso uma exclusão nas diferentes conceituações da prova. Tudo depende do recorte, do enfoque metodológico que se pretenda dar. A cada obra que se lê, chega-se a uma definição diferente sobre o tema. Porém, nada com que o leitor deve se preocupar, desde que se tenha presente que tal generalidade de conceitos é consequência da própria amplitude de fenômenos que são explicados por meio da prova, que por sua vez permite a adoção de diferentes pontos de partida para tais definições.

Antes de concluir o tópico acerca do conceito de prova, há um registro importante a ser feito, que diz respeito à noção tradicional do tema das provas de que seu destinatário é o juiz, a quem competirá, ao final, examinar o conjunto probatório e dar-lhe a solução que pareça adequada, fundamentando sua decisão.

Essa noção conduziu a algumas distorções na interpretação das provas e, sobretudo, na aplicação prática do tema de sua admissão e valoração. Sempre me pareceu equivocada a afirmação de que o juiz é o exclusivo destinatário das provas. Foi justamente por meio desse entendimento que se justificaram, ao longo do tempo, comportamentos judiciais de indeferir provas porque o juiz já estaria convencido, com a manutenção dessas decisões em grau recursal sob o fundamento de que, se o juiz é o destinatário das provas, não caberia ao tribunal reexaminar decisão que tenha entendido ser determinada prova desnecessária. Aqui, o equívoco é pior, gerando certa zona de imunidade do juiz, trazendo para o campo do arbítrio judicial a escolha por admitir ou não provas.[12]

Como será visto em seguida, a matriz constitucional do direito à prova e a sua inerente associação aos conceitos de ampla defesa e devido processo legal

---

11 Para mais detalhes sobre o tema, ver comentários ao art. 371.

12 Nesse sentido afirma Trícia Navarro Xavier Cabral: "Como é sabido, é a legalidade que sempre deve pautar a conduta dos magistrados, principalmente quando está em jogo uma dose de liberdade nos atos judiciais, como ocorre no poder instrutório que ora se defende". Cf. CABRAL, Trícia Navarro Xavier. Poderes instrutórios do juiz no processo de conhecimento. *In* GRINOVER, Ada Pelegrini; CALMON, Petronio (coord.). *Coleção Andrea Proto Pisani*. Brasília: Gazeta Jurídica, 2012. p. 126.

são o referencial interpretativo que deve ser adotado, do qual se extrai a orientação de admitir as provas, como regra. Assim, o indeferimento na produção de provas é uma medida excepcional, que se aplica a casos específicos e muito bem fundamentados.

Em reforço dessa ideia, o CPC passa a afirmar, no art. 369, que "as partes têm o direito de empregar todos os meios legais, bem como os moralmente legítimos, ainda que não especificados neste Código, para provar a verdade dos fatos em que se funda o pedido ou a defesa e influir eficazmente na convicção do juiz", em substituição ao texto do CPC de 1973, que regulava os meios legais hábeis a provar a verdade dos fatos, sem qualificá-los como direito da parte. Desse modo, tendo em vista que também foi consagrado o direito autônomo à prova como objeto específico de uma demanda, ainda que não atrelada a uma subsequente ação de natureza contenciosa, tem-se que o paradigma do modelo processual agora adotado é bem diferente do anterior.[13]

Desaparece, portanto, a noção de que a prova tem o julgador como protagonista, que seja feita para ele, para seu uso, e que, nessa condição, possua naturalmente maiores prerrogativas em relação à prova, inclusive para dispensá-la. Este não é mais o modelo processual brasileiro, de forma que toda e qualquer consideração acerca do conceito de provas deve eliminar referências ao protagonismo do julgador, em detrimento das partes.

Com razão, WILLIAM SANTOS FERREIRA pondera que "o sistema probatório é extremamente amplo, repleto de funções no estado de direito, não podendo ficar circunscrito ao convencimento judicial, que é um elemento importante, mas a este não se restringe".[14]

A prova deve ter tratada como uma atividade de todos, de interesse de todos, sem que prevaleça a perspectiva de um dos sujeitos do processo. Isso,

---

13 Segundo PAULO HENRIQUE DOS SANTOS LUCON, o destinatário da prova não é somente o juiz, "mas todos aqueles que dela poderão fazer uso". LUCON, PAULO HENRIQUE DOS SANTOS. Comentários aos arts. 369 a 380. *In* CABRAL, ANTONIO DO PASSO; CRAMER, RONALDO (coord.). *Comentários ao novo Código de Processo Civil*. 2. ed. Rio de Janeiro: Forense, 2016. p. 571.

14 FERREIRA, William Santos. Comentários aos arts. 369 a 380. *In* WAMBIER, TERESA ARRUDA ALVIM (coord.) *et al. Breves comentários ao Novo Código de Processo Civil*. São Paulo: Revista dos Tribunais, 2015. p. 1114. O autor complementa, dizendo que a ideia anterior, de que o sistema probatório gravitava em torno do juiz, foi modificado. Isso continua importante, mas adicionam-se outros elementos. Ampliam-se os poderes das partes e a sua participação, antes, durante e depois da colheita e valoração da prova. "A formação da convicção judicial não deve ser mais destacada como função exclusiva ou até preponderante na seara probatória" (p. 1115).

aliás, é o que se extrai do modelo de processo colaborativo e verdadeiramente democrático por nós adotado, no qual convive harmoniosamente o objetivo da jurisdição de obtenção de resultados justos e efetivos com o da compreensão de que o processo é também das partes, que deduzem suas pretensões nos limites por elas estabelecidos, com ampla liberdade para estabelecer combinações particulares quanto ao procedimento, seus ônus, poderes, deveres e faculdades processuais.

Não há mais espaço para uma compreensão de que a prova só serve ao julgador, com o argumento de que é ele que dará o peso adequado ao conjunto probatório para a solução do caso. Tanto mais se essa perspectiva for adotada apenas para restringir o direito à prova das partes, ou com um olhar simplista de diminuir a própria carga de trabalho.

3. O objeto e o objetivo da atividade instrutória. O que significa buscar a verdade no processo?

Como reflexo da amplitude da ideia de prova, conforme visto no tópico anterior, também há diferentes maneiras de compreender qual é o objeto da prova. Também aqui as manifestações da doutrina variam, a depender do recorte metodológico que se faça. Há um debate sobre se o objeto da prova recai sobre os fatos, ou sobre as alegações das partes em relação aos fatos.

Cândido Dinamarco, por exemplo, entende o objeto da prova como o conjunto das alegações controvertidas das partes em relação a fatos relevantes para os julgamentos a serem feitos no processo. São as alegações, não os fatos em si mesmos, pois "(...) provar é demonstrar que uma alegação relativa a um fato é boa, correta e condizente com a verdade. O fato existe ou não existe, aconteceu ou não aconteceu, sendo, portanto, insuscetível dessas adjetivações ou qualificações".[15]

Para Humberto Theodoro Júnior, por sua vez, o objeto da prova são os fatos litigiosos. Justamente por compreender, com amparo em Santiago Sentis Melendo, que os fatos não se provam, os fatos existem, o grande processualista mineiro considera que, em termos processuais, provar a alegação consiste justamente em demonstrar a ocorrência de tais fatos. A única forma de qualificar como correta ou incorreta uma alegação quanto a um fato é demonstrando a sua ocorrência ou não.

Nessa mesma ordem de ideias, Michele Taruffo considera que a prova "é o instrumento por meio do qual o juiz pode verificar a verdade dos fatos

15 DINAMARCO, Cândido Rangel. *Instituições de direito processual civil*. 7. ed. São Paulo: Malheiros, 2017. v. 3, p. 63.

sobre os quais versa a decisão".[16] ANTONIO CARLOS DE ARAÚJO CINTRA toma partido nessa polêmica, para afirmar que, "se as provas giram em torno de afirmações de fato, elas recaem diretamente sobre os próprios fatos afirmados", e não meramente sobre as afirmações relativas aos fatos.[17]

Tais debates não se referem apenas à terminologia preferida de um autor ou outro, mas ilustram a preocupação com um tema recorrente, quando se discutem as provas no direito processual. Se a própria lei diz que as provas são destinadas à apuração da verdade dos fatos, de que verdade se está a falar? Qual é o conteúdo dessa verdade que se busca em termos processuais e, mais especificamente, qual o limite para a descoberta da verdade?

VITOR DE PAULA RAMOS, a esse respeito, afirma que, "sendo a busca da verdade o fim último da prova, essa passa a ser um *standard* externo de correção de todo o procedimento probatório. (...) Daí que o processo tenha que lidar com formas objetivas de aceitação de hipóteses fáticas, que não dependam do juiz A ou do juiz B. A suficiência da prova, em outras palavras, será dada objetivamente pelo Direito, independendo da crença de um ou de outro juiz.[18-19]

Outra forma de enfrentar esse mesmo debate se deu, tradicionalmente, com a dicotomia adotada pela doutrina entre a verdade formal e a verdade real, tendo havido, ao longo do tempo, vozes que associavam a primeira ao processo civil e a segunda ao processo penal, tudo sob a consideração de que o valor da liberdade, por sua relevância, exige uma investigação probatória mais aprofundada, que jamais pode se contentar com uma suposta verdade formal que, justamente por receber tal qualificativo, nada tem de verdade.

De outro lado, os interesses em geral buscados no processo civil permitem que as soluções sejam obtidas sem a preocupação excessiva com o descobrimento da verdade.[20]

---

16 TARUFFO, MICHELE. Il concetto di "prova" nel diritto processuale. *Revista de Processo*, São Paulo, n. 229, mar. 2014. p. 80.

17 CINTRA, ANTONIO CARLOS DE ARAÚJO. *Comentários ao Código de Processo Civil*: arts. 332 a 475. Rio de Janeiro: Forense, 2000. v. IV, p. 5.

18 RAMOS, VITOR DE PAULA. *Prova testemunhal:* do subjetivismo ao objetivismo. Do isolamento científico ao diálogo com a psicologia e a epistemologia. São Paulo: Thomson Reuters Brasil, 2018. p. 26.

19 Para RENZO CAVANI, "la búsqueda de la verdad en el proceso es teórica y prácticamente posible e ideologicamente oportuna". CAVANI, RENZO. Verosimilitud, probabilidad: ¿da lo mismo? Un diálogo con Piero Calamandrei, Michele Taruffo, Daisson Flach y Daniel Mitidiero. *In* DIDIER JÚNIOR, FREDIE (coord. geral) *et al. Direito probatório*. 2. ed. Salvador: Juspodivm, 2016. p. 946 (Col. Grandes Temas do Novo CPC, v. 5).

20 Especialmente em modelos processuais com ênfase adversarial. Nestes, para TARUFFO, onde o julgador meramente assiste à atividade das partes, a decisão nada mais

Essas duas questões merecem enfrentamento nestas considerações introdutórias a respeito do tema das provas. Primeiro, de que verdade estamos falando quando discutimos as provas no direito processual. Segundo, se há relevantes diferenças nessa investigação, a depender do ramo do direito sobre o qual incidem as regras processuais.

Com diferentes visões e justificativas, prevalece na doutrina a ideia geral de que a intenção de atingir a verdade real sobre determinado acontecimento não passa de utopia, na medida em que a reconstrução dos fatos do passado é sempre influenciada por aspectos subjetivos das pessoas que dele participaram ou assistiram, do juiz que irá valorar a prova, acrescentando-se, portanto, toques pessoais que distorcem a realidade.

Na literatura jurídica, há um clássico filme que discute exatamente essas diferentes percepções. *Doze homens e uma sentença* retrata o ambiente de deliberação de um grupo de jurados, que devem decidir se determinado crime de homicídio foi ou não cometido pelo réu, um jovem porto-riquenho de 18 anos. No início do filme, onze jurados votam pela condenação do réu. Apenas um demonstra dúvidas quanto aos fatos, o que impede a obtenção do veredicto, na medida em que as regras processuais daquele processo exigem unanimidade na votação.

Todo o filme se desenvolve a partir do questionamento acerca dos fatos do caso e da forma como foram demonstrados aos jurados. Os mesmos fatos são vistos e percebidos de modo diferente, às vezes diametralmente oposto, por aquele conjunto de pessoas. Não obstante ser uma obra de ficção, o filme mostra com propriedade a influência que múltiplos fatores podem exercer sobre a percepção dos fatos. Externos, como a reconstituição precisa dos fatos, como o campo visual da testemunha, a poluição sonora no ambiente da cena do crime, a luminosidade etc. E internos, como as resistências que certos jurados têm ao criminoso, por sua condição social, racial ou econômica, a influência de fatores religiosos etc. Todos esses são fatores que se encontram na vida real e autorizam a conclusão, com Marinoni e Arenhart, de que o julgador "jamais poderá excluir, terminantemente, a possibilidade de que as coisas possam ter se passado de outra forma".[21]

é que uma espécie de registro do resultado da competição. "Disso deriva a absoluta irrelevância da veracidade ou falsidade da apuração dos fatos em que a decisão se funda. Se há uma coisa que não interessa de modo algum ao processo *adversary* é justamente a verdade". TARUFFO, Michele. *Uma simples verdade:* o juiz e a construção dos fatos. Tradução de Vitor de Paula Ramos. São Paulo: Marcial Pons, 2016. p. 133.

21 ARENHART, Sérgio Cruz; MARINONI, Luiz Guilherme. Comentários ao Código de Processo Civil: artigos 369 ao 380. *In* MARINONI, Luiz Guilherme

Assim, a primeira e fundamental premissa que deve ser afirmada é que a verdade, como conceito exato ou absoluto, simplesmente não existe. Em qualquer situação da vida, em qualquer tempo, lugar, nunca se obtém uma percepção única e uniforme acerca dos fenômenos vivenciados pelas pessoas.[22] Sem nenhuma pretensão de formular considerações filosóficas, mas estritamente com o sentido prático que a presente obra se propõe, é necessário reconhecer que todas essas discussões são impertinentes para a realidade que se quer tratar aqui. Interessa, verdadeiramente, apenas a conclusão final, a constatação (esta sim, uniformemente atingida) de que é ilusório buscar uma noção única acerca da verdade dos fatos.

Imagine-se, por exemplo, esta outra situação. Um casal adquire passagens aéreas e realiza pagamento adicional para assentos preferenciais, sem outra fileira de assentos à sua frente. No dia do voo, o casal chega ao aeroporto exatamente duas horas antes do voo (horário determinado pela companhia aérea), realiza o *check-in* às pressas e não percebe que os lugares anotados no bilhete são diferentes. Não apenas não estão, por exemplo, na fileira 21, como nem juntos foram colocados. Essa circunstância é percebida pelos passageiros apenas na hora do embarque. Constatado o erro da companhia aérea, reclamam e recebem a explicação de que a aeronave mudou, por isso os assentos anteriores não foram respeitados. Imagine-se ainda que são destratados pela atendente, que pouco lhes dá atenção e pede que obedeçam aos assentos alocados e que "reclamem depois, com quem acharem que devem".

O casal decide ajuizar demanda judicial, tendo por objeto dano moral e material, porque entende que deveria ter sido avisado antes, que em qualquer caso deveria ter sido respeitado o contrato de transporte, porque pagaram para ficar em determinados assentos, entendem que o tratamento que lhes foi dispensado foi negligente, humilhante e que a viagem em lugares piores e separados foi muito pior do que tinham a (legítima) expectativa de ter.

Mas, afinal, como é possível provar o dano moral? Pelos parâmetros probatórios do nosso sistema processual, os passageiros não podem pedir seu próprio depoimento. A descrição dos fatos acima, na petição inicial, resume-se

---

(dir.); ARENHART, Sérgio Cruz; MITIDIERO, Daniel (coord.). *Comentários ao Código de Processo Civil*. São Paulo: Revista dos Tribunais, 2016. v. VI, p. 35.

22 Para fins processuais, a atividade probatória se considera suficiente quando se "houver chegado à demonstração razoável da existência do fato, sem os extremos da exigência de uma certeza absoluta que muito dificilmente se atingiria. A certeza, em termos absolutos, não é requisito para julgar. Basta que, segundo o juízo comum do *homo medius*, a probabilidade seja tão grande que os riscos de erro se mostrem suportáveis". DINAMARCO, Cândido Rangel. *Instituições de direito processual civil*. 7. ed. São Paulo: Malheiros, 2017. v. 3, p. 91.

a um relato, porque não foi possível colher provas do descaso da companhia, eis que eminentemente orais. Admitindo que o funcionário em questão seja intimado como testemunha e, em juízo, minimize tais fatos, ou mesmo negue haver adotado aqueles comportamentos, qual deverá ser a decisão do juiz?

Se o relato acima for tomado como verdadeiro, teríamos presente uma hipótese que configura dano moral, além do dever de restituir o valor dos assentos. Mas nos autos, com a impossibilidade de os próprios autores deporem (porque a companhia aérea não requereu seu depoimento) e uma única testemunha, hostil a tal versão, o que provavelmente ocorrerá é a improcedência do pedido, pois ao juiz não foi possível conhecer efetivamente como os fatos se deram.

Em regra, porque os fatos são anteriores ao processo, o que se realiza nos autos é a sua reconstrução. Afinal, o juiz parte de uma "institucionalizada ignorância" acerca dos fatos, razão pela qual o processo precisa ser dotado dos adequados meios para permitir a ele o conhecimento e a demonstração dos fatos relevantes para o julgamento.[23] Mas nesse exemplo, e em muitos outros, haverá uma dificuldade crônica em restabelecer exatamente como os fatos se deram, fazendo surgir efetivas dúvidas no espírito do julgador acerca da versão mais adequada a respeito daquela sequência de eventos.

É claro que poderia ter havido uma filmagem, feita pelos próprios envolvidos, ou a indicação de outros passageiros como testemunhas, enfim, essa instrução probatória poderia ter sido mais completa. Mas em qualquer caso, o exemplo serve para demonstrar a dificuldade que é, muitas vezes, compreender exatamente como os fatos se deram, para aplicar o direito material ao substrato fático e assim julgar a causa.

Nesse exemplo, teremos as três verdades a que alude a doutrina processual clássica, pois os passageiros, autores da demanda, têm uma versão dos fatos, a companhia aérea e seus representantes têm outra, e, no processo, o juiz terá de lidar com outras das versões, a que resulta do confronto entre elas, da somatória dos fatos incontroversos com os fatos que foram provados de forma mais satisfatória. Para os fins processuais, é esta última versão da "verdade" que será adotada para a solução jurídica da controvérsia, a verdade possível, a verdade suficiente, que se extrai do confronto das alegações e das provas realizadas pelas partes, na forma e nos limites impostos pela lei.[24]

---

23 DINAMARCO, Cândido Rangel. *Instituições de direito processual civil*. 7. ed. São Paulo: Malheiros, 2017. v. 3, p. 47.

24 Autores adotam terminologia diferente para se referir a essa verdade. Verdade processual, verdade suficiente, verdade factível, verdade formal etc. Daniel Neves

Outro modo de ilustrar esse mesmo fenômeno foi feito por PIERO CALAMANDREI, em sua obra *Eles, os juízes, vistos por um advogado.*[25] Em toda demanda, cada um dos litigantes e seu respectivo advogado tem sua versão da realidade, que se contrapõem. Quase sempre são versões excludentes, de forma que a aceitação de uma das versões implica necessariamente considerar que a outra versão não ocorreu. Uma possível forma de explicar esse fenômeno seria a de entender que um dos lados estivesse mentindo. CALAMANDREI então faz a provocação de que, na medida em que há sempre advogados dos dois lados e que ora o advogado vence, ora perde, disso resultaria que todos os advogados mentem de forma regular e consistente.

Mas o próprio CALAMANDREI refuta essa construção, afirmando, com razão, que essas versões contrapostas são geralmente formuladas em boa-fé, de forma que os advogados e as partes, regra geral, litigam dizendo a verdade. A adoção de uma das versões não implica que a outra seja mentirosa nem que o advogado esteja mentindo, mas apenas que a verdade tem três dimensões e que ela poderá mostrar-se diferente a quem a observar de diferentes ângulos. Por isso, CALAMANDREI considerava que, ao se dizer que um fato é verdadeiro, se está a dizer que a consciência de quem emite o juízo atingiu o grau máximo de verossimilhança que o sujeito poderia atingir.

Portanto, mais do que uma questão conceitual, entender o objeto da prova está mais atrelado à escolha do significado que se quer dar à expressão "verdade dos fatos" prevista na legislação processual. Para esta obra, respeitadas as opiniões diversas, parece preferível falar pura e simplesmente em verdade, com a permanente advertência de que estamos falando de processo civil, em livro que se dispõe a comentar os dispositivos da legislação positivada. Claro que a verdade será sempre a verdade possível, a verdade obtida para os fins do processo, segundo as técnicas predispostas pelo legislador para essa finalidade.

Tais técnicas pretendem justamente enfrentar esses elementos da vida real, que os sujeitos parciais trazem suas versões e visões acerca dos fatos ocorridos, visando a seus próprios interesses; que os terceiros reproduzem

---

critica a adoção da expressão "verossimilhança" como equivalente à verdade possível, pois a verossimilhança é aparência de verdade pela mera alegação de um fato que costuma ordinariamente ocorrer. Verdade no âmbito processual é também mera aparência de verdade, mas que deriva da prova produzida no caso concreto, de onde se conclui que os conceitos de verossimilhança e verdade não se confundem. Cf. NEVES, DANIEL AMORIM ASSUMPÇÃO. *Manual de direito processual civil.* 10. ed. Salvador: Juspodivm, 2018. p. 725.

25 CALAMANDREI, PIERO. *Eles, os juízes, vistos por nós, os advogados.* 7. ed. Lisboa: Livraria Clássica Editora, [s.d.]. p. 95-96.

tais fatos de forma não exata, também influenciados pelo decurso do tempo e por suas impressões pessoais diferentes sobre os fatos e que, por fim, o julgador recebe todas essas versões e interpretações com suas próprias influências cognitivas e com as limitações quanto aos meios probatórios estabelecidas na lei, devendo, então, optar pela mais razoável delas, de forma fundamentada e lógica, sem poder, contudo, ter certeza absoluta acerca da sua efetiva ocorrência.[26]

A segunda e terceira questões a serem enfrentadas neste tópico envolvem a clássica dicotomia entre a verdade real e a formal. Creio que a constatação acima apontada, quanto à impossibilidade de se obter uma noção única e precisa da verdade, é a forma mais simples de compreender a distinção que foi feita pela ciência processual ao longo do tempo. Afinal, se a verdade absoluta como requisito para os julgamentos não pode ser atingida e, nessa medida, não deve nem ser tentada, fato é que os sistemas jurídicos adotam técnicas variadas para lidar com estas realidades. No processo penal, em função do valor da liberdade que está na base da maior parte dos seus julgamentos, a dificuldade de obtenção da verdade absoluta conduz à fixação de regras que favorecem o réu, caso não haja provas suficientes da prática criminosa. Daí o brocardo *in dubio pro reo*, e, nos sistemas de *common law*, as exigências de condenação apenas ocorrem se a situação fática estabelecida no julgamento estiver *beyond reasonable doubt*.

No processo coletivo, essa mesma realidade se dá na regra da coisa julgada *secundum eventum litis*, excluindo a estabilização da decisão caso ela tenha sido proferida sem o adequado quadro probatório.

Porém, porque valores individuais prevalecem no processo individual, ainda que ligados a direitos indisponíveis, a escolha dos sistemas jurídicos a esse respeito é mais branda. Superada a fase do direito romano em que se admitia a recusa no julgamento,[27] os diplomas legais de diferentes países, entre

---

26 TARUFFO, Michele. *Uma simples verdade:* o juiz e a construção dos fatos. Tradução de Vitor de Paula Ramos. São Paulo: Marcial Pons, 2016. p. 71-73.

27 Essas ideias, hoje bastante difundidas entre os estudiosos e praticantes do direito processual, nem sempre foram assim tão amplamente aceitas. Luiz Guilherme Marinoni e Sérgio Cruz Arenhart fazem interessante ilustração acerca da preocupação dos sistemas jurídicos em atingir a verdade efetiva. Os autores lembram que em Roma havia a regra de que o *iudex* poderia se recusar a julgar, declarando, sob juramento, *sibi non liquere*. Cuida-se de um registro histórico do culto à verdade, autorizando até mesmo a recusa em decidir se o julgador não conseguisse, no processo, definir a quem cabia o direito em litígio, porque os fatos não estavam suficientemente aclarados. Cf. ARENHART, Sérgio Cruz; MARINONI, Luiz Guilherme. Comentários ao Código de Processo Civil: artigos 369 ao 380. *In*

eles o Brasil, passaram a trabalhar com a regra do ônus da prova, como técnica de julgamento que impõe ao juiz julgar em desfavor da parte a quem competia demonstrar certas circunstâncias fáticas que acabaram não sendo suficientemente demonstradas.

Tudo a demonstrar que, em qualquer dos ramos do direito, não se exige verdadeiramente um conceito de verdade, porque sempre se está a falar da verdade para as finalidades de cada processo.[28] E, porque cada processo pode ter finalidades diferentes, é natural considerar que as técnicas para a obtenção de elementos de convicção do julgador são diferentes. Isso não significa uma verdadeira dicotomia entre conceitos de verdade para fins processuais, mas apenas e tão somente que as técnicas podem ser diferentes, a depender do ramo do direito.

A discussão não é mais, portanto, entre uma suposta adoção de verdade real em processo penal e da verdade formal no processo civil,[29] mas o conjunto diverso de técnicas que o direito processual adota para diferentes ramos do direito material, aos quais o processo serve instrumentalmente. Isso explica as técnicas de inversão do ônus da prova nas relações de consumo, no estabelecimento de certas presunções no direito de família e sucessões, na regra da presunção de inocência do direito penal, dentre outras.

Mas, em todo e qualquer caso, o que se busca sempre é a verdade processual, a verdade possível de se obter no contexto de uma relação jurídica processual, marcada pelo caráter adversarial de seus participantes e pelas limitações

---

MARINONI, Luiz Guilherme (dir.); ARENHART, Sérgio Cruz; MITIDIERO, Daniel (coord.). *Comentários ao Código de Processo Civil.* São Paulo: Revista dos Tribunais, 2016. v. VI, p. 29.

28 Para Cassio Scarpinella Bueno, a prova possível em uma relação processual é aquela resultante de uma aceitação de presunções e verossimilhanças, que buscam retratar o que realmente deve ter ocorrido no plano dos fatos. Mas, porque há limitações nessa busca, reconhece que toda verdade "processual" não é, por definição, "real". BUENO, Cassio Scarpinella. *Curso sistematizado de direito processual civil.* 4. ed. São Paulo: Saraiva, 2011. v. 2, t. 1, p. 272.

29 A discussão que considero já superada, entre a verdade real e a formal, era corretamente criticada também porque não é constante a ideia de que os valores atingidos e buscados no processo penal sejam superiores. Basta pensar no processo civil relacionado a direitos de índole coletiva, como na proteção ao meio ambiente, patrimônio histórico, cultural, ou nas demandas com acusações de improbidade administrativa, práticas de corrupção, direitos de minorias e hipossuficientes etc. Por isso é que Daniel Neves, entre outros, considera que, nos dois casos, busca-se a verdade processual possível, citando em apoio Barbosa Moreira, José Roberto Bedaque e Cassio Scarpinella Bueno. Cf. NEVES, Daniel Amorim Assumpção. *Manual de direito processual civil.* 10. ed. Salvador: Juspodivm, 2018. p. 727.

aos meios de prova que decorrem da realidade e das próprias técnicas predispostas pelo legislador para essa mesma atividade.[30]

Assim, seja em situações normais da vida não relacionadas ao direito ou a um processo, seja nas situações submetidas a julgamentos em processos de natureza jurisdicional, é possível que o resultado final da atividade se dissocie da realidade, que o veredito final não coincida com a realidade das coisas. Isso conduzirá a injustiças e incertezas, mas seria ingênuo acreditar que tais situações não ocorrem, sob um argumento ilusório de que a verdade sempre deverá ser (ou será) revelada.

Com isso quero dizer que ocorre, com razoável frequência, que alguém não tenha um direito reconhecido porque não conseguiu provar ser seu titular. O direito pode existir por diferentes formas, ser demonstrado por diferentes meios, mas em certas situações nenhum desses meios é suficientemente revelado, a ponto de permitir que um terceiro (o julgador) consiga compreender exatamente como as coisas se deram.

4. Direito à prova. Garantia que decorre do texto constitucional

Outra premissa relevante a ser estabelecida é a que associa o direito de provar com garantias constitucionais fundamentais do processo, como vem sendo reconhecido pela moderna doutrina que se dedica ao estudo das provas. As considerações a seguir podem até parecer um tanto óbvias, mas não o são.

Quando examinamos a casuística acerca do tema, deparamo-nos com muitas situações em que a prova é ainda hoje considerada um aspecto de menor relevância, com a predominância da interpretação de que o juiz, enquanto destinatário da prova, é o senhor absoluto do exame de sua pertinência.

A preservação desse estado de coisas, inclusive já decorridos alguns poucos anos da vigência do CPC promulgado em 2015, sugere a necessidade de reiterar tais considerações, que impõem a associação do tema das provas com

30 José Maria Tesheiner, por reconhecer que o processo pode ter início com fatos alegados que guardam pouca semelhança com a realidade, e que por vezes as partes podem querer mantê-lo "ensombrecido", considera que o processo judicial não é um método de investigação da verdade, mas somente "instrumento para a produção de uma decisão jurídica". Para o autor gaúcho, a expressão *verdade formal* designa, portanto, o fenômeno de considerar determinado fato existente ou inexistente para efeitos processuais, ressaltando que, apesar de inadequada, decorre de longa tradição. TESHEINER, José Maria. Direitos fundamentais, verdade e processo. *In* DIDIER JÚNIOR, Fredie (coord. geral) *et al. Direito probatório*. 2. ed. Salvador: Juspodivm, 2016. p. 60-62 (Col. Grandes Temas do Novo CPC, v. 5).

direitos fundamentais como o da ampla defesa (art. 5º, LV, da CF) e do devido processo legal (art. 5º, LIV, da CF).

É dessa forma que deve ser encarado o conjunto de regras infraconstitucionais acerca das provas, como manifestação da garantia constitucional do acesso à justiça, que se desdobra em três aspectos: o direito à postulação probatória, o direito à produção das provas deferidas com respeito ao contraditório e, por fim, o direito à valoração adequada do acervo probatório.[31]

Há, em certa medida, um embate entre estudiosos e aplicadores do direito em relação a isso, o que revela uma faceta preocupante do nosso sistema de justiça. Não obstante a doutrina, de maneira uníssona, reconheça e proclame a magnitude das regras acerca das provas e proponha uma interpretação ampliativa sobre o direito à respectiva produção, não são poucos os julgados que ignoram solenemente tais lições, fundamentando suas posições restritivas em considerações sobre efetividade do processo, como se, em regra, a parte que pretende produzir provas estivesse tentando atrapalhar o andamento da causa, e não demonstrar as razões pelas quais pretende que prevaleçam suas posições defendidas no processo.[32]

Não são raras, infelizmente, as decisões que proclamam esse estado de coisas.[33] Por elas, parece que temos um Poder Judiciário interessado no desfecho das causas, atento ao desenvolvimento dos processos e obediente ao postulado da duração razoável do processo. Mas a realidade é bem outra.

O direito à prova deve, sim, ser entendido e aplicado como uma aplicação mais específica da garantia constitucional do acesso à justiça, afinal um processo justo, tal como proclamado em nossa ordem constitucional, depende da

---

31 LUCON, Paulo Henrique dos Santos. Comentários aos arts. 369 a 380. *In* CABRAL, Antonio do Passo; CRAMER, Ronaldo (coord.). *Comentários ao novo Código de Processo Civil.* 2. ed. Rio de Janeiro: Forense, 2016. p. 571.

32 Nesse sentido, Gustavo Badaró afirma que "o direito à prova caracteriza um verdadeiro direito subjetivo à introdução do material probatório no processo, bem como de participação em todas as fases do procedimento respectivo; direito subjetivo que possui a mesma natureza constitucional e o mesmo fundamento dos direitos de ação e de defesa: o direito de ser ouvido em juízo não significa apenas poder apresentar ao órgão jurisdicional as próprias pretensões, mas também inclui a garantia do exercício de todos os poderes para influir positivamente sobre o convencimento do juiz". *Epistemologia judiciária e prova penal.* São Paulo: Thomson Reuters Brasil, 2019. p. 43.

33 Nesse sentido, cito três decisões recentes do Superior Tribunal de Justiça, em que se reafirmou que o juiz é o destinatário da prova, sendo dele o juízo – pouco sujeito à revisão – acerca da necessidade de prova. AgInt no AREsp 1331437/SP, Quarta Turma, rel. Luis Felipe Salomão, j. 24.06.2019; AgInt no REsp 1347703/PR, Segunda Turma, rel. Og Fernandes, j. 09.05.2019; STJ, AgInt no AREsp 984176/TO, Quarta Turma, rel. Raul Araújo, j. 02.04.2019.

realização da prova necessária à obtenção de uma solução justa do litígio, amparada no contraditório e na ampla defesa.[34]

A perspectiva do direito processual constitucional, ou do modelo constitucional do processo, nos revela que as garantias constitucionais em um vetor correspondem ao norte interpretativo para as regras específicas contidas no plano infraconstitucional, e em vetor oposto, extraem dessas mesmas regras infraconstitucionais a forma de sua aplicação efetiva. O direito à prova é uma das importantes modalidades de conferir conteúdo substancial à garantia do acesso à justiça e da inafastabilidade da tutela jurisdicional.

Também se reconhece, no plano doutrinário, que o direito à prova assume a mesma envergadura que o direito de agir, este igualmente entendido como manifestação específica do acesso à justiça. Não há como adequadamente assegurar um acesso à justiça se não se garantir, concretamente, a possibilidade de exercitar o direito público subjetivo de demandar, instando o Poder Judiciário a examinar pretensões relacionadas a todo e qualquer direito, tenha ele já sido violado ou estando apenas ameaçado. E esse acesso, por razões óbvias, só se assegura efetivamente se um conjunto de meios for predisposto, entre eles, se for assegurado a cada litigante o direito de alegar os fatos de seu interesse, de fazer prova adequada a seu respeito e o direito de ver examinadas tais provas, no confronto de todo o quadro probatório apresentado, com as adequadas justificativas do motivo de uma versão dos fatos ter prevalecido sobre outra, tudo a conduzir às conclusões quanto à aplicação do direito ao caso concreto.[35]

O direito à prova constitui, segundo Dinamarco, um dos elementos centrais da garantia política do devido processo legal, um dos pilares do sistema processual contemporâneo. Porque, sem o adequado direito à prova, não se

34 Gustavo Badaró, com apoio em Jeremy Bentham, afirma que a prova é a base da justiça, e "excluir a prova é excluir a justiça". BADARÓ, Gustavo Henrique Righi Ivahy. Direito à prova e os limites lógicos de sua admissão: os conceitos de pertinência e relevância. *In* BEDAQUE, José Roberto dos Santos; CINTRA, Lia Carolina Batista; EID, Elie Pierre (org.). *Garantismo processual: garantias constitucionais aplicadas ao processo*. Brasília: Gazeta Jurídica, 2016. p. 222.

35 A atividade do julgador no tocante às provas deve ser a de admitir amplamente a prova dos fatos pertinentes e controvertidos, valorar as provas, indicar os fatos que entendeu provados e as razões, bem como os que entendeu não provados ou menos verossímeis. ARENHART, Sérgio Cruz; MARINONI, Luiz Guilherme. Comentários ao Código de Processo Civil: artigos 369 ao 380. *In* MARINONI, Luiz Guilherme (Dir.); ARENHART, Sérgio Cruz; MITIDIERO, Daniel (Coord.). *Comentários ao Código de Processo Civil*. São Paulo: Revista dos Tribunais, 2016, v. VI, p. 36-38.

pode efetivamente falar em um processo devido. Mas a Constituição não assegura essa garantia de forma expressa, o que não infirma a conclusão de que "ele é com absoluta segurança inferido de alguns de seus textos de amplitude mais geral, especialmente na ampla garantia do devido processo legal".[36]

É certo, de outro lado, que o direito constitucional à prova sofre algumas limitações, como todo e qualquer direito ou garantia. E, se é correto associar o direito de agir com o direito de provar, é também adequado relembrar que o direito de ação possui limitadores, condicionantes e requisitos técnicos específicos, como a legitimidade, o interesse, aos quais se acrescentam certos pressupostos processuais, tudo a delimitar a forma pela qual o jurisdicionado pode efetivamente obter uma decisão de mérito.

No campo das provas, as primeiras e principais limitações estão no próprio plano constitucional, como a vedação às provas ilícitas. Também a lei infraconstitucional estabelece outros parâmetros que regulamentam esse amplo direito à prova, como a previsão de meios de prova, com seus parâmetros, com suas limitações (por exemplo, somente podem depor em juízo pessoas capazes), com a previsão de momentos específicos para o requerimento e a produção da prova etc.

A existência desses limites, seja no plano constitucional, seja no infraconstitucional, é outro elemento que didaticamente nos mostra como é intangível a ideia de uma verdade absoluta e, acima de tudo, como essas preocupações – que poderiam se dizer de ordem filosófica – não são agasalhadas pelo ordenamento jurídico brasileiro. A obtenção da verdade não é um fim em si mesmo, daí por que pode haver limitações ao direito à prova, notadamente para preservar a atividade de busca da prova dentro do parâmetro da legalidade e da moralidade.[37]

Em conclusão, reputo conveniente registrar as ponderações de WILLIAM SANTOS FERREIRA, que com razão explica que o CPC estabelece o direito das partes de usar as provas para influenciar eficazmente a convicção do juiz, o que o referido autor classifica como uma regulamentação didática e expressa do contraditório-influência. Há um interessante ponto proposto por WILLIAM SANTOS FERREIRA, ao qual se adere expressamente, e que permeará a interpretação dos dispositivos do CPC proposta neste livro: as regras sobre deferimento das provas estão previstas no *caput* do art. 370, enquanto as regras sobre indeferimento estão previstas em seu parágrafo único.

---

36 *Instituições de direito processual civil*. 7. ed. São Paulo: Malheiros, 2017. v. 3, p. 51.

37 NEVES, DANIEL AMORIM ASSUMPÇÃO. *Manual de direito processual civil*. 10. ed. Salvador: Juspodivm, 2018. p. 728.

Isso significa que o legislador infraconstitucional, aderente à perspectiva da prova como um direito de matriz constitucional, impõe como hipótese de trabalho a regra geral do deferimento das provas, relegando seu indeferimento ao plano da exceção.[38]

5. Fontes e meios de prova

Na doutrina, nos manuais e cursos de direito processual, costuma-se apresentar a divisão em fontes e meios de prova, como conceitos necessários para o aprendizado da matéria. Confesso que sempre tive de dificuldade em compreender as noções que inspiram essa divisão e, acima de tudo, a utilidade na distinção.

Ao longo do tempo, estudando mais o assunto, entendi a razão para esse certo desconforto. São duas, na verdade. Em primeiro lugar, porque, além de certa variação nas explicações no plano doutrinário, também a lei contribui para que essas ideias se confundam, tornando pouco nítida a distinção entre o que seja uma fonte de prova e um meio de prova, o que incrementa a percepção de uma classificação pouco útil. Afinal, a tarefa de classificar as coisas se realiza fundamentalmente para facilitar a compreensão dos fenômenos.

Segundo, porque poucas pessoas explicam qual a utilidade prática nessa distinção. A esse respeito, será preciso conjugar este tópico com o seguinte, quando será explicada, brevemente, a questão da natureza das normas sobre provas. Dessa dupla constatação resultará uma finalidade prática relevante.

Nos parágrafos a seguir serão explicados, com a maior simplicidade possível, as noções de fontes e meios de prova, para tentar transmitir ao leitor o que distingue uma categoria da outra.

Comecemos com um exemplo, para melhor ilustração prática: uma pessoa adquire um imóvel na planta, recebe as chaves assume a respectiva posse. Nessas transações, é bastante comum que o imóvel seja entregue sem acabamentos. A nova proprietária precisa instalar o piso, luminárias, metais de banho, armários etc. Essa pessoa, então, contrata um empreiteiro e o encarrega de realizar as obras finais, com colocação de todos esses itens.

Imagine-se que as obras acabam demorando tempo demais, custam mais caro que o previsto e, ao final, a proprietária fica insatisfeita com o resultado, recusando-se a pagar a parcela final do preço. O empreiteiro decide então promover demanda judicial para cobrar tal parcela do preço.

---

38 FERREIRA, William Santos. Comentários aos arts. 369 a 380. *In* WAMBIER, Teresa Arruda Alvim (coord.) *et al. Breves comentários ao Novo Código de Processo Civil*. São Paulo: Revista dos Tribunais, 2015. p. 1063-1064.

No processo, como essa história poderá ser contada? Quais elementos podem as partes utilizar para expor suas versões e comprovar suas razões?

O empreiteiro sabe, ele próprio, de muitos dos fatos, porque foi contatado diretamente, realizou reuniões, recebeu as especificações da obra, prestou esclarecimentos quanto a questões técnicas. Além disso, enviou mensagens por correio eletrônico e trocou sucessivas mensagens de WhatsApp com a proprietária. Elaborou orçamento, projetos básicos, anotações sobre as especificações e quantidades dos materiais de que iria necessitar. Possui também comprovantes dos gastos que teve, do pagamento à sua equipe. Aliás, outros profissionais trabalharam na obra e também podem contribuir com sua versão dos fatos.

Por sua vez, a proprietária também sabe, ela própria, de muitos dos fatos, porque definiu os itens da obra, solicitou a reforma, explicou suas necessidades e interesses. Também ela enviou muitas mensagens por correio eletrônico e trocou sucessivas mensagens de WhatsApp com o empreiteiro. Possui também comprovantes dos gastos que teve, das vezes que foi a lojas de material de construção. Também recebeu informações verbais do zelador e da síndica do prédio onde as obras foram realizadas.

São esses os fatos e as possíveis formas de demonstrá-los que terão de ser trazidos ao processo. A lei processual regula a forma como estes elementos são trazidos. Além de dispor sobre o momento das alegações, regula o modo como tais provas podem ser aportadas, por exemplo, restringindo a contribuição de testemunhas às pessoas capazes, não impedidas ou suspeitas, com conhecimento direto sobre os fatos relevantes para a causa. Assim, não bastaria ao empreiteiro, por exemplo, ouvir como testemunha um primo seu, que mora em outra cidade, e que ouviu falar de "problemas do primo com o recebimento de certo serviço", porque a lei impede que parentes das partes funcionem como testemunha e a lei também direciona os depoimentos para questões controvertidas e relevantes da causa. Nesse exemplo, o fato de não ter havido o pagamento final não é, ele próprio, discutido entre as partes. O que se debate é se há motivo para o não pagamento.

A partir da ilustração acima, passemos então a distinguir o que deve ser considerado uma fonte de prova e um meio de prova.

Para fins de simplificação, registro as opiniões da doutrina que me parecem mais apropriadas, que definem as fontes de prova como os elementos externos ao processo e possivelmente existem até antes dele, sendo representadas por pessoas ou coisas das quais se possam extrair informações capazes de comprovar a veracidade de uma alegação. DINAMARCO complementa essa noção, afirmando que essas pessoas ou coisas são portadoras de informações, isto é, afirmações da existência ou inexistência de algum fato, com relevância para o julgamento. As pessoas transmitem essas informações diretamente, já as coisas contêm essas informações, que são extraídas ou interpretadas por quem as examina, por exemplo, pelo perito.[39]

Também definem as fontes de prova de modo semelhante William Santos Ferreira e Paulo Osternack Amaral. Fontes são elementos externos ao processo, como pessoas, semoventes, coisas, fenômenos naturais (maré, nascer do sol, tempestade) e fenômenos artificiais (um exame laboratorial realizado). Delas é que se extrairão as informações relevantes para a compreensão e apuração dos fatos controvertidos e relevantes.[40]

No exemplo acima, poderíamos então identificar várias fontes de prova. A proprietária e o empreiteiro, bem como os integrantes da equipe que trabalhou no apartamento, além do zelador e da síndica, são pessoas de quem se poderão extrair informações a respeito dos fatos controvertidos. São, segundo certa classificação, fontes pessoais ou ativas.

Mas há coisas que são também fontes de prova. Os documentos produzidos, como orçamentos, notas fiscais, mensagens trocadas, inclusive as eletrônicas (*e-mails* e mensagens de WhatsApp devem ser entendidos como documentos, como será visto), os itens que foram instalados no imóvel, como luminárias, pisos, cortinas etc. Segundo a mesma classificação, são fontes reais ou passivas.[41]

Inúmeros outros exemplos podem ser dados das fontes de prova, já que potencialmente qualquer coisa pode ser fonte. Papéis escritos, escrituras, contratos, atas notariais, fotografias, DVDs, registros eletrônicos em geral, discos rígidos, *pen drives*, carros, caminhões, maquinários, livros, produtos orgânicos, dentre outros. Pessoas e animais também, vivos ou mortos. Em cada situação, a depender do objeto do processo, do substrato fático e dos pontos controvertidos entre as partes, essas fontes de prova poderão ser informadas, para que delas se extraiam as informações necessárias para o deslinde da controvérsia.

---

39 DINAMARCO, Cândido Rangel. *Instituições de direito processual civil*. 7. ed. São Paulo: Malheiros, 2017. v. 3, p. 52-97.

40 FERREIRA, William Santos. Comentários aos arts. 369 a 380. *In* WAMBIER, Teresa Arruda Alvim (coord.) *et al*. *Breves comentários ao Novo Código de Processo Civil*. São Paulo: Revista dos Tribunais, 2015. p. 1058.

41 Cândido Dinamarco propõe essa classificação, mas alerta que pessoas podem também ser fontes reais de prova, por exemplo, quando se submetem a exames. E serão fontes pessoais de prova quando prestarem depoimentos. *Instituições de direito processual civil*. 7. ed. São Paulo: Malheiros, 2017. v. 3, p. 105.

Mas de que forma essas fontes podem ser efetivamente trazidas ao processo? Como se pode extrair adequadamente as informações que tais fontes têm potencial para fornecer? Por hipótese, seria possível que a síndica gravasse um vídeo para que ele fosse apresentado ao julgador pela proprietária? Ou que o juiz visitasse o apartamento para verificar se o piso foi bem instalado? Seria possível que o empreiteiro confiscasse, diretamente, todos os *e-mails* e mensagens de WhatsApp trocados com a proprietária para apresentá-los no processo?

O exagero das perguntas é deliberado. Porque, ao mesmo tempo que, até de forma intuitiva, se poderia responder negativamente a todas as perguntas, fato é que, de uma forma ou de outra, é preciso complementar a noção das fontes de prova, para que elas sejam efetiva e adequadamente trazidas para o âmbito do processo. Porque devemos transpor o universo da realidade fática para os parâmetros aceitáveis nas demandas judiciais, no tocante à prova. E essa é a função dos meios de prova.

Os meios de prova são os instrumentos utilizados para conhecer os elementos externos, para extrair das fontes de prova as informações relevantes. Eles "atuam no plano da instrução, da formação da cognição judicial, para convencer o magistrado de que os fatos articulados pelas partes ocorreram ou não com ou sem a extensão por elas alegada".[42] A lei predispõe um conjunto de técnicas destinadas à investigação de fatos relevantes para a causa. Os meios de prova são internos ao processo, atuam sobre as fontes (que são externas) e são constituídos de um conjunto de atos, que respeitam certas formas e se desenvolvem em contraditório.

A lei processual regula, por exemplo, a prova testemunhal. Prevê um conjunto razoavelmente extenso de regras que, ao menos em tese, permitirão o máximo aproveitamento das testemunhas. A pessoa é a fonte da prova. Sendo ela uma terceira em relação às partes do litígio, poderá ser indicada como testemunha, e a forma como o seu depoimento será colhido está organizada sob as regras da prova testemunhal.

Por exemplo, a lei estabelece quais pessoas não podem ser testemunhas (art. 447), de que formas e em que momentos as testemunhas podem ser ouvidas (art. 457 e ss.), como elas podem ser impugnadas (art. 447), como se faz o seu interrogatório (art. 453 e ss.), o objeto e o limite de pessoas que podem ser ouvidas (art. 448).

Em outro exemplo, o motor do carro é a fonte da prova. A perícia, o meio de prova que acessará essa fonte e, mediante a prática de um conjunto prees-

---

42 BUENO, CASSIO SCARPINELLA. *Curso sistematizado de direito processual civil*. 4. ed. São Paulo: Saraiva, 2011. v. 2, t. 1, p. 285.

tabelecido de atos, como a vistoria, registros fotográficos, levantamentos de dados, elaboração de laudo e resposta aos quesitos, além da eventual participação em audiência, permitirá que se obtenham conclusões acerca dos fatos alegados relativamente àquele motor.

Estes, portanto, são os instrumentos previstos na lei para extrair daquelas fontes de prova sua maior contribuição possível para o esclarecimento dos fatos.

Dessa forma, se na situação hipotética acima proposta verificamos que teríamos como fontes de prova pessoas, coisas, documentos, neste mesmo exemplo teríamos, como meios de prova, o depoimento pessoal, a prova testemunhal, a prova documental e, possivelmente, a prova pericial. Poder-se-ia até mesmo cogitar da inspeção judicial, a depender dos fatos alegados e do pedido formulado.

Estabelecida a distinção entre fontes e meios de prova, convém agora explicar ao leitor porque tais conceitos em geral se confundem, tornando menos nítida a utilidade dessa distinção. A origem da confusão está na própria lei.

O Capítulo XII do Livro I do Código de Processo Civil contém as disposições sobre provas. A Seção I é dedicada às disposições gerais, com importantes regras que disciplinam e orientam a interpretação de todo o capítulo. Já no primeiro artigo a lei se refere aos meios de prova: "Art. 369. As partes têm o direito de empregar *todos os meios legais*, bem como os moralmente legítimos, ainda que não especificados neste Código, para provar a verdade dos fatos em que se funda o pedido ou a defesa e influir eficazmente na convicção do juiz".

A Seção II cuida da produção antecipada da prova, novidade introduzida no novo diploma. E, a partir da Seção III até a Seção XI, são regulados, respectivamente, ata notarial, depoimento pessoal, confissão, exibição de documento ou coisa, prova documental, documentos eletrônicos, prova testemunhal, prova pericial, inspeção judicial. Essa divisão sugere ao leitor que todas essas modalidades constituem os meios de prova típicos regulados pela legislação processual.

Em reforço, o art. 212 do Código Civil, que abre o Título denominado "Da Prova", dispõe que, "salvo o negócio a que se impõe forma especial, o fato jurídico pode ser provado mediante: I – confissão; II – documento; III – testemunha; IV – presunção; V – perícia".

Sem prejuízo dos comentários que serão adiante feitos acerca da natureza das normas sobre a prova e da conveniência dessa dupla regulação do tema, tanto no Código Civil como no Código de Processo Civil, fato é que, a partir do exame das duas disposições, costuma-se afirmar que os meios de prova resultam da somatória desse elenco. Tais afirmações, contudo, são incorretas. Uma primeira demonstração desse erro está no fato de que a presunção, prevista apenas no Código Civil, não é propriamente um meio de prova.[43]

Refuta-se, com razão, a ideia de que o Código Civil pudesse dispor, de forma taxativa, acerca dos meios de prova admitidos. Primeiro, porque a norma está mal colocada naquele diploma, eis que regula integralmente uma matéria de natureza processual, que, por sua vez, tem correspondente previsão na lei própria. Segundo, porque a atipicidade da prova é o princípio que rege a matéria, sendo despiciendo que uma norma – esteja no Código Civil ou no Código de Processo Civil – se proponha a regular o tema, em afronta ao direito constitucional à prova.[44]

Ao se examinar o rol legal, observa-se que a reunião dessas figuras em seções sequenciais do Código não pode significar uma proposição do legislador de indicar quais são os meios de prova. E isso, pura e simplesmente, porque a função dos meios de prova está atrelada à organização da forma pela qual as fontes podem ser acessadas, de forma que é na identificação dessa funcionalidade que se extrairá o rol do que consiste, efetivamente, em um meio de prova.

Decorre da própria natureza, do funcionamento normal das coisas, que as fontes de informação sejam várias. Não compete à lei dizer que existem pessoas ou coisas, que elas são portadoras de informações e que, voluntária ou involuntariamente, registram acontecimentos e, nessa medida, podem ajudar a reconstruir relatos fáticos que interessem a determinados litígios. O que pode competir à lei fazer é regulamentar esses fenômenos para a finalidade específica de compor elementos dos negócios jurídicos, ou regulamentar a forma como podem ser trazidos como prova em um processo, isto é, criar limites e parâmetros, e isso é feito mediante a adoção de técnicas específicas (os meios de prova) concebidas para cada uma das fontes de prova. Por isso é que de testemunhas se extraem informações mediante depoimento, ao passo que de coisas as informações são extraídas por exames e perícias.

Os meios de prova, enquanto técnicas para a extração das informações a partir das fontes, recebem variadas limitações da lei, mas justamente porque são concebidas para facilitar o trabalho na obtenção das provas, essas limitações jamais são absolutas. Assim, por exemplo, as pessoas em geral podem depor,

43 MACÊDO, Lucas Buril de; PEIXOTO, Ravi. *Ônus da prova e sua dinamização*. 2. ed. Salvador: Juspodivm, 2016. p. 73.

44 BUENO, Cassio Scarpinella. *Curso sistematizado de direito processual civil*. 4. ed. São Paulo: Saraiva, 2011. v. 2, t. 1, p. 269.

mas não as testemunhas incapazes, impedidas ou suspeitas. E mesmo nesses casos poderão ser ouvidas como informantes, atribuindo-lhes o julgador um peso diferente no momento da valoração, tendo em vista seu potencial interesse na solução da causa (art. 457, § 2º).

A lei confunde, portanto, fontes e meios de prova. Para desfazer as confusões da lei, convém desde logo propor a adequada classificação das figuras elencadas na lei processual, sem prejuízo de seu detalhamento posterior. São fontes de prova a ata notarial (art. 384) e os documentos eletrônicos (arts. 439 a 441), como modalidades de documentos que são, e que devem ser aportadas ao processo obedecendo-se às regras relativas à prova documental.

São meios de prova o depoimento pessoal (art. 385 e ss.),[45] a prova documental (art. 405 e ss.),[46] a prova testemunhal (art. 442 e ss.),[47] a prova pericial (art. 464)[48] e a inspeção judicial.[49]

Por fim, não é nem fonte nem meio de prova a confissão, que paradoxalmente é prevista tanto no CPC como no CC. Como ensina Dinamarco, a confissão consiste em declaração de conhecimento acerca de fatos desfavoráveis ao confitente e favoráveis ao adversário. Pode ser feita de diferentes formas, antes ou durante o processo, por escrito ou em depoimento, e portanto pode ser veiculada por diferentes meios de prova.[50]

Como dito, os meios de prova devem ser compreendidos como técnicas processuais que incidem sobre as fontes e, nessa medida, são técnicas que se modificam conforme a fonte da prova, voltadas ao máximo aproveitamento das fontes. Por isso, por exemplo, a perícia é sempre feita com a possibilidade de os assistentes técnicos das partes acompanharem os trabalhos, o depoimento da testemunha é feito a partir de perguntas diretas pelos advogados, começando pela parte que a arrolou e depois passando para a parte contrária.

Todo esse conjunto de regras preestabelecidas visa assegurar a previsibilidade e a segurança jurídicas inerentes a qualquer etapa do processo, cujo

45 Que diz respeito às pessoas, ou mais especificamente às partes, como fontes de prova.

46 O meio de prova, que diz respeito aos documentos, como fontes de prova, aqui entendidos em acepção bem ampla, abrangendo documentos escritos, eletrônicos, arquivos de imagens, áudios, vídeos, páginas da internet etc.

47 Que diz respeito às pessoas, terceiros em relação às partes, como fontes de prova.

48 Que diz respeito às coisas, que devem ser objeto de exames e vistorias, para dirimir questões de maior complexidade técnica.

49 Que também diz respeito a coisas, que o julgador poderá examinar e vistoriar diretamente, caso a compreensão da controvérsia não esteja atrelada ao esclarecimento de questões com maior complexidade técnica.

50 *Instituições de direito processual civil*. 7. ed. São Paulo: Malheiros, 2017. v 3, p. 733.

objetivo último é obter o máximo aproveitamento daquela prova. O que pode ocorrer, por vezes, é que certas regras restritivas podem se revelar, em cada caso concreto, mais como um entrave a esse aproveitamento do que propriamente uma forma de obtenção adequada da prova. Essas situações serão examinadas concretamente no desenvolvimento deste trabalho. Entre elas, a noção prevalente, porque positivada no art. 385, de que só pode haver depoimento pessoal da parte quando requerido pela parte contrária, ou determinada de ofício pelo juiz (ver item 81).

Por fim, após ser compreendida essa distinção, convém agora ilustrar de que forma tais classificações indicam um critério útil para o manuseio de tais figuras. Há duas utilidades centrais.

Primeiro, porque a conceituação de uma fonte ou de um meio de prova é um critério determinante para aferir a natureza da respectiva norma regulamentadora. E, como será visto no tópico seguinte, ser de direito material ou processual é também importante, porque disso depende o respectivo regime jurídico e as normas de direito intertemporal.

Antecipando uma parcela da discussão a ser explorada no tópico seguinte, convém desde logo esclarecer que as normas sobre prova podem ter natureza processual ou material, e alguns casos assumem feição híbrida. A lei material pode versar sobre prova quando regulamenta as fontes de prova. O exemplo clássico diz com a definição do que é a capacidade da parte, ou da testemunha, para depor. Essa tarefa compete à lei material, que não perderá essa natureza ainda que, por hipótese, venha a ser prevista em um Código de Processo Civil. Uma vez mais registre-se a lição de CÂNDIDO DINAMARCO, que considera as fontes de prova e o ônus da prova como institutos bifrontes, eis que sua regência vem do direito material, mas o tratamento e a utilidade se verificam no processo.[51]

De outro lado, é do direito processual a prerrogativa de dispor acerca da admissibilidade dos meios de prova, as formas de sua produção, as regras acerca do objeto da prova e de sua valoração. Assim se dá com a prova pericial, a prova testemunhal e documental. E essa natureza processual se manterá ainda que, como faz nosso ordenamento, haja previsão sobre provas no Código Civil.

Um exemplo aberrante de disposição do Código Civil acerca das provas está no art. 215, segundo o qual "a escritura pública, lavrada em notas de tabelião, é documento dotado de fé pública, fazendo prova plena". Aberrante porque se propõe a disciplinar regra sobre valoração da prova, de natureza

51 *Instituições de direito processual civil*. 7. ed. São Paulo: Malheiros, 2017. v. 3, p. 50.

puramente processual, mas principalmente porque consagra uma regra errada, incompatível com o sistema vigente de persuasão racional. Esse artigo deve simplesmente ser considerado não escrito, posto que incompatível com o sistema probatório brasileiro.

Segundo, a distinção é necessária porque traz consequências relevantes na dinâmica da iniciativa processual na produção da prova. É de Paulo Osternack Amaral a advertência, correta e útil, de que a iniciativa probatória do julgador – os poderes instrutórios de ofício – só dizem respeito à determinação de que determinado meio de prova seja produzido, mesmo que não tenha havido pedido das partes. A partir dos fatos alegados pelas partes, o juiz pode, por exemplo, determinar a realização de uma perícia, ou determinar o depoimento de uma testemunha, entre aquelas pessoas que foram mencionadas na relação processual.[52]

As observações de Gustavo Badaró sobre o processo penal valem para o processo civil: o juiz não pode ser um investigador de fontes de prova, porque "a atividade de investigação pressupõe a eleição mental, ainda que provisória, de uma hipótese preferível a ser investigada. E nessa escolha há um comprometimento psicológico com a hipótese eleita, que coloca em risco a imparcialidade do investigador. Portanto, quem investiga não pode julgar".[53]

Mas em nenhuma hipótese pode o julgador indicar fontes de prova que devem ser aportadas ao processo. O juiz não pode investigar fontes de prova que não tenham sido mencionadas ou que não sejam extraíveis dos autos. Se o fizer, o julgador deixa de ser uma autoridade imparcial, a quem interessa o pleno esclarecimento dos fatos, para se tornar um investigador, alguém que se despe de sua condição de imparcial para assumir a defesa de posições de um dos lados da disputa. A atividade desejada do magistrado é a de investigar os fatos trazidos (a partir da indicação das fontes de provas, pelas partes) e, se for o caso, impor a realização de meios de prova relacionados às fontes que lhe foram trazidas. Mas, se ele próprio investiga e sugere fontes, por exemplo, se se põe a investigar outras pessoas que possam conhecer os fatos para, então, determinar seu depoimento, o juiz desnatura completamente sua atividade, atuando a serviço de uma das partes, de modo parcial e incompatível com suas funções constitucionais.

---

52 AMARAL, Paulo Osternack. *Prova:* atipicidade, liberdade e instrumentalidade. 2. ed. São Paulo: Revista dos Tribunais, 2017. p. 57-58.

53 BADARÓ, Gustavo Henrique Righi Ivahy. *Processo penal*. 6. ed. São Paulo: Revista dos Tribunais, 2018. Disponível em: https://proview.thomsonreuters.com/launchapp/title/rt/monografias/104402244/v6/document/151026503/anchor/a-151026503.

6. As provas são reguladas por normas de direito processual ou material? Os efeitos práticos dessa discussão

Na doutrina sobre o tema das provas muito se debate acerca da natureza das normas sobre processo.[54] Os autores processuais, de modo geral, criticam a escolha feita pelo legislador de disciplinar a prova também no Código Civil, e o fazem sob duas considerações. Para alguns, as normas são sempre processuais, incorrendo o Código Civil no equívoco de tentar regular seara que não lhe compete. Para outros, há aspectos de direito material na disciplina da prova, mas o Código Civil extrapola e se arvora em regular aspectos que são claramente processuais, como a indicação de quais provas são admissíveis para provar fatos jurídicos (art. 212).

Como visto, a distinção é relevante porque permite aplicar às normas o seu regime próprio, especialmente na aplicação da lei no tempo e no espaço. Mas desde logo é preciso afastar o critério meramente topográfico como indicativo da natureza da norma. Estar no Código Civil não assegura a natureza material à regra, assim como estar no Código de Processo Civil não lhe assegura a natureza processual.

A ideia prevalente a justificar a natureza processual das regras sobre provas é a de que elas são destinadas a produzir efeitos no processo e, mais do que isso, elas são destinadas a preparar e influenciar julgamentos. A primeira concepção, sobre a produção de efeitos no processo, foi defendida por José Frederico Marques, para quem era imprópria a previsão de regras sobre direito probatório no Código Civil, porque, ao pensar em litígios que envolvam direito público, administrativo, ou qualquer outro ramo que não seja o do direito civil, não se compreende por que normas de direito civil deveriam regular aqueles outros ramos do direito. Por isso sustentava que as normas do Código Civil sobre os institutos da prova têm natureza estritamente processual.[55]

Sustenta se igualmente que o objetivo primordial e básico da prova é convencer o juiz, dentro de uma relação processual, o que denota sua natureza

---

54 Cassio Scarpinella Bueno, por exemplo, afirma ser atribuição do direito material disciplinar as condições essenciais à prova dos atos e fatos jurídicos em geral, bem como o seu valor probante. Já ao plano do direito processual compete disciplinar o transporte dessas provas para o plano do processo e viabilizar sua produção em juízo. BUENO, Cassio Scarpinella. *Curso sistematizado de direito processual civil*. 4. ed. São Paulo: Saraiva, 2011. v. 2, t. I, p. 268.

55 MARQUES, José Frederico. *Instituições de direito processual civil*. 2. ed. Rio de Janeiro: Forense, 1962. v. III, p. 325. Também considerava o autor que a situação topográfica da norma não define sua natureza, mas sim o seu conteúdo, que deve ser entendido como processual, sempre.

processual. Ainda segundo FREDERICO MARQUES, a influência que tais preceitos possam ter na realização de negócios jurídicos fora do âmbito do processo não desnatura sua natureza.[56]

A definição da natureza processual ou material das regras sobre prova comporta ainda uma rápida digressão, acerca da própria finalidade da atividade jurisdicional. O processo é instrumento, conjunto de regras técnicas a serviço do direito material, que preexiste a ele e se desenvolve normalmente sem qualquer recurso às normas processuais. O modo de surgimento, exercício e extinção dos direitos não depende do direito processual, e, ordinariamente, os direitos nascem e são exercitados de forma voluntária e espontânea, sem intervenção do Estado ou de autoridade jurisdicional por ele reconhecida.[57]

A necessidade do processo surge quando há alguma cogitação de frustração à vida normal dos direitos, quando alguém se sente ameaçado ou tem um direito efetivamente violado. Aqui, além da dinâmica da criação e exercício dos direitos, passam a ter influência outros fatores, que dirão respeito mais diretamente ao litígio que se formará acerca daqueles direitos.

Esses outros fatores são relacionados ao modo do exercício do direito de agir, aos procedimentos que a lei estabeleça para atender a eventuais especificidades dos direitos materiais em discussão, aos poderes e deveres das partes e do julgador, entre outros. E, para o que aqui nos interessa, aos modos, parâmetros e limites com que se realizará a prova dos fatos que estão na base daqueles direitos alegadamente violados.

Essa dinâmica não surge no contexto ordinário da vida dos direitos, mas sim na situação específica de sua alegada violação. São figuras necessárias para permitir o adequado exercício da demanda, que importam em conteúdo para o litígio acerca daqueles direitos. Por isso é que sua natureza necessariamente é processual. Sendo processual, ela assume uma natureza pública, com reflexos na esfera de disponibilidade, no interesse que o próprio Estado assume em sua realização. Não se resume a um negócio entre as partes, não escapa ao controle jurisdicional.

Como manifestação da dinâmica de um processo, elas têm lógica própria no que diz respeito a sua aplicação no tempo e no espaço, pois regra geral, as normas processuais têm aplicação imediata aos processos em trâmite. Já as

56 MARQUES, JOSÉ FREDERICO. *Instituições de direito processual civil*. 2. ed. Rio de Janeiro: Forense, 1962. v. III, p. 326.

57 Diz-se ordinariamente, pois permanecem hipóteses de ações necessárias, como os inventários com herdeiros menores ou incapazes, a extinção do poder familiar etc.

normas materiais, regra geral, aplicam-se apenas aos atos jurídicos realizados após sua vigência.

Por isso é que as disposições sobre provas, porque componentes relevantes da dinâmica de uma relação processual, porque em regra são destinadas a produzir seus efeitos em um processo de natureza contenciosa e, em regra, concebidas para influenciar o convencimento do julgador e das próprias partes acerca da ocorrência de fatos, assumem natureza de direito processual.

Há algumas ressalvas que merecem ser feitas, ou ideias complementares. Primeiro, que não se ignora o fato de ter sido consagrado no diploma processual o direito autônomo à prova (art. 381), que se realiza em processo de natureza jurisdicional, mas não necessariamente contenciosa, nem atrelado a uma pretensão de direito material. Consagrou-se no plano legal o direito à prova como pretensão autônoma, ainda que meramente atrelado ao esclarecimento de uma circunstância de fato. Mas essa finalidade de produção da prova é complementar em relação a seu uso normal, este sim atrelado a discussões específicas e com a finalidade de convencer partes e julgadores acerca dos fatos ocorridos. Essa importante conquista do ordenamento não serve para refutar a noção central da utilidade e da razão de ser da prova relacionada à solução dos litígios, não ao exercício normal dos direitos.

A segunda ressalva refere-se justamente a isso, ao que me refiro aqui como exercício normal dos direitos. Nesse cenário, em relação a certos e específicos atos jurídicos, a lei material regula sua forma para estabelecer exigências para sua configuração, para sua existência, e não para estabelecer formas como pode ser provado aquele determinado ato ou negócio jurídico.[58] Como se sabe, os negócios jurídicos devem reunir alguns elementos, que são partes capazes, objeto lícito e forma prescrita ou não defesa em lei.

Para esses específicos atos jurídicos, o Código Civil requer formalidades para sua existência e validade,[59] que Frederico Marques denominava normas *ad solenitatem*, em que tais formas são elementos integrantes e constitutivos do próprio ato jurídico. Aqui, estamos sempre a tratar do modo de surgimento dos direitos, dos requisitos para que determinado ato ou negócio jurídico seja considerado existente. Os exemplos de sempre são a certidão de dívida ativa, que faz surgir a dívida com a Fazenda Pública,[60] o casamento e os contratos

58 PONTES DE MIRANDA, FRANCISCO CAVALCANTI. *Comentários ao Código de Processo Civil.* 4. ed. Rio de Janeiro: Forense, 1996. t. IV, p. 245-246.

59 FREDERICO MARQUES ressalva: "não há que confundir com os preceitos sobre prova aquelas normas que estatuem formas *ad solenitatem*, em que tais formas são elementos integrantes e constitutivos do próprio ato jurídico". *Instituições de direito processual civil.* 7. ed. São Paulo: Malheiros, 2017. v. 3, p. 327.

60 Vale a ressalva de posições doutrinárias propondo que a CDA é mera comprovação da exigibilidade de crédito tributário já constituído no momento do lançamento

translativos de propriedade (CC, art. 1.245, §§ 1º e 2º). Não existe casamento sem a respectiva escritura pública, celebrada após o cumprimento das solenidades e proclamas legais (CC, art. 1.516, § 1º).

Como bem adverte a doutrina, a questão em nada diz respeito à prova, à tipicidade ou a restrições das partes em empregar todos os meios de prova em direito admitidos. Isso se aplica aos direitos de modo geral, que podem surgir e ser demonstrados de diferentes formas.[61]

A união estável, como instituto próximo do casamento, permite compreender bem essa diferença. A lei estabelece um conjunto de direitos e deveres decorrentes da condição de união estável (CC, art. 1.723 e ss.). Mas não exige que ela seja estabelecida por uma forma jurídica específica, ou com certas e tais solenidades. Isso significa que os direitos e deveres da união estável podem nascer sob diferentes formas. E, se assim é, podem ser igualmente provados por diferentes maneiras.

A prova da união estável compete ao direito processual, por meio de um dos meios de prova típicos ou mesmo por meios atípicos, sem restrições, em manifestação do direito fundamental à prova, corolário do acesso à justiça e do devido processo legal. Caso, por diferentes meios, se demonstre a existência da união estável, ela será reconhecida por decisão judicial.[62] O casamento, como visto, tem solenidades próprias e só se considera existente se for celebrado por oficial público, isto é, perante um Registro de Pessoas Naturais.[63]

---

pela autoridade administrativa. SCHOUERI, Luís Eduardo. *Direito tributário*. 7. ed. São Paulo: Saraiva, 2017. p. 639-640; PAULSEN, Leandro. *Curso de direito tributário completo*. 9. ed. São Paulo: Saraiva, 2018. p. 297.

61 Wambier e Talamini consideram que os requisitos de forma do direito material (p. ex.: a necessidade de escritura pública para a validade do negócio jurídico de transferência de imóveis (CC, art. 108); a imprescindibilidade da inscrição na matrícula imobiliária para a existência de transferência de propriedade de bem imóvel (CC, art. 1.245); as exigências formais para a eficácia perante terceiros da transmissão de crédito (CC, art. 288); as formalidades "essenciais" para a celebração de cada uma das diversas modalidades de testamento (CC, arts. 1.864, 1.868 e 1.876) não restringem de forma alguma a atividade probatória no âmbito processual; simplesmente podem determinar a inexistência, invalidade ou ineficácia do ato. TALAMINI, Eduardo; WAMBIER, Luiz Rodrigues. *Curso avançado de processo civil*. 16. ed. São Paulo: Revista dos Tribunais, 2016. p. 248-249.

62 Do Tribunal de Justiça de São Paulo, confira-se o RN 1038669-19.2018.8.26.0053, 12ª Câmara de Direito Público, rel. Souza Meirelles, j. 14.05.2019. Também, a Ap. 1014753-49.2016.8.26.0562, 2ª Câmara de Direito Público, rel. Luciana Bresciani, j. 07.11.2017.

63 A ressalva necessária diz respeito ao casamento nuncupativo, hipótese prevista na lei e de rara ocorrência prática. CC, art. 1.540.

O exemplo da união estável se aplica à imensa maioria dos demais fatos e negócios jurídicos. Sua prova, porque é de natureza processual, pode em geral se dar por diferentes meios e será apreciada segundo os ditames da lei processual, que por exemplo dispensa a respectiva prova se não há impugnação do fato, fixa parâmetros para a distribuição do ônus da prova e exige adequada valoração da prova, por meio de fundamentação qualificada.

A terceira e última observação diz respeito ao exame de certas normas, denominadas heterotópicas, porque contêm disciplina de natureza processual, mas contempladas no Código Civil ou outros diplomas materiais. No Código Civil, por exemplo, há regras sobre a desconsideração da personalidade jurídica, interrupção da prescrição (art. 202), solidariedade ativa e extensão da coisa julgada (art. 274)[64] e penhora (arts. 813, 827, 828, 1.026, 1.477, 1.911).

Examinando rapidamente as disposições do Código Civil acerca das provas, pode-se afirmar que praticamente a totalidade dos artigos do Código Civil do Título sobre Provas (arts. 212 a 232) contém regras de natureza estritamente processual, situadas, portanto, no diploma errado. Os arts. 227, *caput*, 229 e 230 foram inclusive revogados pelo CPC (art. 1.072, II). Quanto aos demais, as ressalvas ficam por conta dos parágrafos do art. 215, que regulam os elementos obrigatórios das escrituras públicas, do art. 218, que versa sobre a natureza pública de certos documentos,[65] e do art. 224, sobre a necessidade de tradução de documentos em língua estrangeira.[66] Todos os demais pretendem disciplinar meios de prova e impor critérios de valoração das provas, o que, evidentemente, compete à lei processual fazer.

Para Dinamarco, a opção do Código Civil de regular provas e invadir o campo do direito processual merece severas críticas, "como se este ainda fosse o modo de exercício dos direitos e como se o direito civil ainda pudesse ser encarado como a condensação enciclopédica de todas as normas jurídicas de uma nação".[67]

Por essas razões, a tarefa da doutrina e da jurisprudência é traçar os critérios seguros para a caracterização das normas sobre provas, harmonizando as disposições dos diferentes diplomas e conferindo-lhes adequado tratamento jurídico.

---

64 Art. 274. O julgamento contrário a um dos credores solidários não atinge os demais; o julgamento favorável aproveita-lhes, a menos que se funde em exceção pessoal ao credor que o obteve.

65 Art. 218. Os traslados e as certidões considerar-se-ão instrumentos públicos, se os originais se houverem produzido em juízo como prova de algum ato.

66 Art. 224. Os documentos redigidos em língua estrangeira serão traduzidos para o português para ter efeitos legais no País.

67 *Instituições de direito processual civil*. 7. ed. São Paulo: Malheiros, 2017. v. 3, p. 50.

7. Classificação das provas

As provas recebem diferentes classificações, inspiradas em razões didáticas e critérios variados. Pelo seu objeto, podem ser diretas e indiretas. Prova direta incide sobre os próprios fatos relevantes, por exemplo, a prova da culpa em demanda de responsabilidade civil, a prova da filiação na ação de alimentos. A prova indireta incide sobre fatos que em si não são relevantes, mas cuja prova conduz à prova do fato relevante. Aqui, o juiz desenvolve um raciocínio dedutivo. Por exemplo, a disposição do art. 1.209 do Código Civil, de que "a posse do imóvel faz presumir, até prova contrária, a das coisas móveis que nele estiverem". Assim, provar o fato secundário – posse do imóvel – conduz (por presunção legal, neste caso) à prova do fato principal – a posse dos móveis que o guarnecem.

Pela sua fonte, as provas são pessoais ou reais. Prova pessoal é a que se vale de fontes ativas, como as partes e testemunhas. Prova real quando incide sobre fontes passivas, como bens, máquinas, equipamentos ou até mesmo pessoas (que são objeto de exames e perícias).

Pela natureza das atividades desempenhadas, classificam-se as provas em orais (testemunhas e partes), materiais (perícias, exames, provas técnicas) e documentais (exibição e juntada de documentos).

Pela sede de sua preparação, as provas se dividem em pré-constituídas ou constituendas.

Daniel Neves classifica as provas quanto ao fato, em diretas e indiretas; quanto ao sujeito, em pessoais e reais; quanto ao objeto, em testemunhais, documentais e materiais. Por fim, quanto à preparação, em causais e pré-constituídas.[68] Moacyr Amaral Santos as dividia quanto ao objeto, em direta ou indireta, quanto ao sujeito, em pessoal ou real e quanto à forma, em testemunhal, documental e material.[69]

Como dito, são classificações com finalidade eminentemente didática. Algumas, com aplicação prática bem mais intensa, sobre as quais vale dedicar mais tempo. A distinção das provas em diretas e indiretas é muito relevante para se definir o objeto da prova e para a atividade subsequente de valoração da prova. Já a distinção entre prova pré-constituída e constituenda será relevante para a determinação do cabimento de determinados remédios e procedimentos (como o mandado de segurança, a exceção de pré-executividade) e,

---

68 NEVES, Daniel Amorim Assumpção. *Manual de direito processual civil.* 10. ed. Salvador: Juspodivm, 2018. p. 724.

69 SANTOS, Moacyr Amaral. *A prova judiciária no cível e comercial.* 4. ed. São Paulo: Max Limonad, 1970. v. 1, p. 54.

em especial, para aferir que tipo de prova pode ser emprestada de um processo ao outro (item 30, abaixo).

8. Momentos da prova

A classificação das provas quanto ao seu momento merece um destaque particular, dada a sua relevância prática. As provas são tradicionalmente divididas em quatro momentos: propositura, admissão, realização (ou produção) e valoração (ou apreciação)[70].

A propositura da prova explica em que momentos do procedimento as partes podem requerer sua produção. Esse é um aspecto relevante, porque pode potencialmente atuar como um limitador ao amplo direito à prova. O CPC regula dois momentos fundamentais para a propositura da prova. Para o autor, na petição inicial, que deverá apresentar desde logo os documentos *destinados a provar suas alegações* (CPC, art. 434), além de indicar as provas que ele pretende produzir (art. 319, VI).[71] Quanto aos documentos, há a exigência de que sejam apresentados, desde logo, os documentos indispensáveis à propositura da ação (art. 320). De se notar que, segundo entendimento prevalente, esses documentos indispensáveis são aqueles destinados a comprovar o preenchimento das condições da ação e dos pressupostos processuais. Assim, por exemplo, se a demanda é de divórcio, deve ser apresentada a certidão de casamento. Se a demanda visa rescindir um contrato, o documento deve ser apresentado.

Conforme o comportamento do réu em sua defesa, a depender do tipo de fato por ele alegado, caberá ainda ao autor, em sua réplica, requerer a produção das respectivas contraprovas (arts. 350 e 351).

O réu especifica as provas que quer produzir na contestação (art. 336) e na reconvenção (art. 343). Em relação a ele, menos provável que deva apresentar documentos indispensáveis, além dos que digam respeito à sua própria qualificação (contratos sociais, atas de eleição de diretoria, instrumentos de mandato etc.), mas, em qualquer caso, a lei impõe também ao réu que instrua a defesa com os documentos que corroboram suas alegações (art. 434).

De fato, na prática é comum que as partes apresentem desde logo os principais documentos que sustentam suas alegações, misturando esse momento da

70 ASSIS, ARAKEN DE. *Processo civil brasileiro*. 3. ed. São Paulo: Revista dos Tribunais, 2016. v. III, p. 451.

71 Outro dispositivo regula essa mesma atividade, caso, não obstante a revelia do réu, não se verifiquem seus efeitos, exigindo que o autor especifique as provas que pretende produzir. CPC, art. 348.

propositura com o da produção da prova.[72] Isso não muda a constatação de que, rigorosamente, todos os meios de prova podem ser entendidos sob essa distinção entre seus momentos, pois primeiro se propõe a prova, passando-se à sua produção apenas depois de positivo o exame acerca da sua admissibilidade.

De se lembrar, ainda, que a depender do comportamento da contraparte, certas provas podem se tornar desnecessárias. Basta pensar nas hipóteses de revelia ou de não impugnação específica dos fatos alegados (arts. 344 e ss.).

A efetiva propositura das provas em geral se realiza após a fase postulatória, quando terminam as rodadas de manifestações escritas preliminares, com a réplica e/ou a tréplica. Ainda que não haja previsão específica, costuma ser proferida uma decisão nesse momento convidando as partes a especificarem as provas que (ainda) pretendem produzir, de forma justificada.[73] Essa é uma etapa preparatória da decisão de saneamento do processo, que também como regra geral se dá por despacho do juiz,[74] sem a participação das partes ou a convocação de audiência para tal finalidade.

A propositura se dá também em outros momentos, notadamente em relação a litisconsortes, assistentes, denunciados etc. Pode se dar mesmo antes da demanda principal, pelo exercício de alguma das modalidades de produção antecipada e autônoma da prova (arts. 381 a 383). Essas situações são reguladas especificamente em certos dispositivos (por exemplo, arts. 435, 493, parágrafo único, art. 938, § 3º), mas o critério interpretativo geral é o da ampla possibilidade probatória, conforme visto acima (item 4).

A admissão das provas é tarefa que compete ao julgador, a partir do requerimento que lhes é dirigido pelos demais sujeitos do processo. Como dito, isso não necessariamente se dá em relação à prova documental, que acaba sendo juntada de forma imediata pelas partes e, nessa medida, não chega a ter sua pertinência examinada. É claro que pode se dar alguma discussão sobre a pertinência das provas e até pedidos para seu desentranhamento, mas, em

---

72 Confirmando essa posição, afirma Barbosa Moreira que o momento de propositura da prova é a petição inicial, para o autor, e a contestação, para o réu. Cf. BARBOSA MOREIRA, José Carlos. *O novo processo civil brasileiro*. 22. ed. Rio de Janeiro: Forense, 2002. p. 56.

73 Por isso, observa Cândido Rangel Dinamarco que o protesto inicial por provas costuma não ter relevância alguma, e, mesmo se não é feito, não impede o requerimento específico de provas pelas partes. Cf. *Instituições de direito processual civil*. 7. ed. São Paulo: Malheiros, 2017. v. 3, p. 102.

74 Esse despacho que precede a decisão de saneamento é frequentemente denominado "despacho de especificação", e costuma ser dispensado quando há designação de audiência preliminar. ASSIS, Araken de. *Processo civil brasileiro*. 3. ed. São Paulo: Revista dos Tribunais, 2016. v. III, p. 452-453.

termos práticos, o mais comum é que as provas documentais juntadas pelas partes permaneçam nos autos, sem contestação.

Quanto às demais provas, seja nas petições principais, seja na especificação de provas, competirá a cada parte indicá-las, justificando sua pertinência. O objeto da prova não são todos os fatos, mas apenas os fatos considerados principais, sobre os quais haja alguma controvérsia. Nem sempre a contraparte controverte o fato, porque pode ser o caso de simplesmente propor outros fatos, que impeçam, modifiquem ou mesmo extingam o fato trazido pelo autor. Um réu pode não contestar o fato de ter contratado com o autor, nem a alegação de que assumiu pagar certa prestação, porque prefere opor outro fato, o de já ter pago a dívida, em sua defesa.

Será depois do confronto das versões trazidas pelas partes que se obterá com segurança a delimitação do objeto da prova, de forma a permitir ao julgador que examine tais fatos controvertidos e as provas requeridas, para examinar sua pertinência.[75] A lei traz alguns parâmetros que interferem nessa admissão, como o respeito ao prazo para o requerimento das provas, depósito do rol de testemunhas e limitação do número de testemunhas. O juiz levará em conta tais limitadores em sua decisão acerca das provas.

Quando isso se dá na decisão de saneamento do processo, o julgador deverá ainda estabelecer a ordem de produção das provas, podendo alterar o modelo previsto na lei se as especificidades da causa assim o exigirem (art. 139, VI).

Como toda e qualquer decisão, esta também deverá ser fundamentada, "esclarecendo de modo preciso as razões que levam o magistrado a sentir sua necessidade, ou que determinam sua rejeição",[76] sempre com a advertência, acima reproduzida, no sentido de que o ordenamento trabalha com a hipótese preferencial de admissibilidade das provas (art. 370, *caput*) e em via excepcional, com sua inadmissibilidade (art. 370, parágrafo único).

A produção da prova, realizada após sua admissão, dar-se-á no momento e conforme os parâmetros fixados pela lei, eventualmente complementados pela própria vontade das partes (art. 190) e por decisão do juiz. Nesse particular, o tipo da prova que for deferida interferirá muito na dinâmica de sua produção. Por exemplo, como regra, a prova testemunhal se produz direta-

---

75 Para MOACYR AMARAL SANTOS, "pode-se dizer que a admissão da prova é o momento da avaliação preventiva da sua utilidade". *A prova judiciária no cível e comercial*. 4. ed. São Paulo: Max Limonad, 1970. v. 1, p. 253.

76 ARENHART, SÉRGIO CRUZ; MARINONI, LUIZ GUILHERME. Comentários ao Código de Processo Civil: artigos 369 ao 380. *In* MARINONI, LUIZ GUILHERME (dir.); ARENHART, SÉRGIO CRUZ; MITIDIERO, DANIEL (coord.). *Comentários ao Código de Processo Civil*. São Paulo: Revista dos Tribunais, 2016. v. VI, p. 70.

mente perante o juiz da causa, em audiência especificamente designada (art. 361, III). O juiz toma o compromisso das testemunhas de dizer a verdade, faculta às partes que façam as perguntas diretamente, sem prejuízo dele próprio formular perguntas sobre questões do seu interesse.

Pode ocorrer de testemunhas serem de outras localidades, hipótese em que poderão ser ouvidas por carta precatória, ou mesmo em suas residências (art. 449, parágrafo único, e art. 454). A esse respeito, o CPC traz interessante inovação, para que a testemunha seja ouvida por videoconferência, de modo que seu depoimento seja colhido diretamente pelo juiz da causa. Essa realidade, tão comum na vida real (com vídeos por FaceTime e WhatsApp, conferências por sistemas de comunicação como Skype etc.), lamentavelmente ainda não se difundiu na prática forense. Não há parâmetro de comparação entre uma prova colhida diretamente pelo magistrado que irá julgar a causa e a colheita desse depoimento por outro magistrado, naturalmente menos interessado na causa.

Ouvem-se aqui e ali experiências isoladas e tímidas no uso dessa técnica, por exemplo, a de se ouvir uma parte, em estágio avançado de gravidez, da sua casa, por Skype. Mas creio que, em todas as situações que envolvam cartas precatórias, é desejável que elas sejam substituídas por esse mecanismo, tanto para o depoimento pessoal como para as testemunhas.

A prova pericial se produz, ordinariamente, após o despacho saneador e antes da audiência para colheita da prova oral. O juiz designa perito de sua confiança, que examina tecnicamente a questão em um laudo pericial. Esse trabalho é acompanhado por assistentes técnicos das partes, que têm o direito de presenciar as diligências e ser informados acerca do desenvolvimento dos trabalhos. O CPC baniu o modelo autoritário de perícia tantas vezes visto no sistema anterior, em que o profissional realizava o trabalho, sem qualquer contraditório, sem nenhuma satisfação, e se limitava a se relacionar com o juiz, isolando-se das partes e impedindo que elas participassem ativamente da produção da prova.

Esse é um triste (e oxalá defasado) exemplo de práticas do modelo anterior que eram totalmente incompatíveis com o ordenamento então colocado, mas que se verificavam por distorções interpretativas acerca do papel dos atores do processo e de um impróprio protagonismo judicial na condução do processo. O modelo de processo colaborativo expressamente consagrado no CPC rejeita essas soluções, impõe diferentes formas de participação dos sujeitos do processo em sua condução e desenvolvimento, inspirados na constatação de que os jurisdicionados têm o direito a um processo devido, completo, em que participam pedindo, discutindo, provando e acompanhando as provas, tudo para legitimar a decisão judicial, que, regra geral, acabará por impor a um deles restrições em suas esferas de direitos. Tal atividade estatal não pode ser realizada sob um viés autoritário.

Por fim, a valoração da prova. O tema será examinado de forma detida ao se examinar o art. 371. Neste momento, convém apenas registrar que essa valoração se realiza, ordinariamente, no momento em que o julgador profere decisão, mas isso não exclui que aspectos particulares dessa mesma valoração não sejam realizados em momentos anteriores.

O sistema processual brasileiro consagrou a persuasão racional ou o livre convencimento motivado, que consiste na liberdade dada ao juiz para examinar todo o conjunto probatório e dele extrair, de forma racional e fundamentada, as conclusões acerca dos fatos ocorridos, aplicando as regras jurídicas correspondentes. Repudia-se o sistema de prova legal, assim como a plena liberdade do julgador em decidir segundo seus parâmetros subjetivos, desatrelado de razões objetivas e motivadas acerca das provas.

Na medida em que não há hierarquia entre as provas, o juiz deve contemplar todo o conjunto probatório em sua decisão, não se limitando, evidentemente, a indicar apenas as provas que fundamentam sua conclusão. Na decisão da causa, o julgador deve igualmente examinar as alegações e provas acerca de fatos contrários, explicitando por que aderiu a uma versão, em detrimento da outra.

9. Negócios jurídicos processuais e sua repercussão sobre as provas

A nova legislação processual contém importantes marcos teóricos, que repercutem sobre o modo de raciocinar e aplicar as disposições do Código, não apenas em relação a dispositivos específicos ou a institutos jurídicos, mas de forma geral, dada a repercussão que assumem em relação à própria sistemática do CPC. Entre eles, o tema das convenções processuais assume particular importância no que diz respeito às provas. Por isso, neste capítulo introdutório, é conveniente desenvolver brevemente algumas considerações sobre os negócios jurídicos processuais.

Até o advento do CPC/2015, a ideia de que era possível às partes pactuar, no contexto de uma relação jurídica processual, acordos, convenções ou contratos era, para dizer o mínimo, objeto de pouca atenção dos estudiosos e operadores do direito. O negócio jurídico processual era admitido, mas pensado e aplicado quase exclusivamente em relação a duas modalidades específicas: *(i)* a cláusula de eleição de foro e *(ii)* a convenção de arbitragem. Havia quem recordasse a hipótese meramente teórica de distribuição convencional de ônus da prova (CPC/73, art. 333, parágrafo único).[77]

---

77 NEVES, Daniel Amorim Assumpção. *Manual de direito processual civil.* 10. ed. Salvador: Juspodivm, 2018. p. 388.

Duas questões conceituais marcavam esse comportamento. Primeiro, a concepção mais ou menos generalizada de que o processo, como ramo do direito público e instrumento pelo qual o Estado realiza sua função jurisdicional, é permeado por normas de direito público, com pouco espaço para a atuação da autonomia da vontade das partes.

Em brevíssima digressão histórica, é preciso recordar que, junto da evolução das próprias sociedades e da forma como se organizaram os Estados modernos, a função de dizer o direito, aplicar as regras objetivas e proporcionar pacificação, pela resolução de conflitos, tornou-se monopólio do Estado, por meio de seus agentes dotados de funções jurisdicionais. Todas as definições clássicas do conceito de jurisdição atendem a essa característica, de ser função do Estado.[78] Razoável, portanto, considerar que as atividades que se realizam no âmbito da relação processual têm essa finalidade associada aos próprios objetivos do Estado, sem espaço para a incidência da autonomia privada. Considera-se que os efeitos dos atos processuais praticados pelas partes eram determinados e preestabelecidos na própria lei.

Segundo, ainda quando se admitiam tais negócios jurídicos processuais, isso decorria do fato de a própria lei processual os prever e admitir sua existência (CPC/73, arts. 111, 267, VII e § 3º, V, e 301, IX e § 4º). Como consequência, o que se afirmava e reconhecia, no plano doutrinário, era que esses acordos das partes consistiam em negócios jurídicos processuais, porque tinham aptidão de produzir efeitos e impactar uma relação processual futura.[79]

Não se dava atenção ao fato de tais negócios jurídicos processuais serem negócios jurídicos, logo integrantes de categorias teóricas que, em sua concepção original, derivam do direito privado.[80]

---

78 CALAMANDREI, Piero. Limiti fra giurisdizione e amministrazione nella sentenza civile. *In* CAPPELLETTI, Mauro (org.). *Opere giuridiche*. Napoli: Morano, 1965, v. 1, p. 65-93; LIEBMAN, Enrico Tullio. *Manuale di diritto processuale civile*. Milano: Giuffrè, 1984. v. II, p. 3-7. REDENTI, Enrico. *Diritto processuale civile*. 3. ed. Milano: Giuffrè, 1980, v. 1, p. 3-47; SANTOS, Moacyr Amaral. *Primeiras linhas de direito processual civil*. 12. ed. São Paulo: Saraiva, 1985. v. 1, p. 67-69; GRECO FILHO, Vicente. *Direito processual civil brasileiro*. 11. ed. São Paulo: Saraiva, 1995, v. 1, p. 32-40.

79 CARMONA, Carlos Alberto. *Arbitragem e processo*. 3. ed. São Paulo: Atlas, 2009. p. 102.

80 A influência do direito privado na definição e conformação de muitas categorias jurídicas é enorme e inconteste. Tanto que a doutrina passou a enquadrá-las na Teoria Geral do Direito. KOMATSU, Roque. *Da invalidade no processo civil*. São Paulo: Revista dos Tribunais, 1991; ALVIM, Teresa Arruda. *Nulidades do processo e da sentença*. 9. ed. São Paulo: Revista dos Tribunais, 2018.

Como será visto (item 9.3), havia quem procurasse identificar e classificar tais acordos nas categorias dos atos jurídicos e dos negócios jurídicos, mas, em geral, forçoso reconhecer que o tema não tinha despertado a atenção da doutrina processual.

9.1. Influência das categorias teóricas do direito privado na classificação e conceituação do negócio jurídico processual

Para além das previsões específicas da cláusula de eleição de foro e da convenção de arbitragem, fato é que o CPC/73 previa diversas outras modalidades de negócios jurídicos processuais. Como exemplo, prorrogação ou redução convencional de prazos dilatórios (art. 181), suspensão do processo (art. 265, II), reconhecimento da procedência do pedido (art. 269, II), transação (art. 269, III), adiamento da audiência (art. 453) e adiamento consensual da sessão de julgamento para proferir sustentação oral (art. 565, parágrafo único).

Ainda assim, pouco se falava nessa categoria, e raros foram os estudos sobre o tema sob o ordenamento processual revogado. De destaque, os sempre lembrados ensaios de José Carlos Barbosa Moreira[81] e Leonardo Greco.[82] Tais autores afirmaram que, sendo modalidades de negócios jurídicos, era no direito privado que deveria ser baseada sua conceituação, classificação e a determinação de seus elementos. Na perspectiva do direito positivo brasileiro, necessário então reconhecer que os negócios jurídicos são modalidade dos fatos jurídicos, ao lado dos atos jurídicos lícitos e dos atos ilícitos (Código Civil, Livro III, Títulos I a III).

Segundo doutrina clássica, os fatos jurídicos constituem-se de fatos naturais e ações humanas destinados à produção de efeitos relevantes para o direito. Tais efeitos são estabelecidos pela própria lei.[83]

A doutrina propõe classificações diferentes daquela adotada pelo Código Civil (por influência da doutrina alemã). Considera-se que atos jurídicos *lato sensu* são divididos em atos jurídicos *stricto sensu* e negócios jurídicos. Um dos aspectos mais relevantes ao se estudar os negócios jurídicos processuais é que eles são atos jurídicos praticados pelas partes, cujos efeitos são por elas próprias determinados.

---

81 BARBOSA MOREIRA, José Carlos. Convenção das partes sobre matéria processual. *In Temas de direito processual:* terceira série. São Paulo: Saraiva, 1984.

82 GRECO, Leonardo. Os atos de disposição processual: primeiras reflexões. *Revista Eletrônica de Direito Processual*, v. 1, n. 1, p. 7-28, out./dez. 2007.

83 Ver, a respeito, REALE, Miguel. *Lições preliminares de direito*. 27. ed. São Paulo: Saraiva, 2004; VELOSO, Zeno. *Invalidade do negócio jurídico*: nulidade e anulabilidade. 2. ed. Belo Horizonte: Del Rey, 2005.

Temos, portanto, um sistema processual que consagrou a liberdade das partes para realizar negócios jurídicos cujo objeto é a relação processual que pode derivar de uma relação de direito material, seja para que se estabeleçam aspectos do processo, seja do procedimento. A circunstância de se tratar o negócio jurídico processual de um negócio jurídico, destinado a produzir efeitos em uma relação processual, torna imperiosa a constatação de sua natureza mista.

Ele deve ser interpretado mediante a aplicação de institutos e parâmetros tanto de direito civil como de processual. Nessa mesma linha, citem-se Antônio Junqueira de Azevedo, Barbosa Moreira, Leonardo Greco, Flávio Yarshell, Fernando Gajardoni e Eduardo Talamini.[84] Isso quer dizer que seu exame parte então de categorias extraídas da teoria geral do direito e do direito privado, investigando-se os planos de existência, validade e eficácia dos negócios jurídicos processuais. Da mesma forma, as concepções do direito privado sobre nulidade e anulabilidade do negócio jurídico devem ser examinadas e consideradas.

Contudo, importante estabelecer desde logo duas importantes ressalvas: *(i)* o regime jurídico das invalidades processuais *não* é regido pelo mesmo regime do direito privado. Apesar da inequívoca influência, e talvez justamente por causa dela, é impróprio transportar para o plano processual as premissas e regramento das nulidades do direito privado. Compartilha-se terminologia comum – também uma inequívoca fonte de confusões conceituais – e alguns aspectos assemelhados, mas os regimes devem ser vistos sob perspectivas, objetivos e regramentos diferentes; e *(ii)* como será visto adiante, o regime jurídico próprio dos negócios jurídicos processuais exige que as considerações sobre invalidades sejam feitas mesclando-se os dois regimes.

A ressalva *(ii)* parece contradizer a *(i)*, mas na verdade a confirma. Apenas na situação específica do negócio jurídico processual é que se aplicarão os dois regimes. Fato é que o negócio jurídico processual se vale dos conceitos do direito privado mas os adapta às especificidades normativas próprias do direito processual, como ramo do direito público.

Dessa forma, o exame do conceito, do objeto e da natureza jurídica do negócio jurídico processual é feito à luz dos elementos intrínsecos e extrínsecos do

---

84 AZEVEDO, Antônio Junqueira de. *Negócio jurídico:* existência, validade e eficácia. 4. ed. São Paulo: Saraiva, 2002; TALAMINI, Eduardo. Um processo para chamar de seu: nota sobre os negócios jurídicos processuais. *Migalhas*, 21 out. 2015 Disponível em: https://www.migalhas.com.br/dePeso/16,MI228734,61044-Um+processo+pra+chamar+de+seu+nota+sobre+os+negocios+juridicos. Acesso em: 19 jul. 2019; YARSHELL, Flávio Luiz. Convenção das partes em matéria processual: rumo a uma nova era? *In* DIDIER JR., Fredie (coord.). *Coleção Novo CPC:* doutrina selecionada – negócios processuais. 2. ed. Salvador: Juspodivm, 2015. v. 1, p. 63-80.

negócio jurídico em geral, com especificidades propostas pela regulação processual dessas figuras. Essas considerações se aplicam, de forma integral, às convenções processuais sobre provas, conforme ilustração que será feita ao longo deste livro.

9.2. Conceito de negócio jurídico processual

Apesar de ser um instituto pouco estudado, nem por isso o negócio jurídico processual era completamente desconhecido da doutrina. CHIOVENDA os definia como declarações de vontade unilaterais ou plurilaterais admitidas pelo ordenamento como aptos a constituir, modificar e extinguir situações processuais ou alterar o procedimento.[85]

No Brasil, MACHADO GUIMARÃES considerava tratar-se de poder das partes, decorrente do princípio dispositivo de dispor da relação processual por meio de declarações de vontade destinadas a produzir efeitos processuais.[86] BARBOSA MOREIRA, no estudo antes aludido, ressaltou que a concessão processual é constituída de duas declarações de vontade, que compõem um ato único. Emitidas que sejam, as declarações fundem-se para formar entidade nova, capaz de produzir efeitos jurídicos.[87]

Curioso, em larga medida, que a principal voz a reconhecer amplamente o negócio jurídico processual tenha sido a de um civilista, que considerava o então antigo art. 158 do CPC/73 como portador da previsão de negócios jurídicos processuais atípicos. Ainda na vigência do CPC/73, defendiam a existência do negócio jurídico processual autores como FREDERICO MARQUES

---

85 CHIOVENDA, GIUSEPPE. *Principii di diritto processuale*. Napoli: Jovene, 1965. p. 775.

86 GUIMARÃES, LUIZ MACHADO. Ato processual. *In Estudos de direito processual civil*. Rio de Janeiro: Jurídica e Universitária, 1969. p. 89-90.

87 Na doutrina civilista, o principal estudioso sobre o negócio jurídico, ANTÔNIO JUNQUEIRA DE AZEVEDO, considerava o negócio jurídico processual apenas aquele realizado no próprio processo. Concebia duas modalidades. Primeiro, o que denominava "negócio jurídico formalmente processual", que possuía conteúdo de direito material, forma de direito processual e efeitos de ambos os regimes. Como exemplo, o reconhecimento do pedido, a transação e a renúncia. Segundo, os "verdadeiros negócios processuais", consistentes em negócios jurídicos de conteúdo processual, feitos no processo e com efeitos processuais. Exemplo: acordo para suspensão do processo. Outras duas categorias aventadas por ANTÔNIO JUNQUEIRA DE AZEVEDO relacionavam os negócios jurídicos aos processos, mas não constituíam, para ele, negócio jurídico processual. O principal problema de tal classificação é o de negar a natureza de negócio jurídico processual aos acordos, feitos fora do processo de que são exemplos os mais típicos e comuns, a eleição de foro e a convenção de arbitragem. O autor, de outro lado, chega a considerar a demanda judicial um negócio jurídico, sob uma consideração excessivamente ampla de ser ato praticado pela parte (declaração de vontade) com aptidão para produzir efeitos processuais. *Negócio jurídico e declaração negocial (noções gerais e formação da declaração negocial)*, 1986. p. 54-56.

e HÉLIO TORNAGHI.[88] Na doutrina estrangeira, à luz de seus ordenamentos jurídicos, também BETTI e CARNELUTTI.[89]

O CPC/2015 incorporou ao sistema processual a disposição do art. 190, segundo o qual, nos direitos que admitam autocomposição, partes plenamente capazes podem estipular mudanças no procedimento para atender a dois grandes objetivos: *(i)* ajustá-lo às especificidades da causa; *(ii)* convencionar sobre seus ônus, poderes, faculdades e deveres. O artigo complementa que tais medidas cabem antes ou durante o processo.

O parágrafo único, que regula as hipóteses de controle da validade do negócio jurídico processual, usa expressamente a expressão "convenção". BARBOSA MOREIRA a adotava, e, mais recentemente, ANTONIO DO PASSO CABRAL a adota para distinguir convenção (acordo das partes sobre objeto comum ou coincidente) e negócio jurídico ou contrato (que alude a acordo de vontade com objeto e interesses contrapostos).[90] Tais diferenças me parecem menos relevantes, razão pela qual adoto a denominação mais geral de negócio jurídico processual.

Seu conceito de convenção processual, contudo, pode ser genericamente adotado: negócio jurídico processual é "o negócio jurídico plurilateral, pelo qual as Partes, antes ou durante o processo e sem a necessidade de intermediação de nenhum outro sujeito, determinam a criação, modificação e extinção de situações jurídicas processuais, ou alteram o procedimento".[91]

Com a ressalva já dita sobre a possibilidade de se realizar dentro do processo, parece também útil a definição de ANTÔNIO JUNQUEIRA DE AZEVEDO sobre negócio jurídico: "Negócio jurídico é todo fato jurídico consistente em declaração de vontade, a que o ordenamento jurídico atribui os efeitos, designados como queridos, respeitados os pressupostos de existência, validade e eficácia impostos pela norma jurídica que sobre ele incide".[92]

---

88 MARQUES, JOSÉ FREDERICO. *Instituições de direito processual civil*. 2. ed. Rio de Janeiro: Forense, 1962. p. 316; TORNAGHI, HÉLIO. *Comentários ao Código de Processo Civil*. 2. ed. São Paulo: Revista dos Tribunais, 1978. v. II, p. 14.

89 BETTI, EMILIO. Teoria generale del negozio giuridico. 3. ed. *In* VASSALI, FILIPPO (dir.). *Trattato di diritto civile italiano*. Torino: UTET, 1960, p. 285. LIEBMAN, ENRICO TULLIO. *Manuale di diritto processuale civile*. Milano: Giuffrè, 1984. v. II, p. 221.

90 Que, segundo o autor, são objeto de regulação distinta. O art. 200 regularia a cláusula geral sobre negociação processual, enquanto o art. 190 cuidaria da convenção processual. Cf. CABRAL, ANTONIO DO PASSO. *Convenções processuais*. Salvador: Juspodivm, 2016. p. 51-56.

91 CABRAL, ANTONIO DO PASSO. *Convenções processuais*. Salvador: Juspodivm, 2016. p. 68.

92 AZEVEDO, ANTÔNIO JUNQUEIRA DE. *Negócio jurídico:* existência, validade e eficácia. 4. ed. São Paulo: Saraiva, 2002, p. 16.

9.3. Elementos de existência e requisitos de validade do negócio jurídico processual

Para existir, o negócio jurídico precisa ter todos os elementos gerais dos negócios jurídicos: lugar, tempo, agente (elementos extrínsecos), objeto, forma e circunstâncias negociais (elementos intrínsecos). Lugar e tempo são comuns a todos os fatos, e sua importância nos negócios jurídicos é inclusive destacada pela indicação expressa do local e data ao final de praticamente todos os negócios jurídicos celebrados por escrito. Agentes são os protagonistas da relação material, atual e/ou que pode ser projetada para o processo futuro. A forma do negócio jurídico processual deve ser escrita, sem exigências adicionais de formas específicas ou formalidades. Mas tem razão FLÁVIO YARSHELL quando aduz ser difícil conceber tal modalidade de negócio jurídico processual na forma oral.[93] Mesmo que alguma convenção seja estabelecida em audiência, para criar parâmetros específicos para a colheita da prova oral, por exemplo, ela será reduzida a termo e constará do termo de audiência.

O negócio jurídico processual deve também ter objeto. No universo aqui estudado, ele será relacionado à delimitação de certos meios de prova, ao modo de produção das provas, por exemplo a possibilidade de apresentação de depoimentos escritos das testemunhas, ou a dispensa de perito do juízo e sua substituição por laudos dos assistentes das partes. No plano da existência, tais elementos, se caracterizados, suprirão as exigências legais e não ensejarão maiores questionamentos. Os problemas e nuances se dão no plano da validade.

Quanto aos requisitos de validade, diz o art. 104 do Código Civil que a validade do ato requer agente capaz, objeto lícito, possível, determinado ou determinável, e forma prescrita ou não defesa em lei. A esses requisitos expressos, a doutrina, por meio de interpretação sistemática do Código Civil, acrescenta outros, a exemplo dos requisitos de validade da declaração de vontade em si: deverá ser livre, consciente e de boa-fé.[94]

9.3.1. Agente capaz

A esses requisitos gerais, deve-se adicionar os requisitos específicos do negócio jurídico processual, tal qual previstos no art. 190. Aqui, surge a primeira demonstração prática do regime misto a que se submete o instituto.

---

93 YARSHELL, FLÁVIO LUIZ. Convenção das partes em matéria processual: rumo a uma nova era? *In* DIDIER JR., FREDIE (coord.). *Coleção Novo CPC:* doutrina selecionada – negócios processuais. 2. ed. Salvador: Juspodivm, 2015. v. 1, p. 77.

94 AZEVEDO, ANTÔNIO JUNQUEIRA DE. *Negócio jurídico:* existência, validade e eficácia. 4. ed. São Paulo: Saraiva, 2002, p. 43.

Exigem-se partes plenamente capazes. Para além da nomenclatura diversa, é preciso entender a qual capacidade a lei processual se refere.

É sabido que no plano material pode-se identificar os incapazes, os relativamente incapazes e os capazes. O direito civil nega personalidade jurídica ao nascituro (CC, art. 2º), apesar de assegurar-lhe direitos, bem como à pessoa falecida (art. 6º). Também nega personalidade jurídica a outros entes, como o condomínio, a massa falida e mesmo o espólio.

É evidente que um conjunto de direitos e obrigações pode ser associado a tais figuras, mas não o reconhecimento típico de sua personalidade jurídica. Quem então pode celebrar negócios jurídicos processuais? O totalmente capaz sem dúvida, pois essa é a dicção da lei processual.

A questão debatida na doutrina especializada diz respeito às "figuras intermediárias". Pode um relativamente capaz, representado, celebrar um negócio jurídico processual para restringir o número total de testemunhas, ou para a nomeação consensual de um perito? É relevante que o negócio jurídico processual seja antes ou durante o processo?

Para a primeira pergunta, a resposta sim parece mais adequada. Afinal, no que diz respeito à capacidade processual, o sistema processual se vale de regras próprias, que podemos dizer especiais em relação ao regime do direito privado. Incapazes, representados, podem ser parte e estar em juízo. O mesmo quanto ao condomínio, espólio e massa falida. É preciso reconhecer – e permitir – que um conjunto de deveres e direitos é associado a tais entes jurídicos, que exige sua permissão para atuar em juízo.

Esse regime especial deve prevalecer. A segunda pergunta impõe, pelas mesmas razões, respostas diversas. Não se exige que o negócio jurídico processual deva ser feito durante o processo para ter validade. Também nos contratos é possível incluir um negócio jurídico processual, por exemplo, que estabeleça prazos diferentes, que dispense desde logo assistentes técnicos, ou mesmo a tradicional cláusula de eleição de foro.

9.3.2. Objeto lícito

Quanto ao objeto, também incidem regras particulares. Como já mencionado, os requisitos de validade comuns ao objeto de todos os negócios jurídicos são: licitude, possibilidade, determinação ou determinabilidade. O Código de Processo Civil estabelece critérios especiais para determinar a extensão da licitude do objeto de negócios jurídicos processuais.

Em primeiro lugar, deve incidir sobre direitos que admitem autocomposição. Esse é o principal elemento a justificar a própria inclusão do permissivo legal. Pode-se dizer, a propósito, que a prática arbitral influenciou a inclusão desse dispositivo e que ele se insere em mudanças mais globais da própria ideologia do novo Código, que propõe um modelo cooperativo, com sensível reposicionamento do princípio do contraditório, com exigências explícitas de cooperação, boa-fé, ênfase no julgamento do mérito e combate aos óbices que se põem a esse objetivo (legítimos, como as condições da ação e pressupostos processuais; ilegítimos, como o formalismo excessivo e a jurisprudência defensiva).

Nessa perspectiva de maior participação e legitimação das decisões, nada mais natural que ampliar o espaço para as convenções das partes em matéria processual, desde que limitadas por dois grandes requisitos: *(i)* o direito material deve admitir autocomposição; *(ii)* os parâmetros do devido processo legal devem ser observados.

O primeiro requisito é explicitado no art. 190. O segundo não precisa sê-lo. De forma mais abrangente que a lei de arbitragem, que limita sua incidência aos direitos patrimoniais disponíveis, o negócio jurídico processual é permitido para direitos que admitem autocomposição.

A única leitura possível é a que compreende os direitos disponíveis e aqueles indisponíveis, que admitam autocomposição. De se notar que a patrimonialidade não é um requisito, de forma que se deve admitir negócio jurídico processual em demandas versando sobre regulamentação de visitas, por exemplo, eis que, não obstante certas parcelas de indisponibilidade, o regime de visitas pode ser convencionado entre os cônjuges. Aliás, em termos ideais, deve sê-lo, para melhor atender aos interesses do menor.

Pode-se admitir, nessa situação específica, um negócio jurídico processual que institua um procedimento incidental de mediação potencialmente mais apto a resolver conflitos dessa natureza (CPC, art. 165, § 3º). Vale ainda mencionar que a Lei n. 13.140/2015 estabelece limites à licitude do objeto da mediação que possuem alguma semelhança com os limites do negócio jurídico processual.[95]

Sobre o devido processo legal como requisito de validade, vale registrar, na esteira da lição de FLÁVIO YARSHELL, que os escopos do processo não podem ser desconsiderados ao se cogitar de um negócio jurídico processual. Seu objeto deve procurar imprimir eficiência ao procedimento, aprimorar sua adequação ao direito material deduzido.

95 Art. 3º, *caput*: Pode ser objeto de mediação o conflito que verse sobre direitos disponíveis ou sobre direitos indisponíveis que admitam transação.

Por isso é que a doutrina que se dedicou ao tema rejeita hipóteses de negócio jurídico processual relacionadas, por exemplo, a modificar parâmetros de competência absoluta, afastar o reexame necessário ou a intervenção obrigatória do Ministério Público, criar modalidade recursal nova, ampliar prazo para sustentação oral, entre outros.

É preciso adicionar, ao se falar no objeto do negócio jurídico processual, que ele tem dois objetivos primordiais: adaptar o procedimento às especificidades da causa e convencionar sobre ônus, poderes, faculdades e deveres processuais das partes.

a) Mudanças no procedimento para ajustá-lo às especificidades da causa

O primeiro núcleo que pode ser convencionado diz respeito ao aspecto formal da relação processual. Se os direitos admitem autocomposição, pode-se cogitar de as partes regularem forma específica de intimação, prazos reduzidos ou ampliados para a prática dos atos processuais (hipótese diversa da calendarização, como será visto), alteração da ordem de produção das provas ou de submissão de seus argumentos, regulamentação diversa acerca de meios de prova já regulamentados, suspensão de prazos e do andamento do processo, adiamento da audiência, eleger foro.

O parâmetro deverá ser o da igualdade, paridade de armas e, sob o aspecto negativo, não pode impactar a administração da justiça. Por isso é que não se admite, por exemplo, que as partes fixem/estabeleçam que a audiência se dará durante dois dias inteiros, ou que suas sustentações orais terão 30 minutos de prazo.

b) Convenções sobre ônus, poderes, faculdades e deveres

Além dessas quatro figuras, e não obstante certa polêmica na doutrina, importante reconhecer que as partes também possuem direitos no âmbito do processo. Nem sempre direitos que ensejam sua faceta oposta de gerar deveres ao obrigado, mas ainda assim direitos. O próprio art. 200 é explícito a esse respeito.

Os juízes não têm ônus ou faculdades, e costuma-se dizer que executam poderes-deveres. Seja como for, o objeto da convenção processual são os ônus, poderes, faculdades e deveres das partes. Elas não podem dispor sobre o que não é delas, e, se o fizerem, ensejarão a invocação da disciplina da invalidade do direito civil, que autorizará o juiz a conhecer "de ofício" da nulidade daquele negócio por ilicitude do seu objeto.

Em sua esfera de disponibilidade, poderão as partes estabelecer pacto de impenhorabilidade, rateio das despesas processuais, combinações específicas sobre honorários de sucumbência (para com os quais os advogados deverão posteriormente manifestar sua concordância, sob pena de ineficácia), dispensa de assistente técnico, retirada de efeito suspensivo de recurso, ou atribuição (quer-se dizer, pacto de não promover a execução provisória).

Nos negócios jurídicos processuais típicos, podem também estabelecer a delimitação consensual das questões de fato e de direito sobre as quais incidirão as atividades instrutórias.

Questão mais polêmica diz respeito ao limite dos negócios jurídicos processuais típicos em matéria probatória. As partes têm o ônus de alegar e provar suas razões e os fatos à base delas, e ordinariamente será delas a responsabilidade por produzir a prova. Caso não façam, aplicam-se as técnicas de julgamento relativas ao ônus da prova, uma vez que o juiz não pode se eximir de julgar alegando falta de provas (ver comentários ao art. 373).

Nessa linha, razoável considerar que as partes possam dispor de suas prerrogativas probatórias. Por exemplo, restringindo a prova aos documentos, ou fixando prazos restritos para os requerimentos de provas. Ainda, estatuindo que só se admitirão testemunhas que tenham apresentado depoimentos escritos prévios (*written statements*), sobre os quais se limitarão o questionário em audiência.

O problema se põe ao considerar os poderes instrutórios do juiz (art. 370). Qual a repercussão nesses poderes de tais convenções? Sob o prisma lógico e até semântico, a resposta seria: nenhuma. As partes dispõem dos poderes delas sobre as provas sem interferir nos poderes-deveres do juiz. Ele poderia então designar de ofício a perícia recusada pelas partes, ouvir testemunhas não arroladas ou sobre fatos não contidos no depoimento prévio.

Contudo, em termos puramente pragmáticos, o tema persiste. Afinal, a determinação *ex officio* de realização de uma prova pericial, por exemplo, redunda no problema do custeio dessa prova. Quem irá pagar os honorários do perito e demais despesas, se as partes celebraram convenção processual vedando-a? Creio que surgirão duas alternativas. Se as duas partes mantiverem sua convenção, não anteciparão as despesas, e o impasse estará formado. É claro, de outro lado, que pode interessar a uma das partes, naquele contexto, produzir a prova que o juiz entende, hipótese em que deverá descumprir o negócio jurídico processual e contribuir para a realização da prova que se obrigara a não fazer.[96] Em outros cenários, porque a prova determinada pelo juiz depende menos das partes, sua determinação *ex officio* significará sua realização. Por exemplo, pela intimação de testemunha não arrolada para ser ouvida em audiência.

---

96 O descumprimento do NJP constitui inadimplemento de um negócio jurídico, passível de previsão de cláusula penal ou indenização por perdas e danos.

c) Calendário processual

Não obstante constituir dispositivo autônomo (art. 191), o que faz parcela da doutrina cogitar que o calendário processual forma um categoria separada, entendo que se trata meramente de outra modalidade de negócio jurídico processual, que pode ser considerada como típica, pois contém exigências próprias.

Certamente por inspiração dos procedimentos arbitrais, o legislador fez constar a hipótese de as partes, em comum acordo com o juiz, fixarem calendário para a prática dos atos processuais. Se isso ocorrer, dispensa-se intimação para a prática do ato processual contido no calendário.

Uma vantagem e uma desvantagem, portanto. Vantagem porque a serventia não terá de adotar as providências de praxe quanto à movimentação do processo. Juntadas, certidões, despachos ordinatórios, intimações no Diário de Justiça. Tudo isso é eliminado. Desvantagem porque o modelo padronizado do serviço forense se rompe, com aptidão potencial de conturbar e atrapalhar as rotinas forenses.

É evidente que tudo o que aqui se afirma precisa ser visto com elevada dose de realismo. Fato é que, decorridos quatro anos de vigência do novo CPC, não há registros de celebração efetiva de negócios jurídicos processuais. O calendário, em boa medida, será bem recebido e aplicado na medida do seu fracasso: quanto menos for adotado, mais fácil será dar-lhe operabilidade.

Creio que essa foi a intenção do legislador: instrumentos sofisticados para casos sofisticados. Não é esperado que os serviços forenses devam se adaptar a um grande afluxo de calendários processuais. Seja como for, o calendário é fixado de comum acordo com o juiz, medida suficiente para que se exerça um controle sobre a conveniência e a possibilidade de respeitá-lo, inserindo-o nas demais rotinas.

Importante também consignar que nem por isso o juiz (ou o juízo) se torna parte material daquele negócio jurídico processual. Não surgem deveres próprios de um contratante, nem ele perde sua condição de "*terzieta*" e imparcialidade por se compor como parte.

Cuida-se da medida de melhor administração do procedimento, individualmente considerado compatível com a ideia antes referida de um processo colaborativo e que pretende legitimar a decisão judicial a ser proferida.

9.3.3. Forma do negócio jurídico processual

O terceiro e último requisito de validade a ser enfrentado é o que diz respeito à forma. Já foi dito que a exigência geral da lei civil, forma prescrita ou não defesa em lei, exige complementação para que o negócio jurídico processual seja feito por escrito. No mais, não há exigências particulares. Os negócios jurídicos processuais anteriores ao processo serão feitos, no mais das vezes, como cláusulas de um contrato principal.

Aqui, vale refletir se, a exemplo da convenção de arbitragem, e por analogia ao art. 8º da Lei n. 9.307/96, pode-se cogitar da autonomia da convenção processual, que justifique sua aplicação mesmo em situações de resolução ou invalidade do contrato principal.

O tema não foi muito enfrentado, mas creio ser possível adotar semelhante interpretação. Basta pensar na cláusula de eleição de foro. A demanda que porventura venha a ser proposta para anular o contrato (sob alegação de incapacidade absoluta do agente, p. ex.) pode ser proposta em outro foro, desrespeitando a cláusula de eleição? Parece que não. O mesmo provavelmente será dito em relação a outros tipos de negócios jurídicos processuais previstos contratualmente.

O negócio jurídico processual feito durante o processo igualmente terá forma livre, adaptado evidentemente aos parâmetros processuais. Será escrito, incluído em petição da parte (ou conjunta) e submetida aos trâmites de protocolo usuais (físicos ou eletrônicos).

9.4. Controle da validade do negócio jurídico processual

O último aspecto que deve ser abordado diz respeito ao controle que o juiz deve fazer acerca da validade da convenção processual. Os parâmetros gerais da lei civil são tais que permitem ao juiz pronunciá-las, quando conhecer do negócio jurídico, e se constituem em nulidade do negócio jurídico celebrado por pessoa absolutamente incapaz, objeto ilícito, impossível ou indeterminável, sem sua forma prescrita em lei ou com preterição de alguma formalidade, dentre outros.

Como já visto, o totalmente incapaz não pode celebrar negócio jurídico processual, a licitude de seu objeto está atrelada a critérios ordinários, acrescida da consideração sobre direitos que admitem autocomposição, adaptações do procedimento ou disposições sobre situações jurídicas processuais das partes.

Esses parâmetros devem ser examinados à luz do direito material, com dois acréscimos ou observações: a) a incapacidade relativa é causa de anulabilidade, que depende de provocação para que possa ser conhecida; b) vícios de consentimento, como dolo, coação e erro, são igualmente anuláveis. Nos dois casos, não cabe ao magistrado conhecer de tais vícios sem ter sido provocado.

Há ainda parâmetros específicos que importam, segundo a lei processual, em hipóteses de controle do juiz: se a convenção for inserida abusivamente em contrato de adesão, e se dela resulta a situação de manifesta vulnerabilidade de uma das partes. Toda essa atividade de controle da validade da convenção processual deve ser feita, contudo, conjugando-se os parâmetros de invalidade do negócio jurídico e do processo. Aqui reside outra manifestação, e talvez a mais significativa delas, do regime misto dos negócios jurídicos processuais.

Tais invalidades só poderão ser decretadas se se enquadrarem nos parâmetros e princípios da lei processual. Para o sistema processual, importa que os efeitos dos atos se produzam, até que efetivamente sejam invalidados; que o atingimento da finalidade do ato, mesmo que praticado em desconformidade formal, não gere a decretação da sua invalidade e, por fim, que, mesmo nessa hipótese, só se decreta nulidade se houver prejuízo. No universo específico de convenções sobre provas, a cogitação de sua nulidade não será feita se a parte que pretendia a produção de prova vedada pela convenção tiver se sagrado vencedora quanto ao mérito da controvérsia.

Nos comentários a tópicos específicos sobre matéria probatória, cuidarei de propor aplicações práticas do tema dos negócios jurídicos processuais.

> **Art. 369.** As partes têm o direito de empregar todos os meios legais, bem como os moralmente legítimos, ainda que não especificados neste Código, para provar a verdade dos fatos em que se funda o pedido ou a defesa e influir eficazmente na convicção do juiz.
>
> *CPC de 1973 – art. 332*

10. Direito à prova

Como visto nas considerações anteriores, reconhece-se hoje a matriz constitucional do direito à prova, como manifestação necessária das garantias fundamentais de acesso à justiça, ampla defesa, contraditório e devido processo legal.

A questão do direito à prova como um direito fundamental, de índole constitucional, foi bem estudada por Vitor de Paula Ramos. O autor gaúcho explica que os “direitos fundamentais são aqueles que foram ‘eleitos’ como verdadeiros fundamentos de determinado ordenamento jurídico. Sua fundamentalidade pode ser material formal, somente formal, ou somente material”, ponderando que o direito à prova, porque decorre de direitos formais como os da admissão das provas lícitas (art. 5º, LVI) e do direito ao contraditório e à ampla defesa (art. 5º, LV), é, ao mesmo tempo, formal e material.[97]

---

97 RAMOS, Vitor de Paula. Direito fundamental à prova. *Revista de Processo*, ano 38, v. 224, out. 2013. p. 43.

A condição de direito fundamental material decorre do fato de ser um direito cujo conteúdo é decisivamente constitutivo dessas estruturas básicas do Estado e da sociedade, uma vez que só se pode conceber o exercício adequado da função jurisdicional se for assegurado aos jurisdicionados a efetiva possibilidade de deduzir suas pretensões, realizar a correspondente prova e receber o adequado exame da autoridade encarregada do respectivo julgamento.

Dessa forma, a ampla possibilidade de realizar provas é o que confere conteúdo àquelas garantias expressamente contempladas na Constituição da República. O art. 369 consagra e "verbaliza" essa garantia no plano infraconstitucional, passando a contemplar a prova como um direito das partes. Outros dispositivos reforçam essa perspectiva. A lei assegura o julgamento antecipado do mérito quando *não houver necessidade* de produção de outras provas (art. 355, I), e igualmente consagra o direito à prova como um direito subjetivo material, não atrelado a uma pretensão de natureza contenciosa (arts. 381 a 383). Até no âmbito recursal, assegura-se a realização de provas, a cargo do relator do recurso (art. 932, I).[98]

Essa interpretação sistemática das provas também se reforça com uma perspectiva histórica, por assim dizer, porque o art. 130 do CPC/73 contemplava, no mesmo patamar, o deferimento e o indeferimento de provas,[99] ao passo que a nova lei claramente relegou o indeferimento das provas inúteis e protelatórias a um plano excepcional. Se os fatos são relevantes, a respectiva prova deve ser, regra geral, deferida. Somente deverão ser indeferidas, em *decisão fundamentada*, as diligências inúteis ou meramente protelatórias (art. 370, parágrafo único).

Tudo a revelar um novo paradigma no que diz respeito ao direito à prova, com sua consagração sistemática ao patamar de um direito fundamental.[100] É sob essa nova perspectiva que devem ser encaradas as situações quotidianas. Há, portanto, um nova ordem, um modelo processual que refuta o indeferimento de provas pura e simplesmente porque o magistrado se encontra "satisfeito", pois não pode haver o reconhecimento de um direito das partes em

98 Art. 932. Incumbe ao relator: I – dirigir e ordenar o processo no tribunal, inclusive em relação à produção de prova, bem como, quando for o caso, homologar autocomposição das partes.

99 Art. 130. Caberá ao juiz, de ofício ou a requerimento da parte, determinar as provas necessárias à instrução do processo, indeferindo as diligências inúteis ou meramente protelatórias.

100 Esta caracterização decorre do texto constitucional e já se impunha sob o regime do CPC de 1973. O que o legislador de 2015 fez foi apenas reforçar a ideia, estabelecendo disposições que dão concretude ao direito constitucionalmente assegurado. Como, aliás, é função precípua da legislação infraconstitucional.

provar, se o contraponto desse direito é a inadmissibilidade de provas porque o julgador considera, em um juízo subjetivo, interno e quase sempre não fundamentado, que aquelas provas são desnecessárias.[101]

Registre-se que o julgador de primeiro grau é um dos muitos destinatários da prova, por isso não satisfaz o parâmetro legal a mera indicação de que a prova não é mais necessária para ele/ela. Assim, tem razão Vitor de Paula Ramos quando afirma que "fere, pois, o núcleo duro do direito fundamental à prova o indeferimento de prova admissível sob o pretexto de o juiz já se ter convencido sobre a verdade dos fatos".[102]

Da interpretação conjugada dos dispositivos legais, resulta que o exame da admissibilidade da prova deve ser realizado de forma objetiva. A partir do confronto entre as alegações das partes, identifica-se o conteúdo controvertido da demanda. Os fatos que são afirmados pelas partes como base de suas pretensões e que sejam negados, refutados pela contraparte, comporão o objeto da atividade probatória.

É claro que permanece o campo para o indeferimento de provas inúteis ou protelatórias, mas essa análise se faz no plano objetivo, com farta e adequada fundamentação acerca da desnecessidade de prova. Não é esse o parâmetro com que se trabalhava sob o CPC/73 e, certamente, as decisões proferidas no regime revogado não podem mais ser consideradas satisfatórias sob o novo modelo processual.

O desafio, portanto, é o de estabelecer como esse direito se exercita adequadamente, considerando ainda o imperativo de efetividade, economia e duração razoável do processo.

---

101 Infelizmente, ainda prevalecem decisões dessa natureza, em que os Tribunais se limitam a validar as decisões de grau inferior, reconhecendo como uma prerrogativa quase absoluta a do juiz de primeiro grau de indeferir provas por se considerar satisfeito com as existentes. As decisões *a quo* e *ad quem* dificilmente explicam por que as provas já realizadas eram suficientes, ou por que as outras provas requeridas eram efetivamente desnecessárias. Fica-se, assim, no plano dessas afirmações genéricas, que pouco contribuem para o exame efetivo da questão. Nesse sentido, AgInt no REsp 1347703/PR, Segunda Turma, rel. Og Fernandes, j. 09.05.2019. Da decisão, extrai-se: "Não há como reconhecer o cerceamento de defesa por falta de produção de prova pericial. Em obediência ao princípio do livre convencimento motivado do juiz, este é o destinatário final das provas, de modo que cabe a ele decidir quanto à necessidade ou não delas, não configurando cerceamento de defesa a decisão pelo julgamento antecipado do feito ou o indeferimento do pedido de produção probatória, especialmente quando o magistrado entender que os elementos contidos nos autos são suficientes para formar seu convencimento, especialmente se o contribuinte confessa o débito tributário existente".

102 RAMOS, Vitor de Paula. Direito fundamental à prova. *Revista de Processo*, ano 38, v. 224, out. 2013. p. 48-49.

Alguns exemplos podem ilustrar esse ponto. Em demandas indenizatórias por acidentes de trânsito, por exemplo, é incorreto considerar que o boletim de ocorrência constitua prova documental indispensável para comprovar a ocorrência do acidente.[103] O art. 369, porque consagra o direito de provar por todos os meios legais e moralmente legítimos, estabelece como regra a ampla liberdade probatória. Um acidente pode ser provado por outros documentos, imagens, registros oficiais, depoimentos etc.

As questões técnicas podem ser provadas por perícias tradicionais, ou seja, pela nomeação pelo julgador de profissional imparcial, de sua confiança, mas podem também ser realizadas pela apresentação de laudos pelas próprias partes, elaborados por profissionais de sua confiança, dispensando-se a perícia do juízo (art. 472). Podem também ser feitas pela indicação consensual de um profissional, que, apesar de escolhido pelas partes, funcionará como perito do juízo (com os atributos de imparcialidade próprios de um perito) (art. 471). E pode ainda ser dispensada, mediante o empréstimo de prova técnica realizada em outra demanda (art. 372).[104]

Todas essas variáveis são plenamente contempladas no modelo de provas do nosso sistema. A restrição à ampla admissibilidade das provas estará, no mais das vezes, atrelada às hipóteses de produção de provas ilícitas ou que sejam realizadas em afronta a preceitos de índole moral.

O mesmo se diga quanto à prova adequada para demonstrar a insuficiência econômica da parte, requerente de gratuidade da justiça. No modelo legal dos arts. 98 a 102 do CPC, pessoas físicas e jurídicas podem requerer o benefício. O juiz, de ofício ou a requerimento, pode exigir a comprovação do preenchimento dos pressupostos legais para a concessão de gratuidade, de forma livre e admitindo diferentes meios de prova.

Uma empresa, por exemplo, que se encontre inativa poderá demonstrar a insuficiência financeira apresentando a declaração simplificada de pessoa jurídica inativa entregue à Receita Federal.[105] A documentação normalmente apresentada à Receita Federal constitui o tipo de prova que confere maior credibilidade a esse debate, de forma que deve ser visto com muitas ressalvas o comportamento da parte que se recusa a apresentar tais

---

103 Nesse sentido: TJSP, Apelação n. 1004651-78.2016.8.26.0590, 34ª Câmara de Direito Privado, rel. Gomes Varjão, j. 05.04.2018.

104 TJSP, Apelação n. 1440-08.2015.8.26.0648, 2ª Câmara de Direito Privado, rel. José Joaquim dos Santos, j. 20.02.2018; TJSP, Apelação n. 0018281-77.2012.8.26.0068, 14ª Câmara de Direito Privado, rel. Lígia Araújo Bisogni, j. 06.11.2017.

105 TJSP, Apelação n. 1005939-95.2015.8.26.0008, 12ª Câmara de Direito Privado, rel. Cerqueira Leite, j. 11.12.2017.

declarações.[106] Vale a ressalva de que pessoas com rendimentos isentos de tributação e que não possuam bens não devem (nem podem) apresentar declaração anual de imposto de renda e, nessa medida, ficam sem qualquer documentação da Receita Federal comprobatória de sua condição. Nesses casos, comprovantes de recebimento de aposentadoria, recibos de salários, ou outros documentos de natureza privada deverão ser igualmente aceitos.

É fato, ainda, que a lei cria uma presunção de veracidade da declaração, quando feita por pessoa natural, mas não se deve esquecer que a lei igualmente autoriza a impugnação ao benefício e, nesse caso, impõe à parte requerente que demonstre o preenchimento dos requisitos. Sob uma perspectiva de ônus probatório, pode-se dizer que a parte que impugna a gratuidade pode fazê-lo com a apresentação de indícios, transferindo-se para o requerente da gratuidade o ônus da prova, do qual pode se desincumbir por todos os meios de prova, inclusive por testemunhas.

Essa liberdade do modelo probatório exige também, muitas vezes, a produção de prova oral, para demonstração de aspectos relacionados a vícios de consentimento ou a determinadas promessas realizadas no contexto de negociações comerciais (por exemplo, que um imóvel ficaria pronto em certa data, ou que uma cota de consórcio já estava contemplada no momento da venda). Na realidade dos negócios, é muito comum também que modificações ao conteúdo original de um contrato sejam feitas verbalmente. Por vezes, mesmo o contrato é só verbal. A prova oral será relevante nessas situações e, sendo requerida pela parte, será sempre muito mais adequado (e cauteloso) deferir a oitiva.

A propósito, em boa hora o art. 1.072, II, do CPC revogou o art. 227, *caput*, do Código Civil, que impunha uma indevida restrição à admissibilidade de prova testemunhal, atrelada ao valor do negócio jurídico.[107] Tal dispositivo contrariava o sentido do art. 130 do CPC/73 – o antecessor do art. 369, que aqui se comenta, propondo uma exceção inconstitucional à admissão de todos os meios legais de prova, típicos ou atípicos. Já deveria ser tido como não escrito no sistema anterior, mas em qualquer caso, ele foi eliminado do ordenamento a partir da edição do CPC/2015.

Quando há requerimento de prova oral, suficientemente especificado, o julgador deverá deferir a prova. O julgamento antecipado do mérito potencialmente caracterizará cerceamento de defesa. Considerando ainda que a

---

106 TJSP, Apelação n. 1045871-64.2017.8.26.0576, 38ª Câmara de Direito Privado, rel. César Peixoto, j. 19.04.2018.

107 Art. 227. Salvo os casos expressos, a prova exclusivamente testemunhal só se admite nos negócios jurídicos cujo valor não ultrapasse o décuplo do maior salário mínimo vigente no País ao tempo em que foram celebrados.

decisão que indefere provas não é recorrível de imediato, o eventual reconhecimento dessa nulidade imporá a anulação da decisão e retorno dos autos, para a produção da prova. No mais das vezes, não valerá o risco.[108] Será prudente deferir a prova, ainda que em algumas ocasiões ela termine por se revelar menos útil.

Em conclusão, pode-se afirmar que a admissibilidade de todos os meios de prova consagrados em nosso ordenamento jurídico impõe a aceitação de quaisquer meios de prova típicos e atípicos para a demonstração da ocorrência dos fatos relevantes e controvertidos para o desfecho da causa. Como adverte Cassio Scarpinella Bueno, hoje se reconhece que de nada serve viabilizar acesso à justiça e ampla participação, se as partes não puderem fazer demonstração efetiva das alegações que trazem ao processo, de forma a influenciar a formação da convicção do magistrado.[109] As restrições e limitações a essa ampla aceitação das provas ficarão por conta, tão somente, do exame acerca da pertinência da prova, considerando o objeto do processo e a possibilidade efetiva que o meio de prova requerido tenha de contribuir para a elucidação do fato.

11. Meios legais e moralmente legítimos

O modelo legal brasileiro consagra, tradicionalmente, a ideia de meios de prova legalmente previstos e aqueles que, não previstos, sejam moralmente legítimos. O art. 369 repete essa fórmula. Há uma primeira questão que sempre se coloca ao se examinar este dispositivo, que é saber se os denominados meios moralmente legítimos, por contraposição aos meios legais referidos no artigo, seriam o equivalente a meios atípicos.

Há quem assim interprete a lei.[110] Meios legais são sinônimo de meios de prova típicos, ao passo que meios moralmente legítimos são sinônimo de meios atípicos. O problema dessa construção é que ela sugere uma separação irreal,

---

108 Pode-se observar, por exemplo, caso em que foi anulada uma sentença por reconhecimento de cerceamento ao direito de defesa. Cf. TJSP, Apelação n. 105463-75.2007.8.26.0004, 35ª Câmara de Direito Privado, rel. Artur Marques, j. 10.07.2017. A prova oral era necessária para a comprovação de uma das alegações da demanda, sobre o aditamento de certo contrato. O julgamento antecipado foi tido por indevido, reconhecendo-se, em verdadeiro *obiter dictum*, a impropriedade da previsão do art. 227 do Código Civil, mesmo antes da sua revogação.

109 Cf. *curso sistematizado de direito processual civil*. 4. ed. São Paulo: Saraiva, 2011. v. 2, t. I, p. 277-278.

110 Parece ser essa a opinião de Luiz Guilherme Marinoni e Sérgio Arenhart, para quem os meios moralmente legítimos são meios que, embora permitidos, não estão expressamente tipificados na lei. "Tais meios, dessa forma, são as provas atípicas". Cf. ARENHART, Sérgio Cruz; MARINONI, Luiz Guilherme. Comentários

como se os meios legais típicos não precisassem ser moralmente idôneos, e os meios atípicos não tenham esse atributo de meios legais. É evidente que a lei não pode propor semelhante dicotomia ou, por outras palavras, não é sustentável uma interpretação que consagre meios de prova moralmente não idôneos.

Prefiro compreender o dispositivo a partir de outra perspectiva. Em primeiro lugar, todos os meios de prova devem ser moralmente idôneos. Esse atributo é comum aos meios típicos e atípicos, de forma que a inidoneidade moral de uma prova desqualifica essa mesma prova, que passa a ser ilegal, ilegítima. Pense-se, por exemplo, em uma testemunha, maior, capaz, que aparente ser imparcial e, compromissada, aceite dizer a verdade, sob pena de caracterização do crime de falso testemunho (art. 342 do Código Penal). Imagine-se agora que, concretamente, seu depoimento seja marcado por inverdades, por tentativa de manipulação, pela indução do julgador a erro, tudo motivado por sentimento de vingança em relação a uma das partes, cujas ligações pessoais com a testemunha não tenham sido adequadamente reveladas antes do depoimento.

A testemunha é uma fonte de prova, a prova testemunhal é um meio de prova típico, tomado perante o juiz da causa. Do ponto de vista formal, aparentemente tudo ocorreu dentro dos parâmetros legais. Mas deve ser admitido semelhante testemunho? Evidentemente que não. Pela imprestabilidade, a solução correta é pela sua inadmissibilidade, com consequente desentranhamento dos autos. Não é apenas uma questão de valoração da prova, pois ela como um todo é inadmissível, eis que realizada sem observância dos parâmetros morais exigidos desse meio de prova.

Como ensina Paulo Osternack Amaral, não obstante a separação entre Direito e Moral, há muitas regras jurídicas diretamente inspiradas e que procuram efetivar preceitos de ordem moral.[111] No processo, a exigência de lealdade, a tipificação de comportamentos impróprios, são ilustração dessas preocupações. No campo das provas, o requisito de legitimidade moral para sua admissão é textual, integra a verdadeira essência do tema.

Por essa razão, aliás, Humberto Theodoro Júnior considera que o art. 369, ao falar de meios legais e moralmente legítimos, "abarca, sem dúvida, o comportamento processual, na categoria de meio indiciário de convencimento", pois do comportamento processual da parte, em cotejo com seus deveres

---

ao Código de Processo Civil: artigos 369 ao 380. *In* MARINONI, Luiz Guilherme (dir.); ARENHART, Sérgio Cruz; MITIDIERO, Daniel (coord.). *Comentários ao Código de Processo Civil*. São Paulo: Revista dos Tribunais, 2016. v. VI, p. 149.

111 AMARAL, Paulo Osternack. *Prova:* atipicidade, liberdade e instrumentalidade. 2. ed. São Paulo: Revista dos Tribunais, 2017. p. 77.

de lealdade e probidade, podem ser extraídas provas atípicas, nos moldes dos indícios e presunções.[112]

As provas devem atender a um parâmetro de moralidade, porque o processo é um instrumento ético colocado pelo Estado a serviço dos jurisdicionados. Não é fonte, ele próprio, de direitos, nem deveria conduzir ao reconhecimento da titularidade de direitos a quem não os possua. É claro que nem sempre se faz justiça, que a experiência forense demonstra que muitas pessoas que têm razão perdem suas causas, e muitas sem razão vencem. Mas não é esse o resultado que, sistemicamente, deve ser buscado. Ao contrário.

Para que se realize justiça nos casos concretos, as partes devem ter meios de submeter suas alegações e realizar suas provas, em parâmetros aceitáveis do ponto de vista ético e jurídico. Não pode haver dicotomia entre provas legais e morais. O que há é a distinção entre provas tipicamente previstas na lei e as atípicas, mas todas elas se realizam sob parâmetros de eticidade e moralidade.

Da forma como interpreto a regulação sobre o direito à prova e os meios de prova regulados na lei, o art. 369 deve ser lido da seguinte forma: *desde que moralmente legítimos, as partes têm o direito de empregar todos os meios legais, ainda que não especificados neste Código, para provar a verdade dos fatos em que se funda o pedido ou a defesa e influir eficazmente na convicção do juiz.*

Nesse modelo, as provas são típicas ou atípicas conforme haja um procedimento previamente determinado para sua produção. Mas, em qualquer caso, ambas gozam do *status* de provas legais e ambas devem observar parâmetros éticos na sua colheita e valoração.[113] Voltaremos ao ponto no tópico relativo às provas ilícitas.

Imagine-se, agora, que uma esposa, suspeitando de traição, instale gravações clandestinas em sua casa, ou diretamente no telefone do marido. Imagine-se

112 THEODORO JÚNIOR, HUMBERTO. *Curso de direito processual civil*. 56. ed. Rio de Janeiro: Forense, 2015. v. I, p. 910-911. JOÃO BATISTA LOPES entende o comportamento das partes sob outra perspectiva, complementar. Ele pode ser tido como indício, que pode conduzir a presunções e, desse modo, compor o quadro probatório a ser examinado pelo juiz. Exemplos dados pelo autor: presença constante de pessoas perto de uma fazenda, sugerindo risco de invasão, ou evasivas e respostas ríspidas de uma testemunha. Comentários aos arts. 369 a 380. *In* BUENO, CASSIO SCARPINELLA (coord.). *Comentários ao Código de Processo Civil*. São Paulo: Saraiva, 2017. p. 243.

113 DINAMARCO critica essa aparente distinção, sendo preferível a redação do art. 32 da Lei dos Juizados Especiais, que retrata melhor a ideia: "todos os meios de prova moralmente legítimos, ainda que não especificados em lei, são hábeis para provar a veracidade dos fatos alegados pelas partes". DINAMARCO, CÂNDIDO RANGEL. *Instituições de direito processual civil*. 7. ed. São Paulo: Malheiros, 2017. v. 3, p. 106.

que tais gravações acabem por revelar um caso extraconjugal. Como se sabe, a gravação de conversa alheia não é admitida no sistema jurídico brasileiro. É, portanto, uma prova ilegal. Mas, admitindo que se pudesse abstrair essa ilegalidade, a prova seria moralmente admissível?

Pense-se, agora, de alguém que grava a própria conversa com outra pessoa, visando comprovar a culpa do outro no insucesso de uma transação comercial. Essa prova é legal,[114] mas a conduta da parte pode ser considerada incompatível com a lealdade que se espera de pessoas naquela mesma situação? A praxe comercial entre parceiros de negócios contempla a possibilidade de um deles gravar clandestinamente a conversa do outro? A circunstância de haver manipulação ou indução das perguntas agrava esse cenário?

Caso essa mesma ligação seja feita entre um cliente e seu advogado, e o profissional pretenda obter do cliente uma afirmação quanto aos termos da contratação dos serviços, ou do percentual de êxito combinado entre eles, essa ligação poderia ser admitida como meio de prova?

Há aqui um importante conflito entre a legalidade e a moralidade da prova. Talvez o senso comum seja o de admitir tais provas, amparado no argumento da sua legalidade. Mas ninguém nega que esse tipo de comportamento de uma parte, em relação à outra, configura prática incomum, que pode ser tida por desleal.[115] Porque não pode haver dúvida que as pessoas se comportam de uma forma se estão em seu âmbito privado, protegidas em sua intimidade e privacidade (constitucionalmente asseguradas), e de outra forma se sabem que estão sendo gravadas, ou que seus atos podem ser registrados para uso posterior.

Alguém poderá argumentar que aquele marido efetivamente traiu a esposa, ou que aquele parceiro comercial adotou práticas ilegais, ou ainda que o cliente deve honorários ao advogado, o que justifica, *a posteriori*, os comportamentos adotados. Mas o contraponto reside no exercício oposto. E se o marido não traiu a esposa, se o parceiro não realizou práticas ilegais ou se o cliente não contratou advogados, ou não o fez naqueles termos?

A discussão sobre a moralidade da prova nunca pode ser feita à luz do resultado que tal imoralidade pode desvendar, porque a imoralidade (ou a

---

114 Susana Costa a considera ilegal. COSTA, Susana Henriques da. Os poderes do juiz na admissibilidade das provas ilícitas. *Revista de Processo*, v. 133, ano 31, p. 85-120, mar. 2006.

115 Paulo Osternack Amaral afirma que: "Neste caso, não parece despropositado que a prova, muito embora lícita, seja considerada moralmente ilegítima, por ter sido obtida de modo eticamente reprovável. Tudo dependerá das circunstâncias na colheita da prova". Cf. *Prova:* atipicidade, liberdade e instrumentalidade. 2. ed. São Paulo: Revista dos Tribunais, 2017. p. 82.

ilegalidade) é anterior, compõe o comportamento inicial de uma das partes e, apenas por isso, deve ser repelida. A possibilidade de obter resultados efetivos é sempre a justificativa teórica daqueles que defendem a violação de direitos fundamentais, mas não pode ser admitida. Os fins não justificam os meios. O processo não pode servir como palco de um jogo selvagem, em que as pessoas adotem métodos quaisquer, a pretexto de uma autorização moral para revelar a verdade dos fatos, para punir criminosos ou revelar condutas impróprias das pessoas.

A decisão justa depende de um processo que se realize adequadamente, de um devido processo. Não pode haver solução adequada fora destes parâmetros. Por isso, é preocupante ver como as sociedades, ao longo de sua trajetória histórica, flertam aqui e ali com tais comportamentos autoritários, consentindo aos poucos com certos abusos, até que eles se tornem tão aceitáveis que abrem espaço para novos abusos, em escalada de retrocesso quanto aos direitos civis. Nossa sociedade vivencia este exato risco.

É certo que, concretamente, caberá ao juiz a análise da admissibilidade da prova, à qual se atribui ilegalidade ou imoralidade. Não se trata de uma exclusão preliminar da prova, como se a imoralidade constituísse um defeito insanável, que exclui a prova em termos absolutos, mas de examinar, em cada caso, se uma prova tida por imoral pode ser admitida, pautando-se essa decisão pelas balizas do direito. Como Paulo Osternack Amaral afirma, "a imoralidade na obtenção da prova pode e deve ingressar na seara jurídica. É a partir desse fato jurídico (moral ou imoral) que o julgador amparará a sua decisão de admissão ou inadmissão da prova".[116]

12. Objeto da prova

Se as provas devem ser amplamente admitidas e se a lei assegura sua produção por todos os meios típicos e atípicos, é preciso então desenvolver tais ideias e estabelecer no que consiste o objeto da prova, porque, como visto, o direito à prova é mais um dos direitos que, mesmo com matriz constitucional, não pode ser considerado um direito absoluto: ele está sujeito a requisitos para seu exercício e fatores limitadores.

O processo é um método de trabalho largamente inspirado em valores de eficiência, de economia. Como serviço público oferecido pelo Estado (ainda que não em regime de monopólio), é inerente à sua compreensão a ideia de ser usado estritamente para os casos necessários, no limite e na extensão exatas

116 *Prova*: atipicidade, liberdade e instrumentalidade. 2. ed. São Paulo: Revista dos Tribunais, 2017. p. 83.

para atender à necessidade de dar resposta a uma disputa concreta, resolvendo a crise jurídica que lhe é submetida em certa relação processual.

Por isso, o Estado só presta jurisdição se provocado, e o faz nos restritos limites da pretensão, do pedido. Com as provas a dinâmica é a mesma, pois são admitidas nos limites necessários para a demonstração dos fatos relevantes que estão na base de determinada controvérsia.

Pense-se, por exemplo, em uma ação possessória, em que o autor promova para retirar um invasor de sua casa. Pela natureza do direito em disputa, será relevante a afirmação dos fatos relacionados ao exercício da posse pelo autor e à prática do esbulho pelo réu. Devem ser indeferidas, porque impertinentes para essa demanda específica, as provas requeridas pelo autor para demonstrar as circunstâncias em que adquiriu o bem, ou oficiar o banco onde financiou a compra. A condição de proprietário não é necessária para quem pretenda defender a posse. Assim, nessa demanda, o autor deve comprovar, por quaisquer meios, ter exercido a posse sobre o bem antes da invasão da casa. Comprovantes de consumo, como contas de luz, imposto predial, gastos com manutenção do imóvel (segurança, condomínio, jardineiro), provas testemunhais dando conta da frequência ao local etc. serão as provas adotadas nesse tipo de demanda.

Imagine-se, agora, que duas pessoas vão ao cinema e adquiram sanduíches ou outros itens na praça de alimentação do *shopping*, ao lado do cinema. Após o início da sessão, seguranças do local ingressam na sala e expulsam os clientes, sob o argumento de que não é permitido o consumo de comida externa, mas apenas da pipoca e outros itens vendidos no próprio cinema. Quais os fatos relevantes e as respectivas provas? A resposta dependerá das circunstâncias do caso, tal qual colocadas na demanda inicial e na resposta. Porque pode ocorrer de o estabelecimento réu apresentar defesa dizendo que aquelas pessoas não estiveram no local, ou que não foram expulsas da sala. Aqui, o cenário exige que os autores demonstrem terem adquirido os ingressos e terem sido expulsos (por quaisquer meios de prova). Mas, se o réu apresentar defesa dizendo que os autores foram expulsos porque adquiriam produtos com cheiro muito forte, que incomodava os demais clientes, e que não é permitido naquele estabelecimento o consumo de produtos de fora, o cenário probatório se modifica, pois os fatos constitutivos alegados pelo autor foram admitidos pelo réu, tornando-os incontroversos e, portanto, excluídos do objeto da prova.

Nesse cenário, a prova poderá se concentrar nos eventuais excessos da conduta dos representantes do réu, na "expulsão" da sala do cinema. Ou, como é mais provável, se revelar totalmente dispensável, pois a questão se torna essencialmente jurídica, de se examinar se é legal a conduta do estabelecimento em recusar o ingresso (ou promover a expulsão) de clientes que adquiriram produtos alimentícios em outros estabelecimentos.[117]

Tais exemplos são dados para ilustrar as lições doutrinárias, no sentido de que o objeto da prova são os fatos relevantes e pertinentes, no plano processual ou material. A necessidade de demonstração dos fatos e os meios a serem empregados estão atrelados ao grau de controvérsia a seu respeito. E o quadro fático controvertido se estabelece pelo confronto das versões trazidas pelas partes, ou da conjugação de uma petição inicial e da ausência de uma contestação.

Por isso se afirma que o objeto da prova são as alegações controvertidas dos fatos. Valendo-nos de lições clássicas, a alegação consiste em um ponto que, se for contestado, faz surgir uma dúvida, que gera a questão. O objeto da prova são as questões surgidas no contexto de uma demanda, não meramente os pontos alegados. O sistema jurídico brasileiro, a exemplo de outros a ele assemelhados,[118] exclui do campo investigatório as alegações afirmadas por uma parte e não impugnadas pela outra.

Esses parâmetros são extraídos da leitura combinada dos arts. 341, 344 e 374, II e III, do CPC. Primeiro, porque a lei impõe ao réu o ônus de impugnação específica dos fatos alegados pelo autor, sob pena de serem presumidos verdadeiros. Segundo, contemplando os efeitos da revelia, como a presunção de veracidade de todas as alegações de fato formuladas pelo autor, na ausência de contestação. Terceiro, porque são excluídos do objeto da prova os fatos notórios, afirmados por uma parte e confessados pela parte contrária (confissão que pode ser judicial, extrajudicial, anterior ou contemporânea ao processo), admitidos no processo como incontroversos e em cujo favor milita a presunção legal de existência ou de veracidade (art. 374).

Da lição de CÂNDIDO DINAMARCO se extrai que a controvérsia se dá pela pura e simples negação do fato, ou pela invocação de outra versão que exclui a anterior.[119] O réu pode se limitar a negar que tenha celebrado um contrato ou contraído uma dívida, ou pode ainda admitir tais fatos, mas alegar que a dívida foi paga mediante a dação de um equipamento que supera o valor da dívida e, nessa medida, é o autor que lhe deve dinheiro.

---

117 Foi essa a solução dada pelo Tribunal de Justiça de São Paulo na Apelação n. 0004676-37.2012.8.26.0659, 30ª Câmara de Direito Privado, rel. MARIA LÚCIA PIZZOTTI, j. 14.03.2018.

118 A esse respeito, estabelece o Código de Processo Civil espanhol, em seu artigo 281, 3, que "Están exentos de prueba los hechos sobre los que exista plena conformidad de las partes, salvo en los casos en que la materia objeto del proceso esté fuera del poder de disposición de los litigantes".

119 *Instituições de direito processual civil*. 7. ed. São Paulo: Malheiros, 2017. v. 3, p. 65.

Já Enrico Tullio Liebman ensinava que as partes trazem ao juiz relatos de fatos ocorridos no passado, que não se deram na presença do julgador, de forma que é necessário demonstrar ao juiz a efetiva ocorrência daqueles fatos, pois ele, por definição, nada sabe a seu respeito. Por isso é que, do ponto de vista das partes, prova é tudo aquilo que pode servir para convencer o juiz sobre a existência ou inexistência de um fato, ao mesmo tempo que pode ser compreendida como os resultados que os meios de prova objetivam obter. Por fim, para o juiz, a atividade probatória lhe permite formular um juízo de caráter histórico, voltado a reconstruir os eventos do passado que compõem a *fattispecie* submetida a juízo.[120]

Esse olhar do mesmo fenômeno por diferentes perspectivas nos permite entender os papéis que diferentes sujeitos do processo são chamados a desempenhar, e justifica dispositivos como o que atribui ao juiz poderes de ofício (conforme o item 17, abaixo). Afinal, a convicção do(a) juiz(a) só será adequadamente obtida se ele ou ela conhecer efetivamente como as coisas se deram. Esse é o resultado ideal, em que a decisão é tomada com todas as peças do quebra-cabeça reunidas e montadas. A tarefa de reunir tais peças pertence a todos os sujeitos do processo, e de seu trabalho conjunto e colaborativo tende a sair a melhor decisão.

Mas em qualquer caso, pelos imperativos de economia e eficiência acima aludidos, o objeto da prova só recai sobre elementos de fato que sejam, ao mesmo tempo, principais em relação à controvérsia, disputados entre as partes e cuja comprovação seja apta a caracterizar as respectivas pretensões. São os fatos *controversos*, aos quais se pode agregar os atributos de *relevância ou pertinência*, que compõem o objeto da prova.[121-122]

---

120 LIEBMAN, Enrico Tullio. *Manuale di diritto processuale civile*. Milano: Giuffrè, 1984. v. II, p. 318-319.

121 BADARÓ, Gustavo Henrique Righi Ivahy. Direito à prova e os limites lógicos de sua admissão: os conceitos de pertinência e relevância. *In* BEDAQUE, José Roberto dos Santos; CINTRA, Lia Carolina Batista; EID, Elie Pierre (org.). *Garantismo processual:* garantias constitucionais aplicadas ao processo. Brasília: Gazeta Jurídica, 2016. p. 228-232.

122 Como afirma José Frederico Marques, essa atividade de investigação não é livre e completa, mas possui uma série de condicionamentos. Primeiro, limita-se ao que foi trazido para o processo. Segundo, esses elementos devem seguir a regulamentação que a lei traça e descreve. As provas no processo judicial não se subordinam, ainda segundo o autor, exclusivamente a princípios de lógica comum, eis que influenciadas pelas normas jurídicas que condicionam o trabalho de averiguação das provas. Por isso que se deve satisfazer com a quantidade suficiente de certeza histórica acerca dos fatos debatidos. MARQUES, José Frederico. *Instituições de direito processual civil*. 2. ed. Rio de Janeiro: Forense, 1962. p. 324.

O fato é relevante quando constitui um dos elementos que integram o tipo jurídico que se pretende reconhecer, ou, como propõe DINAMARCO, é fato alegado que tem a desejada eficácia constitutiva, impeditiva, modificativa ou extintiva pretendida por quem o alegou.[123].Há uma necessária relação do fato com o direito invocado. Como dito antes, se o direito pretendido é o de proteção à posse, os fatos relevantes para essa controvérsia estarão atrelados à comprovação do exercício dessa posse e serão deduzidos desde logo na petição inicial. Se a demanda é de natureza indenizatória por ofensas públicas sofridas por alguém, a descrição do comportamento específico do ofensor comporá o tema fático relevante.

Ainda, em ação de revisão de contrato por abusividade da cobrança, o fato relevante será a contratação em si, bem como eventual demonstração de fatos posteriores, que indiquem esse abuso na formação do preço, por exemplo. Mas nenhuma relevância terá a circunstância em que o contrato foi firmado, ou a livre manifestação de vontade, se vícios dessa natureza não integrarem a causa de pedir.

É evidente, de outro lado, que não se admitem fatos genéricos, como a mera afirmação de que o autor é credor do réu, ou de que o autor foi coagido a firmar determinado negócio jurídico. Os fatos são especificados, com indicação das circunstâncias concretas em que se deram, isto é, qual a origem do crédito, que tipo de negócio foi celebrado, qual obrigação foi contraída. Ou, ainda, qual o evento específico que constituiu a manifestação viciada de vontade, qual elemento do negócio foi indevidamente apresentado etc. Esse tema, muito caro ao objeto do processo, repercute também no objeto da prova, que recai sobre os fatos concretamente considerados.

Os fatos são por vezes pertinentes para a discussão de alguma questão processual, não propriamente para o mérito da causa. Assim, podem dizer respeito à localização de um imóvel para a fixação da competência ou à existência de bens do devedor no foro da execução (art. 848, III), ou em outros locais, para autorizar o credor a promover o cumprimento de sentença em local diverso de onde tramitou a causa original (art. 516, parágrafo único).[124]

Como visto antes, o fato pode ser relevante, mas caso não venha a se tornar controvertido, como regra geral será excluído do objeto da prova. A ausência de impugnação ou mesmo a admissão expressa do fato permite que se dispense sua respectiva comprovação. Por essa mesma razão, são excluídos do objeto da prova os fatos notórios (art. 374, I).

---

123 *Instituições de direito processual civil*. 7. ed. São Paulo: Malheiros, 2017. v. 3, p. 71.

124 DINAMARCO, CÂNDIDO RANGEL. *Instituições de direito processual civil*. 7. ed. São Paulo: Malheiros, 2017. v. 3, p. 73.

Também são excluídos do objeto da prova os fatos sobre os quais milita a presunção de veracidade. Ainda que haja controvérsia a seu respeito, o fato é considerado provado, admitindo-se apenas que a parte contrária infirme sua ocorrência, ou demonstre fato impeditivo, modificativo ou extintivo do direito gerado pelo fato presumido. Por exemplo, a lei presume que foram concebidos na constância do casamento os filhos nascidos cento e oitenta dias, pelo menos, depois de estabelecida a convivência conjugal e nos trezentos dias subsequentes à dissolução da sociedade conjugal, por morte, separação judicial, nulidade e anulação do casamento (CC, art. 1.597, I e II).

Demonstrado que os fatos se deram nesses intervalos de tempo, a parte não precisa fazer prova da paternidade ou maternidade. Porém, a parte contrária pode fazer prova oposta, ou seja, que, não obstante nascido nesse período, o filho não foi concebido pelos cônjuges. A esse respeito, remeto o leitor aos comentários ao art. 374.

Se há todas essas hipóteses em que se exclui do objeto da prova tais circunstâncias, há também situações em que os fatos se mantêm no objeto da prova. Trata-se das hipóteses contempladas no art. 341 do CPC, que mantém no objeto da prova os fatos sobre os quais não for admissível a confissão, por exemplo, porque são tidos como fundamento de direitos indisponíveis (a nulidade do casamento é hipótese recorrentemente mencionada a esse propósito); se estiverem em contradição com a defesa, considerada em seu conjunto, como pode ocorrer se o réu não apresenta contestação mas reconvém, fundamentando sua demanda nos mesmos fatos.

Outra hipótese é se a petição inicial não estiver acompanhada do instrumento público que a lei considerar da substância do ato, mas aqui, como visto no item 6, cuida-se de elemento necessário para a validade do ato, não propriamente para a prova da sua ocorrência. Se alguém pretende receber bens prometidos por força de doação, mas não apresenta o contrato ou a escritura da doação, pouco importa que o requerido seja revel ou que conteste apenas para reconhecer a procedência do pedido. O Código Civil, em seu art. 541, dispõe que "a doação far-se-á por escritura pública ou instrumento particular", razão pela qual não se admite demanda com essa causa de pedir sem a respectiva comprovação.

A ausência absoluta de defesa gera a revelia, que, como se sabe, consiste em presunção da veracidade dos fatos alegados pelo autor na petição inicial. Como regra, a revelia exclui do objeto da prova todos os fatos alegados, mas também aqui há exceções, reguladas no próprio art. 345. Não se presumem verdadeiros os fatos se, havendo pluralidade de réus, algum deles contestar a ação ou se o litígio versar sobre direitos indisponíveis.

Por fim, nessa determinação de qual é o objeto da prova, uma última distinção é necessária. O que é trazido ao processo por uma parte pode consistir em fatos principais ou secundários, o que corresponde à divisão didática das provas diretas e indiretas. Na demanda de alimentos, por exemplo, os fatos principais são relacionados à condição econômica do alimentante, sua capacidade de custear as despesas para atender às necessidades do alimentado. Costuma-se alegar os hábitos da pessoa, seu padrão de consumo, os lugares que frequenta, as viagens, ou bens que possui. Mas estes são elementos indiretos, que contribuem para a formação do convencimento do magistrado, pois servem de indícios da real condição financeira do alimentante.

A questão central em tais demandas diz respeito à capacidade econômica, aos valores que a pessoa recebe por força do seu trabalho ou de rendimentos de seu patrimônio. Se esses fatos não podem ser provados diretamente (porque não raro, o alimentante oculta seu patrimônio e sua receita efetiva), será por intermédio destes elementos indiretos que se poderá chegar ao fato principal, que é, repita-se, a demonstração da capacidade econômica do alimentante.

De modo geral, os chamados fatos simples ou circunstanciais não fazem parte da *causa petendi* do autor, nem constituem fundamento da defesa. Ademais, não integram o tipo jurídico, não estão previstos na norma, e, nessa condição, não são capazes de desencadear a sanção legal nela prevista. Se determinado réu é temperamental, mal-humorado, e por isso ofendeu o autor, pouco importa. A petição inicial nem precisava tecer tais considerações. No caso, interessa ao suporte fático (à *fattispecie*) o fato da ofensa, as circunstâncias em que se deu, pois este é o enquadramento fático que permitirá o reconhecimento do dever indenizatório deste réu, em face do autor.

13. Provas típicas

O exame do que sejam as provas típicas é feito considerando tanto a classificação das fontes de prova como dos meios de prova. Porque, se considerássemos apenas os meios de prova, uma vez que a dicção do art. 369 refere-se aos "meios legais", deveríamos considerar que os meios de prova típicos são aqueles especificados na própria lei processual, como a prova documental, testemunhal, pericial, o depoimento pessoal das partes e a inspeção judicial.

Mas como visto, nas seções específicas do Título da Prova no Código de Processo Civil, o legislador se refere também a algumas fontes de prova, como a ata notarial, além de regular métodos de obtenção da prova, como é o caso da confissão. Enfim, ao mesmo tempo que não se pode considerar o rol legal como ilustrativo dos meios de prova, é necessário também, ao se falar em provas típicas, fazer referência tanto aos meios como às fontes de prova.

A distinção básica entre a tipicidade e a atipicidade dos meios de prova reside no fato de que certas provas possuem regulação na lei, tanto em relação a sua existência e admissibilidade como em relação ao procedimento para sua produção e incorporação ao processo.[125] Essa regulação é feita em relação às provas mais rotineiramente utilizadas, de forma que, ao disciplinar na lei o respectivo procedimento, confere-se segurança a sua produção e permite-se sua valoração segundo parâmetros conhecidos.

Vejamos os exemplos comuns, como os documentos e as perícias.

Documentos constituem a materialização de muitas formas diferentes de registros dos fatos, sob diversos meios físicos ou digitais, tais como o documento escrito, o vídeo, áudio, fotografias, arquivos digitais, contratos, escrituras etc. Essa ampla categoria de formatos de registro e documentação dos fatos acaba recebendo, no plano processual, um tratamento unificado. A prova documental é regulada nos arts. 405 a 441 do CPC, além das redundantes e desnecessárias disposições dos arts. 212 a 232 do CC.

A regulação da prova documental é extensa, nisso consistindo a tipificação desse meio de prova. A ideia é que, mediante o estabelecimento de regras prévias, as partes tenham a segurança e a previsibilidade necessárias para instruírem suas causas com documentos.[126] Nessa medida, a lei disciplina aspectos quanto à autoria, autenticidade e data dos documentos, sua força probante. Regula ainda aspectos de certos tipos de documentos, inclusive preservando regras, hoje completamente obsoletas, acerca de telegramas ou radiogramas (arts. 413 e 414).[127] De forma paradoxal, regula pouquíssimo os documentos

---

125 Em tese especificamente dedicada ao tema da prova atípica, a tipicidade é aferida por dois parâmetros: a previsão do meio de prova e do seu respectivo procedimento. Cf. AMARAL, Paulo Osternack. *Prova:* atipicidade, liberdade e instrumentalidade. 2. ed. São Paulo: Revista dos Tribunais, 2017. p. 67.

126 Certos meios de prova são tipificados na lei com uma finalidade de facilitar a colheita da prova. Porque são as figuras que ocorrem com maior frequência, a lei prevê não apenas sua existência, como também regula seu procedimento, de forma mais ou menos detalhada. A tipicidade é aferida por dois parâmetros: a previsão do meio de prova e de seu respectivo procedimento. *Pode haver meio típico, com procedimento típico, ou meio típico, com procedimento atípico, ou ainda, um meio atípico, que necessariamente terá um procedimento atípico.* Cf. AMARAL, Paulo Osternack. *Prova:* atipicidade, liberdade e instrumentalidade. 2. ed. São Paulo: Revista dos Tribunais, 2017. p. 67.

127 Art. 413. O telegrama, o radiograma ou qualquer outro meio de transmissão tem a mesma força probatória do documento particular se o original constante da estação expedidora tiver sido assinado pelo remetente. Parágrafo único. A firma do remetente poderá ser reconhecida pelo tabelião, declarando-se essa circunstância no original depositado na estação expedidora.

Art. 414. O telegrama ou o radiograma presume-se conforme com o original, provando as datas de sua expedição e de seu recebimento pelo destinatário.

eletrônicos, remetendo à disciplina da lei própria (Lei n. 11.419/2006) e limitando-se a disciplinar a forma como documentos eletrônicos devem ser impressos para utilização em "processos convencionais" (arts. 439 a 441), isto é, cujos autos também são impressos.

Além dos típicos e corriqueiros documentos escritos, as demais modalidades de documento são pouco reguladas. O art. 422 disciplina as reproduções mecânicas como a "fotográfica, a cinematográfica, a fonográfica ou de outra espécie", permitida a utilização de arquivos da internet, que poderão ser submetidos à perícia, em caso de impugnação de sua autenticidade (§ 1º). Em parte pela disciplina na Lei do Processo Eletrônico (Lei n. 11.419/2006), em parte por essas simplórias previsões, podemos desde logo constatar que correios eletrônicos (*e-mails*), vídeos, mensagens de WhatsApp ou outros comunicadores de mesma natureza, conteúdo de redes sociais e outros conteúdos de internet não são provas atípicas. Compõem um amplo quadro de prova documental, ainda que produzida de uma nova forma.[128]

Mas, porque as novas tecnologias surgem a cada momento, a questão que pode surgir diz respeito à tentativa de utilização de alguma modalidade de documento que não esteja regulada na lei. Cabe a rejeição do documento ou da manifestação por via eletrônica, diante dessa omissão legal?

Pensemos agora na prova pericial, outro meio típico de prova. Por ela se acessam as fontes de prova consistentes em coisas ou, excepcionalmente, pessoas (que devam ser objeto de exames, por exemplo, para aferir o grau de incapacidade decorrente de um acidente de trânsito ou de trabalho, ou para realizar exame de DNA). A prova pericial é destinada a dirimir questões de complexidade técnica, de variada natureza e, segundo a lei, pode consistir em exame, vistoria ou avaliação, estando prevista nos arts. 464 a 480 do CPC.

A lei regula o dever de imparcialidade do perito, a dinâmica do procedimento, inclusive com as variações em seus dois extremos; a perícia pode ser substituída por "produção de prova técnica simplificada" quando a questão for de menor complexidade (art. 464, §§ 2º a 4º) ou por perícia multidisciplinar, se o tema for muito complexo (art. 475). Dispõe ainda sobre honorários, participação de assistentes técnicos, sobre o direito de acompanhar as diligências

---

128 JOÃO BATISTA LOPES considera como prova atípica as notícias de jornais. Pela ampla definição de documento acima mencionada e pela tranquila adoção do procedimento da prova documental para incorporar aos autos uma notícia de jornal, ou mesmo de internet, entendo que se trata de apenas mais uma variação da prova documental. LOPES, JOÃO BATISTA. Comentários aos arts. 369 a 380 do Código de Processo Civil. *In* BUENO, CASSIO SCARPINELLA (coord.). *Comentários ao Código de Processo Civil*. São Paulo: Saraiva, 2017. v. 2, p. 244.

feitas pelo perito (art. 474), sobre a nomeação consensual de peritos, sobre a apresentação de laudos particulares pelas partes, entre vários outros aspectos. Admita-se, contudo, que, após a realização da perícia, as partes requeiram (ou uma delas, apenas) que os assistentes técnicos e os peritos sejam convocados para a audiência e arguidos ao mesmo tempo, em prática que se convencionou chamar de "*hot tubbing*". Diante da omissão da lei a esse respeito, cabe indeferir semelhante método de arguição?

Tanto o documento não expressamente previsto na lei como a arguição conjunta do perito e dos assistentes técnicos devem ser amplamente admitidos, por tudo que se afirmou até aqui. Poder-se-ia debater, nestes casos, se a prova se enquadraria como típica ou atípica. E, para tal discussão, é necessário antes determinar se há diferenças relevantes nesse enquadramento. Entendo que não há diferenças entre as provas típicas e atípicas. Sua valoração será sempre feita considerando o conjunto das provas, confrontando-se cada elemento de prova trazido e seu potencial de conferir credibilidade a uma outra versão dos fatos que é disputada entre as partes (ver item 15, abaixo).

A distinção entre a tipicidade ou atipicidade da prova é relevante não sob o prisma da valoração, mas da maior facilidade em sua produção. Porque a prova típica tem "o caminho das pedras" já estabelecido e conhecido, ao passo que a prova atípica requer um trabalho de integração, pelas partes ou pelo julgador. Os exemplos anteriores, contudo, não chegam a configurar provas atípicas, porque partem de modelos legais conhecidos e aplicados.

No modelo da prova típica, nem tudo precisa ser feito segundo um padrão único e inflexível. Podem haver variações dentro de cada tipo jurídico, que nem por isso qualificam a prova como atípica. Sob essa perspectiva, sustenta-se que a prova estatística e a prova por amostragem, enquanto métodos de natureza científica, constituem, na realidade, variações da prova pericial, provas típicas, portanto, que serão produzidas segundo os modelos preestabelecidos na lei.[129]

Da mesma forma, a reconstituição simulada dos fatos no âmbito do processo civil pode ser entendida como modalidade da inspeção judicial (art. 483, III), o que lhe confere tipicidade. Nesse exemplo, temos que o procedimento não tem previsão legal, o que lhe confere certa atipicidade. Mas, ainda assim, sua regulamentação aproveitará a disciplina da inspeção, complementada por decisão judicial, na qual se estabelecerá o dia, a hora, o local e especificação do fato a ser reconstituído.

---

129 Seu emprego "não implica um novo meio probatório, mas apenas de um método racional que amparará a colheita de informações por um meio típico". AMARAL, Paulo Osternack. *Prova:* atipicidade, liberdade e instrumentalidade. 2. ed. São Paulo: Revista dos Tribunais, 2017. p. 94.

Imagine-se, por exemplo, que as partes discutam uma pane ocorrida na sala de controle de uma usina de energia, ou em uma refinaria, da qual tenha resultado extensos danos a equipamentos.

Considere-se que uma das partes alegue que o problema é de projeto e/ou de execução das obras, ao passo que outra sustente ter havido operação indevida dos equipamentos por parte da equipe de plantão. A alegação de vícios de projeto ou execução irá requerer prova pericial. Mas a alegação de uso impróprio dos equipamentos pode justificar uma reconstituição dos fatos, na presença dos advogados e do julgador, para aferir qual foi a sequência de eventos, como cada parte se comportou, de forma a esclarecer exatamente como os fatos se deram. Para a realização dessa prova, o julgador pode se valer das disposições sobre a inspeção judicial, complementando aspectos do procedimento da produção dessa prova específica. Em todo o caso, convém repisar que a produção dessa prova é perfeitamente possível, à luz do ordenamento brasileiro.

Certa feita, em determinada demanda que dizia respeito a indústrias químicas, que debatiam acerca de possível violação a uma cláusula de não concorrência, uma das partes juntou frascos com as fragrâncias que produzia, necessárias ao processo industrial de alguns alimentos. O objetivo era demonstrar que os produtos eram feitos com outras matérias-primas e não se confundiam com aqueles abrangidos pela cláusula de não concorrência.

É evidente que semelhante prova deve ser admitida, inclusive em tempos de processo eletrônico. Uma regulamentação específica deve ser determinada pelo juiz da causa, de modo a permitir a apresentação e guarda do "documento".

14. Provas atípicas

Se as provas típicas são aquelas cuja existência e moldura legal são expressamente previstas na lei, as provas atípicas, por exclusão, são aquelas produzidas por quaisquer outros meios, desde que moralmente legítimos.[130] Possuem ampla e tradicional aceitação em nosso sistema jurídico, e, em certo sentido, essa atipicidade decorre da atipicidade do exercício do direito de ação.

Como vimos, a inafastabilidade da tutela jurisdicional faz com que, ao lado de procedimentos legais especificamente considerados para certas tutelas jurídicas, inspirados em necessidades específicas do processo ou mesmo para atender a aspectos particulares do direito material, haja uma ampla e aberta previsão de acesso à justiça, assegurando-se uma categoria geral de procedimento comum para todas as situações não especificadas.

130 Para Paulo Osternack Amaral, o conceito de prova atípica se obtém por contraposição ao da prova típica. É a "possibilidade de se acessar fontes de informação por modos diferentes dos previamente estabelecidos em lei". Cf. *Prova:* atipicidade, liberdade e instrumentalidade. 2. ed. São Paulo: Revista dos Tribunais, 2017. p. 70.

Com as provas ocorre o mesmo. Considera-se que seria privado de conteúdo o amplo acesso ao Judiciário, em procedimentos específicos ou gerais, sob diferentes modos de obtenção da tutela, se o sistema não conferisse essas mesmas possibilidades sob o prisma das provas.[131] Assim, se a regra geral quanto aos meios de prova é que haja um meio típico, com procedimento típico, é possível cogitar de um meio típico, com procedimento atípico, ou ainda, de um meio atípico, que necessariamente terá um procedimento atípico.[132]

A produção de documentos com o auxílio de tabeliães, para conferir fé pública a certas constatações fáticas, consistia em procedimento atípico de produção de prova, no sistema anterior. A lei não contemplava diretamente aquela possibilidade. Sua reiterada prática fez com que o legislador incorporasse a ata notarial ao plano legal. Não se trata, como vimos, de um meio de prova, mas de um procedimento de produção de fonte de prova, que é o documento. A esse respeito, vejam-se os comentários ao art. 384.

Da doutrina e da jurisprudência extraem-se muitos exemplos de provas atípicas, que aqui são condensados para facilitação da compreensão do assunto.

- as constatações realizadas por Oficiais de Justiça sobre o abandono do imóvel, necessárias para os fins da Lei de Locações, art. 66;
- a inquirição de testemunhas técnicas (art. 464, § 3º), que fogem à moldura típica das testemunhas fáticas, mas que a praxe vem demonstrando serem muito úteis para o esclarecimento de certas questões técnicas de razoável complexidade;[133]
- a realização de perícias extrajudiciais, em substituição da perícia tradicional. O próprio Código regula essa possibilidade, mas, na medida em que seu procedimento precisa ser definido pelo julgador, pode-se considerar tal modalidade de perícia como uma prova atípica;[134]

---

131 AMARAL, Paulo Osternack. *Prova:* atipicidade, liberdade e instrumentalidade. 2. ed. São Paulo: Revista dos Tribunais, 2017. p. 69.

132 Barbosa Moreira, em texto sobre provas atípicas escrito em 1994, ensinava que a atipicidade se manifestava porque a prova constituía espécie diferente das reguladas na lei ou porque era colhida de modo diferente, concluindo que no mais das vezes, a questão se colocava em relação à forma como a fonte de prova é trazida ao processo. BARBOSA MOREIRA, José Carlos. Provas atípicas. *In Revista de Processo*, v. 76, 1994, p. 115-116.

133 A prova atípica não pode ser sinônimo de prova ilegal. Por exemplo, não se pode admitir o testemunho de uma pessoa incapaz como prova atípica, pois há vedação expressa no art. 447 do CPC.

134 Segundo João Batista Lopes, a perícia pode ser substituída por pareceres extrajudiciais ou pesquisas, ou "aproveitamento de informações constantes de livros técnicos ou subsídios colhidos em instituições científicas ou profissionais", em razão

- a utilização de pesquisas científicas, que não são propriamente exames periciais, também deve ser admitida, como exames de laboratório ou estudos de cientistas.[135]

A declaração escrita de terceiros merece comentários mais amplos. Admite-se, como prova atípica, a declaração feita por terceiros, antes e independentemente de audiência para sua oitiva. É comum, em procedimentos arbitrais, que as partes convencionem a respeito da utilização desses "*written statements*", de clara inspiração no processo civil dos sistemas de *common law* e que são aportados à causa como um misto de documento e depoimento. No processo estatal, caso esses terceiros não possam ser ouvidos como testemunhas, porque mudaram, morreram ou alguma outra razão, é de se admitir sua utilização, mas alguns cuidados devem ser adotados.

O primeiro aspecto a ser examinado é em que medida sua juntada depende de prévio acordo entre as partes, por uma questão de isonomia. É claro que, se as partes convencionarem a esse respeito, o problema se resolve, cabendo ao magistrado pura e simplesmente admitir a prova. Não se vislumbra aqui a possibilidade de um controle do julgador acerca da validade de semelhante negócio jurídico processual (art. 190, parágrafo único). Mas, admitindo que possa ser de interesse de apenas uma das partes, quais parâmetros podem ser fixados para a sua admissão?

Creio que a justificativa para a produção desses depoimentos escritos, caso haja discordância da contraparte, deve ser exigida e somente poderá ser aceita se estiver atrelada a aspecto de perecimento da prova. Se a apresentação se dá por conveniência da parte, não deverá ser admitida tal prova, em vista da discordância da outra parte. Segurança, previsibilidade e isonomia são elementos importantíssimos, que não podem ser desprezados a pretexto de se assegurar a amplitude probatória.

Caso seja admitida, a possibilidade deve, idealmente, ser franqueada à outra parte também. Assim, todos os litigantes podem preparar depoimentos escritos, e poderão apresentar uma segunda rodada desses mesmos documentos, para fazer contraprova aos primeiros.

---

de complexidade excessiva da prova técnica, falta de profissionais na comarca ou inviabilidade econômica. LOPES, JOÃO BATISTA. Comentários aos arts. 369 a 380 do Código de Processo Civil. *In* BUENO, CASSIO SCARPINELLA (coord.). *Comentários ao Código de Processo Civil*. São Paulo: Saraiva, 2017. v. 2, p. 243.

135 LOPES, JOÃO BATISTA. Comentários aos arts. 369 a 380 do Código de Processo Civil. *In* BUENO, CASSIO SCARPINELLA (coord.). *Comentários ao Código de Processo Civil*. São Paulo: Saraiva, 2017. v. 2, p. 243. O autor exemplifica com pesquisas sobre os males causados pela queima da cana-de-açúcar.

Outro aspecto relevante é o de definir se o depoimento escrito deve ou não ser seguido de comparecimento à audiência. No modelo de *common law*, regra geral é que a parte contrária possa arguir a testemunha sobre o conteúdo específico do depoimento escrito, permitindo-se que realize o "*cross examination*" e tente desconstituir aquele relato. Esse é o modelo que melhor assegura o contraditório na realização da prova. Apenas em via excepcional deverá ser admitido um depoimento escrito de alguém que, depois, não seja ouvido diretamente (novamente, porque a testemunha faleceu ou por alguma outra impossibilidade).

Exatamente por esse aspecto, deve ser admitida a juntada sempre antes da audiência. A admissão de depoimentos escritos posteriores à audiência deve ser excepcionalíssima, justificada pelo julgador de forma particularmente cuidadosa.

E tudo que aqui se disse deve ainda ser complementado com outra distinção importante. Ao contrário dos demais documentos, que em geral são apresentados desde logo, no caso dos depoimentos escritos deve haver uma separação mais rígida entre o requerimento da prova e sua produção. Porque entre um e outro deve haver uma decisão do julgador admitindo a prova, para só então ela ser efetivamente produzida.

15. A questão do contraditório e da valoração da prova atípica

Regra geral, as provas devem ser produzidas em contraditório. É claro que cada tipo de prova terá suas particularidades. Os documentos, por exemplo, são apresentados pelas partes diretamente, debatendo-se a seu respeito de forma subsequente. Não é possível exigir o contraditório em momento anterior, para debater o que a parte deve ou não apresentar. A parte pura e simplesmente apresenta o documento. A regulação legal permite que se impugne a autenticidade, a data e seu conteúdo.

Em relação à perícia, também ela, como regra, é produzida em contraditório. O modelo legal contempla a nomeação de perito pelo juízo e a realização dos trabalhos com ampla ciência e participação das partes. As variações ficam por conta de perícias extrajudiciais, laudos particulares que as partes porventura produzam, em preparação de suas estratégias. Em certas situações, ante o risco de perecimento da prova, pode vir a ser realizada alguma análise de natureza técnica (exame, vistoria ou avaliação) sem a participação da contraparte.

Por exemplo, a parte pode ingressar em juízo para retomar um imóvel, alegando que ele foi abandonado pelo réu e que, diante da notícia de um vazamento, é preciso fazer uma constatação pelo Oficial de Justiça, antes mesmo da citação do réu. Para que se preserve a utilidade dessa prova, ela será necessariamente realizada sem o prévio contraditório e sem que o réu possa acompanhar a vistoria.

A afirmação serve para provas típicas, mas é especialmente relevante nas provas atípicas. Pode não ser possível a participação da parte na produção da prova, mas assegura-se sempre o contraditório para permitir reação. Sem isso, não será admitida a prova atípica.[136]

O mesmo em relação a uma declaração extrajudicial, feita por uma das partes para registrar e preservar no tempo o conhecimento de certos fatos. Podemos pensar em duas situações. Primeiro, em determinada família, os filhos mantêm um comportamento belicoso, discordam da forma como os pais, já idosos, administram o patrimônio, com acusações de favorecimento de um filho, em detrimento do outro. Em certos momentos, alguns insinuam que certos atos praticados pelos pais são nulos, pois as faculdades mentais e cognitivas dos pais já estão sendo afetadas, por debilidade senil ou mesmo por alguma doença degenerativa.

Para prevenir a futura alegação de nulidade desses atos, ou para corroborar sua condição de livre manifestação de vontade, os próprios pais podem optar por submeter-se a exames e entrevistas com médicos, pedindo que seja atestado o pleno gozo de suas faculdades mentais, de forma contemporânea à elaboração de um testamento.[137] Do ponto de vista da prova, teremos um misto de prova técnica com declaração de terceiros. Pela circunstância da sua colheita, a prova não poderá ser repetida em litígio futuro.

Segundo exemplo. Uma empresa executa uma grande obra de engenharia, complexa, envolvendo muitas etapas, pessoas, utilização de equipamentos de grande porte etc. Realiza serviços fora do escopo e almeja, futuramente, pleitear diferenças de preço em relação a seu contratante. Mas por circunstâncias comerciais, só poderá fazer isso alguns meses após a conclusão definitiva das obras. Sabe que, naquela oportunidade, não terá mais em seus quadros uma parte dos profissionais que se envolveram na obra.

Imagine-se que a empresa precise desfazer parte do quadro de pessoal e tenha receio de, futuramente, esses profissionais, porque foram demitidos, recusem-se a comparecer e depor em favor dela, naquela demanda para cobrança por serviços adicionais. Ela prepara então declarações escritas das pessoas-chave da obra, para que relatem certas condições de trabalho, as circunstâncias em que serviços adicionais foram solicitados e prestados, até mesmo as

---

136 NEVES, DANIEL AMORIM ASSUMPÇÃO. *Manual de direito processual civil*. 10. ed. Salvador: Juspodivm, 2018. p. 754.

137 O TJSP já entendeu ser prudente que se anexasse ao testamento um atestado médico a respeito da capacidade da testadora, que à época do testamento contava com 91 anos de idade. Cf. Apelação Cível n. 1023010-28.2015.8.26.0100, 3ª Câmara de Direito Privado, rel. DONEGÁ MORANDINI, j. 05.12.2017.

declarações que tal pessoa ouviu do contratante, de que os respectivos pagamentos seriam feitos oportunamente. Tais promessas verbais, porque feitas a alguém que no futuro pode não querer colaborar, precisam ser registradas em documentos escritos unilaterais.

Em situações como estas, a parte contrária, que não participou da formação da prova, deve ter assegurada ampla possibilidade de manifestação e impugnação de tais provas. O primeiro plano, o cenário ideal, é que aquelas provas, produzidas inicialmente sob a forma de documentos, de declarações de terceiros, sejam repetidas em juízo, sob o manto do contraditório. As pessoas devem ser chamadas a depor para ratificar (ou retificar) suas declarações. Mas, admitindo que isso nem sempre seja possível, ainda assim a contraparte deve ter a oportunidade de contrapor outras provas, por exemplo, obtendo outras declarações que infirmem aquelas. E em qualquer caso, no momento da sua valoração, o julgador deve ter especial cuidado.

Como adverte Paulo Osternack Amaral, "a admissão de uma prova atípica se refletirá no dever de fundamentação. O juiz deverá avaliar a pertinência da prova, a eventual inexistência (ou dificuldade de produção) de um meio típico para comprovar a mesma situação, a regularidade da aquisição daquela prova atípica, além da sua compatibilidade com os preceitos legais e éticos. Tudo isso será levado em consideração no raciocínio desenvolvido pelo julgador ao admitir a prova e, posteriormente, proferir a sua decisão à luz do contexto probatório contido nos autos".[138]

O cuidado com a valoração da prova é necessário, não tanto por ser a prova atípica, mas por conta das possíveis restrições ao contraditório. Declarações escritas prestadas por terceiros não são um equivalente exato à prova testemunhal. Primeiro porque a declaração não é feita sob o compromisso de dizer a verdade.[139] Não estou com isso afirmando que o mero compromisso, que afinal consiste em uma declaração formal no início do depoimento, seja a garantia de que o depoimento da testemunha será verdadeiro. O argumento não é formal. A testemunha presta depoimento diante do magistrado e na

---

138 *Prova:* atipicidade, liberdade e instrumentalidade. 2. ed. São Paulo: Revista dos Tribunais, 2017. p. 86.

139 Rodrigo Barioni entende que a ata notarial, por ser solicitada unilateralmente, sem a presença dos outros sujeitos processuais, sem o controle da testemunha, e sem o compromisso de dizer a verdade, não pode substituir o depoimento da testemunha. Essa situação viola o contraditório, impedindo que a ata notarial seja utilizada para a produção de prova testemunhal. Cf. Os limites da ata notarial como meio de prova em juízo. *In* LOPES, Ricardo Augusto de; MEDEIROS NETO, Elias Marques de; OLIVEIRA NETO, Olavo de (coord.). *A prova no direito processual civil.* São Paulo: Verbatim, 2013. p. 563.

presença dos advogados. É perguntada, pode ser confrontada. É esse conjunto que garante maior confiabilidade da prova.

Na declaração escrita isso não se dá. Pouco importa que a pessoa inicie sua declaração comprometendo-se a dizer a verdade, ou afirmando que o conteúdo do que será declarado corresponde à verdade. Fato é que o conteúdo é determinado exclusivamente pelo declarante (muitas vezes, aliás, auxiliado pelo advogado da causa), sem que a parte contrária possa confrontar tais declarações. Por isso se disse que a possibilidade subsequente de se realizar a arguição da testemunha (*cross examination*) confere completude à prova, mas, quando isso não se dá, o julgador deverá ponderar acerca do peso desse tipo de prova de modo mais cuidadoso.

Mas, repito, não me parece que a questão da valoração da prova seja diferente, porque ela foi obtida de forma típica ou atípica.[140] São as circunstâncias do caso concreto que serão relevantes. Uma perícia produzida segundo o modelo legal pode ser integralmente afastada pelo juiz, se suas conclusões não forem consistentes, ao passo que pode ser acolhido um laudo extrajudicial produzido por uma das partes, se do conjunto probatório resultar que a hipótese ali tratada é a mais verossímil.

Tampouco considero que a prova atípica só possa ser deferida e produzida de forma subsidiária, na falta de provas típicas. Basta pensar no exemplo acima, das declarações unilaterais. Elas podem ser admitidas mesmo que testemunhas possam ser arroladas e ouvidas segundo os parâmetros normais da prova testemunhal.

Quanto à prova atípica, volta a ser relevante lembrar a ideia dos momentos da prova. Ela será requerida pela parte. O juiz, ao ponderar sobre sua admissibilidade, deverá estabelecer os parâmetros com que a prova será produzida, e, ao fazê-lo, deverá assegurar a regularidade e o equilíbrio em sua produção. No momento de sua valoração, voltará a examinar esta regularidade e dará a ela o peso adequado, considerando o conjunto probatório como um todo.

16. Provas ilícitas

O tema da prova ilícita é riquíssimo, permite análise sob uma perspectiva mais teórica, quase filosófica, e também o exame das muitas situações concretas em que se discute a legalidade de certas provas. As disposições legais e a construção doutrinária sobre o tema no Brasil têm inspiração em discussões semelhantes provenientes da Suprema Corte dos Estados Unidos.

---

140 Essa advertência, de equilíbrio entre o contraditório e a prova atípica, com repercussão na valoração da prova, pode também ser encontrada em BARBOSA MOREIRA, José Carlos. Provas Atípicas. *In Revista de Processo*, v. 76, 1994, p. 124-125.

A prova ilícita nem sempre foi proibida. Em momento anterior, admitia--se sua utilização, ao mesmo tempo que se contemplava a punição do agente que obtivera a prova de forma ilegal (*male captum bene retentum*). Mas o tempo demonstrou que esse sistema não era suficiente para prevenir abusos dos agentes do Estado na obtenção de provas, verificando-se também a complacência do Estado com os seus agentes, de forma que "invariavelmente, não fossem punidos. Esta quase certeza de não punição também acabava por estimular o Estado a praticar atos violadores de direitos fundamentais na produção probatória".[141]

Assim, evoluiu-se para a vedação absoluta às provas ilícitas. Há, como se vê, um componente didático e preventivo na fórmula. É a maneira de disciplinar os agentes do Estado e a sociedade em geral acerca da necessidade de "jogar limpo" no que diz respeito à colheita de meios de prova. Não sendo assim, a prova será completamente inútil, desprezada para todas as finalidades.

Para a atual análise do tema da prova ilícita em nosso sistema jurídico, o ponto de partida é o art. 5º, LVI, da Constituição Federal, que dispõe: *são inadmissíveis, no processo, as provas obtidas por meios ilícitos.* Do seu exame literal, destacam-se desde logo dois aspectos. Primeiro, que a Constituição fala em inadmissibilidade da prova. Segundo, que se menciona processo, sem distinção de sua natureza.

A Constituição, assim, não distingue a prova ilícita por sua natureza ou características da sua produção, mas apenas determina sua inadmissibilidade no processo.[142] Inadmissível significa que a prova não pode ser considerada, sob hipótese alguma. Se foi colhida ou produzida, não pode ser juntada. Se foi juntada, deve ser desentranhada. Se permaneceu no processo, deve ser desprezada pelo julgador e não pode ser levada em consideração para fins do julgamento da causa.

Por se reconhecer a impossibilidade humana de o juiz desconsiderar certos fatos que conheceu, por força de uma prova ilícita, sustenta-se a necessidade de substituição do julgador, evitando-se sua contaminação psicológica.[143] Essa parece ser a melhor forma de dar concretude ao comando constitucional.[144]

---

141 DEZEM, Guilherme Madeira. *Curso de processo penal*. 5. ed. São Paulo: Thomson Reuters Brasil, 2019. p. 545-546.

142 Como adverte William Santos Ferreira, o legislador não se preocupou apenas em impor sanções diretas à violação de direito, mas também obstou a utilização da prova ilícita, em clara mitigação do princípio do livre convencimento motivado (art. 131 do CPC/73). FERREIRA, William Santos. *Princípios fundamentais da prova cível*. São Paulo: Revista dos Tribunais, 2014. p. 95-97.

143 AMARAL, Paulo Osternack. *Prova:* atipicidade, liberdade e instrumentalidade. 2. ed. São Paulo: Revista dos Tribunais, 2017. p. 214-215.

144 Uma forma de demonstrar o acerto dessa proposta é pela observação de uma crítica firme que Cândido Dinamarco faz ao modelo de vedação absoluta à prova ilícita. Diz o mestre que, "em si mesma, essa opção radical transgride princípios

Objeções de ordem formal ou mesmo práticas devem ser firmemente rechaçadas, quando o tema é a efetivação de direitos fundamentais, como o da vedação à prova ilícita.

Dinamarco resume as provas ilícitas como demonstrações de fato obtidas por modos contrários ao direito, quer no tocante às fontes de prova, quer quanto aos meios probatórios. As fontes de prova são ilícitas quando decorrem de interceptações telefônicas ou postais, invasão de memória de computador, traslado de peças de processos sigilosos ou quebra de sigilo bancário ou fiscal sem autorização. Já a ilicitude quanto aos meios de prova se dá, por exemplo, com a tortura ou coação a testemunhas ou à própria parte.[145]

Afora tal distinção, que guarda essencialmente uma finalidade didática, é importante compreender que tais provas serão sempre ilícitas, seja quando a ilicitude está na fonte, seja no meio de prova. Em todos esses casos, a consequência será a inadmissibilidade da prova, seu desentranhamento dos autos e até mesmo a substituição do julgador que decidirá a causa.

É fato, de outro lado, que existe na doutrina outra classificação, que parte do gênero das provas ilegais e que tem como espécies as provas ilícitas propriamente ditas e as provas ilegítimas. As provas ilícitas correspondem à transgressão de norma de direito material, violação a normas previstas na Constituição ou em leis infraconstitucionais materiais, e as provas ilegítimas, obtidas em violação de norma de direito processual (ocorrência dentro do processo).[146] Como regra, compreende-se que a prova ilícita é obtida antes e

---

constitucionais do processo ao exigir que o juiz finja não conhecer fatos seguramente comprovados, por causa da origem da prova: a parte, que nem sempre será o sujeito responsável pela ilicitude (mas ainda quando o fosse), suportará invariavelmente essa restrição ao seu direito à prova, ao julgamento segundo a verdade e à tutela jurisdicional a que eventualmente tivesse direito". Cf. *Instituições de direito processual civil*. 7. ed. São Paulo: Malheiros, 2017. v. 3, p. 54-56. Por isso, o autor defende uma evolução do conceito do "fruto da árvore envenenada", como fez a Suprema Corte americana, ao admitir provas ilícitas por derivação em casos nos quais estejam em jogo valores de elevada dignidade constitucional. Com o devido respeito ao mestre, em muitas situações, a violação ao método de obtenção da prova será tão flagrante que nenhum aproveitamento deverá ser tolerado. A questão é pedagógica. Se as pessoas e, sobretudo o Estado, percebem que pode haver algum aproveitamento de provas obtidas por meios ilícitos, passarão a adotar condutas abusivas e a desrespeitar de forma consistente os preceitos legais e morais que norteiam o processo e, em plano mais amplo, a vida em sociedade.

145 BUENO, Cassio Scarpinella. *Curso sistematizado de direito processual civil*. 4. ed. São Paulo: Saraiva, 2011. v. 2, t. 1, p. 277.

146 A distinção é atribuída a Pietro Nuvolone, cf. DEZEM, Guilherme Madeira. *Curso de processo penal*. 5. ed. São Paulo: Thomson Reuters Brasil, 2019. p. 546. Ada Pellegrini Grinover e Luiz Francisco Torquato Avolio adotam a mesma

fora do processo, isto é, que a ilegalidade está atrelada a sua colheita, ao passo que a prova ilegítima se relaciona com um problema em sua produção, dentro do processo, em violação a uma norma de direito processual.

Quando falamos em provas ilícitas, estamos nos referindo ao primeiro dos gêneros dessa classificação. São elas as provas vedadas no plano constitucional. Por exemplo, são ilícitas as gravações ilegais, obtidas sem autorização judicial, e por derivação, são ilícitos os testemunhos prestados por pessoas cujos nomes tenham sido citados naquelas gravações.

Já as provas ilegítimas, entendidas como as que tenham sido produzidas com alguma violação ao direito processual, devem ser tratadas no plano da instrumentalidade das formas e das regras sobre nulidades. Se uma perícia ocorreu sem o acompanhamento dos assistentes técnicos, ou se o depoimento de uma testemunha foi indevidamente indeferido, é claro que essas irregularidades não receberão o tratamento de uma prova ilícita.

A esse respeito, Guilherme Madeira Dezem resume bem a distinção. A prova ilegítima será atacada no plano processual, pode ser objeto de recurso, e a irregularidade poderá ser reconhecida se for alegado e demonstrado prejuízo. Pode ser que a parte que teve a testemunha indeferida vença a demanda, fazendo desaparecer qualquer prejuízo de sua não oitiva. E, se for reconhecido prejuízo, a prova será refeita e aproveitada para fins do julgamento. Tudo regulado no âmbito do próprio CPC, nas relevantes disposições sobre nulidades, dos arts. 276 a 283.

Já em relação à prova ilícita, a dinâmica é completamente outra. A prova ilícita não poderá ser utilizada, considerada para fins do julgamento, nem repetida. A ilicitude contamina a prova de tal maneira que o fato revelado por força da prova ilícita não poderá ser repetido.[147]

Essa distinção se justifica em virtude dos valores em jogo quando se fala em prova ilícita. Como ponderam Luiz Guilherme Marinoni e Sérgio Arenhart, a Constituição restringe a admissibilidade de provas ilícitas porque “o interesse do encontro da verdade cede diante das exigências superiores de efetiva tutela dos direitos”.[148]

---

classificação. Cf. FERREIRA, William Santos. *Princípios fundamentais da prova cível.* São Paulo: Revista dos Tribunais, 2014. p. 96.

147 DEZEM, Guilherme Madeira. *Curso de processo penal.* 5. ed. São Paulo: Thomson Reuters Brasil, 2019. p. 553. A esse respeito, Luiz Guilherme Marinoni e Sérgio Cruz Arenhart afirmam que a prova ilícita não contamina o fato a ser esclarecido. Pode contaminar outras provas, mas o fato em si permanece de interesse da atividade probatória e, em tese, pode ser provado por outras provas lícitas. *Comentários ao Código de Processo Civil,* v. V, p. 166.

148 Cf. *Comentários ao Código de Processo Civil,* v. VI, p. 158.

Entre esses valores protegidos, a privacidade e o sigilo das comunicações ensejam boas discussões práticas, em tempos de amplo acesso às redes sociais e comunicações instantâneas entre as pessoas, por *e-mail*, WhatsApp e outros métodos. Por exemplo, negou-se indenização por danos morais a uma pessoa que baseou suas alegações em mensagens trocadas por WhatsApp pela ré, e que foram obtidas por um terceiro. No caso específico, o empregador de uma babá teve acesso ao seu aparelho celular, constatou a troca de mensagens de teor ofensivo a uma terceira pessoa e transmitiu à ofendida aquelas mensagens.

No julgamento da apelação, as provas foram consideradas ilícitas, porque o acesso indevido ao celular da ré configurou "desrespeito aos [seus] direitos fundamentais à privacidade e à intimidade".[149] A decisão ainda enfrentou o tema de ser ou não legal acessar um equipamento eletrônico fornecido pelo empregador, considerando preservado o direito à intimidade se o equipamento é cedido sem cláusula de utilização exclusiva no âmbito profissional.[150]

A esse respeito, quanto ao uso de *e-mail* corporativo, prevalece a noção de que o empregador tem o direito de acesso ao conteúdo dos computadores e do próprio teor dos *e-mails*, sem que isso represente violação à privacidade do funcionário, "sobretudo quando há expressa menção, nas disposições normativas acerca do seu uso, da sua destinação somente para assuntos e

---

149 TJSP, Apelação n. 1000897-76.2014.8.26.0533, 30ª Câmara de Direito Privado, rel. MARIA LÚCIA PIZZOTTI, j. 09.05.2018. No âmbito penal, foi também considerada ilícito o espelhamento do WhatsApp por meio do WhatsApp Web. A relatora do caso, a relatora, Ministra LAURITA VAZ, afirmou que o espelhamento equivaleria a "um tipo híbrido de obtenção de prova", um misto de interceptação telefônica (quanto às conversas futuras) e de quebra de sigilo de *e-mail* (quanto às conversas passadas). "Não há, todavia, ao menos por agora, previsão legal de um tal meio de obtenção de prova híbrido". O número do processo não foi divulgado em virtude de segredo judicial. *Notícias do dia AASP*, 30 nov. 2018. Disponível em: https://aplicacao.aasp.org.br/aasp/imprensa/clipping/cli_noticia.asp?idnot=28072. Acesso em: 30 jul. 2019.

150 Da decisão, consta o seguinte trecho: "Adota-se, no particular, como razão específica de decidir, o seguinte trecho da r. sentença: 'Estou, porém, em que tal exegese não é válida, salvo expressa previsão no instrumento de contrato de trabalho ou de cessão do equipamento, para os aparelhos de celular denominados *smartphones,* nos quais são armazenados, como já aludido, os mais diversos dados e informações da vida privada. Deveras, se o equipamento é cedido sem cláusula de utilização exclusiva no âmbito profissional, passando então a desempenhar a sua vocação de reunir e armazenar praticamente todas as informações da vida pessoal do usuário, ao empregador não é desimpedido fiscalizá-lo *ad nutum*, perscrutando conversas, mensagens e imagens, sob pena de, traindo expectativa de privacidade, solapar o direito fundamental do empregado à privacidade e à intimidade'" (fls. 401). TJSP, Apelação n. 1000897-76.2014.8.26.0533, 30ª Câmara de Direito Privado, rel. MARIA LÚCIA PIZZOTTI, j. 09.05.2018.

matérias afetas ao serviço, bem como advertência sobre monitoramento e acesso ao conteúdo das comunicações dos usuários para fins de cumprir disposições legais ou instruir procedimento administrativo".[151]

A proteção aos direitos à intimidade, privacidade e intangibilidade das comunicações é tema recorrentemente enfrentado. Uma distinção geral é relevante. Há provas que dizem respeito diretamente às partes envolvidas na disputa. Aqui a dinâmica se modifica um pouco, pois seria excessivo proibir a própria parte de trazer elementos de prova de que participa, a pretexto de proteger a intimidade da contraparte. Três breves exemplos ilustram esse ponto.

Primeiro, em demandas bancárias, em que correntistas e instituições financeiras discutem operações de crédito, é lícita a apresentação, pelo banco, de extratos bancários do correntista. Além de serem documentos comuns às partes (art. 399, III), e em geral representarem a exata forma de demonstração do fato constitutivo do direito em disputa, o conteúdo da proteção constitucional ao sigilo bancário não é oponível ao próprio banco.

Segundo, em demanda entre particulares, deve ser garantido o acesso a certos documentos, tais como formulários médicos, registros de circuito interno de TV ou documentos contidos em prontuários e arquivos de empresas, instituições de ensino etc. O paciente tem direito a seu prontuário médico, ao mesmo tempo que tem o direito ao sigilo dessas mesmas informações, que não poderão ser transmitidas a terceiros, exceto por autorização judicial.[152] O mesmo

151 STJ, Recurso Ordinário em Mandado de Segurança n. 48.665/SP, Segunda Turma, rel. Og Fernandes, j. 15.09.2015. No acórdão lê-se ainda que "4. A quebra do sigilo de dados telemáticos também é vista como medida extrema, pois restritiva de direitos consagrados na Carta Magna (art. 5º, X e XII, CF/88; arts. 11 e 21 do Código Civil). Não obstante, a intimidade e a privacidade das pessoas, protegidas no que diz respeito aos dados já transmitidos, não constituem direitos absolutos, podendo sofrer restrições, assim como quaisquer outros direitos fundamentais, os quais, embora formalmente ilimitados (isto é, desprovidos de reserva), podem ser restringidos caso isso se revele imprescindível à garantia de outros direitos constitucionais". No mesmo sentido: TJSP, Apelação n. 1063471-71.2017.8.26.0100, 30ª Câmara de Direito Privado, rel. Maria Lúcia Pizzotti, j. 13.12.2017.

152 O novo Código de Ética Médica, publicado no Diário Oficial da União em 01.11.2018, estabelece, em seu art. 73, que "[é] vedado ao médico revelar fato de que tenha conhecimento em virtude do exercício de sua profissão, salvo por motivo justo, dever legal ou consentimento, por escrito, do paciente. Parágrafo único. Permanece essa proibição: a) mesmo que o fato seja de conhecimento público ou o paciente tenha falecido; b) quando de seu depoimento como testemunha (nessa hipótese, o médico comparecerá perante a autoridade e declarará seu impedimento); c) na investigação de suspeita de crime, o médico estará impedido de revelar segredo que possa expor o paciente a processo penal". Uma exceção importante, que se

se pode dizer em demanda entre condômino e condomínio, na qual se pretenda utilizar imagens do circuito interno de TV. Não existe um direito do condômino à privacidade, ao ponto de impedir que tais imagens sejam usadas em demanda na qual ele próprio participe.[153]

Terceiro. Em demanda sobre cobertura securitária, a indenização do seguro de vida foi negada porque exame de sangue constatou níveis de álcool no corpo da vítima, que faleceu após colidir seu carro. A decisão considerou lícita a prova da embriaguez – causa excludente da cobertura securitária –, pois o exame foi realizado por médico-legista, a quem compete, por dever legal, apurar a causa da morte. O fato de não ter havido autorização dos familiares da vítima para a colheita do sangue não foi considerado violador do direito à intimidade e privacidade do *de cujus*.[154]

Outro tema que merece comentários específicos é o da licitude da prova consistente em gravações de conversas. Um primeiro plano é a gravação de conversas entre os próprios interlocutores. Sua admissibilidade estará atrelada ao parâmetro de moralidade. Caso ela se constitua um meio moralmente legítimo, o que depende, em boa medida, da não realização de induções de um interlocutor ao outro, será admitida a prova.[155]

---

enquadra na modalidade de "dever legal" prevista no *caput* do referido artigo, são as doenças de notificação compulsória, que deverão ser notificadas à autoridade pública sob pena de cometimento de crime de omissão de notificação de doença (art. 269 do Código Penal).

153 TJSP, Apelação n. 2147503-69.2015.8.26.0000, 33ª Câmara de Direito Privado, rel. MARIO A. SILVEIRA, j. 03.08.2015: "Por fim, em relação às imagens em circuito interno do condomínio colacionada aos autos, não se afiguram como prova ilícita, porquanto voltadas para elucidação de controvérsia condominial. É cedido que, de ordinário, as câmeras instaladas dentro de dependências condominiais – nas áreas comuns destas – são de conhecimento dos condomínios e voltadas aos interesses destes, portanto, não violam a esfera privada. Além disso, a demanda tratada nos autos envolve interesse tanto do condômino quanto do condomínio. Portanto, nenhuma afronta seja de matéria constitucional ou infraconstitucional a respeito."

154 TJSP, Apelação n. 2027537-49.2014.8.26.0000, 27ª Câmara de Direito Privado, rel. DAISE FAJARDO NOGUEIRA JACOT, j. 07.02.017. "Não se vislumbra qualquer ilicitude na coleta do material sanguíneo da vítima. O médico legista, para assim proceder, não depende de consentimento da família. Aliás, é dever da autoridade policial, em ocorrendo morte a ser investigada, determinar de ofício o exame necroscópico nele podendo se incluir o toxicológico, a fim de que se perquira a causa da morte, tal agir encontra sua 'ratio essendi' no art. 6º, VII do CPP".

155 Em situação ligeiramente diferente, mas sobre tema correlato, o Supremo Tribunal Federal considerou ilícito o interrogatório obtido diretamente por um policial, durante uma busca e apreensão, pois o ato foi realizado sem que o acusado fosse advertido quanto ao direito ao silêncio e o direito à não autoincriminação. Disponível em: https://www.conjur.com.br/2019-jun-26/stf-anula-interrogatorio-feito-policial-durante-busca-apreensao. Acesso em: 27.07.2019.

Caso muito polêmico e atual envolveu a gravação clandestina do Presidente da República, por empresário investigado na Operação Lava Jato. Em "ação controlada" da Polícia Federal, Joesley Batista se encontrou com o Presidente da República e gravou o teor da conversa, em tentativa de obter elementos para a configuração de práticas criminosas (corrupção, formação de quadrilha etc.). A gravação foi autorizada previamente, mas, ainda assim, discute-se se ela é lícita, por ter sido realizada sem o consentimento de um dos interlocutores e com o específico objetivo de constituir prova contra ele, com induzimento de temas e tentativas de obter declarações incriminadoras.[156]

No âmbito do processo civil, a lei proíbe que a testemunha seja inquirida de forma a induzir respostas. O juiz está autorizado, nesse caso, a indeferir a pergunta (CPC, art. 459, *caput*). Se no ambiente controlado de uma audiência judicial há essa preocupação, com ainda maior razão deverá haver no contexto de uma conversa particular, gravada por uma pessoa sem o conhecimento da outra. Também por essa razão, a Professora Ada Pellegrini Grinover elaborou parecer, pelo qual concluiu ser ilegal a prova obtida em face do Presidente da República, pois realizada sem atenção aos preceitos de moralidade da prova. Ocorreu ali, segundo a saudosa professora, violação do direito constitucional à intimidade.[157]

As gravações de conversas telefônicas de terceiros, de outro lado, só podem ser realizadas se autorizadas pelo juiz. É ilícita a prova obtida diretamente, fora do controle judicial. Porque a previsão de exceção ao princípio da inviolabilidade das comunicações está prevista apenas para as gravações telefônicas, atreladas a investigações criminais, há quem sustente que só poderá ser admitida uma gravação telefônica como prova no âmbito criminal. Não poderia haver o empréstimo ou a utilização da prova para fins civis.[158] Entendo que o

---

156 Sobre a gravação clandestina, Paulo Osternack Amaral sustenta que, por falta de previsão legal específica, ela segue o regime jurídico da teoria geral da prova, devendo ser examinada sob os aspectos da amplitude e atipicidade. As ressalvas são em relação à violação a garantias constitucionais da pessoa gravada, como as que preservam sua dignidade humana, ou em violação a regras de sigilo ou preceitos éticos, ou ainda se contiverem questões que induzam artificialmente respostas desfavoráveis à pessoa gravada, pois aqui se está no campo da imoralidade da prova. Cf. *Prova:* atipicidade, liberdade e instrumentalidade. 2. ed. São Paulo: Revista dos Tribunais, 2017. p. 217-220.

157 GRINOVER, Ada Pellegrini. Conversas gravadas: ilicitude ou licitude? *Revista de processo*, São Paulo, v. 274, ano 42, p. 19-42, 2017.

158 Em estudo acerca de casos relevantes julgados pelo STJ, José Maria Tesheiner alude a caso em que se apurou que Francisco Agathos era membro de quadrilha internacional que realizava tráfico de armas de fogo de grosso calibre, munições e outros acessórios bélicos para traficantes. Ele foi preso sem ordem judicial, e confessou sem que lhe fosse informado o seu direito ao silêncio. Em seguida, foi

empréstimo é possível, sob uma consideração mais geral de que "quem pode o mais, pode o menos". Se a prova já foi obtida em investigação criminal, parece-me razoável permitir o seu aproveitamento em questões daí derivadas, como a ação indenizatória decorrente dos mesmos fatos, ou medidas de natureza disciplinar. Remeto o leitor aos comentários ao art. 372.

Como visto, a casuística a respeito do tema é ampla. Convém analisar esses casos, porque a realidade da vida é objeto da regulação legal e, ao mesmo tempo, influencia a forma de interpretação de tais disposições. Nossa sociedade tem uma cultura menos liberal e menos preocupada com a garantia de liberdades civis, quando comparada com os Estados Unidos. Isso explicará por que certas condutas são aqui admitidas. Não são poucos os exemplos de normas infraconstitucionais que regulamentam exceções à inviolabilidade da correspondência, do sigilo bancário, fiscal etc., e que têm sido aceitas por nossos Tribunais. Cabe sempre refletir se essas decisões são corretas e compatíveis com os parâmetros constitucionais.

Na jurisprudência do Tribunal de Justiça de São Paulo, há diversos casos em que se discute a possibilidade de autuação fiscal de empresas, a partir de informações obtidas de operadoras de cartão de crédito. Porque existe legislação estadual específica, pela qual as empresas que aderem a tipos favorecidos de regimes fiscais autorizam a remessa de dados de suas transações para o Fisco, entende-se que não há violação ou desrespeito ao sigilo bancário das pessoas jurídicas.[159] Elas próprias aceitaram compartilhar aquelas informações, como contrapartida dos benefícios fiscais. De outro lado, se pessoas jurídicas não têm esse enquadramento, o acesso às mesmas informações, provenientes das mesmas operadoras do cartão de crédito, é tipo por ilícito.

---

instado a realizar telefonema pela polícia, que foi ilegalmente gravado. Iniciada a ação penal, impetrou *habeas corpus* ao STF, com pedido de desentranhamento das fitas K-7 contendo a gravação, o laudo que as transcrevia, as correspondentes declarações dos detetives, bem como as provas delas decorrentes. O *habeas corpus* foi concedido por unanimidade. TESHEINER, JOSÉ MARIA. Direitos fundamentais, verdade e processo. *In* DIDIER JÚNIOR, FREDIE (coord. geral) *et al. Direito probatório*. 2. ed. Salvador: Juspodivm, 2016. p. 69-71 (Col. Grandes Temas do Novo CPC).

159 TJSP, Apelação n. 1003931-95.2017.8.26.0196, 30ª Câmara de Direito Privado, rel. MARIA LÚCIA PIZZOTTI, j. 07.03.2018. TJSP, Apelação n. 0001440-08.2015.8.26.0648, 2ª Câmara de Direito Privado, rel. Des. JOSÉ JOAQUIM DOS SANTOS, j. 20.02.2018. Desse julgado, contudo, extrai-se uma afirmação equivocada e perigosa, que considera não existir a proteção constitucional do sigilo bancário às informações de natureza exclusivamente empresarial. A decisão não adota esse fundamento para considerar lícita a prova, mas é perigoso criar distinções acerca do direito ao sigilo bancário que não decorre da constituição ou da lei.

Sem que haja autorização judicial, ou ao menos processo administrativo em trâmite, no qual o Fisco obtenha acesso às informações normalmente protegidas, será ilícita a prova obtida por esses entes arrecadadores, contaminando os autos de infração que daí derivem.[160] A esse respeito, a jurisprudência dos Tribunais Superiores modificou seu entendimento anterior e, na minha opinião, involuiu em relação ao tema. Abandonou uma posição garantista e compatível com a Constituição, para passar a admitir que extratos bancários obtidos sem autorização judicial sirvam para instruir não apenas as medidas de arrecadação de impostos como também ações penais correlatas.

Com base na Lei Complementar n. 105/2001, a jurisprudência havia firmado o entendimento da legalidade na obtenção de dados diretamente pela autoridade fiscal, sem a necessidade de prévia autorização judicial, quando tais informações serviam para instruir providências de constituição de crédito tributário.[161] Mas ressalva-se a impossibilidade de utilização dessas mesmas informações para a deflagração da ação penal por suposta sonegação fiscal ou crime de outra natureza. Havia uma diferenciação, portanto. No confronto entre o direito dos contribuintes à proteção dos dados e o direito do Estado à fiscalização e arrecadação tributária, entendeu-se ser razoável permitir o acesso a tais dados. Em alguma medida, penso eu, porque as consequências para o particular eram de menor relevância, diziam apenas respeito ao aspecto patrimonial do pagamento dos impostos. Possivelmente a dificuldade na obtenção de provas da sonegação fiscal por outros meios pode ter influenciado nessa construção.

Contudo, mais recentemente, a jurisprudência do Supremo Tribunal Federal foi modificada, para se admitir também que aqueles mesmos dados, obtidos sem autorização judicial, sejam informados ao Ministério Público e possam instruir medidas de natureza penal contra os contribuintes. Entende-se que não há ilicitude das provas porque, por força da autorização legal, a mesma informação é transmitida para o Fisco, Advocacia-Geral da União e para Ministério Público, "sempre que, no curso de ação fiscal de que resulte lavratura de auto de infração de exigência de crédito de tributos e contribuições, se constate fato que configure, em tese, crime contra a ordem tributária".[162]

---

160 Para Antonio Scarance Fernandes, "não pode o Ministério Público determinar a quebra do sigilo financeiro, *nem receber* ou requisitar *documentos de órgãos fiscais, do Banco Central, da Comissão de Valores Mobiliários, que representem acesso aos informes sigilosos, sem prévia autorização judicial*". Cf. O sigilo financeiro e a prova criminal. *In Direito penal especial, processo penal e direitos fundamentais: visão luso-brasileira*. São Paulo: Quartier Latin, 2006. p. 483.

161 STJ, HC 260.519/SP, 6ª Turma, rel. Rogério Schietti Cruz, decisão monocrática proferida em 14.12.2016.

162 STJ, *Habeas Corpus* n. 422.473/SP, Sexta Turma, rel. Sebastião Reis Júnior, j. 20.03.2018. Nessa mesma linha, as decisões citadas no voto do relator: ARE

Parece-me um evidente abuso e clara distorção das regras constitucionais. A liberdade dos cidadãos é um valor relevante, que não pode ceder diante de quaisquer outros valores. De uma tacada, esse entendimento afasta totalmente a previsão constitucional da inviolabilidade do sigilo da correspondência e das comunicações telegráficas e de dados (CF, art. 5º, XII), despreza a vedação às provas ilícitas e submete os cidadãos a medidas penais (com todas as graves consequências que daí decorrem), privilegiando valores bem menos relevantes, como a facilidade do Estado na investigação de práticas fiscais ilegais e a facilidade na arrecadação de impostos (que é o verdadeiro fator motivador da tipificação penal dos crimes tributários, uma vez que o pagamento dos valores gera extinção da punibilidade).[163]

Tais manifestações vão de encontro a todas as ponderações acima, que explicam a regra geral do nosso sistema e propõem um critério interpretativo seguro para as diversas situações concretas que se apresentam. A implementação de direitos fundamentais exige ações permanentes e todo um conjunto de interpretações, para refrear impulsos contrários, cedendo a pressões de cunho autoritário, inspiradas em supostas razões de eficiência.[164]

998.818, rel. Ricardo Lewandowski; RE 1.073.398, rel. Luiz Fux; RE 1.090.776, rel. Alexandre de Moraes; RE 1.064.544, rel. Edson Fachin. Segundo outro precedente do STF, "sendo legítimos (...) os meios de obtenção da prova material e sua utilização no processo Administrativo fiscal, mostra-se lícita sua utilização para fins da persecução criminal. Sobretudo, quando se observa que a omissão da informação revelou a efetiva supressão de tributos, demonstrando a materialidade exigida para configuração do crime previsto no art. I2, inciso I, da Lei n. 8.137/1990, não existindo qualquer abuso por parte da Administração Fiscal em encaminhar as informações ao *Parquet* (ARE n. 953.058, Ministro Gilmar Mendes)".

163 Situação diversa foi recentemente objeto de rumoroso julgamento pelo Supremo Tribunal Federal. Tratava-se de definir se investigações de natureza criminal podem ser realizadas pelo Ministério Público a partir de informações fornecidas diretamente pelo COAF. O julgamento final concluiu, por maioria, que é sim lícito o fornecimento de informações do COAF – órgão encarregado de monitorar movimentações financeiras suspeitas – para o Ministério Público, e que a utilização de informações financeiras não viola as garantias de sigilo fiscal e bancário. O tema é complexo. Mas em favor da legalidade destas condutas, registre-se que o Conselho de Controle de Atividades Financeiras possui como função precípua o monitoramento de atividades consideradas suspeitas e a comunicação destas atividades às autoridades encarregadas de investigações criminais. É da Lei 9.613/98 – lei de combate aos crimes de lavagem de dinheiro – que se extrai a autorização para tais comunicações de dados, que, por isso, dispensam a autorização judicial. A hipótese de práticas criminais merece proteção de natureza diversa do que as atividades de índole arrecadatória do Estado, o que justifica que num caso se admita tais comunicações, mas no outro não. Disponível em: http://portal.stf.jus.br/processos/detalhe.asp?incidente=5213056.

164 Na esteira da advertência de Paulo Osternack Amaral, "não estiver em jogo outra garantia fundamental, não há que se falar em aplicação do princípio da pro-

É claro, porém, que a vedação à prova ilícita, como qualquer outra garantia constitucional, não é absoluta. É preciso ressalvar, como não poderia deixar de ser, que não existem direitos absolutos. Até o mais precioso dos valores humanos, que é a própria vida, pode ceder em determinadas circunstâncias. Não poderia ser diferente com o direito à prova, e também não escapa a esse modelo de relativização de direitos e garantias constitucionais a própria vedação à prova ilícita. Assim, em certas situações, admite-se que se realize, concretamente, um juízo de ponderação, afastando-se a proibição de utilização da prova ilícita em certas e específicas circunstâncias.

Porque se, de um lado, a tortura e a coação na tomada de um depoimento jamais poderão ser aceitos como fonte de prova, em certas situações poderá ser excepcionalmente admitida a descoberta de fatos mediante gravação clandestina de terceiros. É ilegal gravar a conversa de terceiros, porque a todos é assegurada a intimidade, a privacidade e o sigilo das comunicações, mas, se a violação de tais direitos fundamentais revela, por exemplo, que crianças estão sendo vítimas de maus-tratos, poderá ser excepcionalmente admitida essa prova, exclusivamente no contexto de proteção aos direitos desses menores.[165]

Para seguir no mesmo exemplo, a prova poderia ser utilizada para embasar pedido de afastamento cautelar do genitor que imponha maus-tratos aos filhos. Mas não poderia ser utilizada para justificar a demissão por justa causa de alguém, eis que o direito violado, à intimidade e ao sigilo das comunicações possui proteção de maior relevo do que os possíveis direitos violados de um empregador, na descoberta de fatos desabonadores de seus funcionários, praticados em suas relações pessoais e fora do ambiente de trabalho.

O problema, portanto, não se põe tanto em relação a admitir ou não exceções à vedação à prova ilícita, mas ao grau de flexibilização que pode ser admitido. Porque não pode haver dúvidas de que o valor da legalidade nas coisas que dizem respeito ao processo é relevantíssimo em nosso sistema jurídico, e assim é porque a nossa sociedade elegeu tais valores como fundamentais para o convívio de seus cidadãos e para seu desenvolvimento.[166] É sob essa perspectiva que sempre devem ser interpretadas as questões envolvendo a licitude das provas.

---

porcionalidade e o juiz deverá prestigiar a vedação constitucional ao emprego de provas ilícitas no processo". Cf. *Prova:* atipicidade, liberdade e instrumentalidade. 2. ed. São Paulo: Revista dos Tribunais, 2017. p. 227.

165 Ver, por exemplo, *Informativo* 478 do STJ.

166 O preâmbulo da Constituição da República Federativa do Brasil assim prescreve: "Nós, representantes do povo brasileiro, reunidos em Assembleia Nacional Constituinte para instituir um Estado Democrático, destinado a assegurar o exercício dos direitos sociais e individuais, a liberdade, a segurança, o bem-estar, o desenvolvimento, a igualdade e a justiça como valores supremos de uma sociedade fraterna, pluralista e sem preconceitos, fundada na harmonia social e comprometida, na ordem

Rejeitam-se as correntes teóricas que autorizam sempre a adoção de provas ilícitas,[167] porque entendem que a questão se resolve na punição ao agente que as obteve fora dos parâmetros legais, ou que são completamente restritivas à admissão de tais provas, por entenderem que o juízo de ponderação já foi *a priori* realizado pelo legislador constituinte. A virtude, como sempre, está no meio. É de se admitir a utilização excepcional de provas obtidas por meios ilícitos (nunca por fontes ilícitas de prova), decorrente de um exercício de ponderação sobre os direitos em conflito, detalhadamente desenvolvido na fundamentação da respectiva decisão.

Contudo, é preciso muito cuidado na invocação da regra da proporcionalidade, pois ela pode ser o mecanismo institucionalizado de violação a garantias constitucionais. O exercício da ponderação, próprio da proporcionalidade, deve ser realizado com esse viés metodológico, de que a vedação à prova ilícita é expressamente contemplada, sem distinção para ramos do direito[168] ou situações concretas, funcionando como critério geral interpretativo e que deve ser excepcionado em poucas e raras situações. A regra é a inadmissibilidade; a exceção será sua admissão.

O Código de Processo Civil não traz qualquer parâmetro para a utilização de prova ilícita. Em certa medida, pode-se dizer que ele regula, *a contrario sensu*, sua vedação absoluta, pois consagra o direito de as partes empregarem "todos os meios legais, bem como os moralmente legítimos, ainda que não especificados neste Código". Mas o Código de Processo Penal contém um dispositivo importante a respeito,[169] que pode ser utilizado na interpretação da prova ilícita também no processo civil.[170]

---

interna e internacional, com a solução pacífica das controvérsias, promulgamos, sob a proteção de Deus, a seguinte CONSTITUIÇÃO DA REPÚBLICA FEDERATIVA DO BRASIL". Seu art. 3º assim define os objetivos do país: "Art. 3º Constituem objetivos fundamentais da República Federativa do Brasil: I – construir uma sociedade livre, justa e solidária; II – garantir o desenvolvimento nacional; III – erradicar a pobreza e a marginalização e reduzir as desigualdades sociais e regionais; IV – promover o bem de todos, sem preconceitos de origem, raça, sexo, cor, idade e quaisquer outras formas de discriminação".

167 Daniel Neves expõe as três correntes com maiores detalhes. Cf. *Manual de direito processual civil*. 10. ed. Salvador: Juspodivm, 2018. p. 752-754.

168 Luiz Guilherme Marinoni e Sérgio Arenhart sustentam uma distinção entre processo penal e processo civil, entendendo que neste último caso, deve ser feita um segundo juízo de ponderação pelo juiz, pois os valores em disputa são equivalentes, daí por que pode ser admitida a prova ilícita em mais situações. Cf. *Comentários ao Código de Processo Civil*, v. VI, p. 158-166. Por não haver qualquer sugestão no texto constitucional a respeito, entendo que semelhante distinção não se justifica.

169 Art. 157. São inadmissíveis, devendo ser desentranhadas do processo, as provas ilícitas, assim entendidas as obtidas em violação a normas constitucionais ou legais. § 1º São

Por esse dispositivo, estabelece-se que as provas ilícitas devem mesmo ser desentranhadas do processo, e que a ilicitude se estende às provas derivadas da prova ilícita, o que representa a incorporação, ao plano legal brasileiro, do que se costuma denominar "teoria dos frutos da árvore contaminada".[171]

Na jurisprudência, os elementos considerados para admitir provas consideradas ilícitas são a gravidade do ato, a espécie da relação jurídica discutida, as dificuldades de demonstrar a veracidade dos mesmos fatos de forma lícita, a prevalência do direito tutelado, em detrimento do direito violado; e a imprescindibilidade da prova no convencimento judicial.[172] Todos os elementos que se fazem presentes na aplicação da regra da proporcionalidade: a adequação, a necessidade e a proporcionalidade em sentido estrito.

São provas ilícitas por derivação, por exemplo, o testemunho de pessoa que foi mencionada em fita gravada clandestinamente.[173] Da mesma forma, são nulas as gravações ou extratos bancários obtidos, ainda que com autorização judicial, se essa decisão se deu a partir de denúncia anônima, que não pode, isoladamente, autorizar medidas drásticas como a quebra de sigilo bancário.[174]

---

também inadmissíveis as provas derivadas das ilícitas, salvo quando não evidenciado o nexo de causalidade entre umas e outras, ou quando as derivadas puderem ser obtidas por uma fonte independente das primeiras. § 2º Considera-se fonte independente aquela que por si só, seguindo os trâmites típicos e de praxe, próprios da investigação ou instrução criminal, seria capaz de conduzir ao fato objeto da prova. § 3º Preclusa a decisão de desentranhamento da prova declarada inadmissível, esta será inutilizada por decisão judicial, facultado às partes acompanhar o incidente.

170 Paulo Osternack Amaral sustenta a aplicação desta regra também ao processo civil. Cf. *Prova:* atipicidade, liberdade e instrumentalidade. 2. ed. São Paulo: Revista dos Tribunais, 2017. p. 212. No mesmo sentido, o enunciado 301 do FPPC: "301. (art. 369) Aplicam-se ao processo civil, por analogia, as exceções previstas nos §§ 1º e 2º do art. 157 do Código de Processo Penal, afastando a ilicitude da prova. (Grupo: Competência e invalidades processuais)".

171 O *leading case* é *Silverthorne Lumber Co x United States*, 1920. A contaminação requer causalidade entre as duas provas.

172 NEVES, Daniel Amorim Assumpção. *Manual de direito processual civil.* 10. ed. Salvador: Juspodivm, 2018. p. 753.

173 NEVES, Daniel Amorim Assumpção. *Manual de direito processual civil.* 10. ed. Salvador: Juspodivm, 2018. p. 752.

174 Em certo caso concreto, uma denúncia anônima levou à investigação de práticas de cartel por parte do CADE. A conclusão do processo administrativo no sentido de estar configurado o cartel foi anulada em demanda judicial subsequente, pois a denúncia anônima, isoladamente, não acompanhada de outras investigações, não poderia ter ensejado a quebra do sigilo bancário das empresas investigadas. TJSP, Ap. 130316.15.2011.8.26.0100, 32ª Câmara de Direito Privado, rel. Maria de Lourdes Lopez Gil, j. 22.06.2017.

Em conclusão, sob o ponto de vista do sistema de justiça implementado em nossa ordem constitucional, é possível afirmar que se procura estabelecer, por meio da vedação à prova ilícita, um modo de ser, um padrão de comportamento tido por aceitável, que de forma veemente proíbe quaisquer atitudes tendentes a macular a obtenção da prova. Nossa ordem constitucional, no que diz respeito à tutela jurisdicional, considera que só pode haver um justo processo se os elementos de prova a ele incorporados não tenham sido obtidos em violação a direitos fundamentais que a própria ordem constitucional assegura.

Essa disposição, não obstante tenha sido expressamente incorporada no plano constitucional apenas a partir de 1988, integra a tradição dos sistemas jurídicos democráticos. Não há regime autoritário ou tirânico que não se valha, entre outros métodos, de provas obtidas em violação à liberdade, à dignidade, à intimidade dos cidadãos (que se materializa pela inviolabilidade do domicílio, das correspondências físicas e eletrônicas, pelo sigilo bancário e fiscal). Não raro, regimes de exceção admitem inclusive a obtenção de informações mediante tortura, sob uma justificativa de tutelar valores superiores, como a segurança dos cidadãos.

Mas é impossível que a segurança geral dos cidadãos seja obtida a partir da violação individual e concreta da segurança de certos cidadãos, que são submetidos, nesse exemplo específico, a tortura, prisões abusivas, maus tratos ou outras técnicas, para que "colaborem" com a Justiça na obtenção de informações relevantes para o deslinde de certos conflitos.

Por isso se considera que a inadmissão de provas ilícitas constitui um limite moral ao direito à prova, fixado em nossa Constituição. Portanto, o direito fundamental à prova, de matriz constitucional, deve ser lido, evidentemente, como um direito à prova material e formalmente lícita.

> **Art. 370.** Caberá ao juiz, de ofício ou a requerimento da parte, determinar as provas necessárias ao julgamento do mérito.
>
> **Parágrafo único.** O juiz indeferirá, em decisão fundamentada, as diligências inúteis ou meramente protelatórias.
>
> *CPC de 1973 – art. 130*

17. O modelo do sistema brasileiro quanto aos poderes instrutórios do julgador

É tradicional no sistema jurídico brasileiro a noção de que o julgador possui poderes instrutórios de ofício. A disposição deste art. 370 constava do art. 130 do CPC/73, mas sua origem é ainda anterior. De fato, o Código de

Processo Civil de 1939 já dispunha que, "a requerimento ou *ex officio*, o juiz poderá, em despacho motivado ordenar as diligências necessárias à instrução do processo e indeferir as inúteis em relação a seu objeto, ou requeridas com propósitos manifestamente protelatórios" (art. 117).

Também é essencial à noção e à conformação do processo no direito brasileiro a aplicação do princípio dispositivo, que encontra sua expressão positivada nos arts. 2º e 141 do CPC/2015. Com efeito, a iniciativa de provocar o Poder Judiciário, de romper a inércia da Jurisdição, compete à parte, a quem cabe, igualmente, definir os contornos do litígio que submeterá a julgamento. A lei processual determina que *o juiz decidirá o mérito nos limites propostos pelas partes, sendo-lhe vedado conhecer de questões não suscitadas a cujo respeito a lei exige iniciativa da parte* (art. 141).

Temos, portanto, um sistema processual que equilibra o poder das partes em delimitar os temas submetidos à apreciação do juiz, sem a participação deste (princípio dispositivo) e a prerrogativa jurisdicional de promover o impulso do procedimento, inclusive de determinar a realização de certas provas (princípio inquisitivo).[175] Nesses diferentes momentos e para essas diferentes finalidades, a balança entre poderes das partes e dos julgadores se modifica.

Para a determinação do objeto do processo não há qualquer participação ou interferência do Estado-juiz, pois sua eventual atividade nesse momento representaria verdadeira afronta à separação dos Poderes e desobediência à razão de ser da função jurisdicional, que é a de pacificar conflitos. Caso se permitisse que o Judiciário determinasse o tamanho e a natureza do conflito, no lugar dos próprios interessados, ocorreria, na verdade, a criação de conflitos, não a sua solução e pacificação.[176] Aqui, o princípio dispositivo encontra sua aplicação máxima, inclusive no que diz respeito a direitos indisponíveis e àqueles de índole coletiva.

Já no que diz respeito à condução do caso e à atividade instrutória, diminui a prevalência dos interesses e das atividades das partes, adotando-se um modelo em que o julgador assume uma posição mais ativa, no qual incide o princípio inquisitivo. A lei expressamente assevera que o processo começa por iniciativa das partes e se desenvolve por impulso oficial (art. 2º), de forma que,

175 Moacyr Amaral Santos, em sua clássica obra escrita na vigência do CPC/39, já afirmava que "Na determinação dos fatos por provar tem plena aplicação o princípio da disposição das partes, ficando o juiz vinculado à afirmação das partes com referência à apresentação dos fatos – salvo, naturalmente, o exame das possibilidades naturais e da relevância jurídica dos fatos afirmados" (*A prova judiciária no cível e comercial*, 4. ed., v. 1, p. 107).

176 APRIGLIANO, Ricardo de Carvalho. *Ordem pública e processo*: o tratamento das questões de ordem pública no direito processual civil. São Paulo: Atlas, 2011, p. 37-38.

no plano positivo, há clara adoção, pelo legislador brasileiro, de um sistema em que a atividade do juiz pode complementar a atividade das partes, no qual a atuação do julgador para a investigação dos fatos da causa é admitida e, em certas circunstâncias, incentivada.

A ideia de um processo presidido por um julgador neutro, que meramente assiste ao embate entre as partes, sem tomar posição, sem se interessar pela forma como os fatos são investigados, pertence a uma noção histórica, a um momento do direito processual que, em nosso ordenamento jurídico, pertence ao passado.[177] Nesse modelo, o juiz deveria aguardar as iniciativas probatórias das partes, sob a premissa de que isso era mero desdobramento da disponibilidade do direito material em conflito. Trata-se de uma concepção privatística do processo, com excessivo predomínio do princípio dispositivo.

Ao explicar esses modelos e afirmar a adoção, pelo legislador brasileiro, de uma concepção mais equilibrada do fenômeno processual, Cândido Rangel Dinamarco anota ainda que não só de direitos disponíveis se cuida o processo. Em várias situações, o objeto do processo versa sobre direito de família, relações de massa, derivadas de direito ambiental, valores culturais ou históricos, direito do consumidor, áreas e ramos que muitas vezes exigem até mesmo a intervenção do Ministério Público. Para DINAMARCO, trata-se de exemplos oportunos de quão imprópria é a concepção de um predomínio do princípio dispositivo e afastamento de poderes de investigação das provas, pelo juiz. Além e antes do exame concreto do objeto de cada processo, o processualista das Arcadas destaca a função pública que é desempenhada por meio do processo. Como ferramenta típica para a atuação da jurisdição, os escopos do processo são atrelados aos interesses da sociedade como um todo, retirando dos juízes a função de meros homologadores das atividades das partes.[178]

A concepção de um modelo legal que permita ao julgador a prática de atividades instrutórias permite, potencialmente, que em todos os processos se atinja o adequado equilíbrio entre, de um lado, o protagonismo das partes na determinação e condução dos seus interesses judicializados e, de outro, o interesse público na correta administração da justiça e solução dos conflitos de interesses.

Um modelo que apenas privilegiasse o interesse das partes seria palco para a prevalência de interesses mais bem representados, por partes com maior po-

177 Lê-se em MOACYR AMARAL SANTOS: "Igualmente, no direito pátrio, até bem pouco tempo, tolhia-se, em princípio, a iniciativa do juiz, adstrito à regra das Ordenações, pela qual devia êle julgar 'segundo o que achar provado de uma e de outra parte, ainda que lhe a consciência dite outra coisa, e êle saiba a verdade ser em contrário do que no feito fôr provado'" (*A prova judiciária no cível e comercial*, v. 1, p. 109).

178 DINAMARCO, CÂNDIDO RANGEL. *Instituições de direito processual civil*. 7. ed. São Paulo: Malheiros, 2017. v. 3, p. 58-59.

derio econômico e melhor preparo técnico. Repetir-se-ia um defasado modelo de um julgador passivo, que apenas assiste ao duelo entre os contendentes, no qual o mais forte vence, independentemente de ter razão. No outro espectro, um modelo que transformasse o julgador em protagonista absoluto, retirando das partes qualquer iniciativa quanto aos elementos de prova, seria muito menos eficiente, mais lento e inefetivo. Ninguém melhor que a própria parte para endereçar os temas de seu interesse, para investigar e produzir as provas que amparam sua pretensão.

Barbosa Moreira já afirmava que os poderes instrutórios são inerentes à função do órgão judicial e que seu uso hábil e inteligente contribui para superar inferioridades ligadas à assimetria entre os litigantes, decorrente do menor acesso às informações e recursos, representação por advogados com menor capacidade e experiência.[179]

A missão de julgar, portanto, depende e está diretamente relacionada à possibilidade de obter os esclarecimentos adequados quanto aos fatos e ao direito posto em juízo. Não se concebe uma função jurisdicional verdadeiramente completa se o sistema processual não dotar o julgador de semelhantes mecanismos. Por isso, Luiz Rodrigues Wambier e Eduardo Talamini corretamente afirmam que "excluir ou limitar o poder judicial de instrução probatória implicaria excluir ou afetar o próprio poder de proferir a decisão adequada".[180]

Se o julgador irá ou não exercer atividade instrutória de ofício é menos relevante. Importa é que o sistema contemple essa possibilidade, que autorize a prática desse tipo de atividade. Moacyr Amaral Santos já fazia essa mesma advertência, no sentido de que o juiz não estava adstrito à atividade dos litigantes no momento da averiguação dos fatos e da produção da prova.[181]

---

179 "Entretanto, o mais valioso instrumento 'corretivo', para o juiz, consiste sem dúvida na possibilidade de adotar *ex officio* iniciativas relacionadas com a instrução do feito. Os poderes instrutórios, a bem dizer, devem reputar-se inerentes à função do órgão judicial, que, ao exercê-los, não se 'substitui' às partes, como leva a supor uma visão distorcida do fenômeno. Mas é inquestionável que o uso hábil e diligente de tais poderes, na medida em que logre iluminar aspectos da situação fática, até então deixados na sombra por deficiência da atuação deste ou daquele litigante, contribui, do ponto de vista prático, para suprir inferioridades ligadas à carência de recursos e de informações, ou à dificuldade de obter o patrocínio de advogados mais capazes e experientes. Ressalta, com isso, a importância social do ponto". BARBOSA MOREIRA, José Carlos. A função social do processo civil moderno e o papel do juiz e das partes na direção e na instrução do processo. *In Temas de direito processual*: terceira série, 1984. p. 52-53.

180 WAMBIER, Luiz Rodrigues; TALAMINI, Eduardo. *Curso avançado de processo civil:* cognição jurisdicional (processo comum de conhecimento e tutela provisória). 16. ed. v. 2, p. 229.

181 SANTOS, Moacyr Amaral. *A prova judiciária no cível e comercial.* 4. ed. São Paulo: Max Limonad, 1970. v. 1, p. 107.

O art. 370 do CPC, que como visto consagra uma noção já tradicional do nosso sistema, assegura, portanto, um modelo processual que procura extrair o melhor dos dois modelos, relegando às partes a prática dos atos instrutórios e a propositura das provas que amparem suas alegações, ao mesmo tempo que permite ao juiz, de forma geral, a prática de atos de investigação probatória, relacionados e adstritos aos fatos trazidos pelas partes. Quando se examinam essas mesmas tradicionais disposições à luz do modelo cooperativo de processo proposto pelo CPC/2015, tais disposições assumem uma conotação até mais relevante.

18. Determinação das provas pelo juiz

Rompida a inércia da jurisdição com a propositura da demanda, delimitada sua extensão pela indicação da causa de pedir e do pedido pelo autor, o processo, a partir de então, passa a ser conduzido sob impulso oficial. As atividades subsequentes são preordenadas no CPC, com a previsão de fases, atos específicos, concatenados e voltados à prolação do julgamento do mérito da controvérsia.

Em termos práticos, as provas documentais são produzidas pelas partes já na petição inicial e contestação. Isso se dá sem prejuízo do requerimento para juntada subsequente de outros documentos e produção de outras provas. Lembre-se que o art. 319, VI, exige que o autor indique, na petição inicial, as provas com que pretende demonstrar a verdade dos fatos alegados, e que o réu, na contestação, deve igualmente especificar as provas que pretende produzir (art. 336).

Como visto, apesar de a lei não contemplar um momento específico para que as partes especifiquem novamente suas provas, é bastante comum que uma decisão seja proferida instando as partes a expor as provas que pretendem produzir, em momento imediatamente anterior ao saneamento do processo. A medida é bastante adequada, e mesmo sem previsão legal específica, é extraída de uma interpretação sistemática do CPC.

O autor apresenta provas e protesta pela produção de outras, à luz dos fatos constitutivos por ele alegados em sua petição inicial. A exata necessidade daquelas provas depende, em larga medida, do comportamento a ser adotado pelo réu. Pode haver revelia, pode haver admissão parcial dos fatos alegados, reconhecimento jurídico do pedido. Ainda, o réu pode admitir todos os fatos, mas opor outros, que modificam, impedem ou extinguem o direito do autor.[182]

---

182 Humberto Theodoro Júnior. Condutas das partes interferem e por vezes retiram tais iniciativas do juiz, como na revelia, na não contestação de certos fatos (arts. 341 e 344) e na confissão. Cf. *Curso de direito processual*, p. 867.

Nesses novos possíveis cenários, a atividade probatória assumirá outros contornos. O mesmo se diga em relação ao réu, porque, ao contestar alegando fatos impeditivos, modificativos ou extintivos, o autor será chamado a apresentar manifestação específica (art. 350), e, a depender do teor dessa manifestação, a atividade probatória a cargo do réu será impactada.

Pense-se, por exemplo, em demanda de cobrança por serviços prestados, que o réu conteste admitindo a contratação, reconhecendo que os serviços foram prestados, mas apresentando recibo de pagamento. Se o autor, em réplica, não negar ter recebido o valor pelo serviço, o réu ficará liberado de realizar outras provas e poderá, inclusive, requerer o julgamento antecipado do mérito.

Pense-se, também, em demanda proposta para a declaração de inexistência de relação jurídica, cumulada com indenização por danos morais, em que o autor afirme nunca ter feito determinada compra, nem recebido o produto que lhe é cobrado pelo réu. Caso a contestação admita que a transação não ocorreu, mas negue a ocorrência do dano moral, o autor não precisará mais fazer qualquer prova sobre a inexistência de relação jurídica. Todas as provas que protestou ou que concretamente requereu no momento do ajuizamento se tornarão desnecessárias.

Nesse momento, portanto, é prudente que o julgador consulte as partes sobre quais provas querem realizar, demonstrando sua pertinência. As partes deverão apontar os fatos que permanecem controvertidos, apontar as respectivas provas e indicar de que forma aquela prova permitirá dirimir as dúvidas relativas àqueles fatos. O Código de Processo Civil propõe um modelo cooperativo, com maiores poderes às partes, maiores exigências argumentativas, tanto para os litigantes como para os julgadores. Em outras palavras, um modelo de litigância muito mais responsável, no qual não há espaço (se é que um dia houve) para requerimentos genéricos de provas.

Na jurisprudência, há muitas decisões negando o reconhecimento de qualquer cerceamento ao direito de defesa se a parte, instada a especificar provas, limita-se a reiterar um protesto genérico de provas e o magistrado de primeiro grau profere então sentença. O Tribunal de Justiça de São Paulo reiteradamente considera preclusa a prova genericamente suscitada.[183] No sistema do CPC/2015, isso é ainda mais evidente, pois as exigências de fundamentação dos atos processuais se intensificaram, tanto para as partes como para

183 TJSP, AgIn 2026947-96.2019.8.26.0000, 8ª Câmara de Direito Privado, rel. Clara Maria Araújo Xavier, j. 24.06.2019. Também, Ap. 1000013-40.2019.8.26.0123, 3ª Câmara de Direito Privado, rel. Maria do Carmo Honorio, j. 26.06.2019.

os julgadores. Não raro, a intimação para especificar provas vem acompanhada de advertência de que o silêncio importará aquiescência com o julgamento do caso naquele estado. Mesmo que isso não se dê, é ônus da parte requerer especificadamente as provas que ainda quer produzir.

A partir do requerimento de provas formulado pelas partes, o juiz examinará os pedidos por ocasião do despacho saneador. O seu objeto, no que diz respeito às provas, é o de delimitação das questões de fato e a indicação dos meios de prova admitidos (art. 357, III). Trata-se de relevantíssima etapa do processo, introduzida ainda no sistema do CPC/73 por força de uma das minirreformas processuais (Lei n. 8.952/94). Insere-se, ademais, no dever mais geral de direção do processo, que tem como parâmetro legal central o art. 139 do CPC/2015. Mas outras disposições se inserem nessa direção do processo.

Alguns exemplos podem ser fornecidos: (*i*) o dever do juiz de promover o equilíbrio no processo e a igualdade das partes (art. 139, I); (*ii*) o poder de convocar as partes para depor (art. 139, VIII, e art. 385, *caput*); (*iii*) o poder de ordenar a inquirição de testemunhas referidas em declarações das partes ou de testemunhas (art. 461, I); (*iv*) o poder de determinar a acareação de duas ou mais testemunhas (art. 461, II); (*v*) o poder de determinar a realização de nova perícia (art. 480); (*vi*) o de fazer inspeção judicial (art. 481). Ainda, (*vii*) o juiz pode determinar a exibição de livros empresariais (arts. 420 e 421) e (*viii*) solicitar documentos às repartições públicas "em qualquer tempo ou grau de jurisdição" (art. 438). São manifestações concretas dos poderes instrutórios do julgador, que tem neste art. 370 a sua regra geral.[184]

É relevante notar que a investigação possível ao magistrado é limitada ao conjunto de fatos trazido pelas partes. A partir de suas alegações na inicial e na resposta, as partes delimitam a moldura fática sob potencial investigação do magistrado. Dentro dessa moldura é que incide a regra dos poderes instrutórios, os quais, portanto, não são ilimitados, nem permitem que o julgador investigue fatos não alegados. O equilíbrio estabelecido entre a iniciativa das partes na definição do objeto do processo e a do julgador na instrução probatória já era objeto de considerações da doutrina processual clássica e já era contemplado na legislação processual precedente.[185]

---

184 Disposições semelhantes eram previstas no CPC/39, arts. 112, 210, e CPC/73, arts. 125, I, 130, 342, 381, 382 e 399. Em especial, o art. 210. O juiz poderá ouvir terceiro, a quem as partes ou testemunhas hajam feito referência como sabedor de fatos ou circunstâncias que influam na decisão da causa, ou ordenar que exiba documento que a ela interesse (arts. 220 e 221).

185 Moacyr Amaral Santos, citando Francesco Carnelutti, ensinava que o princípio dispositivo não exclui a iniciativa do juiz, quando se trata de inspecionar as

Na doutrina italiana, tais noções se fazem presentes ainda nos dias atuais. Andrea Proto Pisani ensina que, nesse modelo de poderes instrutórios de ofício, o juiz adquire provas, respeitando, porém, a vedação do saber privado. Esses poderes são exercidos só sobre provas notórias ou que surgiram do contraditório das partes, dos atos do processo, das demais provas.[186]

O CPC/2015 reafirma e intensifica esse equilíbrio. De um lado, atribui ainda maior ênfase ao direito à prova, conferindo-lhe maior magnitude. O próprio art. 370 passa a concentrar no seu *caput* a previsão acerca da determinação das provas necessárias ao julgamento do mérito, relegando para seu parágrafo único a previsão sobre o indeferimento de provas inúteis ou protelatórias. Na doutrina, William Santos Ferreira interpreta essa mudança como uma sinalização firme do legislador no sentido da maior admissibilidade das provas e na consagração de um direito amplo à sua produção, de espectro constitucional.

De outro lado, a adoção de negócios jurídicos processuais e a introdução de elementos que estimulam a autonomia da vontade das partes no âmbito da relação processual representam uma sinalização do maior poder das partes na condução do processo. Isso, ao mesmo tempo que os poderes instrutórios são mantidos no plano legal, significa a evolução desse modelo equilibrado, do prudente compromisso a que alude Cândido Rangel Dinamarco.

O modelo processual brasileiro, portanto, caracteriza-se por permitir o protagonismo das partes, com fiscalização e possibilidade de complementação probatória pelo juiz, e, nessa condição, representa a escolha do legislador com vistas a um tipo de processo em que a verdade dos fatos é buscada por mais de um modo.

19. Atividade instrutória de ofício. Dever ou faculdade do julgador?

Acerca dos poderes instrutórios de ofício, um tema que gera algum debate diz respeito à sua compreensão como poderes-deveres ou como meras faculdades. Em outras palavras, se o juiz assume algum dever de promover atividades instrutórias.

---

coisas que constituem o objeto da demanda; não exclui a iniciativa do juiz, quando se trata de interrogar as testemunhas indicadas pelas partes; não impede também que, para a avaliação das provas oferecidas pelas partes, empregue o juiz regras de experiência, não indicadas pelas partes, e, por isso mesmo, empregue seu conhecimento privado; não exclui, enfim, que o juiz possa, por si, sem iniciativa das partes, fazer intervir, no processo, técnico que o assista na percepção e na avaliação dos fatos. Cf. *Prova judiciária no cível e no comercial,* p. 108.

186 PISANI, Andrea Proto. *Lezioni di diritto processuale civile.* 4. ed. Napoli: Jovene, 2002. p. 409.

MOACYR AMARAL SANTOS defendia a natureza supletiva dos poderes instrutórios,[187] e o fazia a partir da dicção do art. 117 do CPC/39,[188] bastante semelhante à redação do art. 370, ora comentado. Não obstante, a doutrina de modo geral se posicionava reconhecendo um duplo fenômeno. No plano puramente teórico, a partir das disposições legais, compreendiam-se os poderes instrutórios como poderes-deveres, enquadrando-os, portanto, como todo e qualquer poder atribuído ao juiz. De fato, a construção mais comum é no sentido de que o juiz não tem verdadeiramente poderes, mas poderes-deveres.[189] Contudo, no plano prático, reconhece-se que os juízes exercitam poucas vezes tais poderes instrutórios.

Para HUMBERTO THEODORO JÚNIOR, a iniciativa probatória do juiz não se aplica apenas na inércia ou nos impasses probatórios das partes, pois o conceito atual de um processo justo faz com que o compromisso com a verdade prevaleça sobre o ônus da prova.[190] Esses poderes-deveres são exercitados, contudo, com cuidado para que o juiz não comprometa sua imparcialidade. Assim, a necessidade da prova ordenada de ofício não pode decorrer de atividade extra-autos, sugerida por conhecimentos pessoais do juiz ou "hauridos fora do controle do contraditório".[191]

O notável processualista prossegue, ponderando que é a diferença entre um juiz ativo e um juiz autoritário, em atividade supletória da atividade das partes, integrativa, de forma que, "quando elas exercitam seus poderes para produzir todas as provas disponíveis e os munem dos elementos suficientes para a comprovação dos fatos relevantes da causa, não há nenhuma necessidade de que o magistrado utilize seus poderes instrutórios".[192]

Na mesma linha, CÂNDIDO DINAMARCO reconhece que o juiz é, regra geral, estático, mas admite sua iniciativa em certos casos. Para DINAMARCO, o

187 Segundo MOACYR AMARAL SANTOS, o CPC/39 dispunha que o autor, na petição inicial, deveria indicar as provas que pretendia produzir, ao passo que o artigo sobre poderes instrutórios dizia que o juiz poderia ordenar provas. Para o processualista, o art. 158, V, possuía disposição imperativa ("indicará"), ao passo que o art. 117 possuía disposição potestativa ("poderá"). *A prova judiciária no cível e comercial*. 4. ed. v. 1, p. 120-121.

188 Art. 117 do CPC/39: "A requerimento ou *ex officio*, o juiz poderá, em despacho motivado ordenar as diligências necessárias à instrução do processo e indeferir as inúteis em relação a seu objeto, ou requeridas com propósitos manifestamente protelatórios".

189 CABRAL, TRÍCIA NAVARRO XAVIER. *Poderes instrutórios do juiz no processo de conhecimento*. Brasília: Gazeta Jurídica, 2002. p. 28.

190 THEODORO JÚNIOR, HUMBERTO. *Curso de direito processual civil*, p. 867.

191 THEODORO JÚNIOR, HUMBERTO. *Curso de direito processual civil*, p. 869.

192 THEODORO JÚNIOR, HUMBERTO. *Curso de direito processual civil*. p. 870.

universo de questões e causas onde devem ser aplicados os poderes instrutórios de ofício se relacionam aos casos relativos ao estado e à capacidade das pessoas, como anulações de casamento, interdição, investigação de paternidade, guarda de filhos etc., às ações coletivas e ações populares e, independentemente de qual seja a natureza da causa, em todas as situações em que se constate uma desigualdade muito destacada entre as partes.

Em perspectiva um pouco diversa, Paulo Osternack Amaral considera que a atuação do juiz nem é subsidiária, nem é assistencialista. Seu parâmetro é a lei, que contém cláusula geral autorizando tais poderes, e sua legitimidade submete-se à diretriz da motivação dos atos jurisdicionais.[193]

Outros autores, que se dedicaram a comentar as disposições do CPC/2015, alinham-se à corrente de que a lei assegura faculdades instrutórias aos julgadores, não deveres. Daniel Neves, por exemplo, entende que o legislador perdeu ótima oportunidade de esclarecer que os poderes instrutórios de oficio são, na verdade, faculdades instrutórias. Sua posição se baseia na circunstância de que não se anula uma decisão se o juiz deixou de exercer tais poderes.[194]

O mesmo entendimento é defendido por Robson Godinho, para quem os poderes instrutórios do juiz devem ser utilizados de forma subsidiária. Não obstante a redação do art. 370 ter se mantido, em essência, igual à do diploma anterior, fato é que o dispositivo se insere em um Código com diferentes premissas, disposições e uma ideologia bastante modificada. O CPC/2015 traz como novidades disposições que consagram os deveres de cooperação (art. 6º), a paridade de tratamento doas partes em relação ao exercício de direitos e faculdades processuais (art. 7º), a regra (ou o princípio, como querem alguns) da não surpresa, com expressa vedação à prolação de decisões sobre fundamentos a respeito dos quais não tenha havido debate entre as partes (arts. 9º e 10). Consagra ainda, como verdadeira cláusula geral, a possibilidade de disposição das partes acerca de seus poderes, deveres e faculdades, além de permitir adaptações ao procedimento (arts. 190, 191 e 201).

Fruto desse novo modelo, para Robson Godinho impõe-se uma releitura ao art. 370, para que a atividade probatória do juiz seja compreendida como subsidiária.[195] Também consideram subsidiária a atividade probatória do juiz os autores Ravi Peixoto e Lucas Buril. O julgador deve determiná-las quando as provas produzidas pelas partes não forem suficientes para formarem

---

193 AMARAL, Paulo Osternack. *Prova:* atipicidade, liberdade e instrumentalidade. 2. ed. São Paulo: Revista dos Tribunais, 2017. p. 42.

194 NEVES, Daniel Amorim Assumpção. *Ob. cit.*, p. 743.

195 GODINHO, Robson Renault. Reflexões sobre os poderes instrutórios do juiz. *In* DIDIER JÚNIOR, Fredie (coord. geral) *et al. Coleção Novo CPC:* doutrina selecionada – provas. 2. ed. Salvador: Juspodivm, 2016. v. 3. p. 364.

sua convicção. E se, mesmo com a instrução de ofício, não for possível superar a incerteza probatória, devem então ser aplicadas as regras do ônus da prova.[196]

Examinadas essas posições, observam-se diferentes graus e razões para compreender essa subsidiariedade da atividade instrutória do juiz. Considero mais adequada a posição que defende esse papel subsidiário, que define a atividade instrutória do juiz como uma faculdade do julgador, não um dever.[197]

Adoto essa posição por razões de ordem prática e também teóricas. Em termos práticos, quando se examina a realidade dos processos, o que se observa é que, de modo geral, os juízes não tomam a iniciativa de realizar atividades instrutórias, relegando às partes o protagonismo no requerimento dos meios de prova. Uma vez requeridas as provas, verifica-se alguma atividade judicial, como a de formular perguntas para as partes e testemunhas. Mas talvez, em uma perspectiva puramente empírica, se possa afirmar que juízes indeferem perguntas e oitivas inteiras, por considerações de impertinência e inutilidade, com maior frequência do que tomam iniciativas probatórias de ofício.

A noção teórica de que o juiz é comprometido com a busca da verdade cede diante das exigências práticas de dar vazão a um grande número de casos, cumprir metas de produtividade. E talvez ocorra aqui um fenômeno ainda mais preocupante, de os magistrados concluírem suas posições acerca do desfecho da causa antes que as partes possam verdadeiramente produzir suas provas, o que conduz a um comportamento em geral restritivo, que se materializa (*i*) na inércia completa em relação aos poderes de ofício e (*ii*) no indeferimento (total ou parcial) de provas requeridas pelas partes.

Esse problema se relaciona parcialmente com o tema aqui examinado, mas me parece mais relacionado com a questão da valoração adequada das provas, objeto dos comentários ao art. 371 do Código. No plano da atividade instrutória, a essa realizada prática acima retratada se soma uma perspectiva mais teórica, das razões pelas quais, em termos sistemáticos, se pode concluir pela existência de faculdades processuais do julgador, não de deveres.

Quando se está diante de um dever do julgador, sua eventual inocorrência ou desatendimento faz surgir para a parte um prejuízo, uma alegação que pode ser submetida a controle de órgãos hierarquicamente superiores, pela via dos recursos. É claro que a dinâmica de deveres das partes e dos juízes é muito diferente. O contraponto feito entre o direito de uma parte e o dever da outra

196 MACÊDO, Lucas Buril de; PEIXOTO, Ravi. *Ônus da prova e sua dinamização*. 2. ed. Salvador: Juspodivm, 2016. p. 100-101.

197 Cf. REsp 1.105.509, 4ª T, j. 04.12.2012, em nota 2 ao art. 370. *In* NEGRÃO, Theotonio *et al*. *Código de Processo Civil e legislação processual em vigor*. 48. ed. São Paulo: Saraiva, 2017. p. 441.

se resolve em um plano de submissão, em que o desatendimento de um dever faz surgir a possibilidade de aplicação de sanções ao faltoso. No plano do direito das obrigações, a cláusula penal é o instrumento típico para punir o inadimplente, além da incidência de encargos moratórios (correção monetária e juros). No plano processual, a violação aos deveres de lealdade e probidade faz surgir para o faltoso a aplicação de sanções processuais, aplicadas pelo juiz, sejam as de litigância de má-fé, sejam as de atos atentatórios à dignidade da jurisdição.

Essa dinâmica não se repete em relação ao julgador. Por exemplo, a violação ao dever de respeitar o contraditório enseja a anulação do ato processual, com a reabertura de oportunidade para a prática completa do ato. A violação a um direito da parte de produzir provas, igualmente, gera a anulação da decisão, ou a permissão para que a prova seja realizada perante o tribunal, com a retomada do julgamento (art. 932, I).

Mas o fato é que, diante do descumprimento de um dever por parte do julgador, surge o prejuízo e o interesse recursal à parte. Voltando ao tema da atividade probatória, não há qualquer consequência para o processo a eventual inércia probatória do julgador. Se o juiz deixa de determinar a realização de provas de ofício, ainda quando as partes se omitam e, fruto dessa omissão, o quadro probatório se revele incompleto, mesmo assim não surge para a parte qualquer direito de anular a decisão.

O julgamento, com base nas regras do ônus da prova, será tido como normal, aceito e não será, por esse fator específico, objeto de controle pelos órgãos recursais. Assim, em síntese conclusiva, sou da opinião de que os poderes instrutórios do juiz são, mais propriamente, faculdades, porque em termos práticos não são exercitados na maior parte dos casos e, em termos teóricos, do seu não exercício não decorrem nulidades nem qualquer controle pela via recursal.

É certo, de outro lado, que a constatação de ser uma faculdade processual não deve servir para estimular a inércia do julgador. Ele segue com a responsabilidade máxima de bem julgar as causas que lhe são submetidas, de observar seus deveres (esses sim, verdadeiramente deveres) de impulsionar o processo, de tratar as partes com paridade, de respeitar o contraditório.

Nos termos amplos em que essa faculdade é assegurada, deve-se também reconhecer que o juiz pode determinar provas de ofício em qualquer causa, sobre qualquer objeto, independentemente da qualidade ou natureza do direito deduzido, ou da qualidade e da representação das partes. Juízes com perfil mais ativo poderão determinar as provas que entenderem adequadas, observados os parâmetros da controvérsia fixados pelas partes.

20. Poderes instrutórios de ofício e a imparcialidade do juiz

Tema outrora bastante debatido versa sobre o risco de perda da imparcialidade do julgador, quando há a determinação de produção de provas *ex officio*. A questão se encontra pacificada no âmbito da doutrina, mas ainda assim justifica um rápido comentário.

Ainda na vigência da legislação anterior, algumas vozes ponderavam que permitir ao juiz que realize provas pode significar a perda de sua imparcialidade, pois, à luz da classificação dos fatos em constitutivos, impeditivos, modificativos e extintivos, seria possível ao julgador antever a qual das partes certa investigação probatória poderia auxiliar. Assim, por exemplo, a determinação de perícia de ofício poderia vir em apoio ao autor, a quem se atribui o ônus de demonstrar os vícios construtivos do imóvel por ele adquirido.

Essas ideias, felizmente, não prevaleceram.[198] Como bem ponderado por HUMBERTO THEODORO JÚNIOR, não há quebra da imparcialidade, pois a possibilidade de determinação de ofício de provas é pensada para o bom juiz, que exercita tais poderes de forma correta, racional, e que não será influenciado pela prova apenas porque ele próprio tomou a iniciativa. A hipótese é necessária como uma alternativa que o julgador tem à atividade exclusivamente das partes, pois pode ocorrer de o conjunto probatório se revelar muito incompleto, a obscurecer a verdadeira natureza da disputa e dificultar, mesmo com o recurso às regras do ônus da prova, o adequado julgamento da causa.

Uma vez mais, é necessário relembrar que no processo civil brasileiro aplicam-se tanto o princípio dispositivo como o inquisitivo, que a natureza pública do processo se faz presente mesmo em demandas acerca de direitos disponíveis, de índole patrimonial, entre partes equilibradamente representadas. Caso o juiz se depare com uma situação de "desleixo probatório da parte, em prejuízo da qualidade da tutela jurisdicional prestada", deverá determinar a realização de atividades probatórias, como parte relevante de sua atuação jurisdicional.

Convém também relembrar a noção, bastante difundida entre nós, de que a igualdade exige tratamento desigual aos desiguais, o que impõe muitas vezes o reequilíbrio de partes assimetricamente representadas, justamente pela técnica de determinação de provas de ofício. Não há contaminação à sua imparcialidade, porque o juiz não consegue determinar, *a priori*, a quem favorecerá o resultado da prova.[199] Também se relembre, na esteira de ponderações da

198 TARUFFO, MICHELE. *Uma simples verdade:* o juiz e a construção dos fatos. Tradução de Vitor de Paula Ramos. São Paulo: Marcial Pons, 2016. p. 146.

199 LOPES, JOÃO BATISTA. Comentários aos arts. 369 a 380. *In* BUENO, CASSIO SCARPINELLA (coord.). *Comentários ao Código de Processo Civil.* São Paulo: Saraiva, 2017. p. 246.

doutrina, que, se é parcial o juiz que determina uma prova, por saber a quem sua realização aproveitará, será igualmente parcial esse juiz se deixar de determinar a prova, prejudicando a parte que poderia dela se beneficiar.[200]

Tem razão Paulo Osternack Amaral ao afirmar que não se fere a igualdade, ao contrário, porque a prova de ofício "como regra terá o objetivo de aprofundar a investigação de modo a permitir a formação mais adequada da convicção judicial". Não há, portanto, um embate entre conhecer e ser parcial, ou manter-se na ignorância e preservar a imparcialidade.

Eduardo Talamini e Luiz Rodrigues Wambier vão além, consideram que é da essência da jurisdição dar a razão a quem tem, o que explica e autoriza mesmo as atividades instrutórias de ofício cujo resultado se sabe, de antemão, favorecer alguma das partes. Os autores ressalvam que, em geral, o juiz não sabe a quem a prova determinada de ofício irá beneficiar, mas consideram, em qualquer caso, que "ofensivo à imparcialidade seria, nesse caso, o juiz, sabendo da existência daquela prova, omitir-se de produzi-la, e assim beneficiar a parte que não tem razão".[201]

21. Indeferimento de provas inúteis ou protelatórias

O legislador de 2015 adotou outra técnica legislativa, dividindo o conteúdo do art. 130 do CPC/73 em dois. Como visto, o *caput* cuida de regular a atividade probatória do juiz, necessária ao julgamento do mérito. O parágrafo único regula as hipóteses em que o juiz poderá indeferir provas. Há dois parâmetros que devem ser observados.

Primeiro, que a decisão seja fundamentada. A previsão pode ser considera óbvia, mas a reiteração de uma disposição de índole constitucional e que encontra, no art. 489 do CPC, uma ampla regulação, não é ocasional. A relevância do tema da prova exige e explica a recomendação adicional quanto à adequada fundamentação de decisões que restrinjam tal direito.

O critério interpretativo deve ser amplamente favorável à produção probatória, de forma que apenas em via excepcional se indeferira a produção das provas requeridas pelas partes. Uma vez mais, advirto o caro leitor sobre a

---

200 BEDAQUE, José Roberto dos Santos. *Poderes instrutórios do juiz*. 2. ed. São Paulo: Revista dos Tribunais, 1994. p. 80; NEVES, Daniel Amorim Assumpção. *Manual de direito processual civil*. 10. ed. Salvador: Juspodivm, 2018. p. 742-743.

201 WAMBIER, Luiz Rodrigues; TALAMINI, Eduardo. *Curso avançado de processo civil:* cognição jurisdicional (processo comum de conhecimento e tutela provisória), v. 2, p. 229; Paulo Osternack Amaral também considera que a "imparcialidade não pode funcionar como fundamento para que se oculte a verdade". AMARAL, Paulo Osternack. *Prova:* atipicidade, liberdade e instrumentalidade. 2. ed. São Paulo: Revista dos Tribunais, 2017. p. 43.

necessidade de formular requerimentos corretos, apontando os fatos que demandam esclarecimento.

A falta de requerimento específico de provas autoriza o julgamento imediato da demanda e não enseja a revisão ou anulação da decisão, ainda que o julgamento se valha de regras do ônus da prova e considere que determinados aspectos da causa não foram provados, em prejuízo de quem os devia ter provado.

O Fórum Permanente de Processualistas Civis aprovou o Enunciado 297, segundo o qual "o juiz que promove julgamento antecipado do mérito por desnecessidade de outras provas não pode proferir sentença de improcedência por insuficiência de provas". A afirmação será correta todas as vezes que a parte tiver formulado requerimento de prova e o juiz, de forma fundamentada, indeferi-las.

Porque de duas, uma. Ou bem a parte pediu provas e o juiz, entendendo que elas não seriam mais necessárias, julga a causa valendo-se dos elementos de prova existentes. Ou bem a parte não requereu provas e, considerando que elas eram necessárias, o juiz pode rejeitar a pretensão do autor justamente por falta delas.

O que não se pode admitir, como aponta o referido Enunciado, é que o juiz não permita que a parte produza provas e, simultaneamente, deixe de reconhecer o direito do autor justamente por falta daquelas mesmas provas. Não pode haver nada mais autoritário do que um julgador que age dessa forma.

Como dito, negar o direito à prova às partes deve ser uma atividade excepcional. É das partes o maior interesse em obter a solução do litígio. Se, em sua avaliação, isso depende de certas demonstrações quanto aos fatos, o juiz não deve ser mais "realista que o rei", abreviando um procedimento contra a vontade das partes, motivado por pressa ou, pior, por julgamento precipitado da questão.

A prova é um direito das partes, que são, juntamente com os julgadores, seus destinatários. Na maior parte dos casos submetidos à justiça comum, as circunstâncias são fáticas e a única possibilidade de colheita da prova se dá perante o magistrado de primeiro grau. É prudente permitir que a prova se realize, que testemunhas sejam ouvidas, que perguntas sejam formuladas. Entre a hipótese de indeferir oitivas e perguntas, gerando o risco de tornar um processo nulo por cerceamento, e a hipótese de alongar o período da audiência permitindo-se que as perguntas sejam formuladas, é sempre preferível a segunda alternativa.

Art. 371. O juiz apreciará a prova constante dos autos, independentemente do sujeito que a tiver promovido, e indicará na decisão as razões da formação de seu convencimento.

CPC de 1973 – art. 131

22. Introdução

O art. 371 do CPC/2015 constitui o "coração" do sistema probatório, o regramento fundamental pelo qual as provas serão avaliadas pelo julgador. É preciso abrir este tópico afirmando que a relevância do dispositivo não se reflete na sua redação. O dispositivo diz relativamente pouco e o trabalho de interpretação e complementação é assaz importante, tanto pela doutrina como pela jurisprudência. Há, nesse particular, um preocupante "cabo de guerra", porque os julgadores, visando simplificar seu trabalho e talvez – por natural propensão humana – ciosos de que seus juízos de valor são corretos e adequados, relutam em fornecer explicações adequadas sobre por que decidiram em um ou outro sentido.

O artigo verbaliza o "núcleo duro" do sistema probatório e repercute diretamente nas técnicas de fundamentação da sentença. Contudo, é de registrar que o art. 489, § 1º, do CPC/2015 não faz qualquer referência direta à valoração das provas, o que não significa, contudo, que haja deveres mais leves no tocante à fundamentação das questões de fato, em detrimento de questões de direito.

Como será visto, há certa divergência se a redação proposta ao art. 371 do CPC/2015 representou alguma mudança em relação ao sistema previsto no art. 131 do CPC/73. Independentemente desse debate, fato é que o dispositivo é, em si, pobre, não expressa todas as suas nuances nem regulamenta o amplo conjunto de deveres do julgador, quanto à valoração das provas. Essa singeleza do dispositivo não pode, em nenhuma hipótese, ser lida como portadora de alguma autorização a que o julgador apenas exponha os fatos que o convenceram ou, pior ainda, se limite a tomar posições sem justificá-las ou justificando-as em um suposto "conjunto probatório" nunca explicado.

23. Regra da aquisição ou comunhão da prova

A despeito da sua redação simples e lacunosa, o art. 371 consagra a regra da aquisição, ao afirmar que o juiz apreciará a prova "independentemente do sujeito que a tiver promovido". Tendo em vista as regras sobre o ônus da prova, as partes sabem (ou devem saber) os fatos cuja demonstração lhes interessa, circunstância que dirigirá a atividade probatória no processo.

Contudo, uma vez aportadas, o juiz as levará em consideração sem qualquer relação ou vinculação da prova com quem a produziu.[202] Se, de um lado, "o que não está nos autos não está no mundo", de outro, tudo o que foi trazi-

202 Afirma Eduardo Cambi que a valoração das provas não deve levar em consideração a parte que as produziram. *A Prova civil*: admissibilidade e relevância. São Paulo: Revista dos Tribunais, 2006. p. 319.

do para o processo deve ser levado em consideração. O juiz examina o material probatório sem a mínima preocupação sobre a origem de cada prova ou quem as produziu.[203]

A explicitação da regra é salutar, mas longe de representar alguma novidade em nosso sistema jurídico. BARBOSA MOREIRA, em 1984, já pontuava que, "se a prova foi feita, pouco importa a sua origem. Nenhum juiz rejeita a prova do fato constitutivo, pela simples circunstância de ter sido ela trazida pelo réu. Nem rejeita a prova de um fato extintivo pela circunstância de, porventura, ter sido ela trazida pelo autor. A prova do fato não aumenta nem diminui de valor segundo haja sido trazida por aquele a quem cabia o ônus, ou pelo adversário".[204]

Disso resulta que, após sua apresentação aos autos, a prova passa a ser comum. E em uma perspectiva teórica, o julgador não poderia homologar a desistência da prova de uma parte sem ouvir a outra,[205] por exemplo, na hipótese muito comum de as partes desistirem de testemunhas, conforme evolui a dinâmica da audiência. Contudo, em termos práticos, há muita resistência a essa ideia. Prevalece uma noção – defasada, é verdade – da supremacia da parte que requereu ou produziu a prova, como se ela fosse a sua dona, senhora do seu destino.

É claro que as provas são requeridas pelas partes, e isso é feito sob uma consideração, teórica e prática, de que seu requerimento e produção se deram porque interessa àquela parte. Isso explica certa prevalência, mas jamais uma supremacia, ou a impossibilidade de a parte contrária pretender a manutenção daquela prova. Seria até mesmo um paradoxo exigir que testemunhas digam a verdade e, ao mesmo tempo, entender que as testemunhas são desta ou daquela parte.[206]

No universo da prova documental, há uma exceção à regra da comunhão. Dispõe o art. 432, parágrafo único, que, no caso de arguição de falsidade de

---

203 DINAMARCO, CÂNDIDO RANGEL. *Instituições de direito processual civil.* 7. ed. São Paulo: Malheiros, 2017. v. 3, p. 94-95.

204 BARBOSA MOREIRA, JOSÉ CARLOS. O juiz e a prova. *Revista de Processo*, v. 35, 1984, p. 178-184.

205 ARENHART, SÉRGIO CRUZ; MARINONI, LUIZ GUILHERME. Comentários ao Código de Processo Civil: artigos 369 ao 380. *In* MARINONI, LUIZ GUILHERME (dir.); ARENHART, SÉRGIO CRUZ; MITIDIERO, DANIEL (coord.). *Comentários ao Código de Processo Civil.* São Paulo: Revista dos Tribunais, 2016. v. VI, p. 259.

206 WILLIAM SANTOS FERREIRA também é da opinião de que, caso uma parte desista de testemunha arrolada, "não necessariamente impedirá a outra de insistir na oitiva", porque "há para as partes uma expectativa em relação à oitiva". FERREIRA, WILLIAM SANTOS. *Princípios fundamentais da prova cível.* São Paulo: Revista dos Tribunais, 2014. p. 129.

documento juntado, a parte que o juntou poderá concordar em retirá-lo, hipótese em que não se procede ao exame pericial de sua autenticidade. A lei exclui do objeto da investigação incidental a autenticidade do documento, sob a dupla premissa de que a parte que o apresentou desiste da sua juntada, e a parte que impugnou concorda com o desentranhamento. Se isso não se dá, ou se o próprio julgador entender pertinente o documento, terá prosseguimento o incidente e o juiz valorará a prova após a confirmação de sua autenticidade.

24. Sistemas de avaliação da prova

Todos os livros que enfrentam o tema da valoração da prova aludem aos três métodos historicamente adotados a respeito. É impróprio considerar que se tenham, hoje em dia, três possíveis sistemas de valoração da prova. Há apenas um, cuja adoção é tradicional e possui previsão legislativa desde o CPC/73. Na verdade, mesmo no CPC/39 o sistema de persuasão racional já se fazia presente, ainda que em redação menos clara e com mais exemplos de valoração pelo livre convencimento do juiz.[207]

De toda forma, o mais antigo dos sistemas é o da prova legal, no qual o peso das provas era previamente estabelecido pela lei, sem a possibilidade de apreciação pelo julgador. Trata-se de método proscrito há séculos, mas que teve aplicação por muito tempo, seja no período do direito romano primitivo, seja especialmente no direito medieval. Exemplos sempre lembrados são as ordálias, os juízos de deus e juramentos. As provas eram organizadas com hierarquia, depoimentos de certas pessoas valiam mais do que outras, métodos fortemente influenciados por critérios religiosos retiravam toda e qualquer racionalidade do sistema jurisdicional de então.[208]

O segundo sistema é o da livre convicção, no espectro oposto no que diz respeito à apreciação das provas pelo juiz. Neste, o juiz não se vincula a um tipo de prova, não está obrigado a respeitar o resultado de certos acontecimentos (como os duelos), mas pode escolher com total liberdade, apenas a partir de sua íntima convicção, que elementos adotar para o julgamento da causa. E o faz sem qualquer necessidade de justificar.

---

207 Art. 118 do CPC/39: "Na apreciação da prova, o juiz formará livremente o seu convencimento, atendendo aos fatos e circunstâncias constantes dos autos, ainda que não alegados pela parte. Mas, quando a lei considerar determinada forma como da substância do ato, o juiz não lhe admitirá a prova por outro meio. Parágrafo único. O juiz indicará na sentença ou despacho os fatos e circunstâncias que motivaram o seu convencimento".

208 TARUFFO, Michele. *Uma simples verdade:* o juiz e a construção dos fatos. Tradução de Vitor de Paula Ramos. São Paulo: Marcial Pons, 2016. p. 18. O capítulo 1, p. 17-49, examina a evolução histórica dos sistemas de prova legal.

Para MOACYR AMARAL SANTOS, o sistema da livre convicção é arbitrário e antitético ao direito.[209] E mesmo nos dias de hoje, não obstante o método, como sistema, ter sido devidamente proscrito, não se está absolutamente livre de uma manifestação ainda pior desse fenômeno, que é a manipulação das provas e fatos da causa, para embasar uma visão preestabelecida acerca dos fatos em disputa, conferindo assim ares de legalidade a decisões que, no frigir dos ovos, são tão obscuras quanto nos piores tempos do direito medieval.

A doutrina adverte, com razão, que o sistema do convencimento moral ou íntimo atenta contra o Estado de Direito e não pode ser admitido.[210]

Contudo, porque a evolução da sociedade humana se faz lentamente – inclusive com períodos de retrocesso –, vale registrar manifestações legais que encontramos, ainda hoje, e que remetem a tais sistemas superados de valoração da prova. Em relação à prova legal, WAMBIER e TALAMINI lembram a vedação à prova exclusivamente testemunhal para comprovação do tempo de serviço, prevista na Lei n. 8.213/91, art. 55, § 3º).[211-212] Em boa hora, foram revogados outros dispositivos que impunham restrições semelhantes, como os arts. 227 e 230 do Código Civil e o art. 401 do CPC/73.

O livre convencimento, não justificado ou motivado, se faz presente ainda hoje nos julgamentos pelo Tribunal do Júri, adotado nos processos que tenham por objeto crimes dolosos contra a vida (Constituição Federal, art. 5º, XXXVIII, do Código de Processo Penal, arts. 406 a 497). Integrantes da população decidem se impõem ou não a condenação ao réu, em decisão não motivada. A aplicação da pena e respectiva dosimetria incumbe ao juiz de

---

209 SANTOS, MOACYR AMARAL. *Ob. cit.*, p. 355. HUMBERTO THEODORO JÚNIOR complementa, aduzindo que o juiz é soberano para investigar a verdade e apreciar as provas e "não há nenhuma regra que condicione essa pesquisa, tanto quanto aos meios de prova como ao método de avaliação. Vai ao extremo de permitir o convencimento extra-autos e contrário à prova das partes (*Curso de direito processual civil.* 56. ed. Rio de Janeiro: Forense, 2015. v. I, p. 860).

210 DINAMARCO, CÂNDIDO RANGEL. *Instituições de direito processual civil.* 7. ed. São Paulo: Malheiros, 2017. v. 3, p. 125.

211 Art. 55, § 3º: A comprovação do tempo de serviço para os fins desta Lei, inclusive mediante justificativa administrativa ou judicial, observado o disposto no art. 108 desta Lei, só produzirá efeito quando for baseada em início de prova material contemporânea dos fatos, não admitida a prova exclusivamente testemunhal, exceto na ocorrência de motivo de força maior ou caso fortuito, na forma prevista no regulamento.

212 Quanto à persuasão racional ou livre convencimento, WAMBIER e TALAMINI entendem que esse sistema preserva a independência da função, ao mesmo tempo que afasta arbítrios, caprichos e subjetivismo. TALAMINI, EDUARDO; WAMBIER, LUIZ RODRIGUES. *Curso avançado de processo civil.* 16. ed. São Paulo: Revista dos Tribunais, 2016. p. 231.

direito, este sim obrigado a fundamentar sua decisão. Na legislação processual, é também não motivada a decisão do julgador que se declara suspeito, por motivo de foro íntimo (art. 145, § 1º).[213]

25. Persuasão racional. O juiz era livre para apreciar as provas e deixou de sê-lo no CPC/2015?

O sistema de valoração adotado no direito brasileiro e em muitos outros ordenamentos é o da persuasão racional, também chamado de livre convencimento motivado.[214] O art. 131 do CPC/73 dispunha que "o juiz apreciará livremente a prova, atendendo aos fatos e circunstâncias constantes dos autos, ainda que não alegados pelas partes; mas deverá indicar, na sentença, os motivos que lhe formaram o convencimento". Essa redação foi substituída pelo atual art. 371, que não apenas eliminou a expressão livremente, como deixou de se referir *aos fatos e circunstâncias constantes dos autos*. Cingiu-se a exigir que o juiz demonstre "as razões da formação do seu convencimento". Com dito na introdução a este tópico, a singeleza do dispositivo não pode sugerir ao intérprete que a tarefa do julgador seja simples, ou que ele possa se limitar a apontar as provas que o convencem da versão de uma das partes.

O ordenamento processual, é evidente, deve ser interpretado à luz da Constituição Federal e dos princípios nela consagrados. Há, como reiteradamente adverte Cassio Scarpinella Bueno, um modelo constitucional do processo, que possui entre seus cânones, a fundamentação das decisões judiciais. Ela não se satisfaz com motivações não racionais, ou que não façam o cotejo do quadro probatório como um todo, apontando por que certas provas prevaleceram sobre outras.

A dicção do art. 371 inaugurou uma divergência entre os estudiosos e comentadores da nova legislação, sobre se teria havido uma modificação do paradigma com o novo Código. Discute-se se o convencimento motivado era mesmo livre antes, e deixou de sê-lo agora.[215]

---

213 Exemplos formulados por ARENHART, Sérgio Cruz; MARINONI, Luiz Guilherme. Comentários ao Código de Processo Civil: artigos 369 ao 380. *In* MARINONI, Luiz Guilherme (dir.); ARENHART, Sérgio Cruz; MITIDIERO, Daniel (coord.). *Comentários ao Código de Processo Civil.* São Paulo: Revista dos Tribunais, 2016. v. VI, p. 178.

214 William Santos Ferreira considerava que os termos "princípio da persuasão racional do juiz" e "princípio do livre convencimento motivado" eram empregados como sinônimos, mas preferia a segunda expressão, porque a primeira denota certa passividade por parte do juiz, "que não se coaduna com os princípios da aquisição e comunhão da prova, bem como o princípio dos deveres-poderes instrutórios" (*Princípios fundamentais da prova cível.* São Paulo: Revista dos Tribunais, 2014. p. 287).

215 João Batista Lopes afirma que a supressão da expressão livre indica mudança no critério da lei. LOPES, João Batista. Comentários aos arts. 369 a 380 do Código

Creio que se trate se um falso problema, ou melhor, de uma discussão que surge não a partir de um novo modelo proposto pelo legislador de 2015, mas sim em função de uma distorção interpretativa que se verificava sob o sistema do CPC/73 e que, infelizmente, ainda se observa nos dias de hoje.[216]

Fato é que o juiz nunca foi completamente livre para apreciar as provas. A razão de ser da adoção dessa expressão era a de afastar o modelo de prova legal, que excluía qualquer liberdade ao magistrado.[217] Mas desde a origem das legislações codificadas no Brasil já não prevalecia essa noção de ampla liberdade do julgador, a ponto de não precisar ser justificada. O quadro só foi se tornando mais rigoroso no tocante à fundamentação. Primeiro, com o art. 131 do CPC/73. Depois, com a ordem constitucional de 1988, que adotou a fundamentação das decisões como um valor irrenunciável. O CPC/2015, neste art. 371 e em muitos outros dispositivos, apenas reafirma essa percepção.[218]

---

de Processo Civil. *In* BUENO, CASSIO SCARPINELLA (coord.). *Comentários ao Código de Processo Civil.* São Paulo: Saraiva, 2017. v. 2, p. 248. Também, OLIVEIRA, RAFAEL TOMAZ DE; STRECK, LENIO LUIZ. Como exorcizar os fantasmas do livre convencimento e da verdade real. *Consultor Jurídico,* São Paulo, 24 jun. 2017. Disponível em: https://www.conjur.com.br/2017-jun-24/diario-classe-exorcizar-fantasmas-livre-convencimento-verdade-real?imprimir=1. Acesso em: 23 jul. 2019. STRECK, LENIO LUIZ. Livre convencimento no novo CPP: mas, já não apanha(ra)m o suficiente? Disponível em: https://www.conjur.com.br/2016-mai-05/senso-incomum-livre-convencimento-ncpp-nao-apanharam-suficiente. Acesso em: 23 jul. 2019.

216 HUMBERTO THEODORO JÚNIOR considera que, no CPC/73, o sistema poderia "ensejar a inconveniente possibilidade de o juiz isolar certa prova, para dar-lhes força suficiente para formar seu convencimento, com total ou parcial eliminação do exame e avaliação dos demais elementos probatórios produzidos no processo". Isso resultaria em versão sectária e inadequada dos fatos e, em consequência, do direito aplicado à resolução da causa. Por essa razão, aplaude a supressão da expressão "livremente" no CPC/2015. *Curso de direito processual civil.* 56. ed. Rio de Janeiro: Forense, 2015. v. I, p. 861.

217 Os códigos napoleônicos firmaram o princípio da persuasão racional como um meio termo ao sistema da livre convicção e o das provas legais. SANTOS, MOACYR AMARAL. *A prova judiciária no cível e comercial.* 4. ed. v. 1, p. 346. Para DINAMARCO, a regra da liberdade na formação do convencimento do magistrado é o elemento-chave que permite a superação dos modelos anteriores, nos quais o juiz estava atrelado a critério apriorísticos acerca das provas. Entender que essa liberdade desapareceu tornaria o Código "deslocado no tempo e colidiria com importantes conquistas do processo civil ao longo dos séculos". DINAMARCO, CÂNDIDO RANGEL. *Instituições de direito processual civil.* 7. ed. São Paulo: Malheiros, 2017. v. 3, p. 122.

218 Segundo FERNANDO GAJARDONI, "o fato de não mais haver no sistema uma norma expressa indicativa de ser livre o juiz para, mediante fundamentação idônea, apreciar a prova, não significa que o princípio secular do direito brasileiro deixou de existir.

O juízo que se faz é racional, longe de meras impressões pessoais ou condicionantes individuais do julgador. Os julgamentos devem tender a maior objetivação possível, ainda que a lei não forneça os critérios para essa objetivação. O espírito que norteia o dispositivo legal é esse.[219]

O juiz que, no sistema do CPC/73 ou no atual sistema, adote como razão de decidir o acolhimento de provas em favor de uma parte, deixando de apreciar o conjunto probatório invocado pela parte contrária, pratica grossa ilegalidade. Viola, ao mesmo tempo, as regras de valoração racional da prova e as da motivação das decisões. Não penso que o art. 489, § 1º, seja silente acerca da valoração da prova. Pode não ser expresso, mas sem dúvida que na apreciação das provas vale a regra de que não se considera fundamentada a decisão que "não enfrentar todos os fundamentos deduzidos no processo capazes de, em tese, infirmar a conclusão adotada pelo julgador" (art. 489, § 1º, IV).[220]

(...) A afirmação de que não há mais no Brasil o sistema do livre convencimento parte de um manifesto erro de premissa. A boa previsão legal de standards mínimos de motivação no Novo CPC (art. 489, § 1º, do CPC/2015) não afeta a liberdade que o juiz tem para valorar a prova. Autonomia na valoração da prova e necessidade de adequada motivação são elementos distintos e presentes tanto no CPC/1973 quanto no CPC/2015. A regra do art. 489, § 1º, CPC/2015, trata do 2º elemento (motivação), e não do 1º (liberdade na valoração da prova). Ademais, os artigos 371 e 372 comprovam a afirmação de que subsiste a liberdade de valoração da prova no CPC/2015, ao indicar que o juiz apreciará a prova atribuindo-lhe o valor que entender adequado (isso não é livremente?), devendo, contudo, indicar as razões da formação do seu convencimento". GAJARDONI, Fernando da Fonseca. O livre convencimento motivado não acabou no novo CPC. *Jota,* São Paulo, 6 abr. 2015 (atualizado em 20 fev. 2017). Disponível em: https://www.jota.info/opiniao-e-analise/colunas/novo-cpc/o-livre-convencimento-motivado-nao-acabou-no-novo-cpc-06042015. Acesso em: 23 jul. 2019.

219 Comoglio, Ferri e Taruffo esclarecem que o sistema de persuasão racional tem significado negativo, porque elimina as regras da prova legal, mas a lei não esclarece seu conteúdo positivo, o qual precisa ser complementado por critérios interpretativos fornecidos pela doutrina e pelos tribunais. *Lezioni sul processo civile.* Bologna: Il Mulino, 1995. p. 524. Também CAMBI, Eduardo; DOTTI, Rogéria; MARTINS, Sandro Gilbert; PINHEIRO, Paulo Eduardo d'Arce; KOZIKOSKI, Sandro Marcelo. *Curso de processo civil completo.* São Paulo: Revista dos Tribunais, 2017. p. 695.

220 Para Daniel Neves, "é preciso reconhecer que a exigência de fundamentação da valoração probatória não é suficiente para evitar arbítrios judiciais, e que é preciso melhores meios de controle da atividade jurisdicional nesse âmbito", daí por que o legislador deveria ter criado mecanismos mais efetivos de controle à valoração da prova. Para o autor, o 489, § 1º, não contem exigências quanto à valoração da prova. NEVES, Daniel Amorim Assumpção. *Manual de direito processual civil.* 10. ed. Salvador: Juspodivm, 2018. p. 747-748

Com razão, MARIA LÚCIA LINS CONCEIÇÃO observa que essa ideia do "livre convencimento motivado" foi utilizada muitas vezes para fundamentar decisões genéricas, mas ressalta que, mesmo no sistema do CPC/73, o juiz deveria sempre se pronunciar "de forma completa sobre as razões que o levaram a desconsiderar determinada prova em sua decisão".[221] Em complemento, MARIA ELIZABETH DE CASTRO LOPES ilustra aduzindo que não é admissível acatar as conclusões de laudo pericial sem enfrentar os argumentos dos assistentes técnicos das partes.[222]

26. O conteúdo do modelo da persuasão racional na apreciação da prova

A despeito de a lei não trazer qualquer critério ou parâmetro sobre como se deve dar a valoração das provas, há alguns aspectos que podem orientar a atuação do julgador.

Em primeiro lugar, que não há hierarquia entre as provas, seja considerando os diversos meios de prova contemplados na lei, seja considerando as provas atípicas. Pode ser necessária alguma cautela adicional acerca do contraditório nas provas atípicas (item 15, acima), mas não pode haver uma valoração apriorística de um meio de prova em detrimento de outro.

Em segundo lugar, a valoração deve se afastar de subjetivismos e ser o menos possível influenciada pelas convicções e impressões pessoais do julgador. GUSTAVO BADARÓ diz, com razão, que o convencimento psicológico do juiz é uma condição necessária, mas não suficiente, "à qual deve acrescentar-se a aplicação, na formação do convencimento do juiz, de critérios de racionalidade e regras da lógica".[223] Como já dito, tanto pior se tais visões correspondem, na verdade, a preconceitos e uma interpretação distanciada dos valores da igualdade, paridade de armas e respeito à lei.[224] Em certa medida, na aprecia-

---

221 CONCEIÇÃO, MARIA LÚCIA LINS. Provas. *In* WAMBIER, LUIZ RODRIGUES; WAMBIER, TERESA ARRUDA ALVIM (coord.). *Temas essenciais do novo CPC:* análise das principais alterações do sistema processual civil brasileiro. São Paulo: Revista dos Tribunais, 2016. p. 244.

222 LOPES, MARIA ELIZABETH DE CASTRO. Direito à prova e motivação da sentença. *In* LOPES, RICARDO AUGUSTO DE; MEDEIROS NETO, ELIAS MARQUES DE; OLIVEIRA NETO, OLAVO DE (coord.). *A prova no direito processual civil.* p. 477.

223 BADARÓ, GUSTAVO HENRIQUE RIGHI IVAHY. Direito à prova e os limites lógicos de sua admissão: os conceitos de pertinência e relevância. *In* BEDAQUE, JOSÉ ROBERTO DOS SANTOS; CINTRA, LIA CAROLINA BATISTA; EID, ELIE PIERRE (org.). *Garantismo processual: garantias constitucionais aplicadas ao processo.* Brasília: Gazeta Jurídica, 2016. p. 219.

224 DANIEL NEVES ilustra essas distorções com o caso do juiz que rejeita um exame de DNA por ser descrente na ciência, ou que ignora depoimentos porque "testemunhas mentem", ou porque o ser humano não é digno de confiança. *Manual de direito processual civil.* 10. ed. Salvador: Juspodivm, 2018. p. 748.

ção dos fatos de uma causa, à luz das provas produzidas, a atividade do julgador tem muito pouco de técnica ou jurídica. Em termos ideais, o resultado dessa análise de reconstrução dos fatos deveria ser igual, seja realizado por um magistrado, um árbitro, ou qualquer outra pessoa, fenômeno definido por Moacyr Amaral Santos como sociabilidade do convencimento.[225]

Novamente de Humberto Theodoro se extrai importante lição, de que o processo democrático não tolera construções fruto do puro discricionarismo do juiz, nem a fundamentação pode se confundir com escolhas do juiz para explicar seu convencimento livre e individualmente formado diante da lide. "Todos os argumentos e todas as provas deduzidas no processo terão de ser racional e objetivamente analisados, sem preconceitos subjetivos. O juiz interpreta e aplica o direito e não seus sentimentos pessoais acerca de justiça."[226]

Terceiro, no sistema de persuasão racional, o convencimento não é livre nem arbitrário, ele é também influenciado por certos critérios legais e regras sobre presunções legais. A esse respeito, remeto o leitor aos comentários ao art. 374.

Quarto, a valoração da prova deve ser feita de tal modo a demonstrar que o julgador levou em consideração todo o conjunto probatório, notadamente as provas e argumentos trazidos pelo perdedor. Se as partes produzem provas, mas o juiz não demonstra que as considerou no pronunciamento, a decisão é nula por ofensa ao contraditório e por vício de fundamentação.[227]

A decisão corretamente motivada é aquela que analisa o conjunto probatório, coloca-o sob confronto e explica, de forma racional, a adoção desta ou daquela conclusão, à luz dos autos, não de pensamentos ou raciocínios pessoais.[228] Ao art. 371, inúmeros outros adicionam essa recomendação da apre-

---

225 Moacyr Amaral Santos, com apoio em Malatesta, afirma: "O convencimento não deve ser, por outros termos, fundado em apreciações subjetivas do juiz; deve ser tal, que os fatos e as provas submetidas ao seu juízo, se fossem submetidas à apreciação desinteressada de qualquer outra pessoa racional, deveriam produzir, também nesta, a mesma convicção que produziram no juiz. Este requisito, que eu creio importantíssimo, é o que chamo sociabilidade do convencimento". *A prova judiciária no cível e comercial*. 4. ed., v. 1, p. 354.

226 THEODORO JÚNIOR, Humberto. *Curso de direito processual*, p. 863.

227 Para William Santos Ferreira, "a leniência com a utilização de declarações genéricas que não representam efetivamente fundamentação rompe com uma das mais basilares exigências do Estado Democrático de Direito: a legitimação da interferência estatal pela demonstração das razões de suas soluções", *Princípios fundamentais da prova cível*. São Paulo: Revista dos Tribunais, 2014. p. 297.

228 Para Vitor de Paula Ramos, a valoração da prova deverá ser "intersubjetivamente controlável", atendendo aos critérios de completude, coerência, congruência e correção lógica. Cf. RAMOS, Vitor de Paula. O procedimento probatório no Novo CPC: em busca de interpretação do sistema à luz de um modelo objetivo de corroboração das hipóteses fáticas. *In* JOBIM, Marco Félix, FERREIRA, William

ciação racional e fundamentada das provas, tais como os arts. 426 e 447, § 5º. A persuasão racional como método de valoração da prova pericial é expressamente adotada no art. 479. O dispositivo é redundante e poderia até ser considerado desnecessário, mas reforça a noção de que o julgador deve avaliar todas as provas segundo critérios racionais e ponderando os diversos elementos aportados aos autos.

Parece puro jogo retórico o entendimento jurisprudencial de que o julgador não está obrigado a enfrentar todas as alegações de fato e elementos de prova aportados, podendo se concentrar apenas naquilo que é essencial ao deslinde da controvérsia. Se algo não foi mencionado, não se pode saber se isso ocorreu porque o material foi desprezado, ou porque foi examinado e considerado não relevante. Do silêncio, da omissão da decisão, não se pode extrair essa "boa intenção" supostamente atribuída aos julgados. Trata-se, na verdade, de uma deturpação lógica insustentável.[229]

A única forma de controlar o exercício de valoração racional das provas é mediante o seu confronto.[230] O sistema concebe ao julgador um conjunto de técnicas que facilitam seu trabalho, sem menosprezar o direito das partes a uma correta explicação sobre as razões de decidir. O julgador que realiza o saneamento do processo e aponta os fatos controvertidos poderá, depois, indicar quais os fatos principais e relevantes para a compreensão da controvérsia, apontando quais provas os demonstram e quais provas não foram capazes de infirmar a conclusão obtida na decisão. Constitui grave erro a decisão que apenas se reporta às provas favoráveis, sem examinar e afastar especificamente as contrárias.[231]

SANTOS (coord.). *Direito probatório*, p. 123-124. RODRIGO RAMINA DE LUCCA aponta os seguintes parâmetros para a motivação: ela deve ser declaratória, retrospectiva (juízes não criam o direito), apresentar estrutura lógico-argumentativa. As razões devem ser "universais, sinceras, claras, coerentes e suficientes para dar uma resposta adequada a todas as alegações feitas por aquele que foi desfavorecido pela decisão". LUCCA, RODRIGO RAMINA DE. *O dever de motivação das decisões judiciais*. Salvador: Juspodivm, 2015. p. 380.

229 LUCCA, RODRIGO RAMINA DE. *O dever de motivação das decisões judiciais*. Salvador: Juspodivm, 2015. p. 228-229.

230 Para PONTES DE MIRANDA, "tem o juiz de dar os fundamentos, que lhe assistiram, para a apreciação das provas: porque desprezou umas e acolheu outras, porque não atribuiu o valor, que fora de esperar-se, a alguma, ou algumas, e porque chegou às conclusões que expende. Sobretudo, não há de se deixar de considerar algum ponto do pedido ou da defesa, ou qualquer exceção de direito material que foi oposta". PONTES DE MIRANDA, FRANCISCO CAVALCANTI. *Comentários ao Código de Processo Civil*. 4. ed. Rio de Janeiro: Forense, 1996. t. IV, p. 253.

231 ARENHART, SÉRGIO CRUZ; MARINONI, LUIZ GUILHERME. Comentários ao Código de Processo Civil: artigos 369 ao 380. *In* MARINONI, LUIZ GUILHERME

27. A objetivação da valoração da prova

A correta aplicação do princípio da persuasão racional não se esgota apenas em uma fundamentação mais completa da decisão. É possível ir além e incorporar critérios mais objetivos, por vezes até científicos, no método de valoração das provas. Essas investigações são necessárias, como forma de evitar os riscos de que prevaleçam as posições e impressões pessoais do julgador, afastando sua natural propensão de considerar-se apto a realizar tais julgamentos, sem necessidade de maiores explicações sobre as razões.

Quem realiza o julgamento das demandas judiciais é o Estado. É claro que ele faz isso na pessoa dos juízes, mas seria impensável admitir que cada julgador realiza seu próprio juízo de forma independente, sem qualquer traço objetivo ou de racionalidade. Tão impensável como admitir que haja vários Estados regulando a vida das pessoas, ou várias autoridades arrecadadoras determinando quando e onde cobrar impostos. As relações dos cidadãos com o Estado devem ser marcadas pela maior objetividade possível. Nada mais deletério para uma sociedade do que a aplicação concreta da máxima "aos amigos, tudo, aos inimigos, a lei".

Tais tentativas de objetivação são necessariamente influenciadas por inúmeros critérios de natureza mais científica, hauridos de outras ciências e ramos de conhecimento. Na doutrina italiana, por exemplo, Andrea Proto Pisani ensina que a lei, porque lacunosa, deve ser completada e integrada com cânones da lógica e de modelos das ciências empíricas. A valoração pela persuasão racional (*prudente apprezamento*) consiste na atividade lógica racional com a qual o juiz aplica, aos fatos percebidos, regras sobre cuja base dessumir os fatos principais a serem provados. Pode não ser possível obter certezas acerca dos fatos em debate, mas o julgador deve trabalhar fortemente com noções de probabilidade. A certeza é obtida com ciências exatas que às vezes se aplicam ao processo. O juiz deve considerar provado um fato quando parecer fortemente provável.[232]

(dir.); ARENHART, Sérgio Cruz; MITIDIERO, Daniel (coord.). *Comentários ao Código de Processo Civil*. São Paulo: Revista dos Tribunais, 2016. v. VI, p. 193-194. Os autores completam essas ideias com importantes considerações. Afirmam que "dessa maneira o juiz não justifica as suas razões, mas sim as razões de uma das partes", e que a exigência de fundamentação também se explica para dar concretude ao direito à prova, que não se resume em direito de produzir a prova, mas também contempla o direito de ter essa prova valorada, "pouco importando qual venha a ser o sentido da decisão judicial" (p. 194).

232 PISANI, Andrea Proto. *Lezioni di diritto processuale civile*. 4. ed. Napoli: Jovene, 2002. p. 413-414. Ver também COMOGLIO, Luigi Paolo; FERRI, Corrado; TARUFFO, Michele. *Lezioni sul processo civile*. Bologna: Il Mulino, 1995. p. 524-525.

Para tanto, deve se valer de argumentos de lógica, de argumentação e quando aplicável, se apoiar em elementos de prova a partir de regras da ciência, estatística, probabilidade e outros critérios que permitam demonstrar que o julgador não se limitou a suas próprias impressões sobre os fatos da causa.

No ordenamento processual brasileiro, há elementos que sugerem essa objetivação do modelo de valoração da prova. Por exemplo, porque institui um direito autônomo à produção probatória, admitindo sua produção até mesmo para evitar uma demanda contenciosa futura (e afastando de vez a noção de que o juiz é o único destinatário da prova[233]), consagra a regra da aquisição da prova, confirmando que o interesse em sua produção não é exclusivo da parte, ou porque permite a adoção de "medidas indutivas, coercitivas, mandamentais ou sub-rogatórias" na exibição de documentos em face de terceiros e, subsidiariamente, da própria parte (ver comentários ao art. 400).

De outro lado, também se deve reconhecer que a fixação de exigências de demonstração probatória é influenciada pela natureza dos direitos em litígio e pela qualidade das partes. Por essa razão, nas ações de estado e de família, a lei autoriza o depoimento pessoal sobre questões das quais possa resultar desonra ao depoente, ao cônjuge ou familiar, o que, nas demais ações, pode justificar a recusa da parte em depor.

Também autoriza a prova testemunhal para a demonstração de relações de crédito entre familiares, de depósito necessário ou hospedagem, quando o credor não pode ou não podia, moral ou materialmente, obter a prova escrita da obrigação (art. 445). Ainda, permite a prova por testemunhas para a demonstração da divergência entre a vontade real e a declarada, nos contratos simulados, e de vícios de consentimento. Os parâmetros probatórios devem

---

233 Para Arlete Inês Aurelli, a prova segue tendo como destinatário o juiz, de forma que, "(...) se o juiz já estiver convencido, não há que se falar em produção de provas". AURELLI, Arlete Inês. Da admissibilidade da prova emprestada no CPC de 2015. *In* DIDIER JÚNIOR, Fredie (coord. geral) *et al. Direito probatório*. 2. ed. Salvador: Juspodivm, 2016. p. 482 (Col. Grandes Temas do Novo CPC, v. 5). Enfatizando, indevidamente, o juiz como destinatário da prova e, com isso, validando o indeferimento de provas requeridas pelas partes, no STJ: AgInt no AREsp 1327496/RN, Terceira Turma, rel. Marco Aurélio Bellizze, j. 08.04.2019 ("Segundo o princípio da livre persuasão racional, a dilação probatória destina-se ao convencimento do julgador"); AgInt no AREsp 984176/TO, Quarta Turma, rel. Raul Araújo, julgado em 02.04.2019 ("No sistema de persuasão racional (...) o juiz é o destinatário final da prova, a quem cabe a análise da conveniência e necessidade da sua produção); AgInt no AREsp 1381374/GO, Terceira Turma, rel. Marco Aurélio Bellizze, j. 29.04.2019 – O princípio da persuasão racional do juiz o autoriza a indeferir provas que considere prescindíveis, porque a instrução se destina ao convencimento do julgador.

ser adaptados à situação concreta, pois é, em geral, impossível a comprovação direta de tais circunstâncias.[234]

A esse respeito, vale referir os estudos no campo probatório de VITOR DE PAULA RAMOS, jovem processualista gaúcho.[235] O autor corretamente acentua que, apesar das mudanças no campo da prova, nossa cultura ainda mantém a ideia de que provar é convencer subjetivamente o juiz. Alude a dois modelos teóricos para a suficiência da prova e explica as razões pelas quais o denominado subjetivo deve ser considerado superado e obsoleto.[236]

A questão não está em apurar se o juiz está convencido acerca do material probatório, porque, se assim é, permite-se que o juiz atribua às provas o valor que quiser, sem precisar enfrentar os pontos arguidos pelas partes. No modelo objetivo, "para que algo possa ser considerado provado, o convencimento, a crença pessoal do juiz a respeito dos fatos, não só deixa de importar, como deve ser deixada de lado, verificando-se o que está realmente provado objetivamente". Um dos caminhos para essa objetivação está na definição de *standards* de prova[237] e, no plano sistemático, tem o reforço da regra do art. 6º do CPC/2015.[238]

Há, basicamente, três possíveis *standards* de prova, concebidos e adotados em outros sistemas jurídicos e igualmente aplicáveis ao brasileiro: (*i*) o de preponderância da prova ou probabilidade prevalente, (*ii*) de prova clara e convincente e (*iii*) da prova além da dúvida razoável.[239]

---

234 Sobre a prova da simulação, MARINONI e ARENHART sustentam que o juiz se vale de regras de experiência, a partir dos indícios de descasamento entre a vontade efetiva e a declarada. Reconhecem se tratar de uma prova difícil de ser obtida, daí por que defendem que a prova da simulação é uma prova de verossimilhança, como sugere o próprio art. 167 do Código Civil. ARENHART, SÉRGIO CRUZ; MARINONI, LUIZ GUILHERME. Comentários ao Código de Processo Civil: artigos 369 ao 380. *In* MARINONI, LUIZ GUILHERME (dir.); ARENHART, SÉRGIO CRUZ; MITIDIERO, DANIEL (coord.). *Comentários ao Código de Processo Civil*. São Paulo: Revista dos Tribunais, 2016. v. VI, p. 190.

235 RAMOS, VITOR DE PAULA. O procedimento probatório no Novo CPC: em busca de interpretação do sistema à luz de um modelo objetivo de corroboração das hipóteses fáticas, p. 115-134.

236 "O juiz, portanto, não deve ter o poder – como seria próprio em um sistema que adotasse o modelo subjetivo – de inadmitir uma prova sob o pretexto de já se ter convencido sobre a verdade dos fatos, ou de seu resultado". RAMOS, VITOR DE PAULA. O procedimento probatório no Novo CPC: em busca de interpretação do sistema à luz de um modelo objetivo de corroboração das hipóteses fáticas, p. 127.

237 RAMOS, VITOR DE PAULA. O procedimento probatório no Novo CPC: em busca de interpretação do sistema à luz de um modelo objetivo de corroboração das hipóteses fáticas, p. 120.

238 Art. 6º Todos os sujeitos do processo devem cooperar entre si para que se obtenha, em tempo razoável, decisão de mérito justa e efetiva.

239 MATEUS AIMORÉ CARRETEIRO publicou interessante estudo acerca do ônus e standard de prova na arbitragem internacional. Segundo informa o autor, no caso inglês

Na maior parte dos casos civis, o critério da probabilidade prevalente deve ser adotado, porque representa um parâmetro suficiente. Isso significa que a investigação e a valoração da prova devem responder à questão sobre se uma hipótese aparentemente é mais provável do que outra. Essa solução pode ser genericamente adotada quando o litígio versa sobre direitos patrimoniais disponíveis.[240]

Contudo, há casos em que o direito em disputa é mais delicado, recebe uma proteção jurídica maior, porque retrata valores mais transcendentais e configura situações de interesse público. Nestes casos, deve ser exigido o parâmetro da prova clara e convincente. Aqui, para ser considerada provada uma alegação fática, deve ser possível concluir que a ocorrência do fato é significativamente mais provável do que sua não ocorrência. Esse parâmetro pode ser necessário nas causas sobre direitos não patrimoniais, abrangendo, por exemplo, direito de família, proteção às minorias, meio ambiente etc.

Por fim, o parâmetro mais elevado, da prova além da dúvida razoável, é reservado para as situações do direito penal, em que está em jogo o direito à liberdade.

É preciso reconhecer, entretanto, que em muitas situações será difícil ou impossível atender aos parâmetros normais da prova, seja porque as circunstâncias fáticas geram dificuldades adicionais, sejam porque o próprio direito material possui especificidades. Há algumas situações em que isso se verifica mais facilmente, como em relação aos fatos (muito) antigos, ou a fatos ocorridos em ambientes fechados e de acesso restrito, ou dos quais tenham participado apenas as próprias partes contendoras.

Se a exigência de demonstração efetiva ou provável dos fatos alegados por cada parte for feita segundo os parâmetros normais, muito possivelmente o resultado será a rejeição de demanda, pela ausência de prova dos fatos constitutivos. Qual o nível de prova que se deve exigir em pretensão à indenização pelo roubo do conteúdo de um cofre, mantido por um cliente em uma instituição bancária, por exemplo?

Miller v. The Minister of Pensions, a *House of Lords* definiu que se a prova é tal que o tribunal possa dizer "nós pensamos que é mais provável que sim, do que não", o parâmetro pode ser considerado preenchido. De outro lado, se a conclusão do julgador é que as probabilidades são iguais, que algo tanto pode ter ocorrido, como não ter ocorrido, não há elementos suficientes para embasar uma condenação. CARRETEIRO, MATEUS AIMORÉ. Burden and standard of proof in international arbitration: proposed guidelines for promoting predictability. *Revista Brasileira de Arbitragem*, v. 49, 2016. p. 87-88.

240 Sobre as noções e distinções entre verossimilhança e probabilidade, ver TARUFFO, MICHELE. *Uma simples verdade:* o juiz e a construção dos fatos. Tradução de Vitor de Paula Ramos. São Paulo: Marcial Pons, 2016. p. 113-114.

Ou como demonstrar a ocorrência de assédio sexual ou moral, se o episódio se deu em ambiente fechado? Outra hipótese bastante delicada é a de prova dos lucros cessantes, de danos futuros, ou mesmo a apresentação de provas quanto à perda da chance. Menciono, por fim, a prova dos danos futuros a serem arbitrados em favor de uma pessoa jovem, vítima de erro médico, do qual resulte a amputação de seus membros.

Um possível critério será o da manipulação ou rebaixamento dos níveis de persuasão adotados pelos julgadores, porque, mediante esse abrandamento do *standard* de prova, pode ser possível considerar demonstrada uma conjuntura fática que permita o reconhecimento do direito.[241] Em outras situações, a prova estatística ou por amostragem poderão ser critérios utilizados pelo julgador.[242] Pense-se em eventos com múltiplos fatos, ou mesmo nas tristemente recorrentes tragédias ambientais (ou naturais) que vitimam centenas e até milhares de pessoas.[243] Fato é que as situações são várias, não permitem uma solução única ou padronizada. As dificuldades quanto à prova não podem servir como fundamento para negar o reconhecimento de certos direitos. O julgador deverá levar em consideração as circunstâncias específicas do caso e justificar firmemente as razões da adoção de critérios porventura mais brandos.

No Superior Tribunal de Justiça, alguns julgados já enfrentaram esse tema, discutindo a aplicação da *teoria da verossimilhança preponderante*, compreendida como o modelo de valoração da prova em que o julgador, em situações excepcionais, "necessita reduzir as exigências probatórias comumente reclamadas para formação de sua convicção em virtude de impossibilidades fáticas

241 COSTA E SILVA, Paula. A prova difícil: da *probatio levior* à inversão do ônus da prova. *Revista de Processo,* v. 222/2013, p. 149-170, ago. 2013. Disponível em: file:///C:/Users/RICA/Documents/Paula%20Costa%20e%20Silva.%20Prova%20difícil%20e%20inversão%20do%20ônus.pdf.

242 A respeito, veja-se a tese de doutorado de Rafael Stefanini Auilo, defendida perante a Faculdade de Direito da Universidade de São Paulo. *A valoração judicial da prova no direito brasileiro*, USP, 2018.

243 Desastres ambientais responsáveis por centenas de mortes e prejuízos de expressiva monta a comunidades inteiras se tornaram, infelizmente, uma realidade no Brasil. Os desafios envolvendo a reparação de danos desses eventos são enormes, incluem o de provar os prejuízos de milhares de pessoas. A possível utilização de arbitragens coletivas como método de solução desses conflitos foi objeto de ensaio pelo professor Luiz Olavo Baptista, uma das maiores autoridades brasileiras em arbitragem, direito e comércio internacional. Disponível em: http://arbitrationblog.kluwerarbitration.com/2019/05/13/what-compensates-tears-a-case-study-in-how-to-determine-damages-in-large-proportion-disasters-in-brazil-through-class-arbitration/?fbclid=IwAR2toJJgF57rocibwMAIdld3hiHnvnx6BaCNblwV89WErWQCw_-yleNkG2A Acesso em: 22 jul. 2019.

associadas à produção da prova".[244] Assim, reduz o *standard* probatório, abre mão da investigação típica acerca da probabilidade preponderante, para limitar sua investigação à apuração da verossimilhança preponderante.[245]

Essa adoção expressa de um parâmetro mais baixo para a demonstração dos fatos da causa deve ser discutida entre as partes e expressamente adotada pelo julgador. Em qualquer caso, sua aplicação será excepcional e não pode justificar a rejeição à produção de meios de prova expressamente requeridos pela parte.[246] Realizadas todas as provas requeridas, e verificado que, por particularidades do direito material ou circunstâncias especiais da causa, os fatos não puderam ser exaustivamente provados, aí então caberá a redução das exigências probatórias, reconhecendo-se o direito em favor da parte que ostentar posição mais verossímil em relação à outra.

Porque é impossível estabelecer uma relação constante entre a verdade – como conceito absoluto – e a realidade demonstrada e constatada no processo, mas por outro lado não se pode conceber um sistema de justiça que confie na opinião pessoal e nas conclusões individuais do julgador, o meio-termo possível é a busca por um juízo de probabilidade. Com razão BADARÓ, ao afirmar que, "ainda que não possamos saber, com absoluta certeza, quando um enunciado fático é verdadeiro, podemos saber quando, com base em uma probabilidade lógica prevalecente, um enunciado é preferível ao outro".[247]

---

244 No plano doutrinário, LUCAS BURIL PEIXOTO e RAVI PEIXOTO aludem à teoria desenvolvida pelo jurista alemão GERHARD WALTER, que "parte do conceito de módulo de prova como o convencimento necessário ao estabelecimento da sua convicção", admitindo-se que o módulo da prova deve ser reduzido em determinados casos para a suficiência da convicção de verossimilhança. *Ônus da prova e sua dinamização*, p. 69.

245 STJ, REsp 1.320.295, Terceira Turma, rel. NANCY ANDRIGHI, j. 15.10.2013. No ano seguinte, a mesma Terceira Turma, em nova decisão, reafirmou o caráter excepcional dessa solução. REsp 1364707/PE, rel. NANCY ANDRIGHI, julgado em 25.02.2014: "Apenas em situações excepcionais, em que o julgador, atento às peculiaridades da hipótese, necessita reduzir as exigências probatórias comumente reclamadas para formação de sua convicção em virtude de impossibilidades fáticas associadas à produção da prova, é viável o julgamento do mérito da ação mediante convicção de verossimilhança".

246 No REsp 1698696/SP, o Superior Tribunal de Justiça validou decisão anterior, que reconheceu a sucessão empresarial entre empresas, lastreada em "suficientes provas indiciárias ou indiretas, examinadas à luz das máximas de experiência", contra o pedido de prova pericial feito pela parte, contra quem fora feita a alegação de sucessão empresarial. O direito à prova de uma parte não pode ser negado, mediante a invocação de uma teoria excepcional de redução do standard probatório. REsp 1698696/SP, Terceira Turma, rel. NANCY ANDRIGHI, j. 02.08.2018.

247 BADARÓ, GUSTAVO HENRIQUE RIGHI IVAHY. Direito à prova e os limites lógicos de sua admissão: os conceitos de pertinência e relevância. *In* BEDAQUE, JOSÉ

A valoração da prova segundo um critério de probabilidade exige a comparação entre as versões propostas pelas partes. O modelo será comparativo, na maior extensão possível. Acolhe-se a versão que pareça mais provável que a outra, do que decorre o dever do julgador não apenas de considerar as provas contrárias, mas de explicar por que elas constituem a hipótese menos provável de reconstrução dos fatos.

28. Regras particulares sobre a eficácia da prova no CPC/2015

Não obstante tudo o que foi dito nos tópicos anteriores, vale também registrar os diversos parâmetros concretos trazidos pela lei para dirigir a atividade valorativa do juiz. Alguns desses exemplos confirmam e concretizam a ideia da persuasão racional. Como exemplos, a vedação às provas ilícitas representa uma legítima limitação à atividade do juiz bem como a presunção relativa, que elimina a necessidade de prova do fato presumido, excluindo-o do objeto da prova. Outros, contudo, representam restrições àquela apreciação livre, racional e motivada das provas, o que justifica sua adoção com ressalvas e, não poucas vezes, o afastamento das consequências legais impostas pela lei.[248]

Em relação à prova testemunhal, os arts. 443 e 444 trazem parâmetros para o indeferimento de prova testemunhal, relativamente ao objeto da prova. Na prova pericial, as restrições estão no art. 464, § 1º. Tais restrições ao direito à prova devem ser implementadas com muita cautela. Se o fundamento do indeferimento é que o fato já foi provado, isso deve ser expressamente afirmado na decisão, de forma a conferir segurança jurídica à parte. Não pode haver o indeferimento na produção de uma prova para, depois, a decisão concluir que faltou prova a respeito daquele mesmo fato.

Quanto à pessoa que presta depoimento, o legislador realiza um controle apriorístico, estabelecendo que não podem ser testemunhas as pessoas incapazes, impedidas ou suspeitas. Tal critério limitativo da prova testemunhal pode ser relevado pelo juiz, quando seus depoimentos se revelarem necessários, hipótese em que serão ouvidos, na condição de informantes. Nesses casos, diz

---

Roberto dos Santos; CINTRA, Lia Carolina Batista; EID, Elie Pierre (org.). *Garantismo processual: garantias constitucionais aplicadas ao processo*. Brasília: Gazeta Jurídica, 2016. p. 220.

248 Gustavo Badaró alude às regras epistemológicas que representam, na verdade, limites antiepistemológicos para a admissão das provas. Direito à prova e os limites lógicos de sua admissão: os conceitos de pertinência e relevância. *In* BEDAQUE, José Roberto dos Santos; CINTRA, Lia Carolina Batista; EID, Elie Pierre (org.). *Garantismo processual: garantias constitucionais aplicadas ao processo*. Brasília: Gazeta Jurídica, 2016. p. 225.

a lei que tais depoimentos serão prestados independentemente de compromisso e que o juiz atribuirá a eles "o valor que possam merecer" (art. 447, § 5º).

A disposição é duplamente curiosa. Primeiro, porque aparentemente dispensa o informante de prestar o compromisso do dever de dizer a verdade, o que se revela de escassa utilidade. Afinal, ou bem a pessoa tem conhecimento de fatos de interesse da causa e só pode relatá-los se o fizer de forma verdadeira, ou a pessoa, por absoluta falta de credibilidade do seu depoimento, nem mesmo deveria ser ouvida.[249] Segundo, porque em todas as hipóteses, de prova oral ou de qualquer outra natureza, o juiz sempre as apreciará atribuindo-lhes o valor que possam merecer. Essa é a essência da atividade de valoração, que não se limita ao depoimento do informante.

A lei parece trabalhar com duas ficções. Uma, a de que testemunhas sempre dizem a verdade, apenas porque prestaram compromisso. Duas, que informantes não falarão a verdade, porque dele foram dispensadas. Ambas são impróprias. A questão, como um todo, se resolverá no plano da motivação e no confronto entre as diversas provas produzidas.

No que diz respeito à confissão, e como será visto nos comentários ao art. 394, há um flagrante equívoco do legislador ao impor suposta restrição à eficácia da confissão oral extrajudicial. Prevalece a liberdade na produção da prova e a admissibilidade de reduzir a termo a confissão oral por qualquer meio de prova.

Quanto à prova documental, há diversos dispositivos legais acerca da força probante dos documentos (CPC, arts. 405 a 429). A lei cria restrições e direcionamentos acerca da eficácia dos documentos que atentam contra o juízo racional que o julgador é chamado a fazer. Dinamarco afirma que parcela expressiva de tais disposições parece incompatível com a regra da persuasão racional, ou do livre convencimento, além de criticar as previsões de índole puramente processual que o Código Civil insiste em preservar.[250]

Alguns exemplos ilustrarão melhor essa afirmação. A lei restringe a eficácia de documentos em língua estrangeira, pouco importando que partes e juízes sejam fluentes no idioma (CC, art. 224; CPC, art. 192, parágrafo único). Regula que os livros empresariais fazem prova contra seu autor (art. 417), quando na realidade, fruto da apreciação fundamentada das provas, pode também provar em seu favor. Por sua vez, e como já visto (item 5, acima), o Código

249 Essa incoerência foi bem notada por WILLIAM SANTOS FERREIRA. De um lado, o depoimento só deve ser admitido quando for estritamente necessário. De outro, dispensado de prestar compromisso, parece que o informante está legalmente autorizado a mentir. FERREIRA, WILLIAM SANTOS. *Princípios fundamentais da prova cível*. São Paulo: Revista dos Tribunais, 2014. p. 201-203.

250 DINAMARCO, CÂNDIDO RANGEL. *Instituições de direito processual civil*. 7. ed. São Paulo: Malheiros, 2017. v. 3, p. 671-672.

Civil (art. 215) afirma que a escritura faz "prova plena", o que corresponde a um erro grosseiro de técnica legislativa, pois a prova legal foi proscrita como método de valoração e toda e qualquer prova pode ser objeto de contraprova.[251]

O art. 405 preceitua que o documento público faz prova da sua formação e dos fatos que o escrivão declarar que se realizaram em sua presença. Sobre tais declarações, portanto, há presunção relativa de veracidade, que pode ser infirmada pela parte contrária. Mas isso não se aplica às declarações feitas pelo particular ao tabelião, que as registra no documento público, mas que não perdem, por isso, sua natureza de uma declaração particular. Tal declaração pode ser contestada e deverá ser provada por quaisquer meios de prova.

Quanto à autenticidade dos documentos públicos, se não ocorre sua impugnação, ele permanece válido até eventual decisão declarando sua falsidade. O ônus da prova se transfere, quase integralmente, à parte que impugna o documento público. Já quanto ao documento particular, uma vez impugnado, sua eficácia cessa imediatamente. A parte que o apresentou deve provar sua autenticidade e a veracidade dos fatos que ali estavam retratados (art. 412).[252]

Ainda, a data do documento particular pode ser igualmente objeto de controvérsia. Se não há registro, reconhecimento de firma ou outro método que permita aferir a data, e esta for contestada, o art. 409 determina as diferentes opções que serão adotadas para considerar como sendo a data do documento. Se a lei presume aquelas datas, é porque admite a prova contrária, que fica a cargo de quem impugnou.

Outro parâmetro legal sobre a eficácia do documento se extrai do art. 412, parágrafo único: o documento é único, não pode ser cindido, para reconhecer a veracidade apenas de fatos favoráveis à parte que o invoca. Por fim, registro, com apoio em Dinamarco, que a cópia simples de um documento poderá ser considerada plenamente válida, caso não haja contestação pela outra parte. Isso decorre de uma interpretação do art. 374, III, a qual, portanto, dispensa a necessidade de apresentação de cópias autenticadas como exigido no art. 425, III. A cópia não autenticada, sobre a qual não paira qualquer impugnação, deve ser tida como válida, sem razão para restringir a eficácia probatória daquele documento.

---

251 O Enunciado 158 da Jornada de Direito Civil do Conselho da Justiça Federal procura dar uma interpretação útil ao dispositivo, que o salve de inconstitucionalidade: "A amplitude da noção de 'prova plena' (isto é, 'completa') importa presunção relativa acerca dos elementos indicados nos incisos do § 1º, devendo ser conjugada com o disposto no parágrafo único do art. 219".

252 DINAMARCO, Cândido Rangel. *Instituições de direito processual civil*. 7. ed. São Paulo: Malheiros, 2017. v. 3, p. 643.

Todas essas disposições devem ser interpretadas sob a premissa mais geral da liberdade das partes em produzir suas provas e do direito à prova como inerente ao devido processo legal. Se houver alguma incompatibilidade entre tais parâmetros concretos e aquelas diretrizes mais gerais, as restrições à valoração ou até mesmo à admissibilidade das provas devem ser afastadas.

Por fim, um último comentário deve ser feito acerca da eficácia das provas documentais, especificamente no que diz respeito àquelas que a lei considera ser da essência dos negócios jurídicos. Como já afirmado no item 6, em relação a certos negócios jurídicos, a lei estabelece que sua existência está atrelada à certas formalidades. A questão não se situa no âmbito das provas, sobre as quais vige o regime de ampla liberdade, mas ao da própria demonstração da existência do direito.

Retomo um dos exemplos já explorado, acerca do casamento. O casamento é ato solene, celebrado por instrumento público, perante um oficial do Registro Civil. Se essas formalidades não são realizadas, não se celebra o casamento. Quando é necessário fazer prova do casamento, a primeira alternativa é a apresentação da respectiva certidão do registro (CC, art. 1.543). Contudo, porque pode ter havido a falta ou perda do registro civil, admite-se que ele seja provado por qualquer outro meio de prova.

> **Art. 372.** O juiz poderá admitir a utilização de prova produzida em outro processo, atribuindo-lhe o valor que considerar adequado, observado o contraditório.
>
> *CPC de 1973 – sem dispositivo correspondente*

29. Generalidades

O art. 372 incorpora ao plano legal a prova emprestada, que era largamente utilizada sob a égide do CPC de 1973 e, por falta dessa previsão legal, era considerada uma prova atípica. A partir de agora, passou-se a afirmar que se trata de prova típica. A afirmação não parece correta, entretanto, porque a prova emprestada não constitui propriamente um meio de prova.

Lembre-se que meios de prova são as técnicas utilizadas pelo legislador para extrair informações das fontes de prova. São instrumentos previstos na lei, tanto em relação a sua existência quanto ao seu procedimento, para que se obtenha o esclarecimento de fatos da causa a partir de suas próprias fontes. Assim, pessoas e coisas são fontes, das quais se extraem informações por meio de prova pericial e oral. Ademais, dos documentos também se pode retirar informações, por procedimentos estabelecidos sob a rubrica da chamada prova documental.

A prova emprestada engloba todas essas possibilidades. Por ela, aproveita-se, por exemplo, uma perícia realizada (e já concluída) em outro processo, um depoimento de uma parte ou testemunha.[253] Mas ela não é, em si, um meio de prova, sendo preferível compreendê-la como um mecanismo pelo qual se aproveita, em certo processo, dos meios de prova legalmente produzidos em outro processo.[254]

Não por acaso, afirma-se que a prova não perde sua natureza original ao ser emprestada. Um laudo pericial seguirá sendo um laudo pericial, um depoimento será um depoimento também no processo de destino. É claro, de outro lado, que a prova emprestada será juntada aos autos do processo de destino, e como todo e qualquer documento juntado, está sujeita ao procedimento específico de vista obrigatória à parte contrária, pelo prazo de quinze dias (art. 437, § 1º),[255] além da possibilidade de sua impugnação por falsidade (arts. 430 a 433).

A possibilidade de aproveitamento de provas originadas de outros processos guarda relação direta com o princípio da economia processual e da eficiência. Há, *grosso modo*, duas grandes hipóteses.

Primeiro, o aproveitamento de uma prova que não poderá mais ser repetida, como o empréstimo do depoimento de testemunha que veio a falecer, a vistoria de um bem que pereceu, a perícia de uma obra que foi posteriormente demolida. Nestes casos, ao argumento da eficiência adiciona-se o do direito à prova, que não pode ser excluído da parte em virtude da impossibilidade de sua realização no próprio processo. O problema será resolvido mediante recurso à regra da proporcionalidade, com exigências particulares de motivação do julgador no momento da valoração das provas.[256]

---

253 Não se admite, contudo, o empréstimo de prova durante sua elaboração, ou que ainda esteja em fase de complementação. TJSP, Agravo de Instrumento n. 2009346-14.2018.8.26.0000, j. 22.05.2018, rel. Des. Israel Goés dos Anjos.

254 No mesmo sentido, LOPES, João Batista. Comentários aos arts. 369 a 380. *In* BUENO, Cassio Scarpinella (coord.). *Comentários ao Código de Processo Civil*. São Paulo: Saraiva, 2017. p. 253.

255 Por conta dessa circunstância, é muito comum na doutrina a afirmação de que a prova emprestada ingressa como prova documental, o que, de verdade, pouco quer dizer. É o mesmo que afirmar que uma perícia, porque materializada em laudo escrito, aporta ao processo como um documento. Ora, tudo o que se faz no processo é materializado como documento, mas nem por isso se torna uma prova documental. A petição inicial é a forma pela qual o autor formula sua demanda e deduz sua pretensão. É escrita, pode ninguém cogita de afirmá-la como uma prova documental do processo. Não se compreende, assim, por que a doutrina explica a prova emprestada afirmando sua natureza documental, no processo de destino.

256 NEVES, Daniel, *ob. cit.*, p. 750. AMARAL, Paulo Osternack. *Prova:* atipicidade, liberdade e instrumentalidade. 2. ed. São Paulo: Revista dos Tribunais, 2017. p. 117.

Segundo, porque, mesmo que a prova possa ser novamente produzida, a economia e a eficiência desejadas do modelo processual autorizam que ela seja pura e simplesmente emprestada, evitando-se a repetição de atividades desnecessárias. Neste caso, a chave para o aproveitamento da prova estará na observância das garantias processuais das partes, pois não se pode violar o direito ao contraditório ou à adequada produção das provas, a pretexto de se obter economia processual. O argumento da economia, levado a extremos, pode servir para justificar tudo. Não há dúvidas de que um processo sem defesa ou provas seria muito rápido e eficiente, mas é evidente que os jurisdicionados têm, antes de tudo, o direito ao devido processo legal, que constitui a única forma pela qual os demais direitos podem ser adequadamente tutelados, no contexto de uma demanda jurisdicional.

A prova será, então, produzida em uma relação processual e trazida para outra, onde será valorada, de forma completamente livre pelo juiz do processo de destino. Não há vinculação a qualquer conclusão que porventura tenha sido obtida no processo de origem, cabendo ao julgador avaliar de maneira independente a prova emprestada.[257]

Pela natureza e funcionalidade da prova emprestada, ela deve ser aplicada apenas para prova constituenda, isto é produzida em um outro processo. As provas pré-constituídas, como a prova documental, podem ser juntadas em diferentes processos, como é próprio da sua natureza. Em relação a todo e qualquer documento, importa averiguar sua forma, origem, autenticidade e regularidade do seu conteúdo. Isso se dará, indistintamente, em qualquer processo ao qual ele seja apresentado, sendo irrelevante se o documento foi originalmente juntado a algum processo anterior. Em qualquer processo em que seja juntado, ele receberá o tratamento de prova documental pré-constituída e se sujeitará aos parâmetros de valoração próprios desse meio de prova.

Diversos autores, contudo, consideram que a prova documental também pode ser objeto de empréstimo, revelando-se de um aproveitamento mais fácil, pois admite a realização do contraditório a qualquer momento, mesmo nos casos em que há diversidade de partes.[258]

---

257 ZULMAR DUARTE afirma, com razão: "empresta-se a prova, não seu peso ou relevância na visão do juiz de origem". OLIVEIRA JÚNIOR, ZULMAR DUARTE DE. Comentários ao art. 372 do CPC. *In* GAJARDONI, FERNANDO DA FONSECA *et al. Processo de conhecimento e cumprimento de sentença:* comentários ao CPC de 2015. Rio de Janeiro-São Paulo: Forense/Método, 2016. p. 253. Também BUENO, CASSIO SCARPINELLA. *Manual de direito processual civil.* São Paulo: Saraiva, 2015. p. 313.

258 LOPES, JOÃO BATISTA. Comentários aos arts. 369 a 380. *In* BUENO, CASSIO SCARPINELLA (coord.). *Comentários ao Código de Processo Civil.* São Paulo: Saraiva, 2017.

Outro ponto de relevante diferença na prova emprestada é que, seja qual for a extensão que se atribua à exigência do contraditório, é certo que o juiz de destino não tem contato com a produção da prova, ele não colhe o depoimento, não nomeia o perito que fará o laudo, de modo que "a imediação, portanto, é concretamente suprimida em razão da incidência de outros valores, que devem ser ponderados pelo julgador em cada caso".[259]

Ainda que se admita que o cenário ideal seja a produção da prova, em contraditório, diretamente perante a autoridade julgadora, é preciso reconhecer que nem sempre esse cenário se apresenta como possível, ou mesmo necessário. Para Dinamarco, os argumentos de certo distanciamento do segundo juiz com a prova e da mitigação da oralidade e imediatidade não são suficientes para negar a utilidade da prova emprestada.[260] A doutrina, aliás, mesmo antes da incorporação da prova emprestada ao texto legal, já advertia que o sistema processual brasileiro não priorizava a oralidade nesse nível, nem garantia a imediatidade em diversas situações, por exemplo a prova produzida por juízo incompetente ou pelos tribunais, "que não têm qualquer participação da constituição do material probatório no processo".[261]

O CPC de 2015, ao mesmo tempo que positivou a prova emprestada, mitigou ainda mais a noção de imediatidade e de identidade física do juiz, deixando de repetir o dispositivo do CPC de 1973 que impunha ao juiz que colheu a prova o julgamento do caso. Adotou, assim, um conceito bastante liberal de prova emprestada, admitindo-o amplamente, apenas com essa exigência um tanto ambígua, desde que *observado o contraditório*. E pelas modificações no sistema recursal que adotou, restringindo o cabimento do agravo de instrumento, o CPC também impactou a questão da prova, eis que não há previsão de recurso imediatamente cabível contra a decisão que admitir ou inadmitir o empréstimo de uma prova, como aliás não cabe agravo quanto ao deferimento ou indeferimento de algum meio de prova.

A ambiguidade acima referida se explica porque a lei, possivelmente de propósito, não esclarece o grau de observância dessa garantia e, em especial, se deve ser observado no processo de origem e/ou de destino. Esse é um dos

---

p. 253. LUCON, Paulo Henrique dos Santos. Comentários aos arts. 369 a 380. *In* CABRAL, Antonio do Passo; CRAMER, Ronaldo (coord.). *Comentários ao novo Código de Processo Civil*. 2. ed. Rio de Janeiro: Forense, 2016. p. 576.

259 AMARAL, Paulo Osternack. *Prova:* atipicidade, liberdade e instrumentalidade. 2. ed. São Paulo: Revista dos Tribunais, 2017. p. 100.

260 DINAMARCO, Cândido Rangel. *Instituições de direito processual civil*. 7. ed. São Paulo: Malheiros, 2017. v. 3, p. 108.

261 CAMBI, Eduardo. *A prova civil*: admissibilidade e relevância. São Paulo: Revista dos Tribunais, 2006. p. 55.

pontos centrais da discussão, que enseja tópico próprio (item 31, abaixo). Há outros aspectos, porém, que devem ser considerados.

Como é próprio dos institutos jurídicos, sua conceituação e requisitos não são, regra geral, fixados na lei, mas produto do trabalho da doutrina e da jurisprudência. O CPC optou por não incorporar os requisitos construídos sob a égide do sistema anterior. De fato, a doutrina é bem mais rigorosa na admissão das provas emprestadas, ao passo que na jurisprudência se identificam mais hipóteses em que ela é admitida.

30. Parâmetros para o aproveitamento da prova emprestada

A doutrina identifica parâmetros para a caracterização e admissão da prova emprestada. Em linhas gerais, as discussões centrais giram em torno dos seguintes tópicos: (*i*) exige-se ou não que a prova seja emprestada de processo de natureza jurisdicional; (*ii*) exige-se ou não identidade das partes nos dois processos; (*iii*) autoriza-se ou não o empréstimo de provas do processo penal para o civil, ou entre processos de diferentes naturezas; (*iv*) exige-se ou não identidade do objeto da prova.

Sustentam a necessidade de ser de natureza jurisdicional o processo de origem da prova HUMBERTO THEODORO JÚNIOR, EDUARDO TALAMINI[262] e PAULO OSTERNACK AMARAL.[263] O autor mineiro considera que ela será admissível se houver identidade de partes nos dois processos, identidade ou semelhança do objeto da prova e que a prova seja produzida na presença de um *juiz natural*. CÂNDIDO DINAMARCO é explícito a respeito, conceituando a prova emprestada como "traslados de documentação da prova constituída em outro processo de natureza jurisdicional".[264]

Nessa medida, não são admitidas provas emprestadas de um processo administrativo[265] ou de um inquérito policial. Este último, além de não tramitar

262 TALAMINI, EDUARDO. *Comentários ao CPC*, coord. ANTONIO DO PASSO CABRAL, p. 590.

263 AMARAL, PAULO OSTERNACK. *Prova:* atipicidade, liberdade e instrumentalidade. 2. ed. São Paulo: Revista dos Tribunais, 2017. p. 99.

264 CÂNDIDO RANGEL DINAMARCO entende indispensável a produção da prova em processo jurisdicional, de qualquer natureza (estatal ou arbitral, civil, penal, trabalhista etc.). *Instituições de direito processual civil.* 7. ed. São Paulo: Malheiros, 2017. v. 3, p. 109-110.

265 PAULO OSTERNACK AMARAL vê impossibilidade de emprestar de processo administrativo: "É fundamental que a prova emprestada tenha sido produzida perante um órgão que desempenhe função jurisdicional, permeado pelas garantias fundamentais do processo, com destaque à condução da prova por um julgador independente e imparcial". *Prova:* atipicidade, liberdade e instrumentalidade. 2. ed. São Paulo: Revista dos Tribunais, 2017. p. 105.

perante autoridade imparcial, igualmente não observa o princípio do contraditório, o que vale, também, em relação às sindicâncias administrativas.[266]

Outros autores, como João Batista Lopes, consideram que é possível emprestar provas que tenham origem em processos não jurisdicionais. Admite-se a prova emprestada, desde que tenham sido observadas as formalidades legais na produção da prova, que seja o mesmo *factum probandum* e que seja difícil ou onerosa a reprodução da prova. Nesta medida, cabe prova emprestada de processo administrativo e até mesmo de inquérito policial que, não obstante seja peça informativa, pode conter subsídios que podem contribuir para a formação do convencimento do julgador.[267]

Pelas razões que serão desenvolvidas com mais detalhes no tópico subsequente, forte na garantia do contraditório, entendo não ser adequado o empréstimo de provas originadas de procedimentos em que essa garantia não tenha sido observada.[268] Não creio que apenas em processos perante autoridade jurisdicional ele seja possível, pois seu cabimento seria muito limitado. O empréstimo pode se dar a partir de processos administrativos, quando o contraditório seja efetivamente observado, o que não é o caso de sindicâncias e inquéritos policiais. O Superior Tribunal de Justiça, entretanto, firmou entendimento pela admissibilidade do aproveitamento de provas produzidas em inquérito policial, seja para fins do processo penal, seja para processos disciplinares,[269] desde que assegurado o contraditório e a ampla defesa.[270]

---

266 CAMBI, Eduardo. *A prova civil*: admissibilidade e relevância. São Paulo: Revista dos Tribunais, 2006. p. 57.

267 LOPES, João Batista. Comentários aos arts. 369 a 380 do Código de Processo Civil. *In* BUENO, Cassio Scarpinella (coord.). *Comentários ao Código de Processo Civil*. São Paulo: Saraiva, 2017. v. 2, p. 253.

268 Sobre o inquérito civil, Paulo Osternack Amaral reforça sua conclusão, ponderando que o objetivo do IC é produzir provas para fins internos, não para instruir o processo judicial. E são, por isso mesmo, conduzidas por sujeito parcial, daí por que "devem ser recebidas com as mesmas reservas que quaisquer apurações particulares unilaterais". *Prova:* atipicidade, liberdade e instrumentalidade, p. 107.

269 Súmula 591 do STJ: "É permitida a prova emprestada no processo administrativo disciplinar, desde que devidamente autorizada pelo juízo competente e respeitados o contraditório e a ampla defesa". Recurso em *Habeas Corpus* n. 74.548/RS, j. 17.04.2018, rel. Min. Jorge Mussi. STJ, Mandado de Segurança n. 22.828/DF, j. 13.09.2017, rel. Min. Gurgel de Faria.

270 STJ, AgInt no Recurso em Mandado de Segurança n. 45.718/RS. rel. Min. Herman Benjamin: o STJ tem firme entendimento de que é possível a utilização de provas emprestadas de inquérito policial e processo criminal na instrução de processo disciplinar, desde que assegurado o contraditório e a ampla defesa, diferente do ocorrido nos autos

Sobre a identidade das partes nos dois processos, a doutrina costuma afirmar que não deve ser sempre exigida a identidade absoluta, eis que semelhante requisito acabaria por esvaziar excessivamente a utilidade da prova emprestada. Importa, para a maioria dos autores, que a parte contra quem a prova é produzida tenha participado tanto no processo de origem como no de destino.

Assim, por exemplo, admite-se o empréstimo de uma prova pericial que constate a responsabilidade de uma empresa por danos ambientais, tendo como origem uma demanda individual ou mesmo uma ação civil pública, e que possa ser aproveitada em outras demandas individuais que pretendam reparação civil por aqueles mesmos danos ambientais.[271] Ou laudos produzidos no contexto de um acidente aéreo, aproveitados de um caso para outro, entre as vítimas.[272]

Pode-se cogitar igualmente de aproveitar o laudo de avaliação de certos bens imóveis, feito em uma execução fiscal, com ampla participação do executado, e que depois seja aproveitado por outro credor com a finalidade de dispensar a realização da mesma perícia.

Há, porém, hipóteses mais delicadas. Se uma perícia for feita pelo INSS para aferir o grau de incapacidade de um trabalhador, fruto de um acidente de trabalho, esse laudo pode ser depois aproveitado em demanda contra o empregador, para justificar a pretensão indenizatória do trabalhador acidentado? Observe-se que a empresa não participou da demanda original, na qual o laudo foi produzido.[273] E a situação oposta, de um segurado pretender se valer de laudo produzido em reclamação trabalhista, como meio de prova para a caracterização da sua aposentadoria por invalidez? Pode o trabalhador pretender juntar ao processo contra o INSS um laudo produzido em reclamação trabalhista proposta contra sua empregadora?[274]

---

271 NEVES, Daniel, *ob. cit.*, p. 750.

272 CAMBI, Eduardo. *A prova civil*: admissibilidade e relevância. São Paulo: Revista dos Tribunais, 2006. p. 54.

273 Em recente decisão, a 3ª Turma do TST admitiu essa possibilidade. Adotou como requisito da prova emprestada que a parte interessada na produção da prova houvesse participado no processo de origem, ainda que a parte contra quem a prova é produzida não o tenha. Naturalmente, essa prova deverá ser submetida ao contraditório no processo de destino, para que não haja violação ao devido processo legal. TST, RR-11496-44.2016.5.03.0135, 3ª Turma, rel. Alberto Bresciani, j. 03.04.2019.

274 No caso "TJSP, Apelação n. 1000947-75.2014.8.26.0348, j. 22.05.2018, rel. Des. João Antunes dos Santos Neto", entendeu-se que tal empréstimo não é possível. "Assevere-se, outrossim, que a prova emprestada somente seria admissível quando produzida em processo formado entre as mesmas partes, o que, frise-se, não é o

O exame da jurisprudência revela a razoável aceitação de hipóteses como essa, admitindo-se a prova emprestada, mesmo sem participação da parte por ela afetada. E nesse mesmo sentido ocorreu a aprovação do Enunciado 30 da I Jornada de Direito Processual Civil do Conselho da Justiça Federal.[275]

Porém, é preciso alertar para a amplitude da redação desse Enunciado, que parece não exigir a participação de qualquer das partes no processo em que a prova foi originalmente produzida. Como critério geral, esta não pode ser a hipótese prevalente. É mais consentâneo com o devido processo legal que apenas em via excepcional se admita a utilização de uma prova contra alguém que não participou de sua formação. Também quanto a esse tema, remeto o leitor ao tópico subsequente.

Essa divisão de perspectivas entre a doutrina e a jurisprudência também é observada quanto ao tema da possibilidade de empréstimo de provas entre processos de natureza diversa, como do processo penal para o civil. Ao passo que alguns autores sustentam a impossibilidade,[276] outros consideram que é admissível o empréstimo, resolvendo-se a questão, uma vez mais, no plano do respeito ao contraditório.

Alinho-me àqueles que entendem que, se os processos são de natureza jurisdicional, não há restrições quanto à circulação das provas entre processos civis e criminais, trabalhistas, fiscais etc.[277] Também não há qualquer limitação ao empréstimo de processos entre a Justiça Federal, Trabalhista, Estadual etc.[278] Por essa mesma razão, admite-se emprestar as escutas telefônicas obtidas mediante autorização judicial do juízo penal para o processo civil.[279]

---

caso dos autos, pois, consoante sustentado pelo próprio apelante, a prova emprestada juntada foi produzida em processo trabalhista, portanto, sem a participação do INSS na produção daquela prova". Já no julgado "TJSP, Apelação n. 1049621-62.2015.8.26.0053, j. 13.03.2018, rel. Des. Nuncio Theophilo Neto", a conclusão foi no sentido oposto, o que se deu pela confrontação das razões e conclusões dos dois laudos realizados.

275 Enunciado 30: É admissível a prova emprestada, ainda que não haja identidade de partes, nos termos do art. 372 do CPC.

276 AMARAL, Paulo Osternack. *Prova:* atipicidade, liberdade e instrumentalidade. 2. ed. São Paulo: Revista dos Tribunais, 2017. p. 99. TALAMINI, Eduardo. *Comentários ao CPC*, coord. Antonio do Passo Cabral, p. 590.

277 STJ, Recurso em *Habeas Corpus* n. 74.548/RS, j. 17.04.2018, rel. Min. Jorge Mussi.

278 STJ, AgRg no AREsp 24.940/RJ, j. 18.02.2014, rel. Min. Napoleão Nunes Maia Filho.

279 BUENO, Cassio Scarpinella, *ob. cit.*, p. 278. Paulo Osternack Amaral é contrário a esse empréstimo. Para o autor, a inviolabilidade das comunicações telefônicas impõe que a interceptação só possa ocorrer com autorização judicial e para utilização apenas no âmbito do processo penal, nos termos da lei federal que regula a garantia constitucional (*Prova*. atipicidade, liberdade e instrumentalidade,

É evidente que, em todo e qualquer caso de prova emprestada, importarão muito mais as circunstâncias concretas, a observância dos parâmetros mínimos da ampla defesa e do devido processo legal. Se for assegurada à parte a adequada defesa em relação à prova emprestada, não há razão para desprezar as vantagens de sua utilização.

Por fim, outros parâmetros podem também ser mencionados. Primeiro, não resta prejudicada a prova emprestada produzida por juízo incompetente, pois em princípio os atos praticados pelo juízo incompetente são preservados, salvo decisão judicial em sentido contrário (art. 64, § 4º). Provas realizadas em processos extintos sem resolução de mérito podem ser, em regra, aproveitadas. A exceção fica por conta de a causa da anulação ter sido justamente algum vício na obtenção da prova. Terceiro, a prova pode ter origem em processo no exterior, o que representa, na verdade, apenas uma forma mais econômica e eficiente de obter uma prova que poderia ser aportada diretamente, pelo trabalhoso e demorado procedimento da carta rogatória.[280]

31. Respeito ao contraditório como parâmetro

Como visto, ao lado de outros requisitos estabelecidos na doutrina e nas decisões acerca do tema, o respeito ao contraditório é o elemento mais relevante para o exame da admissibilidade das provas produzidas em um processo, para aproveitamento futuro em outro. A lei diz muito pouco. Admite o empréstimo, "observado o contraditório". É preciso conferir sentido útil ao texto legal, com o particular cuidado de não adotar interpretação tão liberal que acabe por dispensá-lo na origem mas que, quanto ao destino, contente-se com um contraditório meramente formal, que impede o pleno exercício das garantias constitucionais do processo.

Sobre o tema, CÂNDIDO DINAMARCO adverte que a observância ao contraditório é o elemento fundamental para conferir eficácia à prova emprestada: "evitem-se duplicações de atividades mas preserve-se o contraditório".[281] Para o autor, é possível dispensar a parte a quem aproveita a prova de ter participado.[282] O argumento aqui se atrela à lógica da instrumentalidade, pois não se

p. 109-110). No mesmo sentido, OLIVEIRA JÚNIOR, ZULMAR DUARTE DE. Comentários ao art. 372 do CPC. *In* GAJARDONI, FERNANDO DA FONSECA *et al. Processo de conhecimento e cumprimento de sentença:* comentários ao CPC de 2015. Rio de Janeiro-São Paulo: Forense/Método, 2016. p. 257.

280 AMARAL, PAULO OSTERNACK. *Prova:* atipicidade, liberdade e instrumentalidade. 2. ed. São Paulo: Revista dos Tribunais, 2017. p. 104.

281 DINAMARCO, CÂNDIDO RANGEL. *Instituições de direito processual civil.* 7. ed. São Paulo: Malheiros, 2017. v. 3, p. 109.

282 LUIZ GUILHERME MARINONI e SÉRGIO ARENHART afirmam que é requisito que as partes tenham participado em contraditório no processo de origem. ARENHART,

pode cogitar de alguma irregularidade ou inadmissão no uso da prova se a própria parte, que dela não participou, pretende o seu aproveitamento.

O requerimento de utilização da prova emprestada, por quem não foi parte na origem, supre toda e qualquer irregularidade de que se poderia cogitar.[283]

Situação diversa envolve a parte contra quem se produziu a prova. É também de Dinamarco a ponderação de que sua participação é necessária, "porque do contrário esse sujeito estaria suportando a eficácia de uma prova de cuja formação não participou".[284] Também Humberto Theodoro Júnior defende que o contraditório exigido pela lei deve se dar no processo de destino.[285]

Da doutrina anterior ao CPC, que tratava a prova emprestada como prova atípica, extrai-se igualmente que o elemento central é a observância do contraditório. Para Frederico Marques, com apoio em Couture, se a prova for colhida sem participação da parte contra quem deve operar, "mínimo ou quase nenhum tem de ser o seu valor de convicção. O juiz, se possível, deve mandar repeti-la para que assim se obedeçam aos postulados e garantias do contraditório".[286]

Entretanto, há situações reconhecidas pela jurisprudência que me parecem, com todo o respeito, de flagrante ilegalidade. A pretexto de valorizar a economia e ganhos de eficiência, admite-se o empréstimo de provas mesmo sem a participação da parte afetada, seja na origem, seja no destino. Por exemplo, em Agravo de Instrumento, o Tribunal de Justiça de São Paulo admitiu o empréstimo de prova pericial que tinha como origem ação de natureza fiscal entre a empresa contribuinte e a Fazenda Estadual, na qual se reconheceu a

---

Sérgio Cruz; MARINONI, Luiz Guilherme. Comentários ao Código de Processo Civil: artigos 369 ao 380. *In* MARINONI, Luiz Guilherme (dir.); ARENHART, Sérgio Cruz; MITIDIERO, Daniel (coord.). *Comentários ao Código de Processo Civil*. São Paulo: Revista dos Tribunais, 2016. v. VI, p. 215.

283 Eduardo Talamini e Paulo Osternack Amaral também consideram ser é indispensável a observância do contraditório no processo de origem e no de destino. A parte contra quem a prova será utilizada deve ter tido a oportunidade de participar, como parte, na formação da prova, sendo esta a única forma de efetivamente assegurar a obediência ao contraditório. AMARAL, Paulo Osternack. *Prova:* atipicidade, liberdade e instrumentalidade. 2. ed. São Paulo: Revista dos Tribunais, 2017. p. 101; TALAMINI, Eduardo. Prova emprestada no processo civil e penal. *Revista de Processo*, v. 91, jul./set. 1998. p. 95.

284 DINAMARCO, Cândido Rangel. *Instituições de direito processual civil*. 7. ed. São Paulo: Malheiros, 2017. v. 3, p. 109.

285 THEODORO JÚNIOR, Humberto. *Curso de direito processual civil*. 56. ed. Rio de Janeiro: Forense, 2015. v. I, p. 909.

286 MARQUES, José Frederico. *Instituições de direito processual civil*. 2. ed. Rio de Janeiro: Forense, 1962. p. 353.

conformidade contábil da empresa com certa imunidade tributária. Em processo envolvendo a mesma empresa e a Fazenda Municipal, a prova foi admitida, sob uma consideração de que seria "desnecessária, portanto, a realização de nova perícia, destinada à aferição de idêntico resultado, respeitado, por óbvio o contraditório entre as partes".[287]

Note-se que melhor solução é preconizada pelo mesmo Tribunal de Justiça, em outro julgado, no sentido de não admitir o empréstimo de provas que tenham sido produzidas em demanda sem a participação da parte.[288]

32. Hipóteses concretas de utilização da prova emprestada

A seguir, são mencionados alguns casos concretos, extraídos da análise de julgados sobre o tema, com o objetivo de ilustrar as múltiplas hipóteses de utilização da prova emprestada.

Um tópico recorrente diz respeito aos requisitos quanto ao objeto da prova. As demandas devem ter por objeto a elucidação dos mesmos fatos, para a mesma finalidade, ou se admite alguma variação a respeito? Em julgado do TJSP, o laudo de avaliação de um imóvel, feito em demanda que visava ao arbitramento de alugueres, foi considerado útil e compatível para instruir demanda (entre as mesmas partes) que tinha como objetivo a extinção de condomínio, porque o conteúdo específico do laudo apontou o valor de mercado do bem, informação tida por necessária para a extinção do condomínio.[289]

Em determinado processo de inventário, houve a discussão sobre o valor de bens imóveis, que justificou a elaboração de laudos de avaliação. Essa mesma discussão se estabeleceu entre os herdeiros (todos ou parte deles) em uma segunda demanda, que pretendia a anulação de doações realizadas pelos genitores. Nesse caso, o laudo de avaliação pôde ser utilizado por empréstimo, dispensando-se a repetição da mesma prova.[290] Além disso, vale ressaltar que também é de se aproveitar o laudo de avaliação de um imóvel feito em ação revisional, para a ação renovatória, ou vice-versa.[291]

---

287 TJSP, Agravo de Instrumento n. 2154694-97.2017.8.26.0000, j. 22.02.2018, rel. Des. Henrique Harris Júnior.

288 TJSP, Apelação n. 1023454-17.2016.8.26.0071, j. 28.02.2018, rel. Des. Renato Rangel Desinano.

289 TJSP, Agravo de Instrumento n. 2077653-54.2017.8.26.0000, j. 19.02.2018, rel. Des. Rômolo Russo.

290 TJSP, Apelação n. 0021532-50.2005.8.26.0068, j. 30.01.2018, rel. Des. Fábio Podestá.

291 TJSP, Apelação n. 0169047-80.2011.8.26.0100, j. 14.12.2017, rel. Des. Edgard Rosa.

O campo de aplicação da prova emprestada em processos envolvendo as mesmas partes guarda certa correspondência com as discussões sobre a conexão entre demandas. Outra hipótese se dá no empréstimo de prova em ação anulatória de título executivo para os embargos à execução, ou vice-versa.

Ademais, as demandas contra o INSS são território farto para a adoção de provas emprestadas. Não obstante se reconheça a diferença de requisitos para a obtenção de benefícios por acidentes de trabalho e em decorrência de aposentadoria, fato é que a prova pericial acerca da incapacidade do segurado pode ser aproveitada de um processo para o outro.[292]

Outro aspecto recorrente e crítico, como salientado acima, refere-se ao respeito ao contraditório e à possibilidade de aproveitamento de provas realizadas em processos que não envolveram as mesmas partes. Vale, como regra geral, a correta ponderação de Zulmar Duarte de que, nas provas causais, partes que a produzem participam e influem diretamente no procedimento de sua formação: "As partes do processo de destino, acaso não tenham participado do processo de origem, somente poderiam discutir o resultado da prova, mas teriam tolhido o direito de influir sobre a formatação de tal prova, o que afeta irremediavelmente o exercício do contraditório".[293]

Na casuística dos tribunais, são muito frequentes os temas envolvendo indenizações por acidentes do trabalho e responsabilidade extracontratual.

Não raro, as decisões judiciais permitem o aproveitamento de laudos produzidos nas demandas envolvendo o INSS para outras demandas, entre o particular e a companhia seguradora ou a empregadora da pessoa.[294] O argumento adotado é o de que a perícia incide sobre a situação do segurado, afere seu grau de capacidade ou incapacidade para o trabalho e examina as eventuais sequelas decorrentes do evento danoso. Por economia e produtividade, aquelas mesmas conclusões podem ser transportadas para as demais demandas. Entretanto, isso merece ser entendido com muita cautela.

O devido processo legal a que faz jus a companhia seguradora não se satisfaz, no mais das vezes, com a possibilidade de crítica a um laudo de cuja realização ela não participou, isto é, não teve contato com o perito, não teve a oportunidade de impugná-lo, eventualmente. Não elaborou quesitos, não acompanhou o exame no paciente. Receber um laudo médico, emprestado de processo anterior, sob a condição de poder, no processo de destino, criticá-lo

---

292 TJSP, Apelação n. 1007500-81.2016.8.26.0506, j. 08.05.2018, rel. Des. Carlos Monnerat.

293 OLIVEIRA JR., Zulmar Duarte de. Comentário ao artigo 372 do CPC, p. 255.

294 STJ, AgInt no Agravo em Recurso Especial n. 1.082.454/DF, j. 12.12.2017, rel. Min. Isabel Gallotti.

"amplamente" não satisfaz os requisitos de respeito ao contraditório especificamente previstos no art. 372.

Mas a jurisprudência admite a utilização de tais provas,[295] não estabelecendo a discussão no plano da admissibilidade da prova emprestada, e sim na crítica que a parte por ela afetada venha a fazer, no processo de destino. Assim, acaba-se por aceitar a prova sob o argumento de que a parte não trouxe elementos efetivos para criticar o laudo emprestado.

A discussão é complexa, há diferentes facetas a considerar. É evidente que as soluções mais adequadas serão aquelas buscadas em cada caso concreto, porque, de um lado, a regularidade na obtenção da prova, aspecto interno ao processo, é relevantíssima e contemplada no modelo de um processo justo e, de outro lado, a potencial irregularidade na obtenção dessa mesma prova é tema que se resolve segundo as técnicas próprias das nulidades. É preciso verificar se ocorreu a impugnação em relação ao tema, se houve prejuízo. Nessa medida, o comportamento da parte será relevante para apurar a eventual nulidade pelo aproveitamento indevido de uma prova emprestada.

Também interfere sobremaneira no exame do peso da prova emprestada a constatação de ser ela um elemento de prova central para o deslinde da controvérsia (ou eventualmente único), ou estar inserido em quadro probatório mais amplo, no qual as demais provas contenham elementos de convicção que são então corroborados pela prova emprestada. Por exemplo, decretar a nulidade de um testamento com base em laudo produzido em demanda sem os legatários pode parecer drástico, mas será muito mais aceitável se houver outros atestados médicos, depoimentos de pessoas e registros em áudio e vídeo que indiquem a incapacidade da testadora.

Em um plano mais geral, com a abstração necessária a uma obra doutrinária, creio ser importante reafirmar os valores do devido processo, no qual se insere, firmemente, a ideia do direito fundamental à prova. Às partes deve ser assegurado o direito de requerer e acompanhar a produção das provas, em condições de influir concretamente na convicção do magistrado, sendo que de nada adianta abrir vista por quinze dias para um laudo produzido em outra demanda, e assim entender por satisfeito o requisito do contraditório.[296]

295 TJSP, Apelação n. 1004731-04.2016.8.26.0344, j. 21.03.2018, rel. Des. Maria Lúcia Pizzotti.

296 Como parece ter sido o caso no Recurso em *Habeas Corpus*, 5ª Turma, rel. Min. Joel Ilan Paciornik, j. 05.04.2018. Do acórdão se extrai que: "No entanto, como sabido, desde que seja dada às partes do processo, onde a prova emprestada de outro processo será usada, a oportunidade de contraditá-la, não há que se falar em violação a indigitados princípios. No caso dos autos, como apontado pela decisão

Essa tem sido a forma mais comum e eficiente de desrespeitar as garantias do processo. Basta conferi-las sob um prisma puramente formal, mas sem que a reação da parte seja minimamente considerada. No mais das vezes, esses comportamentos estão atrelados a duas distorções gravíssimas. Primeiro, um argumento prático e preguiçoso, de realizar o trabalho com o menor esforço, no menor tempo. Segundo, a ideia de que o julgador saberia melhor do que a parte acerca do conteúdo dos direitos dela, o que justificaria suas conclusões, por vezes precipitadas, sobre a irrelevância de certas provas.

A questão se resolverá muitas vezes no plano da motivação. Quanto à valoração, o impacto do contraditório é enorme. Com razão Daniel Neves afirma que, quanto maior o contraditório, maior será a carga probatória da prova produzida, em razão de sua maior confiabilidade. A solução proposta por Luiz Guilherme Marinoni e Sérgio Arenhart é a de procurar garantir o contraditório com a mesma eficácia que ele teria se houvesse sido observado no processo de origem, mas é preciso reconhecer que os desafios se colocam justamente quando isso não se dá.[297]

Não obstante inexistir hierarquia entre as provas ou alguma recomendação de adoção de provas emprestadas apenas em caráter subsidiário, é preciso adotar como premissa que o direito da parte à produção da prova supera, como regra, o interesse que o Estado possa ter em imprimir um ritmo mais efetivo ao processo. Se a forma de contornar essa questão se dá pelo contraditório, é necessário então que ele seja assegurado do ponto de vista substancial, não apenas formal. Por exemplo, as partes devem poder ouvir o perito, formular quesitos adicionais, produzir documentos de natureza técnica com a finalidade de infirmar as conclusões daquela prova, da qual não participaram. Ademais, as alegações formuladas pela parte, posteriormente, para criticar a prova, devem ser especificamente enfrentadas na decisão.

---

recorrida, a defesa terá a oportunidade de impugnar essa prova em sede de alegações finais. Por outro lado, cabe frisar que a medida impugnada atende ao princípio da economia processual, na medida em que concentra, num único momento, diversos atos processuais, assim acelerando a velocidade do curso processual, sem prejudicar as garantias da defesa". O caso versa, igualmente, sobre aproveitamento de perícia em demanda que não teve a participação da pessoa que é ré em ação penal. O STJ, aparentemente, entende que a ausência de participação da parte no processo de origem se supre com vistas ao laudo desfavorável em sede de alegações finais. STJ, Recurso em *Habeas Corpus* n. 91.833/RJ, j. 05.04.2018, rel. Min. Joel Ilan Paciornik.

297 ARENHART, Sérgio Cruz; MARINONI, Luiz Guilherme. Comentários ao Código de Processo Civil: artigos 369 ao 380. *In* MARINONI, Luiz Guilherme (dir.); ARENHART, Sérgio Cruz; MITIDIERO, Daniel (coord.). *Comentários ao Código de Processo Civil*. São Paulo: Revista dos Tribunais, 2016. v. VI, p. 216.

Porém, não é isso que de observa nos julgados a respeito do assunto. Em sua ampla maioria, contêm frases genéricas, de que se admite a prova emprestada, desde que observado o contraditório, "o que foi observado no caso concreto". Ao se examinar o relatório de tais decisões e sua fundamentação, não se encontram as razões de decidir que enfrentam efetivamente as críticas mencionadas no relatório. Isso tudo sugere que a jurisprudência tem sido pouco prudente quanto ao tema, alargando o cabimento da prova emprestada, em afronta aos princípios constitucionais que regulam a matéria.

Art. 373. O ônus da prova incumbe:

I – ao autor, quanto ao fato constitutivo de seu direito;

II – ao réu, quanto à existência de fato impeditivo, modificativo ou extintivo do direito do autor.

§ 1º Nos casos previstos em lei ou diante de peculiaridades da causa relacionadas à impossibilidade ou à excessiva dificuldade de cumprir o encargo nos termos do *caput* ou à maior facilidade de obtenção da prova do fato contrário, poderá o juiz atribuir o ônus da prova de modo diverso, desde que o faça por decisão fundamentada, caso em que deverá dar à parte a oportunidade de se desincumbir do ônus que lhe foi atribuído.

§ 2º A decisão prevista no § 1º deste artigo não pode gerar situação em que a desincumbência do encargo pela parte seja impossível ou excessivamente difícil.

§ 3º A distribuição diversa do ônus da prova também pode ocorrer por convenção das partes, salvo quando:

I – recair sobre direito indisponível da parte;

II – tornar excessivamente difícil a uma parte o exercício do direito.

§ 4º A convenção de que trata o § 3º pode ser celebrada antes ou durante o processo.

CPC de 1973 – art. 333

33. A noção de ônus

A regra contida neste art. 373 é de grande importância para a dinâmica da relação jurídica processual. O ônus da prova constitui uma das muitas técnicas processuais de que o legislador lança mão para, de um lado, orientar a atuação das partes e, de outro, permitir o julgamento das controvérsias, que não podem deixar de receber resposta jurisdicional em função de eventual dificuldade na apuração exata dos fatos disputados entre as partes.

Mas a noção de ônus não pertence nem tem origem no direito processual. No processo, adotamos e emprestamos o conceito jurídico de ônus, que pertence à teoria geral do direito e é aplicável a diferentes ramos do direito. Ao explicar esse conceito, é impossível não invocar outra categoria jurídica, a do dever, pois é a partir das suas semelhanças parciais que se identificam, com maior facilidade, suas diferenças fundamentais.[298]

Para maior facilidade de compreensão, valho-me das lições de EROS ROBERTO GRAU, em clássico texto a respeito da distinção entre obrigação, dever e ônus, segundo o qual o "dever jurídico consubstancia precisamente uma vinculação ou limitação imposta à vontade de quem por ele alcançado. Definido como tal pelo ordenamento jurídico, o dever há de ser compulsoriamente cumprido, sob pena de sanção jurídica – o seu não atendimento configura comportamento ilícito".[299] É ínsita à noção de dever a ideia de vinculação de uma parte, que deve realizar certa prestação ou abstenção no interesse de outra pessoa.

Assim, o devedor deve pagar a dívida, no interesse do credor. O contribuinte deve recolher os impostos no interesse da sociedade. E a parte deve atuar de forma leal e deve se abster de praticar atos temerários, alterar a verdade dos fatos, entre outras condutas, no interesse da administração da Justiça e da parte contrária. Em todas essas situações, a escolha do devedor em não cumprir seu dever lhe acarretará diretamente uma sanção.

Já o ônus consiste em "um vínculo imposto à vontade do sujeito em razão do seu próprio interesse", isto é, o interesse a que respeita a vinculação pelo ônus é do próprio sujeito vinculado. É ele que se beneficia ou deixa de se prejudicar pelo ato que vier a realizar. Se decide não realizar o ato, sua esfera de direito será mais diretamente afetada, mas porque não há uma posição jurídica de terceiros que seja afetada, não se cogita de configurar o desatendimento a um ônus como um ato ilícito. Ainda segundo EROS GRAU, "o não cumprimento do ônus não acarreta, para o sujeito, sanção jurídica, mas tão somente uma certa desvantagem econômica: a não obtenção da vantagem, a não satisfação do interesse ou a não realização do direito pretendido".[300]

298 Para PONTES DE MIRANDA, "a diferença entre dever e ônus está em que (a) o dever é em relação a alguém, ainda que seja a sociedade; há relação jurídica entre dois sujeitos, um dos quais é o que deve: a satisfação é do interesse do sujeito ativo; ao passo que (b) ônus é em relação a si mesmo; não há relação entre sujeitos; satisfazer é do interesse do próprio onerado". PONTES DE MIRANDA, FRANCISCO CAVALCANTI. *Comentários ao Código de Processo Civil*. 4. ed. Rio de Janeiro: Forense, 1996. t. IV, p. 253.

299 GRAU, EROS ROBERTO. Nota sobre a distinção entre obrigação, dever e ônus. *Revista da Faculdade de Direito*, v. LXXVII, São Paulo: Universidade de São Paulo, 1982. p. 177-183.

300 GRAU, EROS ROBERTO. Nota sobre a distinção entre obrigação, dever e ônus. *Revista da Faculdade de Direito*, v. LXXVII, São Paulo: Universidade de São Paulo, 1982. p. 177-183.

34. Ônus processual e ônus da prova

No âmbito do direito processual, as provas são tratadas como um ônus da parte. Incumbe a elas aportar ao processo os elementos de prova que, em seu entender, permitirão demonstrar a titularidade das posições jurídicas defendidas por cada qual. A solução é inteligente e coerente com outra premissa fundamental do processo, de que a própria existência da demanda e seus contornos são deixados à exclusiva atribuição dos litigantes. Logo, também a indicação dos fatos relevantes para a controvérsia e a sua respectiva prova devem ser responsabilidade das partes.

Assim, o "ônus da prova é encargo atribuído pela lei a cada uma das partes de demonstrar a ocorrência dos fatos de seu próprio interesse".[301] Na doutrina clássica, MOACYR AMARAL SANTOS afirmava que quem tem o ônus da ação tem o de provar os fatos que a fundamentam. Para o autor, "na determinação dos fatos por provar tem plena aplicação o princípio da disposição das partes, ficando o juiz vinculado à afirmação das partes com referência à apresentação dos fatos – salvo, naturalmente, o exame das possibilidades naturais e da relevância jurídica dos fatos afirmados".[302]

Afirma ROLAND ARAZI que ônus é a conveniência de o sujeito agir de certa maneira para não se expor às consequências de sua omissão.[303] Como visto no item anterior, não constitui uma obrigação, um dever, mas uma atitude positiva do sujeito, que o pratica para evitar que sobre ele possa recair qualquer prejuízo de ordem processual.

O ônus da prova é, assim, uma modalidade de ônus processual. Pelo ônus processual, faculta-se ao sujeito processual a prática de certos atos, como forma de evitar algum prejuízo, ou preservar uma situação de vantagem. O ônus de contestar ou recorrer são exemplos típicos. Ninguém está obrigado a apresentar defesa ou a recorrer, nem pode ser sancionado por deixar de praticar tais atos. Mas caso não os realizem, poderá sobrevir um prejuízo, uma situação

---

301 DINAMARCO, CÂNDIDO RANGEL. *Instituições de direito processual civil.* 7. ed. São Paulo: Malheiros, 2017. v. 3, p. 77.

302 SANTOS, MOACYR AMARAL. *A prova judiciária no cível e comercial.* 4. ed. São Paulo: Max Limonad, 1970. v. 1, p. 106-107. O autor explica as posições de diferentes teóricos. Vale destacar as posições de BENTHAM, para quem a obrigação da prova "deve ser imposta, em cada caso, à parte que puder satisfazê-la com menores inconvenientes, isto é, menor perda de tempo, menores incômodos e menores despesas", posição da qual o autor discordava, pois tal teoria "suprime o princípio dispositivo em relação à distribuição do ônus probatório, para dar lugar ao instituto da 'investigação da verdade', da essência do princípio inquisitório" (p. 100-101).

303 ARAZI, ROLAND. *La prueba en el proceso civil.* 3. ed. Santa Fe: Rubinzal-Culzoni, 2008. p. 67. *Apud* THEODORO JÚNIOR, HUMBERTO. *Curso de direito processual civil.* 56. ed. Rio de Janeiro: Forense, 2015. v. I, p. 875.

desvantajosa. A ausência de defesa atrai os efeitos da revelia, com a presunção de veracidade dos fatos alegados pelo autor. A ausência de recurso acarreta o trânsito em julgado de decisão, tornando-a definitiva e imutável seu conteúdo. Este é chamado ônus perfeito. Da mesma forma, o ônus de invocar a incompetência relativa, se não atendido, importará na consequência de se prorrogar a competência do juízo perante o qual a demanda foi proposta.

A situação com relação ao ônus da prova é diferente, contudo. E por alguns fatores. Em primeiro lugar, porque o ônus da prova, ao contrário do ônus em geral, não assegura necessariamente à parte uma consequência favorável em razão de seu cumprimento.[304] A parte faz as provas de seu interesse, mas o exame levado a efeito pelo julgador incide sobre um conjunto amplo de provas, trazido por todas as partes e mesmo pelo próprio julgador. Assim, não existe relação direta entre a prova cujo ônus foi cumprido por uma parte e o reconhecimento dessa mesma prova como fator decisivo de convencimento do juiz. Apesar de a parte se desincumbir do ônus da prova, ela não necessariamente terá uma posição de vantagem.

O que ocorre, mais propriamente, é que o ônus da prova evita ou previne uma situação de desvantagem e contribui para que a parte tenha reconhecido o direito que pleiteia. Paulo Osternack Amaral afirma que o ônus imperfeito da prova está ligado a uma ideia de risco, porque não o atender gera o risco de resultado contrário aos seus interesses.[305] Risco esse, contudo, que pode não se confirmar, pois pode até ocorrer de a parte não provar determinado fato e mesmo assim não perder aquela posição de vantagem. O ônus da prova é dito imperfeito, pois a parte pode ganhar a causa mesmo sem ter produzido determinada prova.

Em segundo lugar, porque não há uma distinção exata e estanque entre os fatos que cada parte prova. Ao contrário, uma vez aportado o elemento de prova ao processo, ele é incorporado àquela relação processual e será levado em consideração, pouco importando se ele foi trazido pelo autor ou réu, pouco importando se ele ajuda ou prejudica a versão dos fatos trazida pela parte que realizou a prova. Trata-se da regra da aquisição, agora expressamente prevista no art. 371. Por isso é que o ônus da prova é compreendido como um

304 CAMBI, Eduardo. *A prova civil*: admissibilidade e relevância. São Paulo: Revista dos Tribunais, 2006. p. 315-316.

305 AMARAL, Paulo Osternack. *Prova:* atipicidade, liberdade e instrumentalidade. 2. ed. São Paulo: Revista dos Tribunais, 2017. p. 45. Para o autor, as regras do ônus são manifestação de segurança jurídica, porque as partes sabem antecipadamente o que devem fazer, o que devem provar. "(...) não se destinam propriamente a definir quem deve levar determinada prova ao processo, mas quem assume o risco da sua não produção" (p. 47).

ônus imperfeito, uma vez que não necessariamente irá gerar um resultado desfavorável à parte que deixou de cumpri-lo.[306-307]

A esses fatores adicione-se a possibilidade de o julgamento da causa se fundar em provas produzidas por força dos poderes instrutórios do juiz, isto é, que não foram resultado da aplicação da regra do ônus da prova de qualquer das partes. Portanto, apesar da enorme relevância que a regra do ônus da prova assume, não há uma consequência negativa ou positiva diretamente decorrente do cumprimento ou descumprimento de tais ônus.

35. Ônus da prova subjetivo e objetivo

O ônus da prova assume mais de uma função no âmbito da relação processual e assume relevância em diferentes momentos. Essa multifacetada realidade acaba, por vezes, gerando confusões e prejuízos processuais concretos, razão pela qual é importante fazer algumas distinções. As partes trazem elementos de prova ao processo para convencer o julgador de suas posições[308]. Porque as partes sabem, pelo ônus de provar que a lei lhes impõe, que podem sofrer consequências caso não realizem tal encargo adequadamente, a regra do ônus da prova acaba assumindo uma importante função de estimular a participação e dirigir os esforços das partes em colaborar com o julgador para o

---

306 WAMBIER, LUIZ RODRIGUES; TALAMINI, EDUARDO. *Curso avançado de processo civil:* cognição jurisdicional (processo comum de conhecimento e tutela provisória), v. 2, p. 236.

307 As provas são valoradas em um conjunto unitário, não importa para a valoração quem trouxe a prova. Por isso, VITOR DE PAULA RAMOS considera que o ônus da prova não é propriamente um ônus jurídico, porque a atividade da parte não traz automaticamente qualquer consequência jurídica. Questiona a ideia de um ônus subjetivo da prova, porque, de um lado, não importa quem trouxe a prova e, de outro, a atividade probatória não traz garantias de resultado favorável. Assim, "como poderia o legislador 'prometer' a uma parte que, mediante o exercício de uma atividade probatória, venceria a demanda? Ou, pelo contrário, que sem o exercício, perderia?". RAMOS, VITOR DE PAULA. Ônus e deveres probatórios das partes no novo CPC brasileiro. *In* DIDIER JÚNIOR, FREDIE (coord.) *et al. Coleção Novo CPC:* doutrina selecionada – provas. 2. ed. Salvador: Juspodivm, 2016. v. 3. p. 271-272.

308 "Para bem compreender o mecanismo hoje mais difundido, é preciso atentar para a ideia que o inspira. Parte-se da premissa, explícita ou implícita, de que o maior interessado de que o juiz se convença da veracidade de um fato é o litigante a quem aproveita o reconhecimento dele como verdadeiro, por decorrer daí a afirmação de um efeito jurídico favorável a este litigante, ou a negação de um efeito jurídico a ele desfavorável. Semelhante interesse naturalmente estimula a parte a atuar no sentido de persuadir o órgão judicial de que o fato deveras ocorreu – numa palavra: de prová-lo". BARBOSA MOREIRA, JOSÉ CARLOS. Julgamento e ônus da prova. *In Temas de direito processual:* segunda série, p. 74.

esclarecimento dos fatos que estão na base de suas respectivas alegações. É natural e até óbvio que haja o interesse da parte em demonstrar as suas alegações, como meio necessário para o acolhimento de suas pretensões. Nessa perspectiva, o ônus da prova consiste em mecanismo que direciona a atividade probatória das partes. Para Paula Costa e Silva, "a distribuição assente na natureza dos factos, em ligação com a teoria das normas, não é arbitrária. Ela pressupõe a existência de uma relação, não explicitada, de maior proximidade entre a parte onerada com a prova e o *facto probando*, por referência à norma de que tal parte se prevalece. Os casos em que se procede a uma redistribuição vêm a tomar em conta esta regra não explicitada, acabando por deferir o ónus da prova à parte que, em concreto, apresenta uma relação de maior proximidade com o facto a provar".[309]

A lei brasileira adota tradicionalmente um modelo fixo, estático, de partição do ônus da prova entre os litigantes. Atribui ao autor o ônus de provar os fatos constitutivos do seu direito, e ao réu o ônus de provar os fatos impeditivos, modificativos e extintivos do direito do autor. Não é um modelo único, mas o modelo preferencial. Como veremos, o sistema jurídico brasileiro há tempos adota variações desse modelo, e no CPC/2015 expressamente consignou a carga dinâmica do ônus da prova (item 40, abaixo).

Há, assim, uma perspectiva do ônus no que diz respeito à atividade das partes, à sua atuação para aportar elementos probatórios ao processo e, com isso, influir no convencimento do julgador acerca das alegações de fato que amparam suas respectivas pretensões.

E há também a perspectiva no que diz respeito à atividade do julgador. Para Wambier e Talamini, há muitos mecanismos para o juiz conhecer a verdade dos fatos e chegar a alguma conclusão acerca do litígio que lhe é submetido: as provas produzidas pelas partes, de ofício, presunções, aplicações de máximas de experiência. Quando todas elas falham, a regra do ônus da prova é o critério para permitir a decisão do juiz, onerando aquele a quem interessaria a prova daquele ponto controvertido. Segundo os autores, é a "tábua de salvação" para o juiz decidir quando fracassam todos os mecanismos disponíveis.[310]

309 COSTA E SILVA, Paula. A prova difícil: da *probatio levior* à inversão do ônus da prova. *Revista de Processo,* v. 222/2013, p. 149-170, ago. 2013. Disponível em: file:///C:/Users/RICA/Documents/Paula%20Costa%20e%20Silva.%20Prova%20difícil%20e%20inversão%20do%20ônus.pdf.

310 TALAMINI, Eduardo; WAMBIER, Luiz Rodrigues. *Curso avançado de processo civil:* cognição jurisdicional (processo comum de conhecimento e tutela provisória). 16. ed. São Paulo: Revista dos Tribunais, 2016. v. 2. p. 235.

Outra forma de encarar esse duplo fenômeno é feita pela distinção entre ônus da prova objetivo e subjetivo. O ônus objetivo consiste na técnica de julgamento, isto é, no método de julgamento que o juiz adota diante de lacunas probatórias. O subjetivo, como pressão à atividade das partes, como estímulo do interessado em cooperar na apuração da verdade do fato, cuja comprovação lhe interessa. Como as partes sabem que lhes interessa provar certos fatos, a consequência será o esforço dessa parte para tal esclarecimento. BRUNA BRAGA DA SILVEIRA pondera que o ônus da prova provoca "uma feição incentivadora de conduta cooperativa e participativa das partes", ao ordenar a instrução probatória.[311] Para HUMBERTO THEODORO JÚNIOR, "é nesse sentido que se reconhece uma função procedimental (subjetivamente avaliável) à regra legal do ônus da prova. De sua observância decorre a melhor apuração da verdade, de cujo êxito depende a mais justa composição do litígio".[312]

Na mesma linha, DANIEL NEVES pondera que o ônus objetivo só assume relevância se o juiz não tiver elementos suficientes para demonstrar a ocorrência dos fatos, de acordo com a prova dos autos. Nestes casos, o julgador invoca o ônus subjetivo para julgar em sentido desfavorável a quem deveria ter produzido a prova.[313]

Exemplos podem ajudar. Imagine-se uma demanda em que o autor alega ter celebrado um contrato de locação com o réu e que este não pagou os alugueres, pedindo o despejo e a condenação ao pagamento. Se, no momento de sentenciar, houver prova nos autos de que o contrato foi efetivamente celebrado, ou que havia uma relação jurídica locatícia entre as partes, e que não houve pagamento de certos meses, a sentença acolherá o pedido, decretará o despejo e condenará o réu ao pagamento dos alugueres não pagos. Esse resultado se dá, necessariamente, pela aplicação da regra do ônus da prova? A resposta é negativa.

O pressuposto da relação jurídica material de locação é a cessão, pelo locador, do uso e gozo do bem locado, e a contraprestação do pagamento do

311 SILVEIRA, BRUNA BRAGA DA. A distribuição dinâmica do ônus da prova no CPC-2015. *In* DIDIER JÚNIOR, FREDIE (coord. geral) *et al. Direito probatório.* 2. ed. Salvador: Juspodivm, 2016. p. 219 (Col. Grandes Temas do Novo CPC, v. 5).

312 THEODORO JÚNIOR, HUMBERTO. *Curso de direito processual civil.* 56. ed. Rio de Janeiro: Forense, 2015. v. I, p. 878.

313 NEVES, DANIEL AMORIM ASSUMPÇÃO. *Manual de direito processual civil.* 10. ed. Salvador: Juspodivm, 2018. p. 734-735. O autor igualmente faz a ressalva de se tratar de ônus imperfeito, porque nem sempre haverá uma situação de desvantagem para quem não produziu a prova, em virtude da regra da comunhão da prova e dos poderes de ofício.

aluguel por parte do locatário (entre outros direitos e obrigações, que não vem ao caso). A *fattispecie* envolve esses elementos, portanto. Se eles estão demonstrados no processo, o juiz será capaz de reconhecer e afirmar a titularidade dos direitos em favor do autor da demanda.

Se a prova dos autos indicar aquela realidade, não é relevante entender se o autor fez prova dos atos constitutivos do seu direito, ou se o réu não fez prova dos fatos impeditivos, modificativos ou extintivos daquele direito alegado pelo autor. A procedência da demanda pode se dar, por exemplo, porque o juiz determinou um ofício para a empresa administradora da locação, ou para o banco que efetuou as transferências do aluguel, e a partir dessas provas – não trazidas por qualquer das partes – constatar a veracidade das alegações do autor da demanda.

Imagine-se, contudo, que o réu conteste a demanda afirmando não ser locatário, não possuir qualquer relação jurídica com o autor, negando, portanto, o alegado contrato de locação verbal. O réu terá produzido uma defesa de mérito direta, limitando-se a negar os fatos constitutivos do direito do autor, cabendo a este, nesse cenário, provar a existência da relação locatícia e o não pagamento dos alugueres. Se o autor não for capaz de fazer isso e se outras provas porventura aportadas ao processo não demonstrarem essa locação, a sentença será de improcedência, porque, aplicando-se a regra do ônus da prova, o juiz afirmará que o direito alegado pelo autor não foi suficientemente provado.[314]

No primeiro cenário, o julgamento ocorreu sem que houvesse necessidade de recorrer à regra do ônus da prova. Não havia lacuna probatória a suprir. Os elementos estavam presentes e o juiz, analisando-os, aplicou o direito aos fatos demonstrados. No segundo cenário, os fatos não foram suficientemente demonstrados. E, porque o juiz deve proferir decisão de mérito mesmo nesse cenário de incompletude probatória, é justamente às regras do ônus da prova que ele recorrerá para definir a titularidade ou não do direito alegado.

---

314 Segundo Luiz Guilherme Marinoni e Sérgio Arenhart, a regra do ônus da prova, quando dirigida ao juiz, é importante para a formação do seu convencimento, porque ele pode "reduzir as exigências de prova, visando formar a sua convicção, conforme a situação concreta e a regra do ônus da prova". Mas, quando ele não forma seu convencimento e fica em estado de dúvida, ela funciona como regra de decisão. ARENHART, Sérgio Cruz; MARINONI, Luiz Guilherme. Comentários ao Código de Processo Civil: artigos 369 ao 380. *In* MARINONI, Luiz Guilherme (dir.); ARENHART, Sérgio Cruz; MITIDIERO, Daniel (coord.). *Comentários ao Código de Processo Civil*. São Paulo: Revista dos Tribunais, 2016. v. VI, p. 233.

Um terceiro cenário pode ainda ser sugerido. Pense-se que o réu dessa demanda apresente contestação afirmando que os alugueres não são devidos porque o autor abriu mão de seu recebimento, em troca de reformas realizadas no imóvel. E que, ao final da instrução processual, esses fatos não sejam suficientemente provados. Aqui, o julgamento de procedência da demanda será feito também levando em consideração o fato de o réu ter admitido a existência da relação locatícia, ter reconhecido não haver pago os alugueres, mas não ter feito adequada prova dos fatos que alegou, ou seja, de não ter se desincumbido do seu ônus de provar tais fatos extintivos do direito do autor. Pelo comportamento defensivo do réu, o autor foi dispensado de fazer provas dos seus fatos constitutivos. Eles foram expressamente ou tacitamente admitidos pelo réu, tornando sua respectiva prova desnecessária (art. 374, III). A sentença poderá, e muito provavelmente irá afirmar que o réu não fez as provas que devia ter feito, o que impede o reconhecimento daqueles mesmos fatos extintivos, e, com base na regra do ônus da prova, julgará procedente o pedido do autor.

Tais exemplos são dados para demonstrar que o ônus da prova, conquanto importante técnica processual, não é sempre e necessariamente aplicado como técnica de julgamento. Nessa perspectiva, de técnica de julgamento que, como visto, não é a única função do ônus da prova, ele funciona como o mecanismo que permitirá ao juiz julgar a causa, aplicar o direito à espécie, ainda que sem os elementos de prova suficientes.[315-316]

---

315 Diz BARBOSA MOREIRA que "as regras que distribuem esse ônus são regras destinadas a ser aplicadas em relação aos fatos que afinal não se provam, que afinal não resultam provados. O juiz não tem que preocupar-se com as regras legais da distribuição do ônus da prova, a não ser no momento de sentenciar. Aí então, verificando que determinado fato não foi provado, ele terá de imputar a alguém as consequências desfavoráveis da falta de prova; eis aí para que servem as regras sobre a distribuição do ônus da prova. Se ele verifica que o fato não provado era o constitutivo, atribui ao autor as consequências nefastas dessa lacuna probatória. Se ele verifica que a prova faltante é do fato impeditivo, modificativo ou instintivo, quem suportará as consequências melancólicas será o réu". Cf. BARBOSA MOREIRA, JOSÉ CARLOS. O juiz e a prova. *Revista de Processo*, v. 35, 1984. p. 1101-1109.

316 Sobre o ônus da prova como técnica para o julgamento, CÂNDIDO RANGEL DINAMARCO diz que "o problema sequer existe, quando a prova convence o juiz do acerto ou do erro de uma alegação (veracidade ou inveracidade)". O ônus da prova como regra de julgamento exerce, portanto, uma função subsidiária no sistema, sendo utilizado apenas quando houver um vazio probatório. Mas, se há essa lacuna, o sistema não permite que o juiz deixe de decidir, atribuindo ao ônus da prova, agora como técnica de julgamento, o modelo para permitir a decisão do juiz, que considerará inexistentes os fatos não provados e decidirá em desfavor da parte a quem incumbia provar aquele fato. *Instituições de direito processual civil*. 7. ed. São Paulo: Malheiros, 2017. v. 3, p. 92-93.

Se os fatos forem comprovados, a decisão irá examiná-los e estabelecer as consequências jurídicas que decorrem daqueles fatos, as quais são dadas pelo direito material. Vitor de Paula Ramos exemplifica com o art. 927 do Código Civil. Se for provado que A causou dano a B, e que os demais requisitos da responsabilidade civil estão presentes, ele será condenado a indenizar, mediante a aplicação dessa regra jurídica ao caso. A condenação não será baseada no ônus da prova.[317] Adiciono: a sentença não dirá "porque o autor provou seus fatos, condeno o réu", mas sim "porque o réu causou danos ao autor, condeno o réu". Na improcedência do pedido essa dinâmica fica mais clara. Pode haver a rejeição do pedido "porque foi provado que o réu não causou danos ao autor" ou "porque não há provas de que o réu tenha causado danos ao autor". Neste último cenário, a técnica de julgamento consistente no ônus da prova é que explicará a improcedência. A sentença não afirma que o direito não existe, mas que não foi provado que ele exista. E, porque o interessado naquela prova era o autor, o julgamento lhe será desfavorável.[318]

Sobre a natureza do ônus da prova, Humberto Theodoro Júnior ensina que, "sem a prova do fato previsto como pressuposto do preceito de direito material, a situação da parte que o invoca remanesce envolvida em incerteza, impedindo que sua pretensão ou defesa seja acolhida em juízo". Por isso, apesar de previsto expressamente no direito processual, suas regras não são exclusivas nem do direito material nem do processual. São normas de natureza mista, porque guardam relação indissociável com o direito material. Tanto é assim que, uma vez provado o fato, ele será considerado, mesmo que não seja a parte que tinha tal ônus a fazer tal prova. "Afinal, a prova reclamada pelo processo refere-se a *fatos jurídicos*, cuja regulação pertence ao direito material".[319]

36. Fatos constitutivos, impeditivos, modificativos e extintivos

A lei brasileira estabelece um parâmetro tradicional para o ônus da prova, que pode ser compreendido como uma regra geral de que quem alega, prova. Ensina Cândido Dinamarco que a regra clássica do ônus da prova, prevista em um singelo artigo do Código de Processo Civil, é inspirada no princípio

317 RAMOS, Vitor de Paula. Ônus e deveres probatórios das partes no novo CPC brasileiro, p. 270.

318 PONTES DE MIRANDA, Francisco Cavalcanti. *Comentários ao Código de Processo Civil*. 4. ed. Rio de Janeiro: Forense, 1996. t. IV, p. 271.

319 THEODORO JÚNIOR, Humberto. *Curso de direito processual civil*. 56. ed. Rio de Janeiro: Forense, 2015. v. I, p. 876-877.

do interesse. O reconhecimento dos fatos constitutivos aproveita ao autor, e sem sua demonstração, o pedido será julgado improcedente. Os fatos impeditivos, modificativos e extintivos aproveitam ao réu e sem eles, sua defesa provavelmente não terá sucesso.[320]

Tal regra, na realidade, segue um imperativo de lógica. É correto considerar que o autor deva provar os fatos que são pressupostos de sua pretensão, ao mesmo tempo que não é minimamente razoável exigir que esse mesmo autor prove a ausência de fatos impeditivos, modificativos e extintivos.[321]

A lei, portanto, trabalha com uma classificação quádrupla dos fatos. Eles são considerados constitutivos, impeditivos, modificativos ou extintivos do direito do autor. Os primeiros são necessariamente alegados pelo autor, compõem o fundamento fático essencial de qualquer demanda. Nelas, sempre há a aplicação do direito aos fatos alegados pelo autor. A quantidade e complexidade desses fatos pode variar, mas não há relação jurídica sem fatos, e nem pode haver demanda sem fatos. Fato constitutivo é aquele que "tem o condão de gerar o direito postulado pelo autor e que, se demonstrado, leva à procedência do pedido".[322]

Nas palavras de Moacyr Amaral Santos, "os fatos constitutivos têm eficácia de constituir a relação litigiosa, dar-lhe vida".[323] Inúmeros exemplos podem ser dados. Em uma ação de cobrança, a pretensão do autor estará baseada na existência do mútuo de certa quantia, do vencimento da dívida e de seu não pagamento. A cobrança pode ter origem em outro tipo de contrato, como a prestação de um serviço ou a venda de um produto. Aqui, o fato constitutivo será o contrato de serviços ou de venda, a prestação do serviço ou a entrega do produto, bem como o não pagamento da respectiva prestação. Em ação de alimentos, a existência da relação jurídica familiar, a necessidade do alimentando e a possibilidade do alimentante comporão o quadro fático que o autor da demanda deverá alegar e provar. Se a pretensão disser respeito à

---

320 Cândido Rangel Dinamarco alude à construção clássica de Chiovenda, para quem o ônus da prova incumbe à parte que tiver interesse no reconhecimento do fato a ser provado. Cf. *Instituições de direito processual civil*. 7. ed. São Paulo: Malheiros, 2017. v. 3, p. 79.

321 ARENHART, Sérgio Cruz; MARINONI, Luiz Guilherme. Comentários ao Código de Processo Civil: artigos 369 ao 380. *In* MARINONI, Luiz Guilherme (dir.); ARENHART, Sérgio Cruz; MITIDIERO, Daniel (coord.). *Comentários ao Código de Processo Civil*. São Paulo: Revista dos Tribunais, 2016. v. VI, p. 218.

322 TALAMINI, Eduardo; WAMBIER, Luiz Rodrigues. *Curso avançado de processo civil:* cognição jurisdicional (processo comum de conhecimento e tutela provisória). 16. ed. São Paulo: Revista dos Tribunais, 2016. v. 2. p. 237.

323 Cf. *A prova judiciária no cível e comercial*. 4. ed. São Paulo: Max Limonad, 1970. v. 1, p. 105.

reparação de danos por acidente de veículos, os fatos constitutivos serão a própria existência da colisão, a conduta voluntária, ilícita e culposa do réu, o nexo de causalidade e os danos experimentados pelo autor.

Quando se examinam os elementos de uma petição inicial, verifica-se que a causa de pedir é geralmente subdividida entre causa de pedir remota e próxima. A remota constitui a relação jurídica em que se baseia a pretensão, e a próxima no conjunto de fatos dos quais se extrai a violação às obrigações contempladas naquela relação jurídica.[324-325] É possível traçar um paralelo entre aquela construção e os fatos constitutivos, porque estes integram tanto a causa de pedir remota como a próxima. O autor deverá alegar e provar a existência da relação jurídica (do casamento, do contrato, do testamento, obrigacional ou de qualquer outro tipo) e os atos ilícitos praticados pelo réu que geram a alegada violação a seu direito.[326]

Do ponto de vista do réu, como visto, sua defesa pode se limitar a negar os fatos alegados pelo autor, ou ele pode invocar outros fatos, impeditivos, modificativos e extintivos ao direito desse autor, cuja prova será ônus seu.[327] Fatos que, se reconhecidos, impedirão o acolhimento da pretensão do autor, porque impedem, modificam ou até mesmo extinguem aquele direito.[328]

324 Conforme Moacyr Amaral Santos, "na ação em que o pedido é o pagamento da dívida, deverá o autor expor que é credor por força de um ato ou contrato (causa remota) e que a dívida se venceu e não foi paga (causa próxima). Na ação de anulação de contrato, deverá o autor expor o contrato (causa remota) e o vício, que o macula, dando lugar à sua anulação (causa próxima)". *Primeiras linhas de direito processual civil.* 12. ed. São Paulo: Saraiva, 1985. v. 1, p. 166.

325 Flávio Yarshell ensina que a exigência da descrição dos fatos, em conjunto com a indicação do fundamento jurídico, representa a aderência do direito brasileiro à *teoria da substanciação.* Essa teoria é, por sua vez, contraposta à *teoria da individuação,* segundo a qual a indicação do fundamento jurídico seria suficiente afastar a inépcia da petição inicial. O autor observa que essa distinção é relevante para evidenciar que, no processo civil brasileiro, um juiz não pode reconhecer a qualidade de credor do autor, por exemplo, em decorrência de um fato que não seja aquele apontado pelo autor (que, como parte da causa de pedir, é um dos elementos identificadores da ação). YARSHELL, Flávio Luiz. *Curso de direito processual civil.* São Paulo: Marcial Pons, 2014. v. I, p. 278-279.

326 Andrea Proto Pisani considera simples a identificação dos fatos nas relações obrigacionais. Assim, são exemplos de fatos constitutivos o contrato, o fato ilícito, a promessa unilateral, e de fatos extintivos o adimplemento, a remissão, a compensação, confusão, impossibilidade superveniente, prescrição. PISANI, Andrea Proto. *Lezioni di diritto processuale civile.* 4. ed. Napoli: Jovene, 2002. p. 441.

327 BUENO, Cassio Scarpinella. *Manual de direito processual civil.* São Paulo: Saraiva, 2015. p. 285.

328 Segundo Moacyr Amaral Santos, "(...) os [fatos] extintivos acarretam a extinção dessa relação [litigiosa]; os impeditivos impedem a eficácia do fato constitutivo; os

Também aqui inúmeros exemplos podem ser dados. São fatos extintivos o inadimplemento, a compensação (total), a confusão, a prescrição. São fatos modificativos a transação, a novação, o parcelamento, a cessão do crédito ou a compensação parcial.[329] A exceção de contrato não cumprido é típico exemplo de fato impeditivo.

É bastante comum, e razoável, que essas três categorias sejam tratadas em conjunto, porque todas possuem a característica comum de funcionar como causa de resistência do réu, constituem as modalidades de defesas de mérito indiretas, cujo acolhimento levará à rejeição do pedido do autor. Mas há distinções que podem ser feitas.

Os fatos impeditivos são os de conteúdo negativo, demonstrativos da ausência de algum requisito genérico de validade do ato jurídico, por exemplo, a incapacidade absoluta do agente ao celebrar o contrato ou vícios de consentimento na celebração do negócio jurídico. Já o fato modificativo altera parcialmente o constitutivo, no plano subjetivo ou objetivo, de que são exemplos a cessão do crédito ou a compensação parcial. Por fim, o fato extintivo faz cessar a relação jurídica original, como a compensação, o pagamento, a prescrição ou a decadência.[330]

Vale ainda relembrar que há um conjunto de fatos impeditivos, modificativos e extintivos de natureza processual, cujo reconhecimento ou impede a continuação da relação processual, ou adia e modifica a sequência dos atos processuais. Em relação às nulidades processuais relativas, o art. 278 impõe à parte afetada que a alegue "na primeira oportunidade em que couber à parte falar nos autos, sob pena de preclusão".

---

modificativos dão nova feição a êste, e, pois, à relação litigiosa". *A prova judiciária no cível e comercial*. 4. ed. São Paulo: Max Limonad, 1970. v. 1, p. 105.

329 Andrea Proto Pisani menciona como exemplos de fatos extintivos o adimplemento, a remissão, a compensação, a confusão, a impossibilidade superveniente e a prescrição. PISANI, Andrea Proto. *Lezioni di diritto processuale civile*. 4. ed. Napoli: Jovene, 2002. p. 441.

330 Luiz Guilherme Marinoni e Sérgio Arenhart, com amparo em Chiovenda, definem os fatos constitutivos como os que dão vida a uma vontade concreta da lei e à expectativa de um bem por parte de alguém (exemplos: empréstimo, testamento, ato ilícito e matrimônio). Fatos extintivos são os que fazem cessar uma vontade concreta da lei e a expectativa de um bem (exemplo: o pagamento). Os fatos modificativos pressupõem a válida constituição do direito, mas tendem a alterá-lo (exemplo: a moratória). Cf. ARENHART, Sérgio Cruz; MARINONI, Luiz Guilherme. Comentários ao Código de Processo Civil: artigos 369 ao 380. *In* MARINONI, Luiz Guilherme (dir.); ARENHART, Sérgio Cruz; MITIDIERO, Daniel (coord.). *Comentários ao Código de Processo Civil*. São Paulo: Revista dos Tribunais, 2016. v. VI, p. 224.

A invocação de fatos impeditivos, extintivos ou modificativos por parte do réu não significa, necessariamente, a dispensa do autor em relação à prova dos fatos constitutivos de seu direito. No mais das vezes, o ônus da prova se repartirá entre os litigantes, de forma que todos tenham que fazer a prova das suas respectivas alegações. No tópico anterior, exemplifiquei com a hipótese em que um locatário reconhece a existência da locação e o não pagamento dos alugueres, mas invoca uma compensação decorrente de obras que se comprometeu a fazer. Naquele exemplo, os dois fatos constitutivos centrais da demanda do autor foram admitidos pelo réu, o que torna desnecessária sua respectiva prova.

Mas, em geral, a situação não será assim tão simples. A defesa do réu pode dizer, por exemplo, que determinado serviço não foi prestado e que, ademais, ocorreu a prescrição da pretensão à respectiva cobrança. Ainda que rejeitada a alegação de prescrição, a demanda só será acolhida se o autor provar a correta e completa prestação do serviço. Isso se dá porque a defesa de mérito direta – na qual o réu nega os fatos alegados pelo autor – não é incompatível ou excludente da defesa indireta – na qual ele alega outros fatos que obstam ao acolhimento da demanda.[331]

Outra situação razoavelmente comum envolve demandas decorrentes de acidente de veículos. O autor alega que o réu colidiu com seu veículo, causando-lhe danos. Se o réu contesta dizendo que foi o autor que bateu em seu carro, surgem versões conflitantes. Para fins do ônus da prova, o autor continua tendo de provar os fatos que alegou. Ao propor versão diferente, o réu está, na realidade, negando o fato constitutivo do autor. Assim, se o autor provar sua versão dos fatos, excluirá a versão proposta pelo réu e se sagrará

331 Por isso é que Daniel Amorim Assumpção Neves afirma que, sob a perspectiva do ônus da prova, esses fatos impeditivos, modificativos ou extintivos não retiram do autor, em si, o ônus de provar seu fato constitutivo. Diz o autor que ao réu só irá surgir o ônus de prová-los se o autor demonstrar seus fatos constitutivos. A afirmação merece apenas uma ressalva. A atividade probatória não será sequencial. O réu deve fazer a prova dos fatos que alegou paralela e simultaneamente ao autor. No momento do julgamento, a análise dos argumentos será, essa sim, feita de forma sequencial. Se o julgador entender que o autor não fez sequer prova dos fatos constitutivos do seu direito, rejeitará a demanda, tornando prejudicada a análise dos argumentos do réu. De outro lado, se considerar provados os fatos constitutivos, passará a examinar a existência dos fatos alegados pelo réu e, verificando-os provados, igualmente rejeitará a demanda do autor. Cf. *Manual de direito processual civil.* 10. ed. Salvador: Juspodivm, 2018. p. 736. No mesmo sentido, ARRUDA ALVIM, José Manoel. Ônus da prova. *In Direito processual civil.* São Paulo: Revista dos Tribunais, 2011. p. 135-136 (Col. Soluções Práticas de Direito: Pareceres, v. 4)

vencedor na demanda. O réu, além de negar a versão dos fatos trazida pelo autor, terá também o ônus de provar sua própria versão dos fatos.[332] Nesse exemplo específico, haverá ônus para as duas partes, pois a modalidade de defesa não dispensa o autor da respectiva prova.

Fato é que, sob a perspectiva do ônus da prova, é muito importante que se compreenda, de um lado, quais fatos compõem os fundamentos para o acolhimento da demanda do autor, cujo ônus probatório será dele e cujo descumprimento virá em seu prejuízo e, de outro lado, quais fatos integram o acervo probatório a cargo do réu. A regra geral de distribuição do ônus da prova, prevista no *caput* deste art. 373, é a da distribuição estática. Os fatos constitutivos sempre serão um ônus do autor, os fatos impeditivos, extintivos ou modificativos, do réu. Logo, a classificação dos fatos em uma ou outra categoria é relevante porque, ao final da demanda, se houver incompletude da prova, o juiz aplicará a regra do ônus da prova sob a perspectiva objetiva, para imputar à parte que deveria ter feito a prova mas não fez a consequência gravosa.[333]

Há duas ressalvas importantes. Primeiro, que essa compreensão sobre quais fatos cada parte deve provar é necessária tanto no modelo estático do ônus da prova como na distribuição dinâmica, determinada pelo juiz no momento do saneamento do processo (ver, abaixo, itens 40 e 41). No modelo geral, as partes é que deverão identificar os elementos fáticos que compõem cada um dos relatos e cuidar para produzir a respectiva prova. Não há uma decisão no processo que classifique os fatos em uma ou outra categoria, para que, só então, a parte compreenda quais fatos precisa provar. Na prática, a questão é mais simples que isso e se resolve pela noção geral de que quem alega deve provar. Já quando ocorre o pedido para inversão do ônus da prova, a questão será especificamente debatida e, mediante decisão fundamentada, o julgador dirá a uma das partes que ela deve fazer prova de fatos que, em princípio, não estariam sob sua responsabilidade.

Segundo, que a classificação de fatos em constitutivos, impeditivos, modificativos ou extintivos não é estanque. Tais classificações e os exemplos acima têm importância didática, mas seria impróprio considerar que um fato sempre será impeditivo, ou que outro sempre será extintivo. É razoável, admitir que, para os fins do direito material, tais classificações possam ser mais

---

332 THEODORO JÚNIOR, HUMBERTO. *Curso de direito processual civil*. 56. ed. Rio de Janeiro: Forense, 2015. v. I, p. 881.

333 BARBOSA MOREIRA, JOSÉ CARLOS. O juiz e a prova. *Revista de Processo*, v. 35, 1984. p. 1101-1109.

rígidas. Por exemplo, o pagamento é uma modalidade de extinção das obrigações. Mas, quando tais distinções se aplicam à dinâmica de uma relação processual específica, é preciso verificar como tais fatos se situam, à luz do direito deduzido e da pretensão formulada.

Porque se o contrato, ou o ato ilícito, são normalmente fatos constitutivos de direitos relacionados ao cumprimento desse mesmo contrato ou a imposição de algum dever indenizatório, eles podem também ser argumentos de defesa, quando a pretensão formulada é de outra natureza. Por exemplo, se A pretende declarar a inexistência de uma dívida, o contrato firmado entre as partes pode ser o fato alegado pelo réu para se opor àquela declaração, eis que dele surge o direito do réu ao recebimento da dívida que se quer declarar inexistente. Os fatos são os mesmos, mas suas classificações serão diferentes.

Essa dinâmica se faz particularmente presente em certos tipos de demanda. Nas relações obrigacionais, credores são aqueles que possuem alguma posição jurídica ativa, o direito de receber certas prestações do devedor, que por sua vez assume posição passiva, que é o dever de prestar o objeto da dívida. Caso os critérios de exigibilidade da dívida sejam satisfeitos (exemplo: inadimplemento), o credor terá uma pretensão contra o devedor, que poderá ser exercida por meio de uma demanda. Se o objeto da demanda é o cumprimento da respectiva prestação, essas posições se refletirão no plano do processo. O credor será autor, o devedor será réu. Mas pode ocorrer o inverso, a depender da pretensão objeto do processo.

Exemplos bastante comuns são o das ações declaratórias de inexistência de relação jurídica. Luiz Rodrigues Wambier e Eduardo Talamini propõem uma dupla situação, que bem ilustra essa questão. Primeira: o autor pode propor demanda para declarar que não deve, porque já pagou. Observe-se que, na relação jurídica material, o pagamento é fato extintivo do direito do credor. Na relação processual, a existência do pagamento será um fato constitutivo do direito do autor à declaração de que não deve, portanto, será seu o ônus de provar o pagamento.

Contudo, se o fundamento da ação declaratória é a alegação de que nunca houve empréstimo, ou relação jurídica entre as partes, ou que o réu nunca forneceu produto ou serviço algum para o autor, as coisas se modificam. O autor terá o ônus de provar que não celebrou negócio algum, que nunca recebeu produto ou serviço. A inexistência do contrato ou a não prestação do serviço, nesse caso, constituirão os fatos constitutivos do direito do autor, que assume na relação material a posição de devedor (ainda que para negá-la).

E se a demanda fosse de cobrança daquele mesmo serviço, a existência do contrato ou a prestação do serviço seriam, agora, fatos constitutivos do direito do autor, credor da relação de direito material. Por isso é que Luiz Rodrigues

WAMBIER e EDUARDO TALAMINI afirmam, com propriedade, que o critério do legislador brasileiro é a posição processual que cada parte ocupa.[334]

37. Hipóteses concretas de aplicação do ônus da prova

Não só nos diversos casos concretos já citados podem-se extrair exemplos e formas de aplicação prática dos temas aqui comentados. Em muitos dispositivos, a própria lei estabelece ou sugere como deve se dar a distribuição do ônus da prova entre os litigantes. Outros exemplos e situações práticas são:

- A parte que alegar direito municipal, estadual, estrangeiro ou consuetudinário é que terá o ônus de prová-los, independentemente da posição processual que ocupar (CPC, art. 376).
- Quem alegar a falsidade de um documento deve prová-la (CPC, art. 429, I).
- Se uma parte impugnar a autenticidade de um documento, a outra parte, que o produziu, deve provar ser ele autêntico (CPC, art. 429, II).[335]
- A parte que pretender a restituição de valores pagos ao incapaz tem ônus de provar que o valor pago reverteu em proveito dele (CC, arts. 181 e 310).
- O depositário tem o ônus de provar força maior, para ser eximido do dever de responder pelos danos à coisa depositada (CC, art. 642).
- A prova do erro no pagamento compete a quem pagou indevidamente (CC, art. 877).
- O herdeiro tem o ônus de provar que a dívida do ascendente é superior ao valor da herança (CC, art. 1.792).
- O herdeiro que se beneficia com a deserdação de outro herdeiro tem o ônus de provar a veracidade da causa para a deserção (CC, art. 1.965).
- O fabricante, o construtor, o produtor ou importador têm o ônus de provar que não colocaram o produto no mercado, ou que ele não é defeituoso, ou que o dano é culpa exclusiva do consumidor (CDC, art. 12, § 3º, I a III).
- O patrocinador da campanha publicitária tem o ônus de provar sua veracidade e a correção das informações veiculadas (CDC, art. 38).

---

334 TALAMINI, EDUARDO; WAMBIER, LUIZ RODRIGUES. *Curso avançado de processo civil:* cognição jurisdicional (processo comum de conhecimento e tutela provisória). 16. ed. São Paulo: Revista dos Tribunais, 2016. v. 2. p. 237-238.

335 Exemplo típico é a contestação à assinatura de um documento. NEGRÃO, THEOTONIO *et al. Código de Processo Civil e legislação processual em vigor.* 48. ed. São Paulo: Saraiva, 2017, notas ao art. 429 do CPC.

- O requerido em pedido de homologação de sentença arbitral estrangeira tem o ônus de provar que a decisão não pode ser homologada no Brasil (Lei de Arbitragem, art. 38).[336]

38. Ônus da prova do fato negativo

Convém fazer um breve comentário acerca da prova do fato negativo. Em variadas situações, o fundamento do direito pretendido na demanda é a inocorrência de um fato, o que enseja maiores cautelas, do ponto de vista probatório. Exemplo recorrente, na doutrina, é o da demanda para extinção de servidão, que exige a demonstração do não uso da área por dez anos consecutivos (CC, art. 1.389, III). Ou o exemplo, comum em termos práticos e por isso já referido, de que determinada mercadoria não foi adquirida e o respectivo valor, portanto, não é devido. Humberto Theodoro Júnior adiciona a hipótese de prova da omissão culposa como pressuposto da responsabilidade civil (CC, arts. 186 e 927).[337]

Essas provas, conquanto mais complexas, não são impossíveis. Porque, ainda que não seja razoável exigir a prova direta da inexistência da transação, não se pode pura e simplesmente atribuir ao réu a prova do fato positivo, apenas porque o fundamento da petição inicial seja um fato negativo. A despeito de alguma dificuldade no âmbito da prova, reconhece-se a possibilidade de se provar tais fatos negativos, desde que eles sejam determinados. É importante distinguir, portanto, entre o fato negativo indefinido e o fato negativo definido. Apenas o primeiro é de prova impossível.[338]

Não se pode exigir, por exemplo, que alguém prove nunca ter estado em determinado lugar, ou prove que nunca comeu determinado alimento. Mas é possível provar fatos negativos definidos, inclusive mediante a alegação e prova de fatos contrários. Assim, uma pessoa pode demonstrar que não esteve em dado local em um dia determinado, porque nesse mesmo dia e horário ela estava em outro local, ou ao locador é possível provar que o locatário não desocupou o imóvel, após ser notificado para tanto, ou ainda que alguém não comprou determinado produto em determinado período.

A valoração dessas provas será feita não apenas considerando as alegações e prova dos fatos diretos, mas também de fatos indiretos, indícios e presunções

336 AMARAL, Paulo Osternack. *Prova:* atipicidade, liberdade e instrumentalidade. 2. ed. São Paulo: Revista dos Tribunais, 2017. p. 49.

337 THEODORO JÚNIOR, Humberto. *Curso de direito processual civil.* 56. ed. Rio de Janeiro: Forense, 2015. v. I, p. 880.

338 TALAMINI, Eduardo; WAMBIER, Luiz Rodrigues. *Curso avançado de processo civil:* cognição jurisdicional (processo comum de conhecimento e tutela provisória). 16. ed. São Paulo: Revista dos Tribunais, 2016. v. 2. p. 244.

(art. 374). Do conjunto desses elementos, é possível atribuir a quem alega um fato negativo o ônus de prová-lo.

39. A insuficiência do critério de atribuição estática do ônus da prova

A fórmula tradicional do nosso sistema jurídico, que estabelece de modo fixo a distribuição do ônus da prova, apesar de suficiente para a maior parte das situações e portadora de uma previsibilidade que é, em si, um valor importante, revelou-se insuficiente e insatisfatória para um número expressivo de situações concretas.

O modelo estático parte da premissa de que as partes têm igualdade de acesso à prova, que terão condições semelhantes de aportar os elementos de prova que amparam suas respectivas pretensões. Mas a realidade mostra que há casos em que a parte com o ônus não tem condições favoráveis de acesso à prova, e isso em geral está atrelado a duas ordens de fatores. Primeiro, por desequilíbrio entre os litigantes. Uma das partes pode, e não raro é exatamente o que ocorre, apresentar condições técnicas, econômicas e sociais muito maiores do que a outra, reunindo condições de produzir provas em favor de suas alegações que a outra não reúne.

Segundo, por desequilíbrio quanto ao objeto da prova. Se os fatos que demandam investigação são de natureza técnica e especializada, a parte leiga e não informada terá igualmente muito mais dificuldade de provar do que aquela que detém os conhecimentos técnicos. Se o critério legal importa injustiças e não responde adequadamente a uma gama de situações, era mesmo razoável sua superação em determinados casos. A dinamização do ônus da prova tem direta inspiração e relação com os direitos fundamentais à igualdade e à prova.[339]

Essa construção teórica antecede em várias décadas o CPC/2015, e até mesmo o Código de Defesa do Consumidor, que incorporou ao ordenamento brasileiro uma específica modalidade de modificação do ônus da prova e corresponde ao primeiro diploma legal brasileiro que excepcionou o modelo estático contemplado na legislação processual civil.[340]

---

339 HUMBERTO THEODORO JÚNIOR completa: "Não se trata de revogar o sistema do direito positivo, mas de complementá-lo à luz de princípios inspirados no ideal de um processo justo, comprometido sobretudo com a verdade real e com os deveres de boa-fé e lealdade que transformam os litigantes em cooperadores do juiz no aprimoramento da boa prestação jurisdicional". *Curso de direito processual civil*. 56. ed. Rio de Janeiro: Forense, 2015. v. I, p. 886.

340 Segundo HUMBERTO THEODORO JÚNIOR, para essas situações, abriu-se na lei uma possibilidade de distribuição diversa do ônus da prova. Isso se dá porque, ao aplicar a letra fria da lei, poderia surgir sacrifício excessivo a uma das partes, e às vezes até

Se uma pessoa (ou empresa) adquire um veículo ou equipamento e este apresenta defeitos, que impedem ou atrapalham seu funcionamento, a prova do defeito de fabricação se revelava muito difícil para o consumidor. Sendo aplicado o ônus estático da prova, podia se dar que, ao final da instrução, não provada a causa do defeito, a demanda do autor seria rejeitada, por insuficiência das provas.

Mas essa realidade não se limita às relações de consumo. O produto adquirido poderia ser um maquinário para aplicação industrial, ou um caminhão para utilização em atividade agropecuária. Ou mesmo a relação jurídica poderia derivar do direito de família, em que um filho, menor incapaz, não teria adequadas condições de comprovar a existência de patrimônio ou de rendimentos do alimentante, do que poderia resultar a rejeição de sua pretensão ou a fixação de alimentos em valor muito inferior ao que corresponderia à real possibilidade do alimentante.[341]

No âmbito das relações trabalhistas, a dificuldade de os reclamantes provarem certos aspectos da relação é amplamente reconhecida. Se o pedido do autor é de condenação da empresa aos pagamentos ou diferenças de FGTS, como deve ser feita a prova? Além da prova da relação jurídica de trabalho (com a juntada do contrato, da anotação na Carteira de Trabalho, recibos de pagamento ou outros elementos), ao trabalhador é também possível apresentar extratos do Fundo de Garantia, no qual se identifiquem as lacunas ou a ausência de recolhimentos. Demonstrado um quadro de verossimilhança do que se alega, estarão presentes os elementos para se determinar à empresa que apresente as provas do correto recolhimento da verba. Apesar de se constituir um fato constitutivo do direito do autor, é muito mais fácil ao réu a produção dessa prova, o que justifica a inversão do ônus probatório.

---

iniquidade. *Curso de direito processual civil.* 56. ed. Rio de Janeiro: Forense, 2015. v. I, p. 883-884.

341 Caetano Lagrasta Neto, escrevendo a respeito do tema da teoria da carga dinâmica da prova, em 2013, identificou o ponto com julgamentos relevantes proferidos pelos Tribunais brasileiros. Entre eles, apelação julgada pelo Tribunal de Justiça de Minas Gerais (Ap. Cív. 1.0024.05.813300, rel. Heloisa Combat), na qual se afirmou que "o ônus de comprovar a impossibilidade de arcar com os alimentos pleiteados compete àquele obrigado ao pagamento, em vista do princípio da carga dinâmica das provas, considerando que o apelante possui melhores condições de demonstrar sua real capacidade financeira, sendo difícil o acesso da pleiteante a essas provas". Cf. Carga dinâmica da prova e direito de família: julgamentos emblemáticos. *In* LOPES, Ricardo Augusto de Castro; MEDEIROS NETO, Elias Marques de; OLIVEIRA NETO, Olavo de (coord.). *A prova no direito processual civil:* estudos em homenagem ao professor João Batista Lopes. São Paulo: Verbatim, 2013. p. 102.

A inversão do ônus da prova nas relações de consumo, ao mesmo tempo que introduziu em nosso sistema uma exceção ao modelo tradicional, acabou gerando inúmeros efeitos colaterais. Positivamente, serviu como parâmetro legal para que outras hipóteses, fora das relações de consumo, também recebessem essa solução. O aspecto bastante negativo dessa autorização legal foi a aplicação daquela regra no momento do julgamento das causas, sem prévio aviso ou debate, funcionando como um fator de enorme surpresa aos litigantes.

A doutrina e a jurisprudência debateram longamente se a inversão do ônus da prova era uma regra de instrução ou de julgamento. Com o devido respeito aos entendimentos contrários, parecia-me absurdo, ainda no sistema do CPC/73, que alguém pudesse receber um julgamento desfavorável por não ter feito provas quanto a fatos e circunstâncias que não sabia que deveria provar. Nenhum direito material justifica que o processo seja palco de surpresa, arbítrios, que os próprios direitos processuais dos litigantes sejam violados ou afastados. O Estado Democrático de Direito exige e impõe o respeito a um conjunto mínimo de garantias, inclusive de natureza processual. Juízes imparciais e um devido processo legal constituem o núcleo duro da função jurisdicional do Estado.

Como não poderia deixar de ser, o CPC/2015 adotou a única solução razoável quanto ao tema, expressamente consignando que o julgador deve decidir acerca da distribuição do ônus da prova em fase do processo que permita à parte não apenas saber sobre eventual inversão ou dinamização como produzir as provas sob esta nova perspectiva.

A legislação consumerista adotou como parâmetro a inversão, sob a premissa de que os consumidores estão em posição de hipossuficiência, de inferioridade em relação ao fornecedor. Isso é quase sempre verdadeiro, mas persistem situações em que a inversão se revelava exagerada, imputando ao réu uma situação excessivamente onerosa. Por isso que a inversão deve ser examinada criteriosamente pelo juiz, seja no sistema do CDC, seja no do CPC/2015. Sem os fundamentos mínimos, ela deve ser indeferida.

Entre tantas situações concretas, menciono dois exemplos, que ilustram a questão. Primeiro, instituições financeiras enviam cartões de crédito para a residência dos consumidores. A prática, se não decorre de autorização dada pelo cliente, revela-se abusiva e enseja indenização por danos morais. Se não há qualquer indício de que esse produto tenha sido validamente oferecido ao cliente e por ele aceito, seria razoável a inversão do ônus da prova, para que o réu prove que o cartão foi solicitado ou aprovado. Contudo, diante da juntada, pelo banco, de contrato escrito entre as partes, desaparece a verossimilhança na alegação de que o envio foi abusivo. Não há motivos, mesmo em relação tipicamente de consumo, em atribuir ao banco um ônus probatório adicional a uma prova impossível, que seria a de demonstrar, para além do contrato assinado, que o consumidor expressamente concordou com o envio do cartão de crédito.

Segundo, uma hipótese de furto de residência, em que o autor pretenda indenização junto à empresa de vigilância, pelo mau funcionamento do sistema de alarme, ou em face do condomínio. A quantificação do dano depende de prova do que foi furtado, o que é reconhecidamente difícil. Se os danos pretendidos dizem respeito a bens específicos, de alto valor, a prova de sua existência deve ser do próprio autor. Não basta a mera afirmação de que havia joias, relógios ou mesmo valores em espécie, sem a apresentação de mínima comprovação a seu respeito.

A aquisição de bens em geral é realizada por transações financeiras que podem ser comprovadas. A regra geral será a transferência de recursos por meio eletrônico. Se não há prova do pagamento (comprovante da transferência, fatura do cartão de crédito, registro em extrato, recibo ou comprovante), se não há registro algum de que o bem estava dentro do imóvel furtado, não se pode pura e simplesmente inverter o ônus da prova, para que o réu prove que o bem não existia ou que não estava na residência. A prova é diabólica, e sua inversão significaria o mesmo que decretar desde logo a procedência de um pedido sem qualquer fundamento.[342]

A disposição agora incorporada ao CPC/2015 procura equilibrar esse estado de coisas, trazendo os parâmetros nos quais a dinamização poderá se dar, definindo que ela se dá como etapa da instrução da causa e exigindo uma fundamentação qualificada do julgador, em que ele estabelecerá quais fatos são objeto da dinamização, a quem compete a prova e as consequências de sua não produção.

40. Inversão do ônus da prova: noções gerais

A doutrina procura distinguir as várias figuras que constituem, por assim dizer, exceção ao modelo de distribuição estática do ônus da prova. Esse mo-

342 Dinamarco adverte, com razão, que nenhuma modalidade de redistribuição do ônus da prova comporta a determinação de se realizar uma prova diabólica. Mesmo no âmbito do CDC, os requisitos mais brandos daquele diploma não podem conduzir à prova diabólica. Aplica-se, nesse particular, a disposição do CPC a respeito, porque o processo do consumidor se insere no microssistema integrante e regido pelo CPC. Para o mestre das Arcadas, admitir o contrário violaria a cláusula constitucional do devido processo legal, DINAMARCO, Cândido Rangel. *Instituições de direito processual civil*. 7. ed. São Paulo: Malheiros, 2017. v. 3, p. 90.

delo corresponde àquele em que os fatos constitutivos são sempre ônus do autor, os fatos impeditivos, modificativos e extintivos são ônus do réu.

O Código de Defesa do Consumidor adotou um modelo de inversão do ônus da prova. Por ele, transfere para o fornecedor o ônus de fazer prova do fato contrário ao fato constitutivo do autor. Assim, o paciente não precisa provar que ocorreu o erro médico, mas é o médico (ou o hospital) que devem provar sua não ocorrência. O fabricante é que deve provar que não há vício da fabricação do produto.

Mas, como adverte a doutrina, mesmo nas relações de consumo, a inversão exige exame caso a caso pelo juiz, depende de verossimilhança das alegações ou hipossuficiência do consumidor, além de exigir um suporte fático mínimo, cujo ônus está a cargo do próprio consumidor.[343] O grande divulgador moderno da teoria da carga dinâmica da prova, JORGE PEYRANO, já alertava, todavia, que a redistribuição do ônus da prova será sempre parcial, nunca total. Não se transfere o ônus de todos os fatos, mas de alguns. Em demanda sobre erro médico, o paciente deve provar ao menos a existência da prestação médica, o dano sofrido e o nexo causal. Ao médico competirá provar a regularidade do ato médico.[344]

Nessa ordem de ideias, o Código de Processo Civil de 2015 adotou alternativamente um terceiro modelo, o da *dinamização do ônus da prova*. Na dinamização, o juiz atribui a uma das partes o ônus de provar determinado fato, sem se preocupar se o fato é constitutivo, extintivo etc., e o faz sob uma consideração de que a sua prova é mais fácil ou menos difícil para a parte a quem atribui tal ônus. Assim, diante do exame dos fatos controvertidos, o julgador faz uma ponderação sobre a maior ou menor dificuldade de fazer a respectiva prova e, de forma fundamentada, atribui esse ônus à outra parte.[345]

343 THEODORO JÚNIOR, HUMBERTO. *Curso de direito processual civil*. 56. ed. Rio de Janeiro: Forense, 2015, v. I, p. 896.

344 PEYRANO, JORGE W. *Nuevos rumos de la doctrina de las cargas probatorias dinámicas:* las cargas probatorias sobrevenientes. ED. Del. 12.05.1999. *Apud* THEODORO JÚNIOR, HUMBERTO. *Curso de direito processual civil*. 56. ed. Rio de Janeiro: Forense, 2015. v. I, p. 891, nota de rodapé 139.

345 Para LUCAS BURIL DE MACÊDO e RAVI PEIXOTO, a doutrina elencou quatro hipóteses em que o ônus da prova seria invertido: (*i*) o papel desempenhado por uma das partes no fato gerador da controvérsia denota posição privilegiada; (*ii*) uma das partes está na posse de provas essenciais à instrução; (*iii*) uma das partes é a única detentora da prova; (*iv*) uma das partes possui condições técnicas, profissionais ou jurídicas superiores em relação à outra. Cf. Ônus da prova e sua dinamização. *In* DIDIER JÚNIOR, FREDIE (coord.). *Coleção Eduardo Espínola*. 2. ed. Salvador: Juspodivm, 2016. p. 136-137.

Para que ocorra a dinamização, algumas condições devem estar presentes. Primeiro, a prova redirecionada deve ser possível. Se o resultado da inversão é a atribuição de uma prova diabólica à outra parte, ela deve ser indeferida. A dificuldade recíproca na realização da prova é resolvida por outro conjunto de técnicas processuais, não pelo redirecionamento. Segundo, a redistribuição não pode representar surpresa. A fórmula de prevenir surpresas é determinando-se a inversão em momento procedimental que permita à parte que assumirá tal ônus a efetiva possibilidade de realizar a prova. Esse primado, que antecede o atual CPC, justificava tal interpretação mesmo na vigência do CPC/73, mas foi preciso a expressa afirmação do legislador, de que a redistribuição constitui regra de instrução e que não pode ser adotada na sentença diretamente, para que essa questão fosse pacificada. Solução diversa viola o contraditório e retira da parte o direito à prova.[346]

O cuidado com o resultado decorrente da decisão de redistribuição do ônus da prova foi expressamente contemplado pelo legislador, que previu no § 2º um critério para o indeferimento do pedido de inversão: a decisão não pode gerar situação em que a desincumbência do encargo pela parte seja impossível ou excessivamente difícil. Vê-se, portanto, que não apenas a prova impossível, verdadeiramente diabólica, mas também a prova excessivamente difícil justifica a rejeição dessa hipótese.

Em relação ao objeto da dinamização, sobre o que ela incide, há dois comentários a fazer. Primeiro, não ocorre uma inversão de papéis, em termos exatos. O réu não é chamado a fazer as provas do fato constitutivo do autor. E, se a inversão é feita em favor do réu, não se transfere ao autor o ônus de provar a existência do fato impeditivo, modificativo ou extintivo alegado pelo réu. O que decorre da inversão ou dinamização é a transferência para a parte do ônus de esclarecer o fato controvertido, provando que ele se deu segundo seu próprio relato, a alegação com que sustentou sua defesa. Assim, por exemplo, em demanda indenizatória por acidente de ônibus, pode ser invertido o ônus para que a empresa provar a velocidade no momento do acidente, o que é facilmente demonstrado pela proprietária, pois tais veículos possuem instrumentos que registram velocidade e trajeto (tacógrafo, GPS etc.).[347] Não se exigirá da empresa que demonstre todos os fatos relacionados ao acidente, mas

346 THEODORO JÚNIOR, Humberto. *Curso de direito processual civil.* 56. ed. Rio de Janeiro: Forense, 2015. v. I, p. 893-894.

347 CONCEIÇÃO, Maria Lúcia Lins. Provas. *In* WAMBIER, Luiz Rodrigues; WAMBIER, Teresa Arruda Alvim (coord.). *Temas essenciais do novo CPC:* análise das principais alterações do sistema processual civil brasileiro. São Paulo: Revista dos Tribunais, 2016. p. 241.

esse específico é possível atribuir a ela, obtendo-se esclarecimentos sobre a dinâmica do acidente com maior facilidade.

Segundo, que a inversão judicial do ônus da prova pode envolver direitos de qualquer natureza, inclusive indisponíveis. Há certa polêmica sobre a admissibilidade da inversão convencional do ônus da prova nos direitos indisponíveis,[348] mas, se a inversão é requerida ao juiz e examinada à luz dos parâmetros legais, é de se admitir sua ocorrência.

41. Hipóteses de inversão do ônus da prova no direito brasileiro

As hipóteses de inversão do ônus da prova podem ser classificadas em legais, convencionais ou judiciais. O art. 373, ora comentado, cuida da modificação convencional e da judicial. A inversão legal é contemplada em dispositivos legais específicos. Como adverte DINAMARCO, as presunções relativas instituídas em lei constituem modalidade de inversão ou modificação do ônus da prova, pois atribuem a determinado fato a presunção de sua ocorrência, dispensando o interessado da respectiva prova, ao mesmo tempo que permite (ou seja, atribui) à contraparte a prova em sentido contrário. A esse respeito, remeto o leitor aos comentários ao art. 374.

As modificações convencionais são fixadas pelas partes e estão contempladas no § 3º deste art. 373, cujo dispositivo repete o art. 333, parágrafo único, do CPC/73. Apesar de sua escassa (para não dizer inexistente) verificação concreta, a previsão legal constitui uma demonstração acerca da presença, há muito, de instrumentos de contratualização do processo, os quais foram sensivelmente amplificados no CPC/2015 com a introdução da figura genérica do negócio jurídico processual (art. 190).[349]

---

348 DINAMARCO afirma que direitos indisponíveis não admitem a inversão convencional, da mesma forma que não comportam eleição de foro (art. 63), convenções sobre procedimento (art. 190) ou disposição por transação ou renúncia (art. 841). *Instituições de direito processual civil*. 7. ed. São Paulo: Malheiros, 2017. v. 3, p. 85. LUIZ GUILHERME MARINONI e SÉRGIO ARENHART, com apoio em ROBSON GODINHO, consideram que a vedação a que ocorra com direitos indisponíveis só vale se o acordo for prejudicial ao titular desse interesse indisponível, mas pode ser feita se lhe for favorável. Cf. ARENHART, SÉRGIO CRUZ; MARINONI, LUIZ GUILHERME. Comentários ao Código de Processo Civil: artigos 369 ao 380. *In* MARINONI, LUIZ GUILHERME (dir.); ARENHART, SÉRGIO CRUZ; MITIDIERO, DANIEL (coord.). *Comentários ao Código de Processo Civil*. São Paulo: Revista dos Tribunais, 2016. v. VI, p. 263.

349 ARENHART, SÉRGIO CRUZ; MARINONI, LUIZ GUILHERME. Comentários ao Código de Processo Civil: artigos 369 ao 380. *In* MARINONI, LUIZ GUILHERME (dir.); ARENHART, SÉRGIO CRUZ; MITIDIERO, DANIEL (coord.). *Comentários ao Código de Processo Civil*. São Paulo: Revista dos Tribunais, 2016. v. VI, p. 261.

Já as modificações judiciais constituem, mais propriamente, as hipóteses de distribuição dinâmica do ônus da prova. São fixadas pelas presunções criadas nos julgamentos dos juízes ou por determinação deles, quando autorizadas na lei.

O art. 6º, VIII do CDC é o exemplo mais eloquente dessa categoria, ao prever como um direito básico do consumidor, genericamente, a inversão do ônus da prova em favor do consumidor, "quando, a critério do juiz, for verossímil a alegação ou quando for ele hipossuficiente, segundo as regras ordinárias de experiências". O próprio CDC igualmente contempla a inversão para que o ônus de provar a inexistência de defeitos ou a culpa exclusiva do consumidor seja do fornecedor, do fabricante etc., tanto na venda de produtos (art. 12, § 3º) como na prestação de serviços (art. 14, § 3º). No caso de fornecimento de produtos, o ônus recai também sobre a prova de que o requerido não colocou o produto no mercado.

Das notas de Theotonio Negrão ao art. 373 se extrai outro interessante exemplo. A Medida Provisória n. 2.172-32/2001, que versa sobre a nulidade de disposições contratuais com conteúdo usurário, contempla uma modalidade específica de inversão do ônus da prova, nas ações que discutam a regularidade dos encargos cobrados, para permitir que o juiz transfira ao credor o ônus de provar a regularidade jurídica das obrigações, sempre que o devedor demonstrar a verossimilhança da alegação.[350]

O terceiro tipo da modificação judicial sobre o ônus da prova é justamente a contemplada neste artigo, e que constitui importante inovação do legislador processual, porque é potencialmente aplicável a todos os procedimentos e relações de direito material. Ela se subdivide em duas modalidades: (*i*) impossibilidade ou excessiva dificuldade de obtenção da prova do fato ocorrido, (*ii*) maior facilidade na prova do fato contrário. Seus pressupostos específicos serão examinados no tópico subsequente.

Um tema correlato e polêmico é o de compreender se a inversão do ônus da prova acarreta também a inversão do seu ônus financeiro ou se, inversamente, apenas a prova em si constitui o objeto da inversão. A doutrina se divide a respeito.[351] Dinamarco, por exemplo, sustenta que a dificuldade finan-

---

350 NEGRÃO, Theotonio *et al. Código de Processo Civil e legislação processual em vigor.* 48. ed. São Paulo: Saraiva, 2017. p. 445.

351 Escrevendo sob o CPC/73, Eduardo Cambi defendia que, além da inversão do ônus da prova, era necessário também inverter o ônus de adiantamento das despesas processuais para a proteção do consumidor como parte economicamente hipossuficiente. *A prova civil:* admissibilidade e relevância. São Paulo: Revista dos Tribunais, 2006. p. 427. Marinoni e Arenhart sustentam o contrário. A lei não autoriza a inversão do custeio de determinada prova, ainda que a parte tenha dificuldade em arcar com a realização de determinada prova. ARENHART, Sérgio

ceira na realização da prova pode servir como um importante elemento a demonstrar a impossibilidade ou excessiva dificuldade na obtenção da prova. Trata-se de um critério seguro, mas não único, a autorizar a dinamização.[352]

A jurisprudência do Superior Tribunal de Justiça adotou o entendimento de que, sendo as regras sobre ônus da prova regras de julgamento, não se confundem com as regras sobre seu custeio. Além disso, a parte contra quem o ônus da prova foi distribuído passa a ter interesse na produção da prova, que se não for feita tenderá a uma decisão em seu desfavor.[353] Das duas, uma: ou ela solicitará e pagará a produção da prova por conta própria (art. 95, *caput*), não havendo que se falar em inversão de custeio; ou a prova será solicitada e não paga pela contraparte, hipótese em que ou ela adiantará voluntariamente as custas da produção da prova solicitada pela contraparte, quando estimar que tal prova lhe será favorável, ou decidirá não fazê-lo, correndo o risco de ser prejudicada pelo ônus da prova que lhe foi atribuído. Em nenhum dos casos se justifica qualquer inversão de custeio.

42. Requisitos para a inversão do ônus da prova

Como visto, o dispositivo ora comentado prevê a atribuição do ônus da prova de modo diverso do que o estático quando a lei prevê ou se o juiz considerar

---

CRUZ; MARINONI, LUIZ GUILHERME. Comentários ao Código de Processo Civil: artigos 369 ao 380. *In* MARINONI, LUIZ GUILHERME (dir.); ARENHART, SÉRGIO CRUZ; MITIDIERO, DANIEL (coord.). *Comentários ao Código de Processo Civil.* São Paulo: Revista dos Tribunais, 2016. v. VI, p. 245.

352 O autor também exemplifica que a dificuldade pode decorrer de acesso de uma das partes a documentos relevantes, ou o conhecimento de testemunhas. DINAMARCO, CÂNDIDO RANGEL. *Instituições de direito processual civil.* 7. ed. São Paulo: Malheiros, 2017. v. 3, p. 87. De outro lado, "[a] hipossuficiência não deve ser presumida apenas pelo fato de uma parte ser economicamente mais forte que a outra. Para que ela se concretize é necessário que haja desigualdade entre as partes de tal sorte que impossibilite ou dificulte a produção da defesa" (JTJ 292/388). NEGRÃO, THEOTONIO *et al. Código de Processo Civil e legislação processual em vigor.* 48. ed. São Paulo: Saraiva, 2017. p. 446.

353 Nesse sentido, o *Informativo* n. 267 do STJ: "Ao cuidar de REsp remetido pela Terceira Turma, a Seção, ao prosseguir o julgamento, reafirmou que a simples inversão do ônus da prova, no sistema preconizado pelo CDC, não acarreta à respectiva parte o custeio das despesas, embora essa fique sujeita aos efeitos de não a produzir. Assim, não há qualquer incompatibilidade entre a benesse da assistência judiciária gratuita e aquela inversão, pois, pelo princípio da ponderação, há que se beneficiar o consumidor por não prevalecer a orientação jurisprudencial sobre o custeio da prova pericial nos termos da Lei n. 1.060/1950. REsp 639.534-MT, rel. Min. Carlos Alberto Menezes Direito, julgado em 9/11/2005". Nesse sentido: NEVES, DANIEL AMORIM ASSUMPÇÃO. *Manual de direito processual civil.* 10. ed. Salvador: Juspodivm, 2018. p. 740-741.

presentes alguns requisitos, a saber, diante de peculiaridades da causa relacionadas à impossibilidade ou à excessiva dificuldade de cumprir o encargo ou à maior facilidade de obtenção da prova do fato contrário.

Há muitas situações em que a dinamização do ônus pode se dar. O motorista que colide por trás é, em princípio, culpado. Por isso, demonstrada pelo autor da ação a ocorrência de colisão traseira (fato base), ocorre presunção da culpa do motorista que colidiu por trás (fato presumido), invertendo-se o ônus da prova *em relação ao fato presumido* para que ele demonstre a ausência de culpa no evento. A empresa de telefonia pode demonstrar que certas ligações foram realizadas, enquanto para o consumidor é muito difícil – quiçá impossível – provar que não as efetuou. Cirurgias estéticas são consideradas obrigações de resultado, diferentemente das cirurgias reparadoras e demais atividades médicas. O Superior Tribunal de Justiça firmou entendimento de que compete ao cirurgião demonstrar sua inocência, a inexistência de erro no procedimento.[354]

Na base dessas inversões ou modificações encontra-se a preocupação na facilitação da prova. Porque se reconhece um direito amplo à atividade probatória e o interesse da Justiça na adequada colheita do material probatório, inúmeras técnicas são colocadas à disposição, de cujo conjunto resulta, idealmente, a descoberta da verdade dos fatos necessários para o julgamento da causa. A dinamização do ônus da prova se insere nesse contexto. O sistema não é indiferente às situações em que há dificuldade na apuração da prova pela parte a quem, originalmente, competiria essa demonstração.

A impossibilidade ou excessiva dificuldade, no âmbito das relações jurídicas em geral, pode ser constatada a partir de duas perspectivas. Primeiro, está atrelada à qualidade dos litigantes. Já dissemos que a dificuldade da parte, decorrente de menor informação, assimetria na representação ou mesmo por disparidade econômica é um fator relevante, que poderá explicar a dificuldade na obtenção da prova. Isso não se dá apenas na relação de consumo, mas em muitas outras, notadamente nas relações massificadas.

Segundo, está atrelada à qualidade da prova em si, isto é, a razões objetivas.[355] Independentemente de relações materiais caracterizadas por hipossuficiência ou desequilíbrio, pode haver uma disparidade grande entre os

---

354 NEGRÃO, Theotonio *et al. Código Civil e legislação civil em vigor.* 36. ed. São Paulo: Saraiva, 2018. p. 403, nota 2.

355 Lucas Buril Macêdo e Ravi Peixoto sugerem exemplos de algumas situações peculiares de direito material que justificam a flexibilização da carga da prova, como o erro médico, lesões pré-natais, dano ambiental e acidentes de trabalho. *Ônus da prova e sua dinamização.* 2. ed. Salvador: Juspodivm, 2016. p. 183.

litigantes no que diz respeito ao acesso à prova. Se o objeto da controvérsia é técnico, uma das partes pode estar em condições técnicas, profissionais ou jurídicas superiores em relação à outra. Em outros casos, a prova, mesmo que de natureza não técnica, pode estar na posse exclusiva de uma das partes.

Mas é preciso insistir na ressalva já feita, de que nem toda dificuldade probatória se resolve pela inversão do seu ônus. Em algumas situações, a prova é objetivamente difícil, para todos os litigantes, seja pela natureza do bem ou do evento, seja por peculiaridades do direito material. A doutrina menciona importantes exemplos, como os lucros cessantes, a desvalorização de bens danificados, perdas e danos em ações de responsabilidade civil. Uma obra de engenharia que tenha sido interrompida, por exemplo, cuja perícia seja realizada alguns anos depois. É difícil estabelecer se a desvalorização ou depreciação da construção se deu pelos atos do construtor, pelo desgaste do material em função do tempo, ou mesmo se algum evento superveniente interferiu no estado da construção.

Com razão, a doutrina adverte que, se a dificuldade de prova atinge as duas partes, ela não poderá ser superada pela redistribuição do ônus da prova. A mera transferência do ônus de uma para outra não permitirá melhor elucidação dos fatos da causa, o que retira a própria razão de ser da inversão. As técnicas serão outras. Recorre-se aos indícios, presunções, máximas de experiência e expedientes preconizados pelo direito material.[356] A esse respeito, remeto o leitor aos comentários ao art. 371.

43. Procedimento

Regra geral, o redirecionamento ou dinamização do ônus da prova será requerido na fase postulatória e deverá ser decidido por ocasião do saneamento do processo. Como se sabe, o CPC/2015 adotou um modelo de saneamento escrito, no qual se faculta às partes, posteriormente, pedir esclarecimentos ou solicitar ajustes. É nessa decisão que o julgador irá definir a distribuição do ônus da prova.

Ao fazê-lo, deverá indicar os fatos a serem provados, o ônus de cada uma e as consequências de seu desatendimento. Lembre-se que a decisão não tem apenas esse objeto, mas o de fixar pontos controvertidos e decidir as provas. Portanto, neste trabalho de saneamento do processo, o julgador indicará qual fato ou conjunto de fatos deve ser objeto do redirecionamento, de forma que a parte contra quem ocorreu tal inversão saiba com clareza o ônus que agora lhe compete.

---

356 THEODORO JÚNIOR, Humberto. *Curso de direito processual civil.* 56. ed. Rio de Janeiro: Forense, 2015. v. I, p. 895.

A lei traz uma expressão curiosa. O juiz pode decidir sobre a redistribuição "desde que o faça por decisão fundamentada". Na medida em que a fundamentação é exigência constitucional, aplicada a todas as decisões e processos, só há uma forma de interpretar o dispositivo. Diante da relevância da matéria, o legislador optou por adicionar uma advertência, um lembrete em certa medida redundante, acerca da necessidade de fundamentação qualificada das razões pelas quais o julgador entende que pode ou não ocorrer a redistribuição.

Feita a redistribuição no saneamento, a parte terá a oportunidade de se desincumbir do ônus que lhe for atribuído, em previsão lógica, coerente e condizente com o devido processo legal. Antes de o CPC/2015 resolver a questão nesse dispositivo, o Superior Tribunal de Justiça teve a oportunidade de enfrentar o tema, decidindo, no REsp 802.832/MG, que se tratava de regra de julgamento para o juiz, mas de conduta para as partes, pautando seu comportamento processual, razão pela qual deveria ser aplicado "preferencialmente na fase de saneamento do processo ou, pelo menos, assegurando-se à parte a quem não incumbia inicialmente o encargo, a reabertura de oportunidade para apresentação de provas".[357]

Nessa linha, Flávia Pereira Ribeiro e Clara Moreira Azzoni sustentam que se deve dar oportunidade às partes de produzir as provas relativas aos ônus que sobre elas recaíram, sob pena de cerceamento de defesa.[358]

Art. 374. Não dependem de prova os fatos:

I – notórios;

II – afirmados por uma parte e confessados pela parte contrária;

III – admitidos no processo como incontroversos;

IV – em cujo favor milita presunção legal de existência ou de veracidade.

CPC de 1973 – art. 334

---

357 STJ, REsp 802832/MG, Segunda Seção, rel. Paulo de Tarso Sanseverino, j. 13.04.2011. Cândido Rangel Dinamarco saúda a previsão legal, pois surpreender a parte com inversão somente no ato de sentenciar seria uma infração à garantia constitucional do contraditório, além de afrontar os arts. 9 e 10 do Código. Completa que essa regra é aplicável a todos os processos, inclusive regidos por outras leis como o CDC. DINAMARCO, Cândido Rangel. *Instituições de direito processual civil*. 7. ed. São Paulo: Malheiros, 2017. v. 3, p. 89-90.

358 RIBEIRO, Flávia Pereira; AZZONI, Clara Moreira. Distribuição do ônus probatório. *In* LOPES, Ricardo Augusto de; MEDEIROS NETO, Elias Marques de; OLIVEIRA NETO, Olavo de (coord.). *A prova no direito processual civil*. São Paulo: Verbatim, 2013. p. 192.

44. Introdução

O art. 374 do CPC/2015 contém disposições relevantes para a determinação do que constitui o objeto da prova, isto é, o conjunto de elementos sobre os quais deve recair a atividade do juízo e das partes, em seu esforço conjunto de obter a verdade dos fatos e assim permitir o melhor julgamento possível da controvérsia.

A relevância do artigo sob comento está no fato de ele estabelecer as circunstâncias em que a prova é dispensada, ou seja, a delimitação do objeto da prova. Como dito, o processo mira a eficiência, a economia. Sob o aspecto probatório, a melhor forma de obter essa eficiência é focando os esforços apenas na investigação dos fatos controvertidos, pertinentes e relevantes, no plano processual ou material.[359]

Como já visto no item 12, *retro*, o objeto da prova são as alegações controvertidas dos fatos. Fatos não relacionados à causa, cuja investigação se revele inútil, devem ser desconsiderados pelo julgador. Da mesma forma, exclui-se atividade probatória sobre fatos cuja prova é impossível, por exemplo, a prova contra presunção absoluta[360] (ver item 51, abaixo). No art. 374 encontram-se as categorias de fatos que são excluídos do objeto da prova. Nos itens a seguir, cada um deles será explicado e exemplificado. Nessas considerações introdutórias, relevante estabelecer que a atividade do juiz em relação aos fatos notórios, confessados, incontroversos e sobre os quais haja presunção é diferente da atividade probatória típica.

Aqui, o que se exige do juiz é a declaração da natureza desses fatos e a determinação de que a respectiva prova está dispensada. O devido processo legal, a cooperação e o princípio da não surpresa impõem que essa declaração seja prestada em momento do processo que permita a reação das partes. Se o juiz, por hipótese, entende que certa circunstância fática não requer provas porque foi admitida pela parte contrária, é necessário que a mesma parte possa se manifestar a respeito, convencendo o julgador, se for o caso, acerca do equívoco daquela interpretação.

---

359 Humberto Theodoro Júnior ensina que o fato sobre o qual recai a prova é o fato relevante e preciso. Fatos relevantes são aqueles cujo reconhecimento seja capaz de influir nos julgamentos. Isto é, os acontecimentos ou condutas que, se reconhecidos, tenham a eficácia constitutiva, impeditiva, modificativa ou extintiva pretendida por aquele que os alegou. Os fatos devem também ser precisos, descritos de forma concreta, com indicação de sua ocorrência de forma detalhada. THEODORO JÚNIOR, Humberto. *Curso de direito processual civil.* 56. ed. Rio de Janeiro: Forense, 2015. v. I, p. 855-856.

360 NEVES, Daniel Amorim Assumpção. *Manual de direito processual civil.* 10. ed. Salvador: Juspodivm, 2018. p. 730.

Para essa atividade o legislador concebeu a decisão de saneamento (por vezes denominada incorretamente "despacho saneador", apesar de ter natureza de decisão interlocutória), decisão relevantíssima, tomada após a fase postulatória, em que se fixarão todos esses parâmetros. O juiz, ao delimitar as questões de fato sobre as quais recairá a atividade probatória (art. 357, II), informará igualmente as questões de fato que não requerem provas e a respectiva justificativa.

O fato será controvertido se for negado pela parte contrária, ou se outra versão for invocada. Ele será relevante para os fins do processo, e constituirá o objeto da prova, se for um fato principal em relação à controvérsia, disputado entre as partes e cuja comprovação seja apta a caracterizar as respectivas pretensões.

A atividade judicial de excluir determinados fatos do objeto da prova dependerá, assim, do exame conjunto das alegações das partes, pois será do confronto das versões que se estabelecerá quais fatos podem ser considerados admitidos por todas as partes, notórios ou mesmo objeto de confissão.

Retomando exemplos antes mencionados, em ação possessória, no momento do despacho saneador, ou mesmo como atividade avulsa, objeto de decisão própria, o juiz deverá indeferir provas requeridas pelo autor para demonstrar as circunstâncias em que adquiriu o bem, ou oficiar o banco onde financiou a compra, porque esses fatos não são relevantes para a compreensão da controvérsia. Como se sabe, a condição de proprietário não é relevante para quem pretenda defender a posse.

Em outra situação já mencionada, se o réu apresenta defesa reconhecendo a existência de determinada relação contratual e afirmando não ter pago certa quantia porque o autor não prestou adequadamente o serviço, o objeto da prova incidirá sobre a prestação ou não do serviço. O contrato em si, porque afirmado por uma parte e admitido pela outra, não exigirá qualquer atividade probatória adicional. Do mesmo modo, em ação reivindicatória, é irrelevante que o réu pretenda provar que era credor do autor, pois, mesmo que eventual crédito for reconhecido, ele não tem o condão de impedir o exercício do direito à reivindicação do bem imóvel.

45. Fatos notórios, uma introdução

O primeiro tema que escapa à investigação probatória é o fato notório. Se um fato é conhecido de todas as partes e do juiz, porque possui características que transcendem à própria disputa, é possível tomá-lo como um fato ocorrido, provado, o que evidentemente torna dispensável uma prova adicional. Seria "chover no molhado", por exemplo, exigir provas de que a Independência do Brasil se deu no dia 7 de setembro de 1822.

A doutrina que se dedica ao tema costuma percorrer um caminho comum e constante. Define-se o que é o fato notório, ressalva-se que a notoriedade do fato pode ser, em si, um tema que demanda demonstração. Por fim, mencionam-se alguns exemplos de fatos notórios.[361]

O ponto que causa alguma perplexidade é o de investigar qual a finalidade, a utilidade de identificar esses fatos notórios. Porque eles são históricos, da vida, dizem respeito a circunstâncias que são exteriores ao objeto do litígio. A questão, portanto, é identificar a repercussão que esses fatos externos terão sobre o litígio particular. Em outras palavras, por que é importante compreender que 15 de novembro é a data da proclamação da República,[362] que na cidade de São Paulo há rodízio de veículos,[363] que vivemos no planeta Terra, que tem formato esférico e gira em torno do Sol, ou que a seleção brasileira de futebol ganhou cinco vezes a Copa do Mundo?

Em geral, esses fatos não são objeto de processos, não são discutidos em demandas. A relevância do tema está, assim, mais atrelada à qualificação de outro conjunto de fatos como notórios. Refiro-me a fatos com menor grau de notoriedade, que podem ser relevantes para certa descrição fática e, porque conhecidos de certa comunidade, em certo local e momento, sejam tidos como fatos verdadeiros, provados e dispensados da respectiva prova.

Mas é preciso cuidado com essa qualificação, porque o fato notório não pode ser confundido com o saber privado do juiz.[364] Se apenas o juiz conhece

---

361 WILLIAM SANTOS FERREIRA afirma que a definição de fato notório não é consensual, mas costuma ser tratada como "fato de conhecimento geral (v.g., datas e eventos históricos) de determinado grupo social, que é de conhecimento do homem médio, sendo desnecessária sua discussão". FERREIRA, WILLIAM SANTOS. *Princípios fundamentais da prova cível*. São Paulo: Revista dos Tribunais, 2014. p. 305.

362 SANTOS, MOACYR AMARAL. *A prova judiciária no cível e comercial*. 4. ed. São Paulo: Max Limonad, 1970. v. 1, p. 165.

363 LOPES, JOÃO BATISTA. Comentários aos arts. 369 a 380 do Código de Processo Civil. *In* BUENO, CASSIO SCARPINELLA (coord.). *Comentários ao Código de Processo Civil*. São Paulo: Saraiva, 2017. v. 2, p. 260.

364 MOACYR AMARAL SANTOS refere e transcreve importante lição de PIERO CALAMANDREI, que reproduzo a seguir: "O juiz, agudo crítico do testemunho alheio, não conseguiria ser crítico eficaz do próprio testemunho; sôbre a exatidão das próprias observações, sôbre a firmeza de sua memória não teria dúvida, no confronto com as outras testemunhas êle acabaria por dar sempre razão a si próprio. E, em conclusão, a apuração dos fatos, antes de fundada em ponderado e despreocupado confronto de diversos depoimentos e dos variados elementos psicológicos próprios de cada um, ver-se-ia baseada em uma única testemunha, a tôdas preferida e acolhida cegamente, sem reservas e sem crítica, por exclusiva razão de amor próprio", SANTOS, MOACYR AMARAL. *A prova judiciária no cível e comercial*. 4. ed. São Paulo: Max Limonad, 1970. v. 1, p. 163.

o fato, ele não tem nada de notório. Não pode ser usado pelo juiz no julgamento da questão, e sua respectiva prova não pode ser dispensada. Lembre-se que há muitos destinatários da prova, que o direito à sua produção é amplo e transcende até mesmo à existência de um litígio. O processo não é do juiz, daí por que é irrelevante que ele conheça o fato ou que se julgue satisfeito com provas, e apenas por isso indefira a produção probatória requerida pelas partes.[365]

Em tempos recentes, com o perdão do trocadilho, ganhou notoriedade a discussão sobre certos feriados. Para a comprovação da tempestividade dos recursos, o CPC/2015 exige a comprovação do feriado local, "no ato de interposição do recurso" (art. 1.003, § 6º). Não obstante a clara orientação do Código acerca da menor relevância das questões formais e da previsão expressa de sanabilidade de vícios formais, inclusive e especialmente em grau recursal (art. 932, parágrafo único; art. 1.029, § 3º), o Superior Tribunal de Justiça firmou entendimento de que a não comprovação de certos feriados locais importa inadmissibilidade do recurso.[366]

Há dois aspectos nesse problema. O primeiro, que não será enfrentado aqui, é a circunstância de que a não comprovação de um feriado local constitui vício de regularidade formal do recurso, plenamente sanável, e que deveria, portanto, ensejar a oportunidade de comprovação posterior. A jurisprudência firmada é defensiva, no pior sentido do termo, e se fixou em sentido totalmente contrário ao espírito do CPC/2015.

O segundo aspecto diz respeito mais diretamente à notoriedade do feriado local. Porque o feriado que ensejou o julgamento é o feriado de Carnaval. Em termos estritamente legais, a segunda-feira de Carnaval, a Quarta-Feira de Cinzas, os dias que precedem a Sexta-Feira da Paixão e o dia de Corpus Christi não são decretados pelo governo federal, exigindo normas "locais". Essa circunstância, desconhecida e puramente formal, foi utilizada pelo Tribunal para negar o exame do mérito de recursos o que, com o devido acatamento, não faz qualquer sentido.

O art. 374, I, aqui comentado, resolve com folga esse tema, porque se trata, evidentemente, de um fato notório, conhecido de todos, que dispensa qualquer tipo de prova. O fato notório a que se refere este artigo é também o fato que interfere em posições processuais, não apenas no mérito.[367] A parte

---

365 PONTES DE MIRANDA, Francisco Cavalcanti. *Comentários ao Código de Processo Civil*. 4. ed. Rio de Janeiro: Forense, 1996. t. IV, p. 274.

366 STJ, AgInt no AREsp 1255609/AL, Terceira Turma, rel. Marco Aurélio Bellizze, j. 12.06.2018.

367 Eduardo Cambi, escrevendo sobre o tema em 2006, já afirmava que podem ser considerados fatos notórios em direito processual as circunstâncias históricas, os dados geográficos, os eventos importantes da vida social, econômica e política, como guerras, eleições, desvalorização da moeda, bem como fatos notórios restritos

que computou o feriado do Carnaval como um dia não útil e deixou de comprovar o ato normativo local que decreta esse feriado nada mais fez aplicar o dispositivo aqui comentado.

46. Conceito e hipóteses de fatos notórios

Os fatos notórios são aqueles que entram na experiência comum da generalidade das pessoas de dado tempo e lugar, e podem ser usados pelo juiz sem ofender a proibição de usar seu saber privado nos julgamentos. HUMBERTO THEODORO os define como "os acontecimentos ou situações de conhecimento geral inconteste, como as datas históricas, os fatos heroicos, as situações geográficas, os atos de gestão política etc."[368] WAMBIER e TALAMINI, na mesma linha, afirmam que fato notório é o fato "cujo conhecimento faz parte da cultura normal de um determinado círculo social ao mesmo tempo em que ocorre o julgamento".[369]

Todos os autores ressalvam que o fato não precisa ser conhecido de todas as pessoas, isso nem seria possível ou razoável. Um fato pode ser notório mesmo que o juiz não o conheça.[370] Por exemplo, um juiz recém-chegado a uma comarca em que predominam conflitos agrários pode não ter qualquer conhecimento sobre aspectos da atividade agrícola, como as técnicas empregadas, o tipo de plantio da região, a data da colheita etc. Ainda assim, naquela comunidade tais fatos serão tidos por notórios.

Assim, a notoriedade não exige nem decorre de o fato ser efetivamente conhecido de todas as pessoas, mas da circunstância de que seja normal o conhecimento de determinado fato por uma pessoa média, dotada de uma cultura média.[371] Com grau menor de notoriedade, mas igualmente aceitável, para os fins da lei, está a notoriedade reconhecida por certa comunidade profissional.

---

a uma classe social ou profissional, como feriados forenses, greves de serventuários da justiça etc. Sua observação permanece atual e, infelizmente, necessária para combater a jurisprudência defensiva formada sob o CPC/2015. Cf. *A prova civil:* admissibilidade e relevância. São Paulo: Revista dos Tribunais, 2006. p. 350-351.

368 THEODORO JÚNIOR, HUMBERTO. *Curso de direito processual civil.* 56. ed. Rio de Janeiro: Forense, 2015. v. I, p. 854.

369 TALAMINI, EDUARDO; WAMBIER, LUIZ RODRIGUES. *Curso avançado de processo civil:* cognição jurisdicional (processo comum de conhecimento e tutela provisória). 16. ed. São Paulo: Revista dos Tribunais, 2016. v. 2. p. 243. FREDERICO MARQUES sustentava que o ato notório é constituído por verdades científicas, históricas, geográficas, geralmente reconhecidas e por fatos evidentes ou axiomáticos. *Instituições de direito processual civil.* 2. ed. Rio de Janeiro: Forense, 1962. v. III, p. 366.

370 NEVES, DANIEL AMORIM ASSUMPÇÃO. *Manual de direito processual civil.* 10. ed. Salvador: Juspodivm, 2018. p. 730-731.

371 Para EDUARDO CAMBI, "(...) a notoriedade é um conceito eminentemente relativo, isto é, não existem fatos notórios a todos homens, sem limitação de tempo e de

É evidente que o amplo acesso às informações que temos hoje em dia, por meio da rede mundial de computadores, impacta essas ideias. Não porque torne mais fatos notórios. Ao contrário, com tantas informações mais acessíveis por internet e redes sociais, talvez o resultado mais nítido seja justamente o oposto, isto é, a dispersão do conhecimento, a fragmentação própria dos círculos de convivência. A cultura geral diminuiu, o conjunto de fatos verdadeiramente notórios reduziu sensivelmente. De outro lado, as informações fáticas gerais podem ser muito facilmente demonstradas, pois as pesquisas em buscadores da internet, como Google, Bing, Yahoo etc., permitem a reunião de informações que eram impensáveis quanto essas regras foram concebidas.

De toda forma, desprezando momentaneamente a constatação de que a cultura geral foi substituída por buscas na internet, há ainda hoje muitos exemplos que podem ser dados como de fatos notórios. Há os fatos históricos, nacionais, como a Declaração de Independência, a Proclamação da República, as datas e estações do ano, os títulos brasileiros nas Copas do Mundo de Futebol, ou internacionais, como as Grandes Guerras ou grandes catástrofes climáticas. Há fatos relevantes em certo tempo, mas que perdem notoriedade depois.[372] A doutrina que escreveu sobre o CPC/73 se refere a fatos dos governos militares, à morte de Tancredo Neves. Hoje, por prudência, possivelmente tais fatos seriam comprovados por prova documental. De outro lado, não há quem não conheça os escândalos de corrupção dos anos recentes, as manifestações públicas ocorridas no Brasil em 2013, ou a guinada conservadora e nacionalista que muitos países deram, em termos políticos, inclusive o Brasil.

Novamente, vale a ressalva do item anterior, acerca da efetiva utilização desse tipo de fato em demanda judiciais. Justamente porque há fatos realmente conhecidos e difundidos, notadamente os fatos históricos, é incomum que sejam invocados em demandas judiciais e que tenham, por qualquer razão, de compor o objeto do processo. Seja como for, a lei trabalha com essa noção e é lógico que exclua do objeto da prova qualquer fato, com diferentes graus de notoriedade, que certa comunidade conheça ou devesse conhecer.

---

espaço". Completa e exemplifica o autor: "(...) um cometa, que passa sobre o País e é conhecido por dezenas de astrônomos, não é menos notório que a data da independência do Brasil, conhecida por milhões de brasileiros". Cf. *A prova civil*: admissibilidade e relevância. São Paulo: Revista dos Tribunais, 2006. p. 347-348.

372 TALAMINI, Eduardo; WAMBIER, Luiz Rodrigues. *Curso avançado de processo civil:* cognição jurisdicional (processo comum de conhecimento e tutela provisória). 16. ed. São Paulo: Revista dos Tribunais, 2016. v. 2. p. 213.

O Código Civil adota essa mesma noção no art. 159, ao prever que *serão igualmente anuláveis os contratos onerosos do devedor insolvente, quando a insolvência for notória, ou houver motivo para ser conhecida do outro contratante.* Nessa situação e nos demais exemplos antes referidos, há um duplo cenário a ser examinado.

Primeiro, se o fato é notório e pode ser, desde logo, tido por ocorrido e excluído do objeto da prova. Segundo, não sendo este o caso, como pode se dar a demonstração da notoriedade do fato. Porque afinal, sendo o conceito de notoriedade necessariamente relativo, é possível que as partes discutam se o fato é ou não notório.[373] A notoriedade da insolvência do devedor, para se anular por fraude contra credores os atos onerosos por ele praticados, é exemplo típico. Se for provado que o devedor era notoriamente insolvente e, mesmo assim, essa circunstância foi ignorada por quem com ele contratou, a ação pauliana será acolhida.

Os fatos notórios serão, em geral, invocados pelas partes. Mas não se descarta que o juiz os conheça de ofício, justamente por seu alto grau de notoriedade. ANDREA PROTO PISANI sustentava, a propósito do sistema italiano, que isso não exclui que o juiz promova o debate com as partes acerca da natureza notória do fato.[374] Trata-se de providência obrigatória no sistema brasileiro do CPC/2015, à luz do art. 10.

É igualmente necessário distinguir fatos notórios das máximas de experiência, que têm previsão no art. 375. Fatos notórios são acontecimentos específicos, cujo conhecimento é mais ou menos difundido, a depender da comunidade, do local, do tempo. A máxima de experiência não corresponde a um fato, mas a uma inferência que se extrai da sucessiva ocorrência de fatos de mesma natureza. Como afirma WILLIAM SANTOS FERREIRA, são "conhecimentos adquiridos normalmente em decorrência das experiências da vida, sendo aplicáveis a uma série de casos".[375] Quando se afirma que chove mais no verão do que no inverno, ou que as estradas ficam mais cheias nos feriados do que em finais de semana normais, não se está fazendo alusão a um fato específico, mas a uma ideia geral que as pessoas formulam, a partir de suas vivências a respeito desses eventos.

---

373 AMARAL, PAULO OSTERNACK. *Prova:* atipicidade, liberdade e instrumentalidade. 2. ed. São Paulo: Revista dos Tribunais, 2017. p. 33-34.

374 O professor italiano exemplifica com índices de correção monetária, eventos bélicos e calamidades naturais. PISANI, ANDREA PROTO. *Lezioni di diritto processuale civile.* 4. ed. Napoli: Jovene, 2002. p. 412.

375 FERREIRA, WILLIAM SANTOS. *Princípios fundamentais da prova cível.* São Paulo: Revista dos Tribunais, 2014. p. 306.

Voltarei ao tema no artigo seguinte, mas em qualquer caso, também quanto às máximas de experiência, vale a mesma ressalva. São previstas na lei, comentadas pela doutrina, mas sua utilização concreta é difusa e pouco relevante. E sua utilização deve se dar com muita cautela, porque aqui o risco de utilização do saber privado do juiz é ainda maior. Como define Daniel Neves, máximas de experiência são "juízos generalizados e abstratos, fundados naquilo que costuma ocorrer, que autorizam o juiz a concluir, por meio de um raciocínio intuitivo, que em identidade de circunstâncias, também assim ocorram no futuro".[376] Apesar de o autor sustentar que tanto os fatos notórios como as máximas de experiência são modalidades de fatos de saber privado do juiz, penso diferente.

Nem os fatos notórios nem as máximas de experiência configuram fatos de saber privado do juiz. Pode parecer um jogo de palavras, mas, se fossem saber privado do juiz, não poderiam, em nenhuma circunstância, ser utilizados no processo decisório. Porque são fatos ou noções que transcendem o saber privado do juiz, porque compartilhados por uma comunidade, é que podem ser utilizados – sempre com prudência – como no processo decisório.[377]

47. Fatos confessados, não contestados e incontroversos

Os incisos II e III deste artigo excluem do objeto da prova, respectivamente, os fatos afirmados por uma parte e confessados pela outra e os admitidos no processo como incontroversos. Há distinções entre tais hipóteses, mas, em virtude de suas consequências comuns, elas serão aqui tratadas conjuntamente.

A distinção se dá porque os fatos confessados são aqueles objeto de confissão, prevista nos arts. 389 a 395 e erroneamente tratados por parte da doutrina como meio de prova. Remeto o leitor a tais comentários, mas pondero, desde logo, que a confissão consiste em declaração quanto à ocorrência de um fato desfavorável ao declarante e favorável ao adversário. O objeto da confissão, portanto, são fatos, não pretensões ou direitos. Mas, para que haja alguma relevância nessa confissão, a ponto de ser excluída do objeto da prova, ela deve versar sobre fatos principais, dos quais se possa extrair consequências para o julgamento da demanda.

---

376 NEVES, Daniel Amorim Assumpção. *Manual de direito processual civil*. 10. ed. Salvador: Juspodivm, 2018. p. 731.

377 Moacyr Amaral Santos, citando Stein, defende que máximas ou regras de experiência são juízos formados em abstrato por pessoas de cultura média acerca do que comumente acontece. *A prova judiciária no cível e comercial*. 4. ed. São Paulo: Max Limonad, 1970. v. 1, p. 164.

Assim, por exemplo, se uma parte confessa que perdoou a dívida da outra, ou que consentiu no adiamento do vencimento, esse fato terá relevância suficiente para impactar a atividade probatória e até o julgamento posterior da causa. Se, de outro lado, confessar que se encontrou com a outra parte em dado dia e local, isso não isentará quem alega de demonstrar que ocorreu o adiamento ou perdão da dívida.

Mesmo que a confissão verse sobre fatos principais, porque ela não é meio de prova[378] nem constitui prova plena, sua ocorrência não exclui totalmente o fato do objeto da prova. O conjunto fático é que indicará se o fato, mesmo confessado, deve seguir sendo considerado controvertido e exigir outras provas a seu respeito.[379]

Uma distinção é ainda assim necessária. É preciso saber se a confissão ocorreu antes ou durante a relação processual. Ela pode ser extrajudicial ou judicial, pode se dar dentro ou fora do processo. A verdadeira hipótese em que ela exclui o objeto da prova é quando ela se dá antes e fora do processo. Porque, se ocorreu a confissão por meio de depoimento pessoal, é evidente que a prova já terá sido produzida. Quando muito, pode-se dizer que o fato confessado nos autos exclui provas adicionais.[380]

Por sua vez, os fatos admitidos no processo como incontroversos são aqueles sobre os quais as partes estão de acordo. Por exemplo, ninguém discute que houve uma contratação, que a obra atrasou, mas a controvérsia versa sobre as causas desse atraso. Ou, ainda, não há divergência sobre os custos essenciais para a educação, alimentação e moradia do filho comum, mas há divergência sobre gastos adicionais e sobre os valores percebidos pelo alimentante.

Quando fatos não são propriamente contestados, eles ficam de fora do objeto da prova. ANDREA PROTO PISANI faz uma importante ressalva, de que nem sempre é fácil identificar a não contestação de certos aspectos da causa. Em ação sobre o adimplemento de um contrato, o réu pode alegar prescrição da pretensão, sem nada falar sobre a celebração ou não do contrato. Não se sabe se a existência da contratação está ou não excluída do objeto da investigação. De outro lado, seu comportamento é mais nítido quando se defende

---

378 JOÃO BATISTA LOPES afirma que a confissão é classificada como um meio de prova, mas que, tecnicamente, ela torna dispensável a produção da prova. Cf. Comentários aos arts. 369 a 380. *In* BUENO, CASSIO SCARPINELLA (coord.). *Comentários ao Código de Processo Civil*. v. 2. São Paulo: Saraiva, 2017. p. 261.

379 NEVES, DANIEL AMORIM ASSUMPÇÃO. *Manual de direito processual civil*. 10. ed. Salvador: Juspodivm, 2018. p. 731.

380 NEVES, DANIEL AMORIM ASSUMPÇÃO. *Manual de direito processual civil*. 10. ed. Salvador: Juspodivm, 2018. p. 732.

invocando a nulidade do contrato ou o inadimplemento do autor, pois nessas hipóteses, a sua defesa pressupõe a admissão da existência do contrato, excluindo-o do *thema probandum*.[381]

Em todos esses cenários, avulta a importância do debate e da cooperação entre as partes. Em processos arbitrais, não é incomum que o Tribunal Arbitral determine que as partes apresentem uma manifestação conjunta, indicando suscintamente quais os pontos controvertidos da demanda. Pode parecer difícil esse exercício conjunto, mas é muito saudável e produtivo que as partes sejam chamadas a estabelecer os tópicos sobre os quais divergem. Isso facilita em muito o trabalho subsequente de instrução probatória.

Não há nenhuma razão para que expediente semelhante não seja tentado em processos judiciais. E, mesmo que isso continue não ocorrendo, o despacho saneador, a cargo do magistrado, é o momento perfeito para estabelecer o conjunto de fatos incontroversos, orientando assim as partes sobre a desnecessidade de realização ulterior de provas a respeito.

Uma última ressalva. Mesmo quando as partes não controvertam sobre certos fatos, há situações em que os fatos se mantêm no objeto da prova, contempladas no art. 341 do CPC. Não podem ser admitidos como verdadeiros os fatos sobre os quais não se admite confissão,[382] por exemplo, como a nulidade do casamento, ou aqueles que estiverem em contradição com a defesa, considerada em seu conjunto. A jurisprudência reconhece, que havendo contestação à ação conexa, ou feita por litisconsorte passivo, é desnecessário que a parte repita os mesmos argumentos.[383] Outras hipóteses vêm previstas no art. 345, que afastam a presunção decorrente da revelia e estabelecem uma ficção jurídica de um fato controvertido, mesmo na ausência de contestação.[384]

Mesmo diante de comportamento omissivo das partes, que sugira a ausência de controvérsia, vale ressalvar, em conclusão, que não devem ser consideradas verdadeiras alegações impossíveis, inverossímeis, improváveis, exageradas

381 PISANI, Andrea Proto. *Lezioni di diritto processuale civile*. 4. ed. Napoli: Jovene, 2002. p. 405-406.

382 Para Eduardo Cambi, os fatos relativos a direitos indisponíveis não podem ser presumidos verdadeiros, sendo inalienáveis, intransigíveis, irrenunciáveis, impenhoráveis, não sujeitos ao reconhecimento jurídico no processo e à confissão. *A prova civil:* admissibilidade e relevância. São Paulo: Revista dos Tribunais, 2006. p. 398-399. São indisponíveis, em regra, os direitos de família, da personalidade, e os direitos públicos (penal, previdenciário e administrativo).

383 NEGRÃO, Theotonio *et al. Código de Processo Civil e legislação processual em vigor.* 48. ed. São Paulo: Saraiva, 2017. p. 418, notas 3a e 6 ao art. 341.

384 NEVES, Daniel Amorim Assumpção. *Manual de direito processual civil.* 10. ed. Salvador: Juspodivm, 2018. p. 732.

ou contrárias às demais provas, a exemplo de um pedido de indenização por acidente de trânsito com valor do reparo superior ao do próprio veículo.[385]

48. Presunções. Noções gerais

Como ponto de partida deste importante tema, considerem-se as seguintes afirmações: *(i)* ninguém se escusa de cumprir a lei alegando que não a conhece (LIDB, art. 3º); *(ii)* Quando o pagamento for em quotas periódicas, a quitação da última estabelece, até prova em contrário, a presunção de estarem solvidas as anteriores (CC, art. 322); presume-se culpado o motorista que colide com a parte traseira de outro carro.

São exemplos comuns, diria clássicos, das três modalidades de presunções com que se trabalha no ordenamento jurídico brasileiro. Respectivamente, a presunção legal absoluta, a presunção legal relativa e a presunção de fato (ou *hominis*). O que dizem essas disposições?

A primeira estabelece uma regra que, no plano real, é evidentemente uma ficção, de que todos conhecem a lei. Ao assim estabelecer, não há uma determinação para que todas as leis sejam necessária e obrigatoriamente conhecidas por todos os cidadãos. O conceito que a lei estabelece é outro. Independentemente de conhecer ou não o conteúdo das leis, ninguém pode invocar o desconhecimento de alguma norma jurídica como fundamento para justificar por que não respeitou aquele mesmo preceito. Há aqui uma presunção absoluta de que as pessoas conhecem a lei. Ela é dita absoluta justamente porque não permite outra solução, não permite alguma situação em que a parte pudesse demonstrar que não conhece o preceito legal.

A segunda lida com a seguinte realidade. Em obrigações de pagar, contratadas de forma parcelada, o comportamento regular, comum, do devedor, é o de pagar cada uma das parcelas, em sua ordem sequencial. Quando surge um problema de inadimplemento, gerando a interrupção das parcelas, ocorrem dois desdobramentos. Primeiro, o devedor interrompe os pagamentos e não volta a fazer qualquer deles, tornando-se inadimplente e dando causa à rescisão do negócio. Segundo, se e quando o devedor consegue retomar os pagamentos, pagará primeiro a parcela mais antiga, que deixou de ser paga em primeiro lugar, mantendo aquela ordem sequencial estabelecida originalmente.

Assim, os pais de um aluno pagarão a mensalidade escolar de janeiro, depois fevereiro e assim sucessivamente. É improvável que deixem de pagar todo o primeiro semestre e passem a pagar a parcela de agosto, por exemplo.

385 CAMBI, EDUARDO. *A prova civil:* admissibilidade e relevância. São Paulo: Revista dos Tribunais, 2006. p. 395.

Diante desse cenário, extraído do que ordinariamente acontece, o legislador estabelece uma regra segundo a qual a quitação da última estabelece, até prova em contrário, a presunção de que as anteriores foram pagas. Do ponto de vista probatório, o que este dispositivo legal propõe é que a prova do pagamento da última parcela (que é o fato conhecido, apurado mediante a apresentação do respectivo comprovante) faz presumir a ocorrência de outros fatos – o pagamento das parcelas anteriores – mesmo que não haja qualquer prova a respeito.

Da mesma forma, no terceiro exemplo, a demonstração de um fato, a colisão de um veículo na traseira de outro, faz presumir a ocorrência de outros fatos, relacionados à conduta culposa do motorista do carro anterior, a qual deu causa ao acidente. Também aqui se parte de um fato conhecido para se concluir pela existência de outro fato, desconhecido.

O mesmo quando se diz – e muitos julgados adotam esse parâmetro – que se presume o dano moral sofrido por uma mãe em decorrência da morte do filho. A dor, a angústia, o sofrimento, que são os fatos ensejadores da condenação por dano moral, não são provados, e em seu lugar é provado outro fato, que é a morte do filho.[386] Também quanto ao dano moral, a negativação indevida de uma pessoa ou empresa (fato conhecido) enseja o dano moral, independentemente da demonstração de que aquela negativação gerou algum dano concreto, alguma restrição creditícia ou algum constrangimento nas demais relações comerciais da empresa ou pessoa.[387]

Todos esses exemplos ilustram e demonstram o que são as presunções. Moacyr Amaral Santos, autor da mais completa e clássica obra sobre provas no direito brasileiro, definia a presunção como "a ilação que se tira de um fato conhecido para se provar a existência de outro desconhecido".[388] Trata-se de um processo mental, pelo qual se aceita um fato controvertido como existente, "sem que esteja provado e até que o contrário venha a sê-lo".[389] Os exemplos do início deste tópico indicam que esse "processo mental" é, muitas vezes, feito diretamente na lei.

---

386 TJSP, Ap. 0011718-69.2012.8.26.0229, 6ª Câmara de Direito Público, rel. Sidney Romano dos Reis, j. 01.07.2019. TJSP, Ap. 1052194-66.2014.8.26.0002, 3ª Câmara de Direito Privado, rel. Viviani Nicolau, j. 25.06.2019. TJSP, Ap. 1034460-75.2016.8.26.0053, 10ª Câmara de Direito Público, rel. Marcelo Semer, j. 17.06.2019.

387 TJSP, Ap. 1014713-27.2018.8.26.0100, 13ª Câmara de Direito Privado, rel. Ana de Lourdes Coutinho Silva da Fonseca, j. 23.07.2019. STJ, AgRg no REsp n. 860704/DF, Terceira Turma, rel. Min. Paulo de Tarso Sanseverino, j. 12.04.2011.

388 SANTOS, Moacyr Amaral. *A prova judiciária no cível e comercial*. 4. ed. São Paulo: Max Limonad, 1970. v. 1, p. 82.

389 DINAMARCO, Cândido Rangel. *Instituições de direito processual civil*. 7. ed. São Paulo: Malheiros, 2017. v. 3, p. 83-84

Outro exemplo reforça essa percepção. O Código de Processo Civil, no art. 99, § 3º, presume verdadeira a alegação de insuficiência de recursos para custear as despesas do processo, quando feita por pessoa física. De um fato conhecido – a pessoa declara não possuir condições de custear o processo – infere-se a ocorrência de outro – a efetiva inexistência de recursos.

Dinamarco esclarece que, na presunção, ocorre a observação empírica de que dois fatos ordinariamente se associam. A partir do fato-base ou indício, aceita-se a ocorrência do outro fato, sem que se tenha conhecimento efetivo de que ele ocorreu.[390] Essa noção se aplica tanto a presunções sem relevância jurídica, extraídas da vida comum (quem cala consente, onde há fumaça há fogo), quanto às inúmeras presunções das quais se extraem consequências jurídicas.

A técnica da presunção tem duas razões de ser fundamentais. Primeiro, porque incorpora e repete, no plano legal, comportamentos ordinariamente verificáveis, ela funciona como um fator de abreviação da atividade probatória e do exercício da atividade jurisdicional. Segundo, porque se reconhece que há situações em que a prova do fato direto é muito difícil, ou até impossível, contenta-se o julgador (e o legislador) com provas de fatos indiretos que, ordinariamente, conduzem ao mesmo resultado.

De fato, as presunções condicionam a verdade a critérios apriorísticos do legislador ou do juiz, mesmo que não haja qualquer prova nos autos. Essa circunstância, aliás, ajuda a explicar a afirmação de que o processo se contenta com a verdade processual.[391] As partes delimitam a controvérsia e o conjunto fático que aportarão aos autos. Certos fatos podem ter sua prova direta dispensada, por meio das presunções. Desse conjunto resulta que a verdade obtida ao final do processo pode não corresponder à verdade que se poderia dizer absoluta. Esta nunca será alcançada, e atingi-la nem é a preocupação da atividade jurisdicional, como visto.

---

390 Segundo PAULA COSTA E SILVA, "o indício, em si, não é um meio de prova mas um facto do qual se infere, através de uma série de raciocínios, que o facto probando se verificou ou que o facto probando não pode ter-se verificado". COSTA E SILVA, PAULA. A prova difícil: da *probatio levior* à inversão do ônus da prova. *Revista de Processo,* v. 222/2013, p. 149-170, ago. 2013. Acesso em: file:///C:/Users/RICA/Documents/Paula%20Costa%20e%20Silva.%20Prova%20difícil%20e%20inversão%20do%20ônus.pdf.

391 HUMBERTO THEODORO JÚNIOR adverte, com razão, que essa constatação não pode resultar em indiferença do processo em relação à veracidade dos fatos, nem o processo ser reduzido a um jogo retórico. Provas têm a missão de proporcionar a verdade possível, ou, nas palavras de COMOGLIO, FERRI e TARUFFO, um razoável conhecimento dos fatos. *Curso de direito processual civil.* 56. ed. Rio de Janeiro: Forense, 2015, v. I, p. 858.

A lei processual não define o que seja indício, mas é possível tomar por empréstimo o conceito do Código de Processo Penal: *considera-se indício a circunstância conhecida e provada, que, tendo relação com o fato, autorize, por indução, concluir-se a existência de outra ou outras circunstâncias* (art. 239).

Dessa definição, observa-se que indício e presunção legal são noções diferentes. Maria Helena Diniz considera que o indício é o meio de se chegar a uma presunção.[392-393] Ambos são contemplados na lei, mas, para que o indício autorize uma presunção, é preciso que a lei faça aprioristicamente a valoração desse mesmo indício. O art. 232 do Código Civil estabelece que *a recusa à perícia médica ordenada pelo juiz poderá suprir a prova que se pretendia obter com o exame.* Neste caso, a lei não chega a estabelecer uma presunção de veracidade do resultado do exame. Mas o juiz pode, observado o conjunto probatório, extrair consequências indiretas daquela recusa. A recusa ao exame será um indício a ser levado em consideração pelo juiz.

Situação diversa se dá quando a parte se recusa a realizar exame de DNA, em ação de investigação de paternidade. O Superior Tribunal de Justiça fixou a presunção relativa da paternidade quando há recusa em realizar o exame, editando a Súmula 301 (*Em ação investigatória, a recusa do suposto pai a submeter-se ao exame de DNA induz presunção juris tantum de paternidade*). A partir de uma norma de caráter mais geral, que alude à perícia médica e diz respeito a um espectro mais amplo de situações, a jurisprudência evoluiu para estabelecer a presunção.[394]

---

392 A prova da filiação. *In* LOPES, Ricardo Augusto de; MEDEIROS NETO, Elias Marques de; OLIVEIRA NETO, Olavo de (coord.). *A prova no direito processual civil.* São Paulo: Verbatim, 2013. p. 481.

393 Por sua vez, Patrícia Elias Cozzolino de Oliveira considera que, "enquanto o indício é um fato diverso do fato a ser provado, mas que pode levar à conclusão de que o fato a ser provado efetivamente aconteceu; a presunção é uma operação lógica mediante a qual, partindo-se de um fato conhecido e provado, chega-se à conclusão da ocorrência de um fato não comprovado". Cf. A prova do dano moral. *In* LOPES, Ricardo Augusto de; MEDEIROS NETO, Elias Marques de; OLIVEIRA NETO, Olavo de (coord.). *A prova no direito processual civil.* São Paulo: Verbatim, 2013. p. 524.

394 Antonio Carlos Mathias Coltro critica a Súmula, por considerar que é direito do cidadão decidir se quer se submeter ou não a exame em ação de investigação de paternidade, em vista do direito constitucional à intimidade. Caso o exame seja realizado sem o consentimento do examinado, será inválido. Cf. A prova e o Código Civil: notas aos art. 231 e 232 e a Lei n. 12.004/2009. *In* LOPES, Ricardo Augusto de; MEDEIROS NETO, Elias Marques de; OLIVEIRA NETO, Olavo de (coord.). *A prova no direito processual civil.* São Paulo: Verbatim, 2013. p. 44. Sou da opinião de que a Súmula 301 propõe uma solução mais adequada, porque ao direito à intimidade do suposto pai se opõe o direito do suposto filho em conhecer a sua origem, ter seu registro completo e até mesmo usufruir dos direitos e deveres patrimoniais que decorrem da filiação.

Assim, nas hipóteses do art. 232 temos mero indício. Já na recusa ao DNA, há presunção legal relativa, que admite prova em contrário.

Outro campo em que há larga utilização dos indícios é o da simulação. Dificilmente se obtêm provas diretas e claras da simulação ou da fraude. Em caso em que se alegue a simulação de uma compra e venda de imóvel para fraudar outros credores, o requerente poderá provar que o preço não foi pago, que os contratantes são amigos, que o comprador não dispunha de recursos para comprar o imóvel, e outros fatos indiretos, dos quais se possa extrair, com razoável probabilidade, que o negócio se deu em simulação.

Para compreender a distinção entre indício e presunção, é preciso considerar que o raciocínio do juiz nesse particular é composto de três etapas. Primeiro, há a alegação e prova de um fato secundário, que por si só não é capaz de demonstrar a ocorrência da hipótese invocada pela parte. Segundo, esse fato secundário é qualificado como um indício de que o fato principal possa ter ocorrido.[395] Terceiro, por meio da incidência de norma jurídica ou pela operação de um raciocínio do julgador, este reconhece a provável ocorrência do fato principal e lhe atribui as consequências jurídicas correspondentes.[396] A presunção é, assim, considerada uma prova indireta, pois parte de um fato-base que tenha sido comprovado para presumir a ocorrência de outro fato.[397]

De se notar, ainda, que por vezes essa presunção se dá mesmo que se saiba que o fato tido por verdadeiro provavelmente não ocorreu.[398] A comoriência é um exemplo típico. Diz o Código Civil que, não se podendo deter-

---

395 Para Luiz Rodrigues Wambier e Eduardo Talamini, mesmo sem previsão específica na lei, o juiz pode se valer dessa operação mental para obter conclusões a partir das máximas de experiência, que "são aquelas noções gerais da vida prática, dominadas por qualquer pessoa de cultura média, e inserida no ambiente social em que vive". Exemplificam com a hipótese de uma prova testemunhal robusta de que certa pessoa bebeu muito em uma festa, a partir da qual é razoável inferir que ela causou o acidente que ocorreu logo após a festa. *Curso avançado de processo civil*: cognição jurisdicional (processo comum de conhecimento e tutela provisória). 16. ed. São Paulo: Revista dos Tribunais, 2016. v. 2, p. 253.

396 No mesmo sentido, ensina Cassio Scarpinella Bueno que o juiz constrói seu raciocínio a partir de indícios, que não são o próprio fato investigado, mas que permitem formular conclusões sobre como os fatos se deram. *Curso sistematizado de direito processual civil*. 4. ed. São Paulo: Saraiva, 2011, v. 2, t. I, p. 274-275.

397 FERREIRA, William Santos. *Princípios fundamentais da prova cível*. São Paulo: Revista dos Tribunais, 2014. p. 312-313.

398 Apesar de distinguir ficção e presunção, pois nesta "se toma o provável por certo" e na ficção "o falso por verdadeiro", Aloisio Surgik afirma que são semelhantes os resultados práticos que o legislador obtém com as duas figuras. Cf. Presunção absoluta e relativa (teoria da prova). *Revista Genesis*, p. 756.

minar se algum dos comorientes faleceu antes do outro, presume-se que faleceram ao mesmo tempo (art. 8º). Cuida-se de presunção legal que estabelece um fato (duas pessoas faleceram exatamente no mesmo momento) altamente improvável. Mas as consequências legais dessa presunção são relevantes, pois, se duas pessoas morrem ao mesmo tempo, uma não participa da sucessão da outra. Assim, por exemplo, se o segurado falece ao mesmo tempo que um dos beneficiários pela apólice do seguro de vida, o valor da indenização será pago apenas ao outro beneficiário. Os herdeiros do beneficiário comoriente (que faleceu ao mesmo tempo que o segurado) não terão direito à parcela da indenização, porque a comoriência faz presumir que, no momento de sua morte, a pessoa não tinha ainda adquirido o direito a referida indenização.[399]

O texto legal, ao dizer que não dependem de prova os fatos em cujo favor milita a presunção legal de existência ou veracidade, procura racionalizar a atividade probatória, sem excluir, porém, o direito da parte contrária em fazer provas que infirmem tal presunção. É inegável que a presunção impacta a atividade probatória. Mas é impróprio afirmar – e há quem o faça – que a presunção acarrete um fenômeno de inversão do ônus da prova.

A presunção gera a facilitação da prova em favor da parte que dela se beneficia. Não há inversão do ônus da prova, mas sim comprovação do fato constitutivo do direito da parte. Caso a parte contrária demonstre um fato que infirma aquela presunção, tem-se contraprova, que não se confunde com a inversão do ônus da prova.[400]

49. Classificação das presunções

Há diferentes critérios para classificar as presunções. Pela maior utilidade didática e prática, elas se dividem em presunções simples ou comuns (*hominis*) e presunções legais, e também em presunções relativas ou absolutas.

As presunções legais são divididas em relativas e absolutas. Uma forma simples, talvez simplória, de explicar a diferença entre elas é afirmar que as relativas admitem prova em contrário, ao passo que as absolutas não. Nos tópicos seguintes esse aspecto será aprofundado. Neste, dedico-me a explicar e ilustrar as presunções simples, também chamadas presunções de fato (ou *hominis*).

---

399 NEGRÃO, Theotonio *et al. Código Civil e legislação civil em vigor*. 36. ed. São Paulo: Saraiva, 2018. p. 48, notas ao art. 8º do Código Civil.

400 No mesmo sentido, Lucas Buril de Macêdo e Ravi Peixoto ensinam que uma presunção não gera inversão do ônus da prova. "Em outras palavras, na presunção, tem-se a substituição da prova do fato que, pela regra caberia à parte, pelo ônus da prova do fato indiciário". Cf. Ônus da prova e sua dinamização. *In* DIDIER JÚNIOR, Fredie (coord.). *Coleção Eduardo Espínola*. 2. ed. Salvador: Juspodivm, 2016. p. 87.

As presunções comuns ou simples não decorrem de lei, são extraídas da experiência da vida e aplicadas pelo julgador. A consequência quanto ao reconhecimento da ocorrência do fato principal (desconhecido) a partir da prova do fato secundário será estabelecida pelo juiz, no momento do julgamento. O exemplo sempre lembrado é o da presunção de culpa do motorista que colide seu veículo na traseira de outro.[401] Não é a lei que estabelece essa presunção de culpa, mas a experiência do que costuma ocorrer em acidentes com essa dinâmica. O Código de Trânsito Brasileiro reforça essa ideia, ao contemplar o dever de guardar distância entre veículos (art. 29, II).

Tal presunção é relativa, isto é, admite prova em contrário. Assim, não haverá condenação do réu se ele provar que o autor agiu com culpa, por exemplo, porque deu marcha à ré e atingiu o carro do réu. A alegação será classificada como um fato impeditivo do direito do autor, que se acolhido, afasta o fato constitutivo, ocasionando a improcedência.[402]

Como já dito, também se presume o dano moral em virtude da morte de filho. O ordenamento jurídico não contém regra geral que autorize a presunção legal de dano moral, o qual igualmente não decorre do art. 186 do Código Civil. Por isso, quando aplicável, a presunção do dano moral é uma presunção *hominis*, construída a partir daquilo que comumente acontece.[403] ROGÉRIA DOTTI e outros autores sustentam que "(...) o dano moral não se

401 Há inúmeros julgados acerca dessa presunção. Entre eles, TJSP, Ap. 1105659-50.2015.8.26.0100, 28ª Câmara de Direito Privado, rel. CESAR LACERDA, j. 16.07.2019: "Dessa forma, como já bem fundamentado na r. sentença, em caso de colisão na traseira do veículo que segue à frente, a culpa do veículo que trafega atrás é presumida, por não guardar distância suficiente para uma eventual freada brusca". Também a Ap. 1004496-06.2018.8.26.0073, TJSP, 28ª Câmara de Direito Privado, rel. CESAR ALMEIDA, j. 15.07.2019: "Cumpre salientar que a jurisprudência tem se pautado no sentido de que a culpa, em princípio, é do motorista do veículo que colide na traseira daquele que lhe segue imediatamente à frente." Ainda, a Ap. 1001758-55.2018.8.26.0587, TJSP, 25ª Câmara de Direito Privado, rel. MARCONDES D'ANGELO, j. 15.07.2019: "Observa-se, ainda, que na ausência de prova em contrário, presume-se a culpabilidade do condutor que abalroa a parte traseira de outro veículo, devido à necessidade de se guardar distância de segurança entre automotores".

402 FERREIRA, WILLIAM SANTOS. *Princípios fundamentais da prova cível*. São Paulo: Revista dos Tribunais, 2014. p. 318. EDUARDO CAMBI afirma que, não obstante a previsão do dever de vigilância do motorista, positivada no art. 29, II do CTB (Lei 9.503/97), a presunção pode ser infirmada, demonstrando-se que houve "frenagem repentina, inesperada e imprevisível do veículo da frente", CAMBI, EDUARDO. *A prova civil*: admissibilidade e relevância. São Paulo: Revista dos Tribunais, 2006. p. 378.

403 OLIVEIRA, PATRÍCIA ELIAS COZZOLINO DE. A prova do dano moral. *In* LOPES, RICARDO AUGUSTO DE; MEDEIROS NETO, ELIAS MARQUES DE; OLIVEIRA NETO, OLAVO DE (coord.). *A prova no direito processual civil*. São Paulo: Verbatim, 2013. p. 525.

prova, acha-se *in re ipsa*; o que se prova é o fato que acarretou dor, sofrimento, abalos psicológicos etc., sentimentos íntimos que o ensejaram". Por isso, não é preciso provar dano moral em razão de morte de filho, pai, mãe ou cônjuge.[404] De outro lado, esse raciocínio mental, essa inferência, pode se mostrar equivocada em situações particulares e é essencial que ao réu seja dada a oportunidade de fazer prova contrária à presunção. Patrícia Cozzolino de Oliveira adverte, com razão, que mesmo em casos extremos, como a morte de um filho, deve ser permitido ao réu demonstrar a inocorrência de dano moral. Pela mesma razão, também, deve ser permitido ao autor demonstrar dano moral em casos em que ele ordinariamente não acontece.[405]

Os Tribunais já enfrentaram essa questão em diversas oportunidades. Por exemplo, ao reconhecer o dano moral presumido de uma mãe, porque sua filha encontrava-se no hospital quando contraiu o vírus H1N1.[406] No evento de morte, o Tribunal de Justiça de São Paulo considerou presentes os danos morais, "pois não se questiona que a perda de ente querido gera intensa dor a seus familiares, militando, em prol destes, presunção de sofrimento irretorquível, posto estarem ligados a sentimentos subjetivos, como o abalo psíquico, a mágoa e a tristeza", para então concluir que "o dano moral, no caso, é considerado *in re ipsa*, sem necessidade de específica comprovação de prejuízo".[407]

No que toca às presunções simples, a fundamentação da decisão deve ser particularmente atenta, ainda que nosso sistema legal não contenha disposição como a do art. 2.729 do Código Civil italiano ou do art. 1.353 do Código Civil francês, que estabelecem que as presunções simples só podem ser utilizadas pelo juiz caso sejam graves, precisas e concordantes, e só nos casos em que se admite a prova testemunhal.[408]

---

404 CAMBI, Eduardo; DOTTI, Rogéria; MARTINS, Sandro Gilbert; PINHEIRO, Paulo Eduardo d'Arce; KOZIKOSKI, Sandro Marcelo. *Curso de processo civil completo*. São Paulo: Revista dos Tribunais, 2017. p. 678.

405 Cf. A prova do dano moral. *In* LOPES, Ricardo Augusto de; MEDEIROS NETO, Elias Marques de; OLIVEIRA NETO, Olavo de (coord.). *A prova no direito processual civil*. São Paulo: Verbatim, 2013. p. 527-528.

406 TJSP, Ap. 0011718-69.2012.8.26.0229, 6ª Câmara de Direito Público, rel. Sidney Romano dos Reis, julgado em 01.07.2019.

407 TJSP, Ap. n. 1052194-66.2014.8.26.0002, 3ª Câmara de Direito Privado, rel. Viviani Nicolau, j. 25/6/2019. Na Ap. 1034460-75.2016.8.26.0053, a 10ª Câmara de Direito Público do TJSP reconheceu o dano moral porque, "tendo restado incontroverso o cometimento de suicídio por parte do filho da autora, por falha na vigilância, durante o período em que estava sob a custódia do Estado, não há dúvidas sobre o dever de indenização pelos danos morais suportados" (rel. Marcelo Semer, j. 17.06.2019).

408 Eduardo Cambi refere também ao art. 1.253 do Código Civil espanhol e ao artigo 386 da *Nueva Ley de Enjuiciamiento Civil*, que preveem que o tribunal pode

Se não é possível o julgamento da causa a partir de provas sobre os fatos principais e se tem o julgador de avaliar a ocorrência daqueles fatos a partir de indícios ou mesmo de provas robustas acerca de fatos secundários, as razões de decidir devem ser as mais completas que for possível. Como já visto, em muitas situações a avaliação do julgador é feita a partir de relatos parciais, juízos de probabilidade, o que, em si, não impede os julgamentos ou o reconhecimento de direitos. O ponto de equilíbrio se dará, na realidade, com a correta fundamentação da decisão.

50. Presunções legais relativas

Examinadas as hipóteses e o fundamento das presunções simples, passa-se ao exame das presunções legais relativas. A diferença central é que elas são previstas pelo legislador e, como regra geral, contemplam a dispensa da prova do fato principal, admitindo que a parte contra quem se produz a presunção faça prova contrária. Porque admitem a prova do fato contrário, as presunções relativas se situam no âmbito das normas processuais. Como será visto, as presunções absolutas são de direito material, pois fixam um tipo jurídico que é necessariamente aplicado, sem possibilidade de demonstração de fatos contrários, ou que a hipótese não se verificou.

Há inúmeros exemplos e situações concretas de adoção desta técnica de facilitação da prova.

Em obrigações de pagar divididas em quotas periódicas, a quitação da última estabelece, até prova em contrário, a presunção de estarem pagas as parcelas anteriores (CC, art. 322). Se ocorre a quitação sem ressalvas quanto aos juros, presume-se que esses foram pagos (CC, art. 323). Outra hipótese de aplicação prática recorrente é a prevista no art. 324 do Código Civil: a entrega do título ao devedor firma a presunção do pagamento.

Tais dispositivos reforçam a ideia já esboçada de que a presunção constitui um raciocínio, uma ilação, que o julgador faz para considerar provado um fato a partir da demonstração de outro fato, que lhe antecede e que, em geral, acarreta a ocorrência do primeiro. Se algum devedor tem a posse do título, muito provavelmente é porque o resgatou em troca do pagamento. É assim que os negócios normalmente são feitos, de forma que, provada a posse do título, o devedor fica dispensado de provar o pagamento em si. Cabe ao credor provar que o pagamento não ocorreu, como modo de infirmar aquela presunção.

---

presumir a certeza de um fato a partir de outro, caso haja "*un enlace preciso y directo según las reglas del criterio humano*". CAMBI, EDUARDO. *A prova civil*: admissibilidade e relevância. São Paulo: Revista dos Tribunais, 2006. p. 380-381.

Segundo Proto Pisani, na presunção relativa, o fato secundário, que faz prova do principal, é tido pela lei como impeditivo e, portanto, cria para a parte contrária o dever de derrubar aquele fato impeditivo, isto é, de provar a inexistência desse fato impeditivo ao seu fato constitutivo.[409]

O Código Civil traz diversas outras disposições, abaixo resumidas para facilidade na exposição:

- Se dois ou mais indivíduos falecerem na mesma ocasião, não se podendo averiguar se algum dos comorientes precedeu aos outros, presumir-se-ão simultaneamente mortos (art. 8º).
- De outro lado, os negócios ordinários indispensáveis à manutenção da atividade profissional ou à subsistência do devedor insolvente e de sua família são presumidos de boa-fé e válidos (art. 164).
- Presume-se que o portador do documento de quitação tem autorização para receber o pagamento (art. 311).
- O pagamento reiteradamente feito em outro local faz presumir renúncia do credor relativamente ao previsto no contrato (art. 330).
- Presumem-se devidos juros (na forma do art. 406) no contrato de mútuo celebrado com fins econômicos (art. 591).
- No contrato de empreitada, tudo o que se pagou presume-se verificado (art. 614, § 1º). Também, tudo o que se mediu presume-se verificado se, em trinta dias, a contar da medição, não forem denunciados os vícios ou defeitos da obra (art. 614, § 2º).
- Presume-se gratuito o contrato de depósito, exceto se resultante de atividade negocial ou profissional do depositário (art. 628).
- O dono do animal responde pelos danos por ele causados, salvo se provar culpa da vítima ou força maior (art. 936).
- Presume-se de boa-fé a posse do possuidor com justo título, salvo prova em contrário, ou quando a lei expressamente não admite essa presunção (art. 1.201, parágrafo único).
- Presume-se a responsabilidade do proprietário do imóvel pelos danos que resultarem da sua ruína (art. 937).[410]

409 PISANI, Andrea Proto. *Lezioni di diritto processuale civile*. 4. ed. Napoli: Jovene, 2002. p. 437.

410 Para Eduardo Cambi *et al.*, tal presunção se dá ainda que os prejuízos tenham sido causados pelo antecessor, pelo construtor ou inquilino, cabendo, por parte do proprietário, ação de regresso contra esses. CAMBI, Eduardo; DOTTI, Rogéria; MARTINS, Sandro Gilbert; PINHEIRO, Paulo Eduardo d'Arce; KOZIKOSKI, Sandro Marcelo. *Curso de processo civil completo*. São Paulo: Revista dos Tribunais, 2017., p. 675.

- A posse do imóvel faz presumir a das coisas móveis que nele estiverem (art. 1.209).
- A propriedade presume-se plena e exclusiva, até prova em contrário (art. 1.231).
- Presume-se ser do proprietário toda construção ou plantação existente em seu terreno (art. 1.253).[411]
- Presume-se que muros, cercas e demais divisórias pertencem a ambos os proprietários confinantes, os quais se obrigam a concorrer, em partes iguais, para as despesas de sua construção e conservação (art. 1.297, § 1º).
- Presumem-se integrantes da parte disponível da herança os bens doados a descendente que, ao tempo do ato, não seria chamado à sucessão na qualidade de herdeiro necessário (art. 2.005, parágrafo único).

Diversos outros diplomas legislativos igualmente se valem de presunções legais. Na Lei de Locações, a alegação do locador de retomada do imóvel para uso próprio ou de seu cônjuge, companheiro, ascendente ou descendente é presumida verdadeira. Contudo, se o locatário comprovar que o eventual beneficiado não precisa do imóvel, persistirá o contrato de locação (art. 47, III, da Lei n. 8.245/91).[412]

Nas sociedades anônimas, a propriedade das ações nominativas presume-se pela inscrição do nome do acionista no livro de Registro de Ações Nominativas (Lei das S/A, art. 31). Quanto aos dividendos, presume-se que foram recebidos de má-fé pelo acionista quando os dividendos forem distribuídos sem o levantamento do balanço ou em desacordo com os resultados deste (art. 201, § 2º, da mesma lei).

Voltando ao universo do direito civil, mais especificamente ao direito das sucessões, um comentário particular deve ser feito em relação à presunção da

---

411 Eduardo Cambi *et al.* explicam que, neste caso, o fato-base é o direito de propriedade sobre o imóvel, o fato *probandum* é custeio da plantação, cuja prova é dispensada pela presunção decorrente da comprovação do fato-base, admitindo-se ao adversário a faculdade e ônus do adversário em provar que ele plantou à sua custa. CAMBI, Eduardo; DOTTI, Rogéria; MARTINS, Sandro Gilbert; PINHEIRO, Paulo Eduardo d'Arce; KOZIKOSKI, Sandro Marcelo. *Curso de processo civil completo*. São Paulo: Revista dos Tribunais, 2017. p. 675.

412 Sobre esse tema, a Súmula 409 STF estabelece que o retomante com mais de um imóvel pode optar por um deles, "salvo abuso de direito", o que implica não poder optar por ambos sob uma única justificativa. CAMBI, Eduardo; DOTTI, Rogéria; MARTINS, Sandro Gilbert; PINHEIRO, Paulo Eduardo d'Arce; KOZIKOSKI, Sandro Marcelo. *Curso de processo civil completo*. São Paulo: Revista dos Tribunais, 2017. p. 675.

paternidade. Afirma-se que o Código Civil assenta a filiação matrimonial num "jogo de presunções".[413] Em primeiro lugar, porque em relação ao pai há as presunções que a lei estabelece quanto ao marco temporal dentro do qual é presumida a paternidade do cônjuge ou companheiro da mãe. Em segundo lugar, porque a lei regula parâmetros para que essa presunção se estabeleça também em relação ao marido falecido. Disso resulta que as atividades probatórias das partes nas demandas envolvendo o reconhecimento ou a negatória da paternidade são diretamente influenciadas por tais presunções.

O art. 1.597, I e II, dispõem que se presumem concebidos na constância do casamento os filhos nascidos cento e oitenta dias, pelo menos, depois de estabelecida a convivência conjugal; ou nascidos nos trezentos dias subsequentes à dissolução da sociedade conjugal, além de outras hipóteses relacionadas à inseminação artificial.

Assim, o filho nascido antes de seis meses, contado do início do relacionamento, precisa provar essa filiação. Se nasceu depois disso, tem em seu favor uma presunção de ser filho daquele casal. Da mesma forma, o filho nascido após trezentos dias tem em seu favor a mesma presunção. A lei adota a expressão "concebido durante o casamento" quando o que se quer dizer, na verdade, é que o filho é do pai e da mãe.

O dispositivo legal não faz a advertência, "salvo prova em contrário", que é outra expressão comum, quando se está a tratar de presunções relativas. Nem por isso, evidentemente, há algum tipo de presunção absoluta nesse campo. Pode haver prova de que certa pessoa não é filha de outra, ou mais especialmente, que alguém é filho de outrem. O ponto, como vimos muitas vezes, é o de facilitação da prova. Nesses intervalos de tempo, a lei presume a paternidade e modifica o espectro da prova.[414]

Para contestar sua paternidade, o marido ou companheiro terá de mover ação judicial, com o ônus de demonstrar não ser o pai.[415] A lei traz outros

---

413 DINIZ, Maria Helena. A prova da filiação. *In* LOPES, Ricardo Augusto de; MEDEIROS NETO, Elias Marques de; OLIVEIRA NETO, Olavo de (coord.). *A prova no direito processual civil*. São Paulo: Verbatim, 2013. p. 481.

414 Escrevendo a respeito dos dispositivos correspondentes no Código Civil de 1916, Moacyr Amaral Santos afirmava que tais artigos são exemplos de classe intermediária de presunções, que cedem à prova em contrário somente em circunstâncias especiais. *A prova judiciária no cível e comercial*. 4. ed. São Paulo: Max Limonad, 1970, v. 1, p. 84.

415 Maria Helena Diniz explica que, para ser acolhida a ação negatória de paternidade, o pai deverá demonstrar que houve adultério, porque não coabitou com a esposa à época da concepção, que não havia possibilidade de inseminação artificial homóloga, ou que sofria de doença impeditiva de relações sexuais. Cf. A prova da filiação. *In* LOPES, Ricardo Augusto de; MEDEIROS NETO, Elias Marques

parâmetros que impõem dificuldades adicionais ao autor, dispondo que a confissão materna ou o adultério comprovado da mãe não são suficientes para infirmar a presunção de paternidade (arts. 1.600 e 1.602), o que é absolutamente lógico. Em discussões dessa natureza, a prova técnica será, no mais das vezes, a decisiva para se estabelecer a verdade dos fatos. Terá aplicação aqui o art. 232 e, por analogia, a Súmula 301 do Superior Tribunal de Justiça.

As presunções legais são também previstas na legislação processual. Por exemplo, presume-se verdadeira a alegação de insuficiência de recursos formulada por pessoa natural, para fins da gratuidade da justiça (art. 99, § 3º).

Quanto ao tema específico das provas e da definição do objeto da prova, há um conjunto de disposições. A primeira e mais relevante delas decorre da ausência total de resposta. A revelia do réu faz surgir a presunção de veracidade dos fatos alegados pelo autor na petição inicial (art. 344). A doutrina adverte para o fato de que tal presunção não exclui necessariamente os fatos alegados do objeto da prova. A presunção se aplica a fatos verossímeis, mas, em qualquer caso, o juiz pode determinar a produção de provas por parte do autor, mesmo diante da revelia do réu.

Afora esse comportamento omisso em termos absolutos, pode haver a admissão parcial de fatos, ou a omissão da defesa em relação a partes da causa. O art. 341 cuida do ônus de impugnação específica das alegações de fato, presumindo-se verdadeiras as não impugnadas. O art. 374 trata, portanto, de várias categorias de fatos não questionados: os fatos notórios, (inciso I), os confessados (inciso II), os fatos admitidos como incontroversos pelas duas partes (inciso III), e os fatos que, alegados por uma parte, não sejam especificamente impugnados pela outra parte, sobre os quais passa a haver presunção de veracidade (inciso IV).

De se notar que, em todos os cenários, a afirmação ou presunção de veracidade do fato não determina o julgamento em um ou outro sentido. Vale o conjunto probatório, a coerência geral do relato e das demais provas.

Por fim, quanto à prova documental, duas regras estabelecem que se presumem verdadeiras (apenas) em relação ao signatário as declarações feitas em documento particular (CPC, art. 408; CC, art. 219).

51. Presunções absolutas

A terceira modalidade de presunção legal é a absoluta. A lei fixa as hipóteses em que se tem como ocorrido um fato ou produzido um efeito jurídico,

---

DE; OLIVEIRA NETO, OLAVO DE (coord.). *A prova no direito processual civil*. São Paulo: Verbatim, 2013. p. 486-487.

sem possibilidade de as partes demonstrarem a inocorrência desse fato[416]. Como visto no início do tópico 48, acima, a disposição legal segundo a qual todos conhecem a lei é um exemplo típico. Não haveria a menor relevância que alguém, em dado caso concreto, provasse ignorar certo preceito legal, como justificativa para se furtar aos efeitos que o descumprimento daquela lei acarreta.

Há, nas hipóteses de presunção absoluta, verdadeira ficção legal, pois o efeito estabelecido pela lei é obtido independentemente da ocorrência efetiva do fato e até mesmo diante de eventual prova de fato contrário.[417] Portanto, as presunções absolutas não são instrumentos do direito probatório, mas técnicas de construção de regras legais, nas quais certas consequências jurídicas são estabelecidas a partir da afirmação de fatos indiretos. Cria-se, pela lei, um tipo jurídico próprio, uma *fattispecie*, mediante o estabelecimento de fatos que criam, modificam, impedem ou extinguem direitos e obrigações.[418]

Por exemplo, a lei permite a aquisição da propriedade por usucapião a quem ocupou um imóvel, sem interrupção, por mais de quinze anos, *independentemente de título e boa-fé* (CC, art. 1.238). Costuma-se afirmar que a boa-fé é presumida nestes casos, mas penso que a prova da boa ou da má-fé é irrelevante.[419] O que faz a lei é tornar irrelevante a boa-fé para a caracterização do

---

416 Para Moacyr Amaral Santos, "[p]or presunção legal absoluta se entende a consequência que a lei, expressamente, deduz de certos atos ou fatos, estabelecendo-a como verdade, ainda que haja prova em contrário", distinguindo-a da presunção legal condicional (ou relativa), como a "resultante do fato ou ato que a lei expressamente estabelece como verdade, enquanto não há prova em contrário". Cf. *A prova judiciária no cível e comercial*. 4. ed. São Paulo: Max Limonad, 1970, v. 1, p. 83.

417 Para Dinamarco, presunções absolutas são determinações de consequências jurídicas de certos fatos, feitas pela própria lei, e que não permitem a demonstração da inocorrência daquele fato. São estabelecidas a partir de ficções e não representam fenômenos de inversão do ônus da prova. DINAMARCO, Cândido Rangel. *Instituições de direito processual civil*. 7. ed. São Paulo: Malheiros, 2017. v. 3, p. 84.

418 Entre outros exemplos, o art. 129 do Código Civil: "Reputa-se verificada, quanto aos efeitos jurídicos, a condição cujo implemento for maliciosamente obstado pela parte a quem desfavorecer, considerando-se, ao contrário, não verificada a condição maliciosamente levada a efeito por aquele a quem aproveita o seu implemento". A lei quase literalmente diz que "eu sei que a condição não se verificou, mas determino efeitos jurídicos como se ela tivesse se verificado".

419 Para Eduardo Cambi *et al.*, a usucapião extraordinária (art. 1.238 do CC) é exemplo de presunção absoluta, porque "o legislador finge, faz de conta, que nessa situação a boa-fé exista, ainda quando se demonstrasse a má-fé", bem como o art. 163 do CC, que presume "fraudatórias dos direitos dos demais credores as garantias de dívidas que o devedor insolvente tiver dado ao credor", mesmo na ausência de *consilium fraudis*. CAMBI, Eduardo; DOTTI, Rogéria; MARTINS, Sandro Gilbert; PINHEIRO, Paulo Eduardo d'Arce; KOZIKOSKI, Sandro Marcelo. *Curso de processo civil completo*. São Paulo: Revista dos Tribunais, 2017. p. 674.

tipo jurídico. O legislador diz, de forma oblíqua, que até mesmo de má-fé é possível adquirir a propriedade imóvel pela usucapião, desde que a posse seja mansa e ininterrupta por quinze anos. Tanto é assim que a usucapião ordinária, prevista no art. 1.242 do Código Civil, exige a posse por dez anos, o justo título e boa-fé.

De forma sumária, indico outros exemplos de presunções legais extraídos do Código Civil:

- Presume-se a morte de ausentes nos casos em que a lei autoriza a abertura de sucessão definitiva (art. 6º).
- Se o devedor insolvente prestar garantias de suas dívidas a algum credor, presume-se que estas foram dadas em fraude contra os direitos dos outros credores (art. 163).
- Na locação de coisas, presume-se prorrogada a locação pelo mesmo aluguel e por prazo indeterminado se, ao final do prazo, o locatário continuar na posse da coisa alugada (art. 574). Idêntica previsão é contida no art. 46, § 1º, da Lei de Locações, a propósito das locações residenciais celebradas com prazo mínimo de trinta meses.[420]
- Quando não se estipula remuneração, presume-se que o mandato é gratuito, exceto se disser respeito ao ofício ou atividade lucrativa do mandatário (art. 658).
- Presume-se que pertence em comum aos donos dos prédios confinantes a árvore cujo tronco estiver na linha divisória (art. 1.282).
- O tutor não pode adquirir bens do tutelado, dispor deles a título gratuito ou constituir-se cessionário de crédito ou direito contra o menor (art. 1.749). A lei cria essa proibição, estabelecendo de modo absoluto a presunção de que tais negócios serão prejudiciais aos interesses do menor, independentemente das condições específicas do negócio concreto.
- No direito das sucessões, a lei proíbe que em um testamento seja incluído como beneficiário (*i*) a pessoa que escreveu o testamento, (*ii*) as testemunhas, (*iii*) o concubino do testador casado, (*iv*) a autoridade perante quem o testamento for feito (art. 1.801), bem como na hipótese do art. 1.802 do Código Civil (art. 1.900).

As presunções legais são amplamente contempladas na legislação processual também. Alguns exemplos:

420 Exemplos extraídos de: FERREIRA, WILLIAM SANTOS. *Princípios fundamentais da prova cível*. São Paulo: Revista dos Tribunais, 2014.

- Presume-se que o gerente de filial ou agência de pessoa jurídica estrangeira é autorizado a receber citação judicial (art. 75, § 3º).
- Presume-se verdadeira e confiável as informações processuais divulgadas pelos tribunais em suas páginas oficiais da internet (art. 197).
- Presumem-se válidas as intimações dirigidas ao endereço indicado pelas partes, ainda que não recebidas pessoalmente pelo interessado (art. 274, parágrafo único).[421]
- Se a parte se comprometeu a levar a testemunha à audiência, presume-se que ela desistiu da oitiva caso a testemunha não compareça ao ato (art. 455, § 2º).
- Presume-se em fraude à execução a alienação ou a oneração de bens efetuada após a averbação (art. 828, § 4º).[422]
- Presume-se a parcialidade do juiz, quando verificada uma das causas de impedimento ou suspeição (arts. 144 e 145).
- Presume-se a veracidade e a certeza do comando da sentença, decorrente da coisa julgada.[423]

Como em todas as demais hipóteses aqui suscitadas, tem-se, nas presunções processuais absolutas, a configuração de um tipo jurídico próprio, do qual se extraem efeitos processuais, sem a possibilidade – posto que irrelevante – de demonstração de fatos contrários à presunção estabelecida.

Art. 375. O juiz aplicará as regras de experiência comum subministradas pela observação do que ordinariamente acontece e, ainda, as regras de experiência técnica, ressalvado, quanto a estas, o exame pericial.

CPC de 1973 – art. 335

---

421 Na jurisprudência: "Presunção de que o funcionário ou porteiro possuía autorização para receber correspondência citatória (que, aliás, foi recebida sem qualquer ressalva) – Posicionamento majoritário deste E. Tribunal de Justiça (inclusive desta Câmara) – Decisão reformada – Recurso provido". TJSP, AI 9061494-29.2008.8.26.0000, 8ª Câmara de Direito Privado, rel. Salles Rossi, j. 28.01.2009.

422 MACÊDO, Lucas Buril de; PEIXOTO, Ravi. Ônus da prova e sua dinamização. *In* DIDIER JÚNIOR, Fredie (coord.). *Coleção Eduardo Espínola*. 2 ed. Salvador: Juspodivm, 2016. A fraude à execução das alienações de bens ou rendas após a averbação da execução no registro competente, impedindo o terceiro de alegar boa-fé (art. 828 do CC), p. 75.

423 CAMBI, Eduardo. *A prova civil*: admissibilidade e relevância. São Paulo: Revista dos Tribunais, 2006. p. 368.

52. Introdução

No processo de interpretação dos fatos relevantes para a causa, além do exame dos fatos em si, à luz da prova aportada ao processo pelos diferentes sujeitos processuais (ai incluído o próprio julgador), o juiz poderá e em geral se valerá de noções mais gerais, de regras e máximas de experiência, para integrar e compreender como os fatos se deram, para reconstruir o contexto fático sobre o qual deverá incidir as regras jurídicas.

A disposição do art. 375 do Código é igualmente tradicional no sistema brasileiro e em outros ordenamentos. No CPC/73, o art. 335 continha uma expressão tecnicamente imprópria, que foi suprimida neste art. 375. O juiz não se vale de máximas de experiência "na falta de normas jurídicas particulares".[424] Elas não correspondem a critérios decisórios substitutivos de alguma norma jurídica. Ao contrário, sua utilização jamais pode ser feita em detrimento da aplicação das normas jurídicas ao caso concreto.

As máximas de experiência são "conhecimentos adquiridos normalmente em decorrência das experiências da vida, sendo aplicáveis a uma série de casos",[425] são proposições gerais cujo conhecimento deriva da experiência comum, abarcando desde noções científicas até observações do senso comum.[426]

Da doutrina, extrai-se ainda que as máximas de experiência são critérios cognitivos com base nos quais são realizadas as deduções, ilações e inferências probatórias.[427] Para Humberto Theodoro, por elas se criam tipos jurídicos extraídos da prática da convivência social, dos bons costumes, preenchendo lacunas das normas, em especial pela adoção de critérios jurídicos indeterminados. Assim, dessas realidades reiteradamente verificadas se extrai, por exemplo, que alegações de desconhecimento acerca do estado de insolvência do alienante não são admissíveis quando os atos de alienação se derem entre parentes, sócios e amigos íntimos. A experiência mostra que, nessas relações, não se pode aceitar que tais pessoas não conhecessem a situação financeira do alienante.[428]

---

424 Para Rogéria Dotti, Eduardo Cambi *et al.*, o art. 375 do CPC/2015 corrigiu o art. 335 do CPC/73 ao deixar de conceber as máximas da experiência como subsidiárias às regras legais, pois não se confundem com regras jurídicas, uma vez que "funcionam como critérios para se formular inferências probatórias". Cf. *Curso de processo civil completo.* São Paulo: Revista dos Tribunais, 2017. p. 682.

425 FERREIRA, William Santos. *Princípios fundamentais da prova cível.* São Paulo: Revista dos Tribunais, 2014. p. 306.

426 CAMBI, Eduardo *et al. Curso de processo civil completo.* São Paulo: Revista dos Tribunais, 2017. p. 679.

427 PISANI, Andrea Proto. *Lezioni di diritto processuale civile.* 4. ed. Napoli: Jovene, 2002. p. 415.

428 THEODORO JÚNIOR, Humberto. *Curso de direito processual civil.* 56. ed. Rio de Janeiro: Forense, 2015. v. I, p. 865.

53. Exemplos de máximas de experiência

A doutrina costuma mencionar exemplos variadíssimos. A seguir, uma breve ilustração das noções que são enquadradas como máximas de experiência:

- o terceiro desinteressado diz a verdade;
- o terceiro interessado é raramente confiável;
- a pessoa velha lembra bem fatos passados e mal fatos recentes;
- a declaração da parte desfavorável a si e favorável a outra parte é verdadeira;
- o contrário é pouco confiável;
- a água ferve a 100 graus;
- a assinatura de uma declaração a faz própria;
- um carro a 120 km/h percorre 1 km em 30 segundos;
- a pessoa com certo grau de miopia, sem óculos, não enxerga bem de longe;[429]
- as praias são mais lotadas nos finais de semana;
- há mais trânsito nas avenidas principais do Recife a partir das 17 horas;
- é mais perigoso após o escurecer em determinadas regiões da cidade;
- nada é e não é ao mesmo tempo;
- um homem tem mais força do que uma mulher;
- os militares em serviço vestem uniforme;
- ninguém exige recibo da compra de passagem de ônibus;
- os ângulos internos dos triângulos somam 180 graus;[430]
- no verão, em São Paulo, chove mais.
- o todo é sempre maior que qualquer uma de suas partes;
- os magistrados utilizam a toga como peça de cerimônia;
- os muçulmanos não comem carne de porco;[431]
- para os judeus ortodoxos, sábado é um dia na semana em que pouquíssimas atividades são permitidas.

---

429 Todos os exemplos até este item são dados por PISANI, Andrea Proto. *Lezioni di diritto processuale civile*. 4. ed. Napoli: Jovene, 2002. p. 415-416.

430 Os exemplos da praia até o da gestação foram extraídos de MACÊDO, Lucas Buril de; PEIXOTO, Ravi. Ônus da prova e sua dinamização. *In* DIDIER JÚNIOR, Fredie (coord.). *Coleção Eduardo Espínola*. 2. ed. Salvador: Juspodivm, 2016. p. 72.

431 Exemplos dados por FERREIRA, William Santos. *Princípios fundamentais da prova cível*. São Paulo: Revista dos Tribunais, 2014. p. 306-307.

O exame dessa exemplificação reforça a ideia de subsidiariedade da utilização dessas máximas de experiência no processo de valoração das provas e de reconstrução dos fatos da causa. Porque é altamente improvável que fatos com tal grau de generalização possam assumir relevância em dada relação jurídica. Quando muito, comporão o contexto fático no qual se estruturam os fatos principais, e sua admissão ou reconhecimento não impactam na tarefa das partes em identificar e provar os fatos constitutivos das suas respectivas pretensões.

De toda forma, ainda que para fins didáticos, convém fazer algumas distinções. Em primeiro lugar, as máximas de experiência se distinguem dos fatos notórios porque estes são fatos específicos, circunstâncias fáticas determinadas, muitas vezes isoladas (exemplo, o ataque às Torres Gêmeas de 11.09.2001) ou consistentes em um conjunto determinado de fatos ou uma sequência histórica definida no tempo (exemplo, a Primeira Guerra Mundial se deu entre 1914 e 1919). As máximas de experiência não são fatos, são percepções e ilações que se extraem de fatos recorrentes, de experiências reiteradas da vida. São igualmente exteriores ao processo, mas possuem um grau de generalização ainda maior.[432]

Assim, parece-me impróprio considerar, por exemplo, que deixar artefatos cirúrgicos no corpo do paciente possa ser compreendido como uma máxima de experiência e assim dispensar a prova técnica. Ainda que essas máximas de experiência contemplem também questões técnicas, as discussões concretas sempre prevalecerão sobre tais generalizações. É preciso muita cautela na adoção de máximas de experiência como critério decisório, ainda mais se da sua adoção resultar o indeferimento de provas requeridas pelas partes.

Em segundo lugar, as máximas de experiência não se confundem com o saber privado do juiz. Quando se pensa no saber privado, imagina-se o julgador que tenha presenciado fatos da causa, ou que conheça fatos específicos relacionados àquela relação jurídica determinada. Por exemplo, o juiz que, investigando (indevidamente) de ofício em redes sociais, constate que o re-

---

432 Segundo BARBOSA MOREIRA, "Não se trata agora de acontecimentos singulares, mas de noções que refletem o reiterado perpassar de uma série de acontecimentos semelhantes, autorizando, mediante raciocínio indutivo, a convicção de que, se assim costumam apresentar-se as coisas, também assim devem elas. em igualdade de circunstâncias, apresentar-se no futuro". Cf. Regras de experiência e conceitos juridicamente indeterminados. *In Temas de direito processual*: segunda série. 2. ed. São Paulo: Saraiva, 1988. p. 62. TARUFFO adverte para os problemas inerentes a tais generalizações e afirma que o conceito de máximas de experiência é "mais desorientador do que útil". TARUFFO, MICHELE. *Uma simples verdade:* o juiz e a construção dos fatos. Tradução de Vitor de Paula Ramos. São Paulo: Marcial Pons, 2016. p. 81.

querente de gratuidade da justiça leva uma vida luxuosa, frequenta bons restaurantes e faz viagens internacionais com alguma frequência. O fato, porque diz respeito a uma parte específica, não pode ser tido por notório (exceto se a parte for uma personalidade conhecida, um artista, atleta etc.). Além disso, por ser um fato específico, ele também não se configura como uma máxima de experiência, que como visto, é uma generalização do saber a partir de fatos ordinariamente verificados.

54. Restrições à utilização das máximas de experiência como fundamentos para afastar a investigação das provas

O art. 375 contempla, em realidade, um critério adicional e subsidiário para a valoração e reconstrução dos fatos da causa. Sua subsidiariedade não pode ser esquecida ou desprezada, e seria absolutamente impróprio julgar a causa a partir destas noções gerais sobre o que ordinariamente acontece, em detrimento das provas dos autos e das presunções legais aplicáveis.

O julgador que enfatiza suas próprias regras de experiência na interpretação dos fatos da causa age de modo ilegal e incorre em dois erros técnicos. Primeiro, atua em uma perigosa fronteira entre seu próprio saber privado – cujo emprego como método decisório é proibido – e o que são verdadeiramente as regras de experiência. Segundo, despreza provas realizadas naquele caso concreto, em detrimento de noções generalizantes, que, não obstante aconteçam em diversas situações, podem não ocorrer em todas.[433]

Apesar de se observar, aqui e ali, o emprego equivocado dessa técnica, fato é que as causas não podem ser julgadas nem de modo exclusivo nem de modo predominante pela utilização de máximas de experiência, de fatos notórios ou do saber privado do juiz. O último é absolutamente ilegal e não pode ser considerado, em qualquer cenário. Os demais possuem função claramente secundária e subsidiária no sistema.

Em uma disputa sobre a configuração ou não de concorrência desleal pela semelhança entre embalagens de produtos, o Superior Tribunal de Justiça corretamente refutou a utilização de noções gerais e percepções dos julgadores sobre a maior ou menor identidade entre os produtos. Do acórdão, destaco o trecho em que o Ministro Marco Aurélio Belizze afirma que "em situações como a dos autos, quando inexiste perícia técnica, as conclusões alcançadas são comumente extraídas de máximas da experiência – ou quiçá da inexperiência.

433 Da mesma forma, a máxima da experiência não pode colidir com presunções absolutas ou provas legais, do contrário se estaria violando ao mesmo tempo a norma específica e a primeira parte do art. 335 (CPC/73). Ferreira, William Santos. *Princípios fundamentais da prova cível*. São Paulo: Revista dos Tribunais, 2014. p. 290.

Embora disciplinadas as presunções judiciais, entre as quais se disciplinou expressamente a utilização das regras de experiência comum ou técnicas, nos termos do art. 335 do CPC/1973, não se pode olvidar que essas regras não são meios de prova nem se realizam mediante a participação dos litigantes em contraditório". Da ementa, extrai-se que "o indeferimento de prova técnica, para utilizar-se de máximas da experiência como substitutivo de prova, é conduta que cerceia o direito de ampla defesa das partes".[434]

Há máximas de experiência com maior relação com normas jurídicas, que terão uma utilidade naturalmente maior no processo. Por exemplo, pode-se considerar que motoristas que batem por trás normalmente são culpados do acidente, porque não guardaram distância segura do carro da frente. Ou que doações de bens imóveis feitas por um devedor a familiares próximos normalmente são indicativo de atos de dilapidação patrimonial. Ou ainda se pode afirmar que, em geral, alguém que se recusa a realizar uma perícia médica ou exame de DNA o faz para esconder o possível resultado, para impedir que tais verificações de base científica revelem alguma circunstância fática desfavorável à pessoa.

Ocorre que essas máximas de experiência não podem ser, por si, suficientes para que um certo fato seja tido como provado. Se a demanda versa sobre danos a um veículo por colisão, será preciso provar que o acidente ocorreu e que a colisão se deu de um carro na traseira do outro. Provados esses fatos, aquela situação geral se tornará uma constatação particular daquele processo, permitindo ao julgador levá-la em consideração, pela aplicação da presunção de culpa do motorista que colidiu por trás. Sem essa especificação, sem o trabalho de subsunção da máxima de experiência ao caso concreto, a regra interpretativa simplesmente não terá aplicação.[435]

No universo empresarial, pode-se considerar comum a utilização de sociedades em conta de participação para viabilizar parcerias empresariais entre investidores e empresas operacionais. Se alguém tem recursos para investir no mercado imobiliário mas não tem *know-how* no setor, poderá firmar um contrato de sociedade em conta de participação para realizar certo empreendimento imobiliário. Em geral, esses contratos são feitos de tal forma que o investidor não assume qualquer posição de gestão ou controle sobre o negócio, e sua participação será minoritária.

434 STJ, REsp 1.353.451 MG, 3ª Turma, rel. Marco Aurélio Belizze, j. 19.09.2017.

435 Para William Santos Ferreira, a máxima da experiência não pode colidir com presunções absolutas ou provas legais, do contrário se estaria violando ao mesmo tempo a norma específica e a primeira parte do art. 335 (CPC/73), FERREIRA, William Santos. *Princípios fundamentais da prova cível*. São Paulo: Revista dos Tribunais, 2014. p. 290.

Essa ideia não pode justificar, contudo, uma decisão que tome por ilegal a celebração de um contrato de sociedade em conta de participação pelo mero fato de a participação do investidor ser maior do que normalmente se observa, ou porque ele assumiu a gestão do empreendimento. Trata-se não só de uma generalização – que por si só é imprópria – como de uma ilação negativa ou pejorativa a partir de fatos que, isoladamente, nada significam. Se há elementos de prova que indicam alguma intenção fraudulenta, e como forma de corroborar e reforçar a argumentação o julgador invoca a ideia de que investidores costumam não ter poderes de gestão, a máxima de experiência será então utilizada como reforço, como complemento, ocupando seu verdadeiro papel.

Uma das piores formas de aplicação das máximas de experiência é a utilização de "saberes" do julgador que correspondem a noções preconceituosas da realidade. O Estado realiza a função jurisdicional por meio de pessoas, mas os julgamentos se dão pela aplicação da lei aos casos concretos. A lei não é o que querem os juízes, nem podem eles moldar os julgamentos à sua compreensão individual do mundo. Não pode haver espeço para ideias preconceituosas em uma decisão judicial.

Declarações como a que mulheres dirigem mal, que futebol é esporte de homens, ou considerações ainda mais absurdas, como a de que a vestimenta da mulher pode servir como estímulo para atos de violência sexual, apenas para dar alguns poucos exemplos, devem ser firmemente repudiadas e banidas do repertório de decisões. E da sociedade, de modo geral. Quaisquer manifestações do julgador que denotem uma noção geral, não retratada em fatos dos autos, deve ser vista com extrema cautela. Se estão atreladas a preconceitos, como os de gênero, raça, religião ou caráter político, merecem firme repúdio.[436]

Em caso no âmbito penal, por exemplo, o Superior Tribunal de Justiça reformou decisão que determinara a prisão de um acusado sob uma consideração genérica de que o agente pode reiterar na prática criminosa, sob o argumento de que "a habitualidade é da essência de qualquer negócio, inclusive da traficância", decidindo que aquela fundamentação não configura "motivação suficiente para justificar a necessidade de colocar o recorrente cautelarmente privado de sua liberdade".[437]

---

436 Com razão, Rogéria Dotti, Eduardo Cambi *et al.* advertem que o julgador deve se abster de generalizações infundadas ou preconceituosas, e que a máxima da experiência não pode ser aplicada em contradição aos conhecimentos científicos disponíveis (e.g., a Terra gira em torno do Sol, embora haja pessoas que pensem o contrário). Cf. *Curso de processo civil completo*. São Paulo: Revista dos Tribunais, 2017. p. 687.

437 STJ, 6ª Turma, Recurso em *Habeas Corpus* n. 49.926, rel. Min. Rogério Schietti Cruz, j. 05.05.2015.

Art. 376. A parte que alegar direito municipal, estadual, estrangeiro ou consuetudinário provar-lhe-á o teor e a vigência, se assim o juiz determinar.

CPC de 1973 – art. 337

55. O juiz conhece a lei

Como se sabe, uma das regras fundamentais que regulam a relação dos cidadãos com o Estado é que ninguém se exime de cumprir a lei alegando desconhecê-la (LINDB, art. 3º). Para tornar possível a aplicação da lei para todos, criou-se uma ficção jurídica, de que todos conhecem o teor da lei. Ao mesmo tempo que se sabe que isso não é verdade, define-se que deve prevalecer uma ideia geral, um pacto, de que ninguém descumpre a lei porque não a conhece.

Se isso se aplica aos cidadãos, o que dirá aos agentes do Estado encarregados de aplicar essas mesmas leis. Assim, presume-se que o juiz conhece a lei. Essa noção é histórica, decorre dos sistemas jurídicos que deram origem ao nosso, fazendo surgir inclusive as máximas *iura novit curia* e *da mihi factum, dabo tibi ius*. Na tarefa de julgamento das demandas, o juiz deve conhecer a lei, tendo autorização para atribuir qualificação jurídica diversa daquela eventualmente trazida pelas partes.

É claro que essa noção não significava, mesmo no sistema anterior, que o juiz tivesse autorização para estabelecer julgamentos sobre questões de direito de forma surpreendente. Defendia-se, há muito, a ideia de que o poder do julgador em conhecer o direito, inclusive de ofício, não o eximia de submeter tais questões às partes, promover o debate com elas antes de efetivamente julgar a causa.[438]

O CPC de 2015 incorpora textualmente essa noção no art. 10. Agora, sem margem para dúvidas, compreende-se que poderes de ofício significam poderes de iniciativa, não de julgamento sem debate.

56. A lei que o juiz não conhece

Mas este artigo, também tradicional em nosso sistema, propõe uma exceção àquele modelo. Faz, como afirma Dinamarco, uma ressalva à regra geral de conhecimento das leis, porque não é razoável exigir que o juiz conheça todas as normas, de todos os estados, municípios e até de outros países.[439]

---

438 A respeito desse tema, remeto o leitor a outra obra de minha autoria que analisa a questão nas hipóteses de reconhecimento de questões de ordem pública. Cf. APRIGLIANO, Ricardo de Carvalho. *Ordem pública e processo:* o tratamento das questões de ordem pública no direito processual civil. São Paulo: Atlas, 2011. p. 70-71.

439 DINAMARCO, Cândido Rangel. *Instituições de direito processual civil.* 7. ed. São Paulo: Malheiros, 2017. v. 3, p. 74-76.

Paula Costa e Silva completa esta ideia, aludindo às situações em que o direito aplicável é diferente do direito do julgador – circunstância muito mais comum em arbitragens, notadamente as internacionais. Para a professora portuguesa, "é exatamente esta circunstância – a da estraneidade do Direito que o tribunal aplica – que impõe que as partes dele façam prova. Para que ao decisor sejam feitos presentes os critérios que lhe permitirão decidir o caso".[440]

Como se sabe, as fontes de normas jurídicas não se resumem a leis. Podem ser mais abertas, como os costumes e princípios. Podem emanar de outros órgãos e instâncias de poder, como os Estados, Municípios, ou mesmo constituírem-se de atos regulamentares de órgãos públicos e autarquias. No Brasil, todos os Ministérios, Secretarias, Agências reguladoras, autarquias, o Banco Central, editam fontes de normas jurídicas. Podem, ainda, decorrer de decisões proferidas pelos Tribunais Superiores, compondo o universo mais geral dos precedentes, que receberam um novo tratamento no CPC/2015 e, inegavelmente, constituem também o direito brasileiro.[441] Com todos esses elementos a compor o extenso campo de fontes de normas jurídicas, é, de fato, impossível conhecer efetivamente o gigantesco universo de normas vigentes.

Ainda que pareça menos relevante, duas ressalvas são necessárias. Primeiro, que a norma parece mal posicionada no Código, porque não regula efetivamente uma prova. Cuida-se de um pormenor da atividade jurisdicional, que talvez estivesse mais bem localizado em tópicos sobre a decisão judicial. Segundo, que não se trata propriamente de provar o direito, mas quando muito, trazer elementos que indiquem a existência e a vigência da norma invocada pela parte (art. 14 da LINDB).

A ressalva dentro da ressalva é que o juiz não pode exigir que a parte faça prova da existência e validade de uma lei estadual do próprio Estado onde ele esteja lotado. O mesmo quanto ao Município. O art. 376 cria um modelo de trabalho cooperativo, na verdade, para que partes e juiz colaborem entre si para

---

440 COSTA E SILVA, Paula. A prova no direito em processo arbitral: *iura novit curia*. *Revista Iberoamericana de Derecho Procesal*, v. 9/2019, p. 409-414, jan./jun. 2019. Acesso em: file:///C:/Users/RICA/Documents/Paula%20Costa%20e%20Silva.%20Prova%20do%20direito%20na%20arbitragem.pdf.

441 A doutrina brasileira se debruçado intensamente ao longo dos últimos anos sobre o tema dos precedentes no novo CPC. Cf. CIMARDI; Cláudia Aparecida. A jurisprudência uniforme e os precedentes no novo Código de Processo Civil brasileiro. *In* TALAMINI, Eduardo; WAMBIER, Teresa Arruda Alvim (coord.). *Coleção Liebman*. São Paulo: Revista dos Tribunais, 2015; CRAMER, Ronaldo. *Precedentes judiciais:* teoria e dinâmica. Rio de Janeiro: Forense, 2016; MITIDIERO, Daniel. *Precedentes:* da persuasão à vinculação. 2. ed. São Paulo: Revista dos Tribunais, 2017; PEREIRA, Paula Pessoa. Legitimidade dos precedentes: universabilidade das decisões do STJ. *Coleção o Novo Processo Civil*. São Paulo: Revista dos Tribunais, 2014.

identificar normas que devam ser aplicadas para a compreensão de dada controvérsia, mas que sejam de localidade diversa.

O juiz estadual do Paraná não tem o dever legal de conhecer normas municipais de Recife, ou a regulação sobre direito contratual na Holanda. Mas presume-se que conheça as leis estaduais paranaenses, bem como as de Curitiba, caso esteja em uma das varas da capital.[442]

Também pode ser invocado o que FREDERICO MARQUES denominava direito singular, compreendido como uma lei de exceção, que decorre de legislação especial, por isso nem todos podem invocar. São exemplos as leis editadas para impulsionar certas indústrias ou segmentos econômicos em certa cidade ou região. Nesse conceito o autor inclui também portarias, instruções normativas e demais normas internas de Secretarias, Ministérios e Repartições Públicas, que disciplinam aspectos específicos de alguns setores da economia.[443]

A essas considerações podemos adicionar as Agências Reguladoras, que editam muitas normas sobre o segmento econômico sobre o qual atuam. Por exemplo, as instruções da ANAC que regulam a aviação civil, ou da ANS para o setor de planos privados de saúde, deverão ser trazidas pelas partes, nas demandas relativas a esses temas.

É certo, ainda, que no mais das vezes as partes alegam as suas razões de direito e invocam as normas legais que amparam sua pretensão. É incomum que um julgador identifique um direito não alegado pelas partes, de forma que, em termos práticos, a questão se resolve com maior facilidade. A parte que invoca tais normas naturalmente já faz prova de sua existência e validade.

No que diz respeito ao direito estrangeiro, por vezes a atuação recomendável não é apenas trazer a prova do teor e vigência de certas normas, devidamente traduzidas, mas também fornecer elementos que permitam ao julgador entender a melhor interpretação daquele conjunto de normas. Há uma diferença muito grande entre ler um dispositivo legal, por exemplo do Código Civil francês, e compreender de que forma ele é aplicado, quais as circunstâncias que normalmente permeiam a invocação da regra, as hipóteses práticas de sua aplicação, o entendimento dos tribunais franceses a respeito etc. Esse quadro mais geral se obtém, em geral, pela apresentação de pareceres jurídicos produzidos por juristas que conheçam aquele sistema legal em específico.

---

442 NEVES, DANIEL AMORIM ASSUMPÇÃO. *Manual de direito processual civil.* 10. ed. Salvador: Juspodivm, 2018. p. 734.

443 MARQUES, JOSÉ FREDERICO. *Instituições de direito processual civil.* 2. ed. Rio de Janeiro: Forense, 1962. v. III, p. 364.

57. Direito consuetudinário e *soft law*

O direito consuetudinário também deve ser provado, e aqui a dificuldade aumenta. Porque o que o caracteriza é justamente sua não positivação. Ele decorre da adoção de certas práticas comerciais, da obediência a certas regras de convívio que passam a ser obrigatórias, como fruto da reiteração daquelas práticas. Por isso, João Batista Lopes afirma que o que se faz é demonstrar a prática reiterada dos atos e a convicção de que eles correspondem a uma necessidade jurídica.[444]

Ao comentar este dispositivo, Luiz Guilherme Marinoni e Sérgio Arenhart mencionam um interessante julgado, no qual se reconheceu a prevalência do costume comercial de uma cidade do interior do Estado, relativamente à compra de gado, que dispensava qualquer prova escrita para a transação.[445]

Exemplos típicos são as cláusulas do comércio e transporte internacionais, os Princípios UNIDROIT relativos aos contratos internacionais do comércio ("*UNIDROIT Principles*") e os Termos Internacionais do Comércio ("*Incoterms*"), que consistem em regulações internacionais usualmente adotadas no ambiente de negócios. Podem ser formulados sob a forma de regulamentos ou normas, mas não guardam as características típicas de uma lei. Não são editados por órgão legislativo, mas constituem normas que a comunidade internacional de negócios adota e respeita, decorrendo daí seu caráter mandatório.

Em uma disputa sobre transporte de mercadorias, por exemplo, as partes irão discutir com base na modalidade do frete contratada. Mas não há contratos com cláusulas detalhando o modelo do negócio. Basta uma simples alusão à "cláusula FOB"[446] ou à "cláusula CIF"[447] para que aqueles

444 LOPES, João Batista. Comentários aos arts. 369 a 380 do Código de Processo Civil. *In* BUENO, Cassio Scarpinella (coord.). *Comentários ao Código de Processo Civil*. São Paulo: Saraiva, 2017. v. 2, p. 264.

445 ARENHART, Sérgio Cruz; MARINONI, Luiz Guilherme. Comentários ao Código de Processo Civil: artigos 369 ao 380. *In* MARINONI, Luiz Guilherme (dir.); ARENHART, Sérgio Cruz; MITIDIERO, Daniel (coord.). *Comentários ao Código de Processo Civil*. São Paulo: Revista dos Tribunais, 2016. v. VI, p. 284.

446 A expressão "FOB" ("*free on board*") designa uma cláusula contratual em que o vendedor se responsabiliza pelo traslado das mercadorias até um veículo de transporte (normalmente um navio) indicado pelo comprador, e a partir desse momento o comprador passa a arcar com todos os custos e riscos do negócio. Mais informações disponíveis no *website* da Câmara Internacional de Comércio: https://iccwbo.org/resources-for-business/incoterms-rules/incoterms-rules-2010/. Acesso em: 29 jan. 2019.

447 A expressão "CIF" ("*cost, insurance and freight*") designa uma cláusula contratual em que, assim como a "cláusula FOB", o vendedor se responsabiliza pelo traslado das

agentes econômicos saibam o conteúdo das respectivas obrigações. Pode nem haver correspondência exata com algum tipo contratual do Código Civil, ou no limite pode até haver alguma contradição. Em qualquer caso, as partes demonstrarão ao juiz da causa a existência daquele costume comercial, explicarão no que ele consiste, devendo o julgador levar tais elementos em consideração.

No âmbito da arbitragem, alguns organismos internacionais, como a International Bar Association (IBA), editam Regulamentos, com regras gerais editadas como uma tentativa de harmonizar os diferentes sistemas jurídicos e permitir um conjunto mais equilibrado de normas, que as partes podem adotar por consenso em arbitragens internacionais, ou mesmo nacionais.[448] São chamadas de *soft law* porque não guardam a obrigatoriedade típica de uma lei nacional, mas podem ser adotadas e, nessa medida, vinculam as partes. Há inclusive Regras sobre Provas em arbitragem internacional, além de regramentos sobre ética e deveres de revelação dos árbitros.

Mesmo a UNCITRAL, órgão da ONU voltado para a promoção do comércio internacional, possui um regulamento padrão para procedimentos arbitrais, que pode ser adotado para um procedimento específico por meio de simples referência na convenção de arbitragem. Há instituições arbitrais que se habilitam para administrar procedimentos em que tenha sido eleito o Regulamento de Arbitragem da Uncitral, tais como a CAM-CCBC[449] e a CIESP/FIESP.[450]

Do ponto de vista do nosso sistema processual, são todas elas modalidades de leis que o juiz não conhece, mas que devem ser trazidas a seu conhecimento, para que sejam consideradas para a solução da disputa.

---

mercadorias até um veículo de transporte (normalmente um navio) indicado pelo comprador, transferindo nesse momento o risco do negócio para o comprador. Contudo, nesse tipo de contrato ele ainda estará obrigado a pagar pelo frete até o porto de destino das mercadorias, bem como a contratar o seguro mínimo em nome do comprador. Mais informações disponíveis no *website* da Câmara Internacional de Comércio: https://iccwbo.org/resources-for-business/incoterms-rules/incoterms-rules-2010/. Acesso em: 29 jan. 2019.

448 Disponível em: https://www.ibanet.org/Publications/publications_IBA_guides_and_free_materials.aspx. Acesso em: 29 jan. 2019.

449 Esta possibilidade passou a ser admitida por meio da Resolução Administrativa n. 33 da CAM-CCBC, disponível em: https://ccbc.org.br/cam-ccbc-centro-arbitragem-mediacao/resolucao-de-disputas/resolucoes-administrativas/ra-33-2018-ref-procedimento-para-atuacao-do-cam-ccbc-em-arbitragens-regidas-pela-uncitral-arbitration-rules/. Acesso em: 29 jan. 2019.

450 Essa possibilidade é prevista expressamente no art. 20.8 do Regulamento de Arbitragem da Câmara em questão, disponível em: http://www.camaradearbitragemsp.com.br/pt/arbitragem/regulamento.html. Acesso em: 29 jan. 2019.

Art. 377. A carta precatória, a carta rogatória e o auxílio direto suspenderão o julgamento da causa no caso previsto no art. 313, inciso V, alínea *b*, quando, tendo sido requeridos antes da decisão de saneamento, a prova neles solicitada for imprescindível.

Parágrafo único. A carta precatória e a carta rogatória não devolvidas no prazo ou concedidas sem efeito suspensivo poderão ser juntadas aos autos a qualquer momento.

CPC de 1973 – art. 338

58. Das cartas e seu efeito suspensivo

A regra do Código de Processo Civil é que as provas sejam produzidas perante o juiz que julgará a causa. Ela se justifica intuitivamente: espera-se que o julgador que teve mais proximidade com a produção das provas esteja mais apto a valorá-las e julgar os pedidos das partes corretamente.

Em hipóteses excepcionais, isso não será possível, e.g., quando a testemunha reside fora da comarca ou os elementos a serem objeto de perícia se encontram em outro país. Nessas hipóteses, serão utilizadas a carta precatória, a carta rogatória e o auxílio direto, de forma a permitir a produção da prova perante outro juiz.

Estabelece o art. 313, V, *b*, que o manejo desses instrumentos suspende o processo. O art. 377, contudo, restringe a suspensão apenas para as hipóteses que preencham dois requisitos: *(i)* a carta ou auxílio direto tenham sido requeridos antes da decisão de saneamento; e *(ii)* a prova seja imprescindível para o julgamento da causa.

Caso um desses requisitos não seja preenchido, o juiz deverá julgar a causa a partir do conjunto probatório de que já dispõe,[451] que é também a orientação do STJ.[452] Contudo, Marinoni e Arenhart apontam corretamente que "é preciso distinguir a situação em que a prova foi requerida no momento adequado, mas o pressuposto para a expedição da carta surgiu apenas após a decisão que saneou o processo". Seria desarrazoado privar a parte que agiu de forma diligente e requereu a produção da prova da possibilidade de produzi-la, a pretexto de conferir uma efetividade ao julgamento que se revelará falsa, pois obtida à custa do sacrifício do direito à prova.[453]

451 LOPES, João Batista. Comentários aos arts. 369 a 380 do Código de Processo Civil. *In* BUENO, Cassio Scarpinella (coord.). *Comentários ao Código de Processo Civil.* São Paulo: Saraiva, 2017. v. 2, p. 265.

452 STJ, REsp 1.132.818/SP, Terceira Turma, rel. Nancy Andrighi, j. 03.05.2012. Cf. NEVES, Daniel Amorim Assumpção. *Novo Código de Processo Civil comentado.* Salvador: Juspodivm, 2016. p. 667.

453 ARENHART, Sérgio Cruz; MARINONI, Luiz Guilherme. Comentários ao Código de Processo Civil: artigos 369 ao 380. *In* MARINONI, Luiz Guilherme

DANIEL NEVES defende que o julgador não poderá sentenciar um processo enquanto houver prova pendente de produção por meio de carta, porque o segundo requisito (a imprescindibilidade da prova para o julgamento da causa) jamais poderia ser avaliado no momento da admissibilidade da prova, mas somente no da valoração.[454]

A posição me parece correta, e novamente vale relembrar a distinção entre os momentos da prova, notadamente entre a admissibilidade e a valoração. É evidente que, no momento de examinar a admissibilidade da prova, o julgador fará um exame preliminar sobre a sua necessidade. Ela deve aparentar ser pertinente, relevante e necessária (ou imprescindível), à luz do relato da parte. Se ela efetivamente será necessária ou imprescindível, é questão que somente será revelada após sua produção, quando ela for valorada.

Assim, se a parte pleiteia a produção de uma prova, por carta precatória, rogatória ou auxílio direto, que parece, na perspectiva do requerente, necessária, o processo deverá ser suspenso para se permitir sua realização. O § 4º do art. 313 sugere uma limitação de um ano para a suspensão, mas, como se sabe, esse prazo pode ser postergado, a critério do julgador.

59. Juntada aos autos da carta após a sentença

Quando a carta for deferida sem efeito suspensivo, ou o prazo de suspensão de um ano for ultrapassado (art. 313, § 4º), o procedimento terá seguimento ainda que a carta não tenha retornado ao juízo de origem. É evidente que, caso a carta retorne com a prova devidamente realizada, antes da sentença, deverá ser juntada aos autos e valorada pelo julgador em conjunto com o restante do conjunto probatório. Contudo, o que fazer quando ela retorna somente após a sentença?

Como não poderia deixar de ser, o parágrafo único do art. 377 estabelece que mesmo nessa hipótese a carta deverá ser juntada aos autos. Isso porque, caso o processo esteja tramitando em grau de recurso, essa prova deverá ser levada em consideração pelos julgadores – a não ser, evidentemente, que se trate de recurso que não admita reexame probatório.[455]

(dir.); ARENHART, SÉRGIO CRUZ; MITIDIERO, DANIEL (coord.). *Comentários ao Código de Processo Civil*. São Paulo: Revista dos Tribunais, 2016. v. VI, p. 286.

454 NEVES, DANIEL AMORIM ASSUMPÇÃO. *Novo Código de Processo Civil comentado*. Salvador: Juspodivm, 2016. p. 667.

455 ARENHART, SÉRGIO CRUZ; MARINONI, LUIZ GUILHERME. Comentários ao Código de Processo Civil: artigos 369 ao 380. *In* MARINONI, LUIZ GUILHERME (dir.); ARENHART, SÉRGIO CRUZ; MITIDIERO, DANIEL (coord.). *Comentários ao Código de Processo Civil*. São Paulo: Revista dos Tribunais, 2016. v. VI, p. 287.

Lembre-se que o art. 932, I, do CPC/2015 expressamente atribui ao relator poderes de realizar atividades probatórias no âmbito recursal. É incomum, mas totalmente compatível com nosso sistema recursal, a realização de atividades instrutórias diretamente em segundo grau. Apenas para um rápido exemplo, basta imaginar que determinada prova foi indeferida em primeiro grau, mas considerada necessária no julgamento do recurso. O processo não precisa ser anulado ou devolvido ao primeiro grau apenas por isso, bastando que o próprio Tribunal colha a prova e prossiga com o julgamento do mérito do recurso.

Deve-se mencionar, por fim, que a prova obtida por meio da carta pode ensejar excepcionalmente até mesmo ação rescisória após o trânsito em julgado do processo, caso seja "capaz, por si só, de lhe assegurar pronunciamento favorável" (art. 966, VII).

> **Art. 378.** Ninguém se exime do dever de colaborar com o Poder Judiciário para o descobrimento da verdade.
>
> *CPC de 1973 – art. 339*

60. Dever de colaboração para o descobrimento da verdade

A disposição do art. 378 é tradicional em nosso sistema processual. Contempla um dever geral, que tem como destinatários todos os que, de qualquer forma, participam ou interferem em uma relação processual. A expressão "ninguém" não pode ser mais clara, dada sua evidente abrangência.

Questão mais polêmica é a de se estabelecer a extensão desse "dever de colaborar para o descobrimento da verdade". As partes, em um processo, assumem uma relação adversarial, procuram fazer prevalecer os seus pontos de vista sobre os da outra parte. Ainda em um sistema que claramente consagra a cooperação como um princípio norteador, não se exclui a atuação contenciosa dos litigantes.[456]

É preciso então distinguir os papéis e compreender que as partes podem e devem litigar, sustentar suas posições, invocar óbices legítimos ao conhecimento das pretensões alheias (como é o caso de todas as exceções dilatórias), invocar a prescrição, a convenção de arbitragem e tantas outras questões. As

---

456 "Como é curial, autor e réu são adversários e, nessa condição, pretendem fazer prevalecer a versão dos fatos apresentada no processo, razão por que não se pode exigir deles transigência em seus direitos e faculdades." Cf. LOPES, João Batista. Comentários aos arts. 369 a 380 do Código de Processo Civil. *In* BUENO, Cassio Scarpinella (coord.). *Comentários ao Código de Processo Civil*. São Paulo: Saraiva, 2017. v. 2, p. 265.

partes podem e devem produzir suas provas, arrolar suas testemunhas, sempre com vistas ao atingimento de suas pretensões, deduzidas no processo.

Essa postura, de aportar ao processo os elementos de prova que amparem as suas alegações de fato e as suas pretensões, é exatamente aquela esperada de todo e qualquer litigante. O Código insere esse importante dispositivo no capítulo dedicado às provas, mais especificamente nas disposições gerais sobre as provas, para estabelecer um dever geral de colaboração das partes e de terceiros com o descobrimento da verdade. Estabelece-se uma "relação teleológica entre prova e verdade e a necessidade, para tanto, de que o material probatório seja o mais completo possível".[457]

Em diversos outros dispositivos do Código há previsões acerca do dever das partes. Os principais estão no art. 77,[458] cujo descumprimento pode ensejar a aplicação de penalidades por ato atentatório à dignidade da justiça. No art. 80 estão definidas as condutas que configuram litigância de má-fé. No âmbito do processo de execução e cumprimento de sentença, outros deveres vêm previstos no art. 774, e seu desatendimento também importa ato atentatório à dignidade da justiça, ensejando as sanções contidas no parágrafo único.

Tais dispositivos consagram deveres gerais e expressamente preveem punições em caso de desvio das partes em relação aos parâmetros ali estabelecidos. Neste art. 379 a situação é diversa. Primeiro, porque o objeto da previsão legal é a atividade probatória. Segundo, porque não há uma relação imediata e automática entre a eventual violação ao dever de colaborar com o descobrimento da verdade e a aplicação de sanções processuais, seja às partes, seja a terceiros. Os arts. 378 a 380 regulam esses temas e, como será visto, estabelecem mecanismos e consequências diferentes, conforme a natureza da providência e a qualidade de seu destinatário.

---

457 RAMOS, Vitor de Paula. Comentários aos arts. 369 a 380. *In* TUCCI, José Rogério Cruz *et al. Código de Processo Civil anotado*. 3. ed. Rio de Janeiro: LMJ Mundo Jurídico, 2018. p. 562.

458 Art. 77. Além de outros previstos neste Código, são deveres das partes, de seus procuradores e de todos aqueles que de qualquer forma participem do processo: I – expor os fatos em juízo conforme a verdade; II – não formular pretensão ou de apresentar defesa quando cientes de que são destituídas de fundamento; III – não produzir provas e não praticar atos inúteis ou desnecessários à declaração ou à defesa do direito; IV – cumprir com exatidão as decisões jurisdicionais, de natureza provisória ou final, e não criar embaraços à sua efetivação; V – declinar, no primeiro momento que lhes couber falar nos autos, o endereço residencial ou profissional onde receberão intimações, atualizando essa informação sempre que ocorrer qualquer modificação temporária ou definitiva; VI – não praticar inovação ilegal no estado de fato de bem ou direito litigioso.

61. Dever de não se eximir, que não se confunde com produzir provas contra si

O art. 379 (abaixo) possui uma previsão que não existia nos Códigos anteriores, que assegura à parte "o direito de não produzir prova contra si". A disposição gerou acalorados debates na doutrina, como será visto nos comentários ao artigo subsequente. Afinal, existe um *direito* de não produzir provas contra si no âmbito do processo civil?

A questão que o art. 378 pode suscitar é a inversa: afinal, existe um *dever* de produzir prova contra si, sob a justificativa de que ninguém se exime de colaborar com o Poder Judiciário? É possível que o legislador tenha estabelecido duas figuras absolutamente antagônicas, em artigos subsequentes do Código?

Ainda que a ciência do direito trabalhe com a hipótese de antinomia entre leis e desenvolva critérios hermenêuticos para solucioná-las, não podemos considerar razoável que o legislador, em um mesmo diploma legal, estipule duas normas antagônicas. Há (ou há de haver) um modo de interpretar tais disposições de forma harmônica, coerente com o sistema geral do processo brasileiro.

Em relação à cogitação de existir um dever de produzir prova contra si, é importante distinguir duas situações. Em primeiro lugar, na formulação das suas pretensões e na apresentação das provas, cada parte tem o direito de dirigir a sua argumentação e seus esforços probatórios para atender aos próprios interesses. Como advertem Luiz Rodrigues Wambier e Eduardo Talamini, "a parte tem o direito de apenas requerer as provas que reputar mais adequadas para a comprovação das suas afirmações".[459]

Assim, no âmbito das posturas ativas de cada litigante, não se pode cogitar que a parte tenha algum dever de produzir provas desfavoráveis a si própria. O que os litigantes não podem fazer, e esta é a dicção do art. 379, é criar obstáculos à produção probatória requerida pela parte contrária, ou de ofício pelo juiz.[460]

Há diversos exemplos que podem ser mencionados, que serão enquadrados mais propriamente como ônus processuais, não como deveres. Pense-se no

459 TALAMINI, Eduardo; WAMBIER, Luiz Rodrigues. *Curso avançado de processo civil:* cognição jurisdicional (processo comum de conhecimento e tutela provisória). 16. ed. São Paulo: Revista dos Tribunais, 2016. v. 2. p. 233-234.

460 Os mesmos autores esclarecem que "a parte não pode criar obstáculos nem deixar de dar atendimento a providências que lhe sejam determinadas (art. 379 do CPC/2015). Ônus e dever coexistem". TALAMINI, Eduardo; WAMBIER, Luiz Rodrigues. *Curso avançado de processo civil:* cognição jurisdicional (processo comum de conhecimento e tutela provisória). 16. ed. São Paulo: Revista dos Tribunais, 2016. v. 2. p. 234.

depoimento pessoal da parte. Ele é requerido pela parte contrária e, não obstante não se cogitar de um compromisso de dizer a verdade, a lei sanciona a parte que se negar a depor ou apresentar evasivas com a pena de confissão. É fato, de outro lado, que o juiz poderá determinar o comparecimento da parte, a qualquer momento (art. 139, VIII), de onde se pode extrair um dever das partes em comparecer em juízo, mas disso não decorre um dever de depor, ou mais especialmente, uma punição pela recusa.[461] O dispositivo é claro ao prever que nem mesmo incidirá a pena de confissão neste caso. A parte que deixa de comparecer, que deixa de apresentar defesa ou, apresentando-a, deixa de contestar todos os fatos alegados, poderá sofrer consequências consistentes em perda de vantagens processuais, mas não necessariamente punições ou sanções.

Em todos esses cenários, o réu possui escolhas. Pode optar por adotar postura não cooperativa, inclusive em termos absolutos, ou seja, nem mesmo comparecendo em juízo para apresentar resposta. Não há uma sanção processual, tais comportamentos não serão tidos como manifestações de litigância de má-fé ou de atos atentatórios à dignidade da justiça. A consequência se insere no âmbito dos ônus processuais. O réu perderá possíveis situações de vantagem ao adotar aqueles comportamentos. Entendimentos contrários, *data venia*, revelam uma postura autoritária, não refletida em nosso sistema positivo e incompatível com o Estado de Direito.

Também pode se dizer o mesmo em relação à exibição de documentos. Quando ela é dirigida à parte, a não apresentação do documento faz surgir a presunção de veracidade da informação alegada pela parte contrária (art. 400). É, portanto, e em primeiro plano, um ônus da parte. É verdade, contudo, que o CPC/2015 incorporou um elemento de "dever" à exibição de documentos, prevendo inclusive medidas coercitivas em caso de não apresentação, mas como será visto, isso se aplica às situações em que não se pode extrair consequências uteis ao requerente, pelo mero fato de o destinatário da ordem se recusar a apresentar o documento.

Exemplo típico se dá com as instituições bancárias. A não apresentação de extratos bancários não permite, em geral, que se construa uma noção de presunção sobre os elementos não apresentados. É preciso acessar o extrato, e por isso, podem ser adotadas medidas coercitivas em face do banco, como a imposição de multa ou mesmo a busca e apreensão.

Não considero apropriada a interpretação segundo a qual há, para a parte, algum tipo de dever de aportar voluntariamente ao processo informações

461 ARAKEN DE ASSIS sustenta posição contrária, vislumbrando um dever de comparecimento, fruto da aplicação conjunta dos arts. 379, I e 77, IV, do CPC. Cf. *Processo civil brasileiro*. 2. ed. São Paulo: Revista dos Tribunais, 2016. v. II, p. 272.

ou provas desfavoráveis e que ao não adotar semelhante conduta, a parte deva ser apenada como litigante de má-fé.[462]

O sistema processual brasileiro trabalha sob premissas mais liberais. Permite às partes a delimitação do objeto do processo, em caráter exclusivo; atribui a elas o ônus de alegação e de defesa, o que inclui a alegação dos fatos que estão na base de suas pretensões. Atribui-lhes, igualmente, a primazia na produção das provas. Tudo em um modelo que consagra a autonomia da vontade, que permite adaptações ao procedimento e a convenção sobre ônus, faculdades, poderes e até deveres.

Esse mesmo sistema tipifica as condutas desleais, violadoras de deveres processuais, condutas que têm sido historicamente interpretadas de forma restritiva. Dada sua natureza sancionatória, a interpretação deve ser estrita, sem possibilidade de ampliação ou enquadramento de outras hipóteses, além daquelas previstas.

Em um plano mais geral, consagra constitucionalmente um amplo direito de defesa, com meios e recursos a ele inerentes. É sob esse signo que deve ser interpretado o dever das partes e dos terceiros em colaborar com o Poder Judiciário. Ou melhor, no dever que todos têm de *não se eximir* em colaborar.

A expressão "ninguém se exime" é compatível com a ideia de que, uma vez solicitados a colaborar com a realização de provas e, de modo geral, com o descobrimento da verdade, todos devem fazê-lo. Testemunhas devidamente intimadas devem comparecer (art. 455, § 5º), devem dizer a verdade (art. 458), as partes devem igualmente cooperar para o esclarecimento dos fatos, sem empregar evasivas ou recusar-se a responder (art. 386), devem cooperar com inspeção judicial (art. 379, II).

---

462 Essa parece ser a posição de Luiz Guilherme Marinoni e Sérgio Arenhart, para quem o artigo contém determinação geral sobre instrução, aplicável às partes e a terceiros. Pela regra, "qualquer pessoa que possa trazer elementos capazes de influenciar a decisão judicial tem o dever de aportá-los ao processo". Os autores afirmam que se trata de um dever, relacionado ao art. 77, I (dever de expor os fatos conforme a verdade), operando verdadeira simbiose entre os arts. 77 e 378. A violação desse dever configura litigância de má-fé e sujeita o infrator à multa respectiva. ARENHART, Sérgio Cruz; MARINONI, Luiz Guilherme. Comentários ao Código de Processo Civil: artigos 369 ao 380. *In* MARINONI, Luiz Guilherme (dir.); ARENHART, Sérgio Cruz; MITIDIERO, Daniel (coord.). *Comentários ao Código de Processo Civil*. São Paulo: Revista dos Tribunais, 2016. v. VI, p. 287-288.

O dever das partes e de todos em colaborar com a descoberta da verdade se faz presente em todo o diploma do Código. CELSO HIROSHI IOCOHAMA identifica vinte e quatro disposições em que expressões como verdade ou veracidade são empregadas no CPC/2015, no qual, relembre-se, foi consagrado o dever de cooperação entre todos os sujeitos do processo.[463]

Mas esse dever geral de colaboração não pode ser visto como uma supressão do direito de defesa, que é de titularidade de todos os litigantes. Ou como a imposição de um modelo que vede ao litigante a prerrogativa de resistir à demanda, de lutar contra a submissão de seu direito ao direito da contraparte. Todos podem se defender, todos podem dirigir a atenção dos julgadores ao conjunto probatório que lhes favoreça. Uma vez instados a apresentar elementos específicos (como no pedido de exibição de documentos) ou a colaborar para a realização de meios de prova requeridos pela parte contrária, é evidente que devem colaborar.

Tem razão JOÃO BATISTA LOPES, quando afirma que, "em verdade, colaboração no texto legal aproxima-se da ideia de lealdade, na medida em que as partes não podem falsear os fatos nem assumir conduta de resistência às determinações judiciais".[464]

Art. 379. Preservado o direito de não produzir prova contra si própria, incumbe à parte:

I – comparecer em juízo, respondendo ao que lhe for interrogado;

II – colaborar com o juízo na realização de inspeção judicial que for considerada necessária;

III – praticar o ato que lhe for determinado.

CPC de 1973 – art. 340

62. Antecedentes legislativos. Direito de não produzir prova contra si no âmbito penal

O CPC/2015 incorporou uma noção jurídica que não faz parte da tradição do processo civil, a de assegurar um direito a não autoincriminação e um direito de não produzir prova contra si mesmo. Este tema, em particular, recebe tratamento legal muito diferente, quando se compara o processo civil ao penal.

---

463 IOCOHAMA, CELSO HIROSHI. O princípio da veracidade e o direito de não fazer prova contra si mesmo perante o Novo Código de Processo Civil. *In* DIDIER JR., FREDIE (coord.); FREIRE, ALEXANDRE; MACÊDO, LUCAS BURIL DE; PEIXOTO, RAVI (org.). *Coleção Novo CPC:* doutrina selecionada – provas. 2. ed. Salvador: Juspodivm, 2016. v. 3, p. 28.

464 LOPES, JOÃO BATISTA, *ob. cit.*, p. 266.

No processo penal, fruto de uma evolução histórica e gradativo reconhecimento de direitos dos acusados em face do Estado, assegura-se o direito de não produzir prova contra si mesmo, como mecanismo derivado do princípio, que no Brasil tem índole constitucional, da presunção de inocência.[465]

Há tratados internacionais que disciplinam essa figura. Em primeiro plano, o Pacto Internacional sobre Direitos Civis e Políticos, cujo artigo 14.3 prevê que "toda pessoa acusada de um delito terá direito, em plena igualmente, a, pelo menos, as seguintes garantias (...) g) De não ser obrigada a depor contra si mesma, nem a confessar-se culpada". Disposição de mesma natureza se encontra na Convenção Americana sobre Direitos Humanos (Pacto de San José da Costa Rica), de 22.11.1969[466] e no Estatuto de Roma, pelo qual foi instituído o Tribunal Penal Internacional, em 17.07.1998.[467]

Das lições de Marcella Nardelli, infere-se que a Corte Europeia de Direitos Humanos definiu, no caso *John Murray v. United Kingdom*, julgado em 8 de fevereiro de 1996, que o direito à não autoincriminação é limitado à esfera penal. Preserva-se o privilégio contra a autoincriminação em relação a condenações baseadas no "próprio testemunho" forçado, mas essa proteção legal não se aplica a provas materiais que podem ser obtidas compulsoriamente, como as decorrentes de busca e apreensão, amostras de sangue e urina. É, assim, possível submeter o réu, acusado de um delito de natureza penal, a procedimentos probatórios dos quais se extraiam elementos de prova em favor da acusação. Mas, em qualquer caso, o direito ao silêncio do réu é assegurado em termos absolutos.[468]

---

465 NARDELLI, Marcella Alves Mascarenhas. A função epistêmica do processo e as limitações probatórias: o direito à não autoincriminação e sua (in)aplicabilidade no processo civil. *In* DIDIER JR., Fredie (coord.); FREIRE, Alexandre; MACÊDO, Lucas Buril de; PEIXOTO, Ravi (org.). *Coleção Novo CPC:* doutrina selecionada – provas. 2. ed. Salvador: Juspodivm, 2016. v. 3, p. 69.

466 "Artigo 8.2. Toda pessoa acusada de delito tem direito a que presuma sua inocência enquanto não se comprove legalmente sua culpa. Durante o processo, toda pessoa tem direito, em plena igualdade, às seguintes garantias mínimas: g) direito de não ser obrigado a depor contra si mesma, nem a declarar-se culpada."

467 "Artigo 55.1. No decurso de um inquérito aberto nos termos do presente Estatuto: a) nenhuma pessoa poderá ser obrigada a depor contra si própria ou a declarar-se culpada." Para uma análise ampla do tema, ver: IOCOHAMA, Celso Hiroshi. O princípio da veracidade e o direito de não fazer prova contra si mesmo perante o Novo Código de Processo Civil. *In* DIDIER JR., Fredie (coord.); FREIRE, Alexandre; MACÊDO, Lucas Buril de; PEIXOTO, Ravi (org.). *Coleção Novo CPC:* doutrina selecionada – provas. 2. ed. Salvador: Juspodivm, 2016.

468 NARDELLI, Marcella Alves Mascarenhas. A função epistêmica do processo e as limitações probatórias: o direito à não autoincriminação e sua (in)aplicabilidade no processo civil. *In* DIDIER JR., Fredie (coord.); FREIRE, Alexandre; MACÊDO, Lucas Buril de; PEIXOTO, Ravi (org.). *Coleção Novo CPC:* doutrina selecionada – provas. 2. ed. Salvador: Juspodivm, 2016. v. 3, p. 71. Nardelli

No direito brasileiro, a presunção de inocência constitui uma garantia processual constitucional. Atualmente, por força de julgamento realizado em novembro de 2019, no qual o Supremo Tribunal Federal voltou a considerar a prisão em segunda instância como possível apenas após o trânsito em julgado da sentença penal condenatória, pode-se afirmar que voltou a ter plena vigência a disposição constitucional que assegura a presunção de inocência e, como um dos seus corolários, o direito à não autoincriminação.

Mas é fato que as opiniões são divergentes, tanto que até esse julgamento, vinha prevalecendo o entendimento contrário, que autoriza as prisões logo após os julgamentos de segunda instância.[469]

Ao consagrar a presunção de inocência, a Constituição Federal retirou do comportamento omissivo do réu qualquer repercussão negativa. Em 2003 o art. 186 do Código de Processo Penal foi modificado e passou a dispor que, "depois de devidamente qualificado e cientificado do inteiro teor da acusação, o acusado será informado pelo juiz, antes de iniciar o interrogatório, do seu direito de permanecer calado e de não responder perguntas que lhe forem formuladas".

Observa-se a notável diferença de tratamento do silêncio da parte, no âmbito civil e penal. O parágrafo único desse mesmo art. 186 dispõe que "o silêncio, que não importará em confissão, não poderá ser interpretado em prejuízo da defesa". Já no Código de Processo Civil, como será visto, o depoimento de uma parte é requerido pela outra, com o específico objetivo de obter a confissão, isto é, fazer com que o depoente admita um fato desfavorável a si (arts. 385, § 1º, 386 e 389).

Dessa forma, no âmbito do processo penal, não se pode dizer que haja um dever de comparecer, nem de depor ou de dizer a verdade.[470] Ao contrário,

---

informa ainda que a Inglaterra possui uma previsão ampla contra a autoincriminação, não limitada ao campo penal (*Civil Evidence Act* de 1968, S 14), embora haja críticas a essa aplicação (p. 73-74).

469 Julgamento por maioria no qual se julgou procedente as Ações Declaratórias de Constitucionalidade ns. 43, 44 e 54, para assentar a constitucionalidade do art. 283 do Código de Processo Penal, na redação dada pela Lei n. 12.403, de 4 de maio de 2011. Disponível em: http://portal.stf.jus.br/processos/detalhe.asp?incidente=4986065. O entendimento anterior, superado neste julgamento, pode ser encontrado no *Habeas Corpus* n. 126.292, Plenário do STF, rel. Teori Zavascki, j. 17.02.2016.

470 Vitor de Paula Ramos observa que o direito à não autoincriminação tem origem no *Common Law*, primeiro na Inglaterra, depois na Quinta Emenda da Constituição americana, que claramente o delimita para o campo penal. A Constituição Federal também é clara ao assegurar o direito ao silêncio apenas em casos criminais. RAMOS, Vitor de Paula. Ônus e deveres probatórios das partes no Novo CPC brasileiro. *In* DIDIER JR., Fredie (coord.); FREIRE, Alexandre; MACÊDO, Lucas Buril de; PEIXOTO, Ravi (org.). *Coleção Novo CPC:* doutrina selecionada – provas. 2. ed. Salvador: Juspodivm, 2016. v. 3, p. 277.

considera-se que o depoimento do réu é "ato de defesa do imputado", em que o acusado tem a oportunidade de expor a sua versão dos fatos, não tendo dever de colaboração nem de verdade.[471]

A grande questão que o dispositivo sob comento suscita é se esse direito à não autoincriminação passou a existir no âmbito do processo civil.

63. Existe, no processo civil, um direito de não produzir prova contra si próprio?

Um primeiro elemento fático merece ser destacado. A locução "preservado o direito de não produzir prova contra si própria" não existia no anteprojeto enviado ao Senado, nem foi ali acrescentada. Apenas na Câmara dos Deputados é que se adicionou essa expressão.[472]

Há, portanto, no Código de Processo Civil de 2015 disposições antagônicas. De um lado, este art. 379, que assegura um direito de não produzir prova contra a própria parte. De outro, o art. 378, que determina que todos devem colaborar para o descobrimento da verdade, o qual é reforçado pelas disposições dos arts. 77, I, 139, VIII (comparecer em juízo), e 385, § 1º.

Como já afirmado, fruto do dever de colaboração e de inúmeras disposições específicas, no processo civil parece prevalecer uma ideia diversa, em que a parte pode sim ser defrontada com situações em que seu próprio comportamento possa repercutir na obtenção de um resultado desfavorável a si. Outro exemplo ilustra esse ponto.

O Código Civil contém uma previsão específica, que qualifica a inércia do réu como um elemento favorável à parte contrária. Trata-se do art. 232, que cria uma presunção em desfavor daquele que se nega a se submeter a um exame. Assim, ainda que se possa considerar essas situações como típicos ônus processuais, e não propriamente deveres, fato é que o processo civil trabalha

---

471 NARDELLI, Marcella Alves Mascarenhas. A função epistêmica do processo e as limitações probatórias: o direito à não autoincriminação e sua (in)aplicabilidade no processo civil. *In* DIDIER JR., Fredie (coord.); FREIRE, Alexandre; MACÊDO, Lucas Buril de; PEIXOTO, Ravi (org.). *Coleção Novo CPC:* doutrina selecionada – provas. 2. ed. Salvador: Juspodivm, 2016. v. 3, p. 76. A autora menciona ainda que o Supremo Tribunal Federal, no julgamento do *Habeas Corpus* n. 73.035/DF, de 1996, entendeu não configurar crime de falso testemunho quando a testemunha, mesmo compromissada, deixa de revelar fatos que podem incriminá-la (p. 71).

472 IOCOHAMA, Celso Hiroshi. O princípio da veracidade e o direito de não fazer prova contra si mesmo perante o Novo Código de Processo Civil. *In* DIDIER JR., Fredie (coord.); FREIRE, Alexandre; MACÊDO, Lucas Buril de; PEIXOTO, Ravi (org.). *Coleção Novo CPC:* doutrina selecionada – provas. 2. ed. Salvador: Juspodivm, 2016. p. 40. O Projeto Substitutivo da Câmara dos Deputados recebeu o n. 8.046/2010.

com lógica diversa, porque imputa à parte determinado conjunto de comportamentos, sem os quais pode inferir conclusões contrárias ou fazer incidir presunções de veracidade dos fatos alegados pela parte contrária.

No processo penal, do silêncio do réu não se extrai conclusão alguma, presunção alguma, por previsão expressa do art. 186, parágrafo único, do Código de Processo Penal.[473] No processo civil, há dispositivos legais expressos no sentido de que a omissão da parte em responder à inquirição feita pela parte contrária, ou pelo juiz, no âmbito do seu depoimento pessoal, permite a conclusão pela veracidade dos fatos imputados e alegados pela contraparte.[474]

A contradição entre os dispositivos está em que o direito de não produzir prova contra si próprio permite, no limite, que a parte se recuse a prestar depoimento pessoal, porque este é concebido, nos termos da lei, exatamente para que a parte confesse. Se alguém não pode confessar, melhor então nem tomar seu depoimento. Ou então, se é assegurado um direito de não se autoincriminar, deve ser admitida a hipótese em que a parte venha a juízo e minta.

Nesse cenário, a doutrina passou a questionar e se perguntar: a parte tem o direito de mentir perante o processo judicial civil?

Examinado isoladamente este art. 379, a resposta deveria ser *sim*. Mas como nenhum dispositivo pode ser examinado com esse grau de isolamento, a resposta correta é *não*.[475] Como novamente alerta Eduardo Cambi, o sistema normativo brasileiro deixa claro, insistentemente, o compromisso da parte em dizer a verdade. É essa a tradição do nosso sistema processual que, repita-se,

---

473 CAPEZ, Fernando. *Curso de processo penal*. 23. ed. São Paulo: Saraiva, 2016. p. 272.

474 Celso Hiroshi Iocohama afirma que "não há, no sistema vigente envolvendo a prova civil uma garantia expressa a alguma das partes do direito de não se autoincriminar, observando-se que o silêncio, ligado a este ponto da não autoincriminação, também não estaria resguardado, podendo-se, a exemplo do art. 232 do Código Civil, ser interpretado contrariamente àquele que se silenciar (ou se negar) quanto à submissão ao exame". Cf. O princípio da veracidade e o direito de não fazer prova contra si mesmo perante o Novo Código de Processo Civil. *In* DIDIER JÚNIOR, Fredie (coord.) *et al. Coleção Novo CPC:* doutrina selecionada – provas. 2. ed. Salvador: Juspodivm, 2016. v. 3. p. 36.

475 Criticam a interpretação literal deste dispositivo os autores Luiz Guilherme Marinoni e Sérgio Arenhart, considerando sua redação "absolutamente injustificada e absurda", que cria praticamente um direito "fundamental" a esconder a verdade no processo civil. Segundo os autores, a interpretação literal desse preceito (em sua parte inicial) "institui e legitima a chicana processual e autoriza a litigância abertamente de má-fé, o que não se pode aceitar", diante das demais disposições do Código. Cf. ARENHART, Sérgio Cruz; MARINONI, Luiz Guilherme. Comentários ao Código de Processo Civil: artigos 369 ao 380. *In* MARINONI, Luiz Guilherme (dir.); ARENHART, Sérgio Cruz; MITIDIERO, Daniel (coord.). *Comentários ao Código de Processo Civil*. São Paulo: Revista dos Tribunais, 2016. v. VI, 294.

foi reforçada com a positivação de um dever geral de cooperação para o descobrimento da verdade, inserido nas normas fundamentais do Código.[476]

A antinomia permanece, porém. Em relação à parte, há duas formas essenciais pelas quais ela pode ser chamada a, mesmo contra sua vontade, contribuir para a instrução probatória. Primeiro, ao prestar seu depoimento pessoal. Segundo, ao exibir documentos que lhe são exigidos. Fosse possível não produzir prova contra si, tais dispositivos legais perderiam função, pois a parte simplesmente diria que apresentar os documentos lhe seria desfavorável, como justificativa para recusar a exibição.

Se outros dispositivos legais, da tradição do nosso sistema, impõem tais deveres às partes, a conclusão oposta deveria então ser a de que é este art. 379 que não pode ter vigência, que deve ser lido como não escrito. Mas esse critério interpretativo, além de drástico, nega a circunstância de que o legislador expressa e voluntariamente incluiu a locução, ao editar o novo Código.

Há, portanto, disposições conflitantes, inseridas no mesmo diploma legal, ao mesmo tempo, e com idêntico grau de especialidade.[477] Nos critérios de "desempate" entre disposições antagônicas, nenhum dos dispositivos prevalece. Não se pode, contudo, propor uma solução interpretativa que conduza à conclusão de que quaisquer dessas disposições antagônicas devem ser tidas como não escritas, ou derrogadas. O sistema trabalha com sua vigência e eficácia simultâneas, impondo a necessidade de sua interpretação sistemática, para se obter uma compreensão da sua coexistência e convivência.

A solução que se afigura mais correta, do ponto de vista sistemático, é aquela que limita o direito de não produzir prova contra si que possa ter con-

---

476 Celso Hiroshi Iocohama afirma: "Se alguém tem o dever de dizer a verdade (art. 77, I cc art. 378), não se poderia ter o direito de mentir (ou omitir, por conta de não fazer ou cumprir aquilo que foi determinado pelo juiz, no que respeita a depor ou a exibição de documento ou coisa – pelo art. 379). São, à evidência, incompatíveis". Cf. O princípio da veracidade e o direito de não fazer prova contra si mesmo perante o Novo Código de Processo Civil. *In* DIDIER JÚNIOR, Fredie (coord.) *et al. Coleção Novo CPC:* doutrina selecionada – provas. 2. ed. Salvador: Juspodivm, 2016. v. 3. p. 47.

477 Celso Hiroshi Iocohama entende que as regras sobre confissão e exibição de documentos são especiais, em relação ao art. 379, *caput,* o que, em tese, permitiria solucionar a antinomia com prevalência das regras especiais. Contudo, o autor pondera que essas duas "regras especiais" esgotam as hipóteses sobre as quais recairia o *caput* do art. 379, impedindo tal interpretação. Cf. O princípio da veracidade e o direito de não fazer prova contra si mesmo perante o Novo Código de Processo Civil. p. 46-47. Entendo que há muitas outras formas pelas quais a parte poderia "produzir prova contra si", razão pela qual não vejo como o art. 379 possa ser visto como apenas conflitante com essas duas regras. Por essa razão, considero ambas especiais, em relação às normas gerais acerca do direito à prova e ao dever de cooperação, o que me fez, no corpo do texto, a afirmar sua especialização de mesma natureza

sequências em âmbito penal, mesmo quando inserido e aplicado no plano do processo civil.[478]

Cuida-se, nesse cenário, da inclusão de uma disposição de caráter mais geral que repete e amplifica a ideia já constante do art. 388, I, do CPC/2015 (A parte não é obrigada a depor sobre fatos: I – criminosos ou torpes que lhe forem imputados), ou seja, que deve ser lida como autorizadora de um direito de não produzir, no processo civil, provas que possam ter repercussão no âmbito penal. Também MARIA LÚCIA LINS CONCEIÇÃO propõe uma interpretação não literal ao dispositivo, conjugada e harmônica com os art. 378 e art. 77, I, do CPC/2015, contemplando um direito à não autoincriminação, atrelado à persecução penal. Para a autora, apenas se surgir alguma potencial repercussão na esfera penal é que a parte poderá se recusar a produzir prova contra si mesmo.[479-480]

O que fez o legislador processual civil, portanto, foi reproduzir o direito ao silêncio, previsto no art. 5º, LXIII, da CF, cuja aplicação diz respeito exclusivamente às imputações de natureza penal, também no processo civil, de forma que também neste tipo de processo o acusado possa se recusar a depor ou produzir prova contra si, se dessas provas puder ser extraída alguma acusação de natureza penal contra a parte.[481]

64. Deveres das partes, no tocante às provas

Estabelecida a noção de que a ressalva sobre a não autoincriminação se restringe ao campo penal e que, do ponto de vista sistemático, no processo civil parte e terceiros devem colaborar para o descobrimento da verdade, a lei traz algumas situações específicas em que a parte deve assumir certos deveres. São

---

478 No mesmo sentido, CELSO HIROSHI IOCOHAMA propõe que se interpretem os efeitos do art. 379 do novo CPC apenas como uma expressão declarada do direito ao silêncio previsto no art. 5º, LXIII, ou seja, apenas para assegurar o direito de não produzir prova que prejudique a parte no âmbito penal. Cf. O princípio da veracidade e o direito de não fazer prova contra si mesmo perante o Novo Código de Processo Civil. p. 50-51.

479 Cf. Provas. *In* WAMBIER, LUIZ RODRIGUES; WAMBIER, TERESA ARRUDA ALVIM (coord.). *Temas essenciais do Novo CPC*. São Paulo: Revista dos Tribunais, 2016. p. 240.

480 Para MARCELLA ALVES MASCARENHAS NARDELLI, o direito à não autoincriminação é restrito ao âmbito penal, podendo ser invocado no processo civil para impedir que as provas sejam utilizadas em ação penal. Cf. A função epistêmica do processo e as limitações probatórias: o direito à não autoincriminação e sua (in)aplicabilidade no processo civil. *In* DIDIER JÚNIOR, FREDIE (coord.) *et al. Coleção Novo CPC:* doutrina selecionada – provas. 2. ed. Salvador: Juspodivm, 2016. v. 3. p. 79.

481 IOCOHAMA, CELSO HIROSHI. O princípio da veracidade e o direito de não fazer prova contra si mesmo perante o Novo Código de Processo Civil. p. 50.

eles, o de *comparecer em juízo, respondendo ao que lhe for interrogado*; *colaborar com a inspeção judicial* e, em termos mais gerais, *praticar atos que lhe sejam determinados*.

As partes comparecem a juízo quando são intimadas a participar de um "interrogatório livre", de audiência de justificação ou, de forma mais comum e típica, a prestar depoimento pessoal. Caso não compareçam, sujeitam-se a consequências variadas. A mais comum é, diante da ausência ao depoimento, a aplicação de pena de confesso, consistente na imposição ficta do reconhecimento de fatos desfavoráveis a si, que tenham sido alegados pela parte contrária. Negar-se a prestar depoimento pessoal gera confissão ficta, prestar depoimento e aplicar evasivas é igualmente sancionado com idêntica presunção.

Quanto à apresentação de documentos, conforme previsões dos arts. 396 a 404, a recusa da parte em apresentar documento pode gerar a presunção de veracidade dos fatos que o adversário pretendia provar por meio daqueles documentos. E, se não é possível aplicar tal presunção, a lei assegura meios coercitivos para a obtenção compulsória dos documentos.

Luiz Rodrigues Wambier e Eduardo Talamini afirmam que a parte tem o ônus de colaborar com a instrução probatória. Como exemplos, citam os arts. 231 e 232 do Código Civil. O primeiro dispõe que "[a]quele que se nega a submeter-se a exame médico necessário não poderá aproveitar-se de sua recusa", enquanto o segundo prescreve que "a recusa à perícia médica ordenada pelo juiz poderá suprir a prova que se pretendia obter com o exame".

São manifestações concretas de ônus das partes em relação às provas. A lei, propositadamente, se vale da expressão incumbe, para abranger comportamentos que tanto podem ser enquadrados como ônus como deveres. Na direção do processo, o juiz pode determinar diferentes providências. Para algumas, a própria lei regula consequências do não atendimento, imputando ao faltante os prejuízos que decorrem de sua omissão, como os já citados exemplos do depoimento pessoal, da exibição de documentos e da recusa em se submeter a exames ou perícia médica.

O tema específico dos exames de DNA foi campo fértil para o debate em torno dos valores conflitantes da liberdade da parte, de seus direitos individuais, em confronto com o dever de colaborar para o descobrimento da verdade e até mesmo com o direito que o alegado herdeiro tem de saber quem são os seus genitores.[482] A jurisprudência em torno do tema ilustra esse dilema, ten-

---

482 Sobre a recusa da parte em se submeter a exame médico, Luiz Guilherme Marinoni e Sérgio Arenhart dizem que extrair consequência processual deste comportamento "nem de longe" viola qualquer direito de personalidade da parte, o que dispensa qualquer consideração sobre harmonizar direitos em choque. Cf. ARENHART, Sérgio Cruz; MARINONI, Luiz Guilherme. Comentários ao Código de Processo Civil: artigos 369 ao 380. *In* MARINONI, Luiz Guilherme (dir.);

do prevalecido, com o tempo, a noção de que o direito do alegado pai em manter sua intimidade, ou de não ser violado em sua integridade física, não pode vir em prejuízo do direito à prova que o alegado filho pretende demonstrar. Entre as soluções possíveis, prevaleceu aquela que foi depois incorporada na legislação civil. A parte pode se recusar a se submeter a uma perícia ou exame, mas terá contra si presunção contrária, que será então valorada com os demais elementos probatórios.[483]

O dever de cooperar com a inspeção judicial se dá porque a parte não apenas deve comparecer como deve propiciar os meios para que ela ocorra de forma adequada. Se a inspeção terá por objeto o imóvel do réu, por exemplo, deve ser franqueado acesso de todos, com possibilidade de vistoriar todas as partes do imóvel (terrenos, construções, benfeitorias, cômodos, equipamentos, conforme o caso), fazendo o adequado registro.

As partes não devem adulterar ou modificar o local que deve ser inspecionado, de forma a interferir no resultado da prova. Esses comportamentos podem sim ser considerados deveres processuais, cujo descumprimento não se resolve apenas no plano do ônus da prova, ou do estabelecimento de alguma presunção em desfavor da parte, mas também de sanções processuais pela tentativa de alteração da verdade dos fatos. Assim, por exemplo, se a controvérsia gira em torno do percentual de realização de determinada construção, as partes não podem adicionar ou retirar parcelas do imóvel, para artificialmente alterar o resultado que será visualizado pelo magistrado.

Por fim, a parte deve também praticar o ato que lhe for determinado pelo julgador. A hipótese é propositadamente ampla, encerra uma norma de fechamento, na qual se poderia até mesmo dizer que todas as demais podem ser enquadradas. O objetivo aqui é o de contemplar uma abertura para outras solicitações, dirigidas pelo juiz às partes.

Alguns exemplos podem ser dados. Primeiro, o julgador pode solicitar às partes certos esclarecimentos fáticos ou mesmo a confirmação e comple-

---

ARENHART, Sérgio Cruz; MITIDIERO, Daniel (coord.). *Comentários ao Código de Processo Civil*. São Paulo: Revista dos Tribunais, 2016. v. VI, p. 244-245.

483 Wambier e Talamini complementam, afirmando que os dispositivos do Código Civil, aliados à Lei n. 12.004/2009, na esteira da evolução da jurisprudência que motivou a edição dessas normas, faz com que o conjunto probatório adequado permita o reconhecimento da paternidade, mesmo diante da ausência do exame de DNA. O réu, que se recuse, não poderá alegar que o autor não se desincumbiu do ônus da prova da filiação, e terá contra si a presunção de paternidade por força do art. 2º da referida lei e do art. 232 do Código Civil. Cf. *Curso avançado de processo civil:* cognição jurisdicional (processo comum de conhecimento e tutela provisória). 16. ed. São Paulo: Revista dos Tribunais, 2016. v. 2, p. 233.

mentação de elementos probatórios. Nesse caso, o art. 379, III, deve ser lido de forma combinada com o art. 370, *caput*, que assegura poderes instrutórios ao juiz. Pode ainda determinar que as partes informem nomes de profissionais técnicos que poderiam funcionar como perito do juízo, no modelo de nomeação consensual de perito introduzido pelo art. 471. O juiz pode ainda determinar a participação da parte na realização de perícias, o comparecimento, em certo dia e hora, para a prática de algum ato, para a inspeção judicial, a apresentação de versões traduzidas de documentos em língua estrangeira, enfim, um sem-número de providências, que tenham ou não previsão legal específica, mas que se insiram no contexto da atividade probatória e no dever geral que todos os sujeitos do processo têm de colaborar para a adequada prestação da tutela jurisdicional.

Art. 380. Incumbe ao terceiro, em relação a qualquer causa:

I – informar ao juiz os fatos e as circunstâncias de que tenha conhecimento;

II – exibir coisa ou documento que esteja em seu poder.

Parágrafo único. Poderá o juiz, em caso de descumprimento, determinar, além da imposição de multa, outras medidas indutivas, coercitivas, mandamentais ou sub-rogatórias.

CPC de 1973 – art. 341

65. Deveres dos terceiros em relação à instrução probatória

Nos comentários aos artigos anteriores, procurei distinguir as situações e afirmar minha posição quanto à existência de ônus das partes, no tocante à atividade instrutória. Isso se dá porque a relação de sujeição que a lei estabelece em relação às partes é diversa. O legislador, como regra geral, trabalha com incentivos para a prática de certos atos, que consistem justamente na manutenção de certas posições de vantagem, ou na não ocorrência de situações de desvantagem.

Em relação aos terceiros, a situação muda substancialmente. Porque o resultado da ação não lhes interessa, porque suas esferas de direito não são diretamente afetadas pelo julgamento da demanda, não é possível condicionar sua atuação ao possível desfecho do caso. Terceiros não participam da relação processual como um todo, mas comparecem de modo pontual, isolado.

Terceiros podem ser testemunhas, podem ser portadores de informações que devam ser prestadas ao juízo, ou de documentos que devam ser apresentados. Em todos esses cenários, a lei trabalha com dois planos. No primeiro, determina que esses terceiros têm o dever de colaborar, de prestar as informações, de comparecer, apresentar os documentos e quaisquer outras variações dessa colaboração.[484] E espera o seu cumprimento voluntário. Essa é a normalidade, a situação esperada e que, no mais das vezes, efetivamente ocorre.

No segundo plano, a lei trabalha com a hipótese de resistência, de não colaboração, ou seja, de descumprimento, por parte do terceiro, de seu dever de aportar elementos de prova ao processo, de cooperar com a atividade instrutória. Nesse caso, a dinâmica é aquela própria do descumprimento de um dever, de nítida inspiração no direito obrigacional: a lei prevê meios de coagir o terceiro ao cumprimento.

Um exemplo interessante a respeito da colaboração de terceiros se dá nas ações de investigação de paternidade, em que o réu – alegado pai – já faleceu. Por impossibilidade de exame por meio de exumação, ou mesmo por maior facilidade na obtenção da prova por outro meio, pode-se cogitar de dirigir a solicitação de realização de exame de DNA a um parente do alegado pai, terceiro em relação à demanda, por exemplo, o irmão do réu. Pode esse irmão se submeter forçadamente a exame de DNA? E em caso de recusa, o que fazer?

À luz do art. 380, o terceiro tem deveres de colaborar com a verdade, mas é inegável que este dispositivo parece menos abrangente que o art. 379, dirigido às partes. Resta, portanto, analisar se os espectros de uma possível colaboração do terceiro com a instrução probatória podem abranger medidas como a submissão da pessoa a um exame médico.

Não obstante não se poder equiparar um terceiro a uma parte, ou no caso concreto, o irmão da parte ré, falecida, parece sim compatível com nossa ordem jurídica a ideia de determinar a um terceiro que realize um exame médico simples, como a colheita de material genético por meio da saliva, ou mesmo por exame de sangue. E, sendo uma solicitação dirigida à pessoa do terceiro, é igualmente possível se adotarem as medidas indutivas, mandamentais etc. Pode, assim, ser fixada multa ao terceiro para que colabore, comparecendo ao local do exame, ou fornecendo outras informações, documentos etc.[485]

---

484 Também para JOÃO BATISTA LOPES as hipóteses deste art. 380 caracterizam dever e não ônus processual, razão pela qual seu não atendimento poderá acarretar sanção pecuniária, outras medidas coercitivas, ou mesmo medidas sub-rogatórias. Cf. Comentários aos arts. 369 a 380. BUENO, CASSIO SCARPINELLA (coord.). *Comentários ao Código de Processo Civil*. São Paulo: Saraiva, 2017, v. 2, p. 268.

485 ARENHART, SÉRGIO CRUZ; MARINONI, LUIZ GUILHERME. Comentários ao Código de Processo Civil: artigos 369 ao 380. *In* MARINONI, LUIZ GUILHERME (dir.); ARENHART, SÉRGIO CRUZ; MITIDIERO, DANIEL (coord.). *Comentários ao Código de Processo Civil*. São Paulo: Revista dos Tribunais, 2016. v. VI, p. 245-246. Os autores complementam que, se o terceiro tiver algum interesse, apesar de não ser parte, como neste exemplo do irmão do réu falecido, que seja também herdeiro

66. Medidas indutivas, coercitivas, mandamentais ou sub-rogatórias

Porque os deveres dos terceiros são, quase sempre, configurados como obrigações de fazer, o parágrafo único do art. 380 propõe a adoção das técnicas de execução indireta, tendo como destinatário o terceiro recalcitrante. É possível influir sobre a vontade desse terceiro, impondo-lhe sanções pecuniárias até que a obrigação seja cumprida. A multa diária é o exemplo mais típico e mais efetivo.

Além da multa, todas as outras medidas contempladas no âmbito das obrigações de fazer, não fazer e de entrega de coisa (CPC, arts. 536, § 1º, 806, § 1º, 814 e 817) são igualmente aplicáveis em relação aos terceiros. E nessa condição inclui-se a testemunha,[486] cujo depoimento prestado em juízo é considerado, nos termos do art. 463 do CPC/2015, serviço público.

Por essa razão, a testemunha que, intimada a comparecer à audiência de instrução, não comparece pode ser conduzida coercitivamente a juízo (art. 455, § 5º) e, comparecendo, caso se recuse a depor, responderá penalmente (CP, art. 342).[487]

O rol das medidas atípicas é amplo, e mesmo quando a lei cuida de elencar algumas hipóteses (art. 536, §1º) o rol não é taxativo. A técnica adotada pelo legislador é a de aplicar aos deveres dos terceiros quanto à instrução probatória as mesmas técnicas dirigidas aos executados, daí por que a lei fala expressamente em medidas indutivas, coercitivas, mandamentais ou sub-rogatórias.[488]

Em termos práticos, não é comum uma resistência tal que justifique a adoção de medidas mais drásticas contra o terceiro. De outro lado, justamente porque sua esfera de direitos não é afetada, não se concebe por que um

---

e, nessa medida, não queira o reconhecimento da paternidade, sua recusa injustificada pode ser levada em consideração quando do julgamento da causa.

486 João Batista Lopes afirma, com razão, que, enquanto no depoimento pessoal a recusa a depor por parte do depoente acarreta (apenas) pena de confissão, a recusa da testemunha não acarretará confissão (pois não é parte), mas poderá ser coercitivamente conduzida para prestar testemunho. Cf. Comentários aos arts. 369 a 380. *In* BUENO, Cassio Scarpinella (coord.). *Comentários ao Código de Processo Civil.* São Paulo: Saraiva, 2017. v. 2, p. 268.

487 TALAMINI, Eduardo; WAMBIER, Luiz Rodrigues. *Curso avançado de processo civil:* cognição jurisdicional (processo comum de conhecimento e tutela provisória). 16. ed. São Paulo: Revista dos Tribunais, 2016. v. 2. p. 325.

488 Segundo William Santos Ferreira, é no parágrafo único do art. 380 que se encontra expressa a atipicidade de medidas executivas. Na medida em que este art. 380 diz respeito ao dever de colaboração instrutória de terceiro, poder-se-ia argumentar que somente em relação a esses existe tal atipicidade. Contudo, prossegue o autor, essa interpretação não faz sentido, porque, “se há possibilidade quanto ao mais (delicado), também há em relação ao menos” (p. 451-452)

terceiro possa validamente resistir a um comando judicial de colaborar com o Poder Judiciário. Sendo injustificada a sua resistência, aplicar-se-ão as medidas executivas atípicas, sob uma consideração de que configura ato ilícito o descumprimento das decisões judiciais de natureza mandamental na fase instrutória, autorizando medidas como a imposição de multa de natureza coercitiva.[489]

E outras medidas podem igualmente ser adotadas. Algumas são típicas, eis que previstas em dispositivos legais específicos, por exemplo, a exibição de documento ou coisa determinada pelo juiz (art. 396); a exibição de livros empresariais e documentos de arquivo (art. 420), a já referida condução coercitiva de testemunhas (art. 455, § 5º), a designação de hora e local para o depoimento de autoridade, caso ela própria não indique dia e hora em que seu depoimento poderá ser tomado (art. 454, § 3º).[490]

Na praxe forense, hipótese bastante comum é a da intimação de instituições financeiras para exibir extratos bancários. Caso a demanda se dê entre outras partes e a instituição financeira seja um terceiro, seu dever legal de apresentar o documento deverá ser tratado no âmbito deste dispositivo, conjugado com o art. 403 do CPC/2015, no qual igualmente são previstas medidas executivas para compelir o banco à apresentação dos documentos.

Por fim, vale a ressalva de que essas medidas podem ser adotadas por iniciativa do juiz, não exigem requerimento prévio da parte. Para WILLIAM SANTOS FERREIRA, os arts. 370 e 380 estruturam o "dever-poder geral instrutório em relação aos terceiros".[491] Registre-se, ao mesmo tempo, a advertência de que poderes de ofício não podem ser lidos como autorização para que o juiz tome providências sem previamente informar ou consultar as partes.[492] Entendendo ser o caso de impor tais medidas, deve franquear às partes a possibilidade de opinar a respeito, decidindo efetivamente apenas após tais manifestações.

A medida pode ser criticada como sendo pouco prática, ou mesmo artificial, mas é só nesse modelo que se observará efetivamente a noção de con-

489 FERREIRA, WILLIAM SANTOS. Transições paradigmáticas, máxima eficiência e técnicas executivas típicas e atípicas no direito probatório. *In* DIDIER JÚNIOR, FREDIE (coord. geral) *et al. Direito probatório.* 2. ed. Salvador: Juspodivm, 2016. p. 452-453 (Col. Grandes Temas do Novo CPC, v. 5).

490 FERREIRA, WILLIAM SANTOS. Transições paradigmáticas, máxima eficiência e técnicas executivas típicas e atípicas no direito probatório, p. 454-455.

491 FERREIRA, WILLIAM SANTOS. Transições paradigmáticas, máxima eficiência e técnicas executivas típicas e atípicas no direito probatório, p. 451.

492 Essa noção, que já era distorcida no sistema do CPC/73, mas que ali encontrava ampla aceitação, não se coaduna com o processo civil, por vedação expressa do art. 10 do CPC/2015.

traditório proposta pelo CPC, que não se limita à possibilidade de reação, mas exige a oportunidade de influenciar no convencimento do julgador.

Seção II
Da Produção Antecipada da Prova

Art. 381. A produção antecipada da prova será admitida nos casos em que:

I – haja fundado receio de que venha a tornar-se impossível ou muito difícil a verificação de certos fatos na pendência da ação;

II – a prova a ser produzida seja suscetível de viabilizar a autocomposição ou outro meio adequado de solução de conflito;

III – o prévio conhecimento dos fatos possa justificar ou evitar o ajuizamento de ação.

§ 1º O arrolamento de bens observará o disposto nesta Seção quando tiver por finalidade apenas a realização de documentação e não a prática de atos de apreensão.

§ 2º A produção antecipada da prova é da competência do juízo do foro onde esta deva ser produzida ou do foro de domicílio do réu.

§ 3º A produção antecipada da prova não previne a competência do juízo para a ação que venha a ser proposta.

§ 4º O juízo estadual tem competência para produção antecipada de prova requerida em face da União, de entidade autárquica ou de empresa pública federal se, na localidade, não houver vara federal.

§ 5º Aplica-se o disposto nesta Seção àquele que pretender justificar a existência de algum fato ou relação jurídica para simples documento e sem caráter contencioso, que exporá, em petição circunstanciada, a sua intenção.

CPC de 1973 – arts. 846, 855 e 861

67. Direito autônomo à prova como consagração da relevância do direito à prova

Como visto em tópicos anteriores, o direito à prova foi consagrado no plano infraconstitucional, permitindo uma nova interpretação a dispositivos tradicionais, uma releitura do tema da prova,[493] para que sua compreensão seja

---

493 LUIZ GUILHERME MARINONI e SÉRGIO ARENHART consideram que seria incongruente admitir que uma prova foi produzida, em procedimento prévio, sem sequer saber se ela será admitida ou terá utilidade no feito principal. Por isso, dizem que, a rigor, não ocorre a produção de uma prova, mas sim apenas sua asseguração. Assim, para os autores, deve ser preferido o termo "medida de asseguração de prova", e não de produção da prova. Esta se daria apenas perante o próprio julgador perante o qual se deduz a pretensão principal. Cf. ARENHART, SÉRGIO CRUZ; MARINONI,

feita a partir das garantias constitucionais do processo, inserindo a prova como um desdobramento necessário das noções de acesso à justiça, devido processo legal e contraditório.

O legislador inovou no *caput* do art. 369, verbalizando que a prova se constitui um direito das partes. E essa noção é plenamente confirmada nos dispositivos aqui comentados. Os arts. 381 a 383 versam sobre a produção antecipada da prova, dando-lhe uma roupagem bem mais ampla do que a figura clássica da produção antecipada de prova contemplava. A partir da noção tradicional de que, em certas situações, era preciso antecipar parte da atividade instrutória, diante do risco de perecimento da prova, evoluiu-se para uma ideia mais geral de que as provas podem ser sempre antecipadas, independentemente de estarem relacionadas a alguma situação cautelar, ou mesmo de vinculação a um processo imediato, de natureza contenciosa.

Parte do processo de modernização da legislação contemplou a incorporação de teses doutrinárias, que propunham a adoção de novos parâmetros para aplicação de certos institutos processuais. A produção antecipada da prova, ao lado da estabilização da tutela antecipada (art. 304) e da coisa julgada incidente sobre as questões prejudiciais (art. 503) são os exemplos mais nítidos dessa tendência. Nos anos que antecederam os trabalhos de edição do novo Código, dois trabalhos acadêmicos de elevado nível versaram sobre esse temário, sob perspectivas diferentes.

As teses de doutorado de Daniel Amorim Assumpção Neves[494] e de titularidade de Flávio Luiz Yarshell,[495] ambas defendidas perante a tradicional Faculdade de Direito do Largo São Francisco, estabeleceram as bases teóricas pelas quais se pode constatar que a prova não tem a finalidade exclusiva de instruir determinada disputa, ou de servir como elemento de convicção do magistrado. A essas finalidades tradicionais se adiciona a ideia de a prova ter como destinatárias as partes, a quem compete o direito de participar e saber como os fatos efetivamente se deram. E dessa noção se avança para outra, que dela decorre, que esse direito não pode se vincular apenas a um litígio, ou ser exercido como etapa preliminar de uma disputa futura. O direito ao esclarecimento quanto aos fatos é autônomo, pode e deve ser exercido independentemente de alguma outra atividade futura.

Luiz Guilherme. Comentários ao Código de Processo Civil: artigos 369 ao 380. *In* MARINONI, Luiz Guilherme (dir.); ARENHART, Sérgio Cruz; MITIDIERO, Daniel (coord.). *Comentários ao Código de Processo Civil*. São Paulo: Revista dos Tribunais, 2016. v. VI, p. 35-37.

494 NEVES, Daniel Amorim Assumpção. *Ações probatórias autônomas*. São Paulo: Saraiva, 2008.

495 YARSHELL, Flávio Luiz. *Antecipação da prova sem o requisito da urgência e direito autônomo à prova*. São Paulo: Malheiros, 2009.

O CPC de 1973, em sua versão original, consagrou e regulamentou o processo cautelar, atribuindo-lhe regramento próprio. Previu-se uma figura geral, da medida cautelar inominada, ao lado de várias medidas nominadas. Entre elas, a produção antecipada de prova, que hoje é repetida no *caput* do art. 381. Também eram previstos o arrolamento de bens e a justificação, que agora são contempladas nos §§ 1º e 5º deste dispositivo. Mas, em relação a todos os procedimentos cautelares, exigia-se a subsequente propositura da chamada ação principal, no prazo de trinta dias, sob pena de perda da eficácia da medida cautelar. Esse modelo, porém, não respondia a todos os problemas, nem poderia ser aplicado a algumas situações.

Por isso, doutrina e jurisprudência avançaram aquelas ideias, passando a aceitar a existência de medidas cautelares satisfativas, que dispensavam a posterior ação principal.[496] Na verdade, nem todas as tutelas abrangidas sob a roupagem do processo cautelar tinham essa natureza assecuratória, por isso o modelo legal não fornecia resposta a todas as situações. Também por essa razão, as reformas da década de 1990 introduziram a figura da tutela antecipada, que modificou substancialmente a tradicional estrutura do processo de conhecimento, conferiu eficácia ao sistema processual e desencadeou um conjunto enorme de mudanças, tanto dos conceitos como dos institutos processuais, e tudo isso, por sua vez, gerou outras modificações no CPC de 1973, até o ponto de se entender que era necessária uma nova codificação.

No tema específico da medida cautelar de produção antecipada da prova, havia ainda o problema de se permitir ou não o aproveitamento futuro de provas, mesmo que a demanda principal fosse ajuizada após os trinta dias. Se um depoimento fosse tomado e a testemunha viesse a falecer, seria razoável impedir sua análise na ação principal subsequente, apenas porque ela foi proposta mais de trinta dias após o final do processo cautelar? A solução era drástica, rigorosa, privilegiava uma solução formal, enfatizando a ideia do processo pelo processo, sem consideração com o direito material que por meio dele era deduzido. A solução era inaceitável no sistema anterior, e ainda mais inaceitável sob o CPC/2015, eis que agora se contempla a ideia de um direito autônomo à prova, o qual pode ser exercido porque há um aspecto de urgência na sua colheita, mas também pode ser exercido simplesmente porque a parte pretende compreender melhor suas perspectivas em relação ao litígio futuro, inclusive para decidir não demandar.

Assim é que o CPC contemplou uma figura nova, de um procedimento judicial voltado à produção antecipada da prova, com múltiplas finalidades.

---

496 Julgados: TJSP, Apelação n. 0029576-52.2011.8.26.0002, 2ª Câmara de Direito Privado, rel. MARCIA TESSITORE, j. 27.08.2013; TJSP, Apelação n. 0005755-13.2011.8.26.0198, 8ª Câmara de Direito Público, rel. CRISTINA COTROFE, j. 14.11.2012.

Cuida-se de um procedimento sumário, com etapas mais curtas, procedimento enxuto, que como regra geral não terá uma contestação propriamente, nem mesmo comportará recursos, não obstante não se possa excluir em nenhuma hipótese o contraditório. Nesse procedimento, a cognição é sumária, em duplo sentido. É sumária sob a perspectiva horizontal, porque a admissão da medida estará atrelada a uma verificação superficial dos pressupostos para o cabimento da medida, pois as hipóteses dos incisos II e III conferem uma amplitude extraordinária ao cabimento dessa medida. De outro, porque o juiz perante o qual se produz a prova não chega a exercer qualquer atividade de valoração, ou se pronunciar sobre o mérito da controvérsia que está à base da prova, a cognição é também sumária no sentido vertical.[497]

67.1. Toda e qualquer prova pode ser produzida antecipadamente?

O texto legal contempla diversas hipóteses para a antecipação da prova: (*i*) por risco de perecimento da prova, (*ii*) para viabilizar a solução amigável do conflito, (*iii*) para justificar ou evitar o ajuizamento de ação, (*iv*) para realizar o arrolamento de bens, com o objetivo de sua documentação e (*v*) para justificar a existência de algum fato ou relação jurídica para simples documento e sem caráter contencioso.

Vê-se, portanto, que o cabimento é muito amplo, abrangendo um espectro variado de situações. Desde a utilização tradicional, de prevenir que a colheita futura da prova se torne impossível ou muito difícil, até a mera documentação de algum fato, nem mesmo atrelada a algum caráter contencioso.

Por isso se disse, no tópico que abre esses comentários, que a produção antecipada da prova é a concretização da finalidade do legislador de consagrar a prova como um direito autônomo da parte. Do exame do sistema, observa-se que a produção da prova pode se dar antes ou durante um processo contencioso, ou mesmo ser realizada sem relação com algum processo, presente ou futuro. Quanto ao seu objeto, desaparece a restrição do art. 846 do CPC de 1973,[498] podendo a prova versar sobre quaisquer das fontes de prova, como pessoas, coisas ou documentos, ou se realizar por quaisquer meios de prova, como a prova oral, documental ou pericial ou inspeção judicial.[499]

---

497 TALAMINI, EDUARDO. Comentário aos artigos 381-383 do Código de Processo Civil. *In* CABRAL, ANTONIO DO PASSO; CRAMER, RONALDO (coord.). *Comentários ao Novo Código de Processo Civil*. 2. ed. Rio de Janeiro: Forense, 2016. p. 588-589.

498 Art. 846 do CPC/73: A produção antecipada da prova pode consistir em interrogatório da parte, inquirição de testemunhas e exame pericial.

499 LUIZ GUILHERME MARINONI e SÉRGIO ARENHART sustentam a admissibilidade da inspeção judicial, advertindo que o juiz deve estar limitado à descrição precisa

Ela pode ser requerida por quem pretenda exercer alguma pretensão, ou apenas se defender de pretensões que lhe sejam dirigidas.

A partir dessa novidade legal, é de se refletir sobre o grau de modificações que foram introduzidas no sistema processual. É possível afirmar que a parte sempre possa produzir provas pela via antecipada, mesmo quando já possua os elementos para propor a ação principal? Ou cabe considerar que falta interesse de agir à parte para isoladamente produzir a prova, se ela puder ser igualmente realizada no contexto da demanda de natureza litigiosa?

No sistema anterior, não era incomum a extinção de medidas cautelares, caso a prova cuja antecipação se pretendesse não estivesse em risco de perecimento. A jurisprudência considerava que carecia o autor de interesse de agir nessas hipóteses. O sistema atual propõe solução diversa, porém. Não parece haver mais espaço para semelhante solução.

Não se nega, de outro lado, que esse novo e amplo modelo causa alguma perplexidade e exige até mesmo a revisão de conceitos tradicionais do direito processual. A ideia geral é que o direito a uma decisão quanto ao mérito da controvérsia exige o atendimento de certas etapas anteriores, necessárias para se apurar a utilidade da utilização do processo. A noção de que a tutela jurisdicional pretendida deve ser necessária, útil e adequada é muito tradicional em nosso sistema. Se faltam esses elementos, o processo deve ser extinto sem resolução do mérito.

Mas a autorização legal para a utilização de um procedimento, de nítida natureza jurisdicional,[500] com citação do réu, observância do contraditório, com hipótese amplas e não atreladas à natureza contenciosa de uma disputa, exige a revisitação dessas ideias. O legislador não trabalha com uma solução única e acaba propondo modelos que são, em alguma medida, contraditórios entre si.

---

daquilo que viu e examinou, deixando ao juiz da ação principal a avaliação dessa descrição e a extração de conclusões em face desses elementos. Completam afirmando que, no registro da inspeção, o juiz poderá instruir essa peça com desenho, gráfico ou fotografia (art. 484, parágrafo único), o que pode vir a ser relevante para o juiz principal. Cf. Comentários ao Código de Processo Civil: artigos 381 ao 484. *In* MARINONI, Luiz Guilherme (dir.); ARENHART, Sérgio Cruz; MITIDIERO, Daniel (coord.). *Comentários ao Código de Processo Civil.* São Paulo: Revista dos Tribunais, 2016. v. VII, p. 42. Para Eduardo Talamini, a antecipação da inspeção judicial é possível, mas não manterá seu valor originário, pois o juiz que inspecionará não será o mesmo que irá sentenciar. Cf. Comentário aos artigos 381-383 do Código de Processo Civil. *In* CABRAL, Antonio do Passo; CRAMER, Ronaldo (coord.). *Comentários ao Novo Código de Processo Civil.* 2. ed. Rio de Janeiro: Forense, 2016. p. 590.

500 AMARAL, Paulo Osternack. *Prova:* atipicidade, liberdade e instrumentalidade. 2. ed. São Paulo: Revista dos Tribunais, 2017. p. 33.

De um lado, cresce a ideia de que as partes devem utilizar o Judiciário como última hipótese, não como a primeira ou a única. A jurisprudência evolui e aprimora o conceito de acesso à justiça, exigindo prévios requerimentos administrativos ou alguma demonstração de resistência à satisfação do direito, como requisitos para o ajuizamento de ações, a lei adiciona etapas preliminares de conciliação ou mediação, estimula métodos consensuais de resolução dos conflitos. De outro lado, contempla a prova como um direito autônomo de tal magnitude que autoriza a utilização do processo mesmo que não haja um litígio. A questão é de política legislativa, e, não obstante o aparente paradoxo, parece não haver dúvida de que o legislador contempla técnicas para as duas soluções. Diante do teor do art. 381, é inequívoco que a produção da prova pode ser utilizada antes e independentemente de um litígio, de um direito material violado ou de alguma pretensão de natureza contenciosa.

Nessa ordem de ideias, a produção antecipada da prova deve ser entendida justamente como mais uma das técnicas para evitar o ajuizamento de ações, ou para imprimir racionalidade ao sistema de justiça, e não como uma exceção a esse modelo. Porque, tratando-se de procedimento com escopo limitado e cognição sumária, o conjunto de esforços necessários para sua realização é bem menor do que o de uma demanda comum. E com menor esforço pode-se solucionar o conflito, evitando o ajuizamento posterior da ação principal.

Afinal, se alguém realiza uma prova para demonstrar os danos em uma obra civil, ou para configurar o estado de abandono em que esta obra foi deixada, é possível que a apuração de tais fatos mediante perícia, realizada em contraditório, sirva para que as partes se componham, eliminando a ação indenizatória, que demandará outro conjunto de alegações, consumirá mais tempo, abrangerá recursos, custos etc.; uma parcela menor daquele procedimento principal pode resolver a questão.

O mesmo se determinado veículo apresentou um problema. A perícia nele realizada pode constatar, por exemplo, que não há nexo de causalidade que o autor da demanda imaginava, dissuadindo-o de demandar para pleitear indenização ou a substituição do bem.

Entendida sob essa perspectiva, a produção antecipada da prova se insere como mais uma das técnicas para a redução da litigiosidade e para a racionalização do sistema de justiça. Para sua utilização, não se impõe nem mesmo a condição de prévio exaurimento da esfera extraprocessual, porque o esclarecimento acerca de um fato nem sempre se insere na perspectiva tradicional de um direito ameaçado ou lesado. Pode não se estar diante de nenhum desses cenários, e ainda assim alguém pretender realizar a prova sobre como certos fatos se deram.

Nem mesmo a possibilidade de realização extrajudicial da prova elimina ou supre a conveniência da produção antecipada da prova, porque o elemento que distinguirá uma ou outra figura será o contraditório. Alguém que tenha o carro com defeito poderia, por hipótese, realizar orçamentos diferentes, realizar o reparo no local de menor valor, e depois ajuizar demanda para a cobrança do respectivo valor. Mas caso se valha da produção da prova para realizar uma perícia que apure a causa do defeito, obterá uma solução muito mais completa, possivelmente eliminando a discussão futura acerca da impossibilidade de se apurar a causa do defeito.

Imagine-se esse mesmo cenário em relação a algum maquinário ou equipamento complexo. Apurar o defeito e até quantificar o dano com a participação da parte contrária, em procedimento jurisdicional controlado por um juiz de direito, consistirá na melhor forma de realizar a prova. Não a única, mas a mais completa. E ainda que a lei não contemple qualquer atividade de valoração da prova pelo juiz desse procedimento, fato é que haverá uma garantia de regularidade na colheita da prova, importante para sua futura valoração na ação subsequente, caso ela venha a ser ajuizada. Esse conjunto de fatores configura a noção do interesse processual relativo a esse procedimento.

O cabimento da produção antecipada da prova é, portanto, bastante amplo. Mas é claro que ainda assim está sujeito a algum controle e poderá haver hipóteses em que a prova será indeferida. Eduardo Talamini entende que essa figura não se aplica a casos em que há direito material de acesso (ou ciência de) documento, coisa ou informação, de que são exemplos os seguintes dispositivos: art. 5º, XXXIII, XXXIV, *b*, e LXXII, *a*, da CF; art. 1.021 do Código Civil; art. 105 da Lei das SA. Porque são situações protegidas por mecanismos específicos (*habeas data*, por exemplo) ou pelas vias gerais de tutela, é por meio dessas tutelas específicas que tais informações devem ser obtidas, que tais fatos devem ser documentados.[501]

Humberto Theodoro Júnior, não obstante reconhecer a amplitude de seu cabimento, explica que ele deve estar atrelado às hipóteses do art. 381.[502]

67.2. Exibição de documentos requerida como medida incidental ou como procedimento preparatório?

Apesar da amplitude do cabimento da produção antecipada da prova, há uma hipótese na qual a sua admissibilidade é controvertida, que é a exibição

501 Cf. Comentário aos artigos 381-383 do Código de Processo Civil. *In* CABRAL, Antonio do Passo; CRAMER, Ronaldo (coord.). *Comentários ao Novo Código de Processo Civil*. 2. ed. p. 589.

502 Cf. *Curso de direito processual civil*. 56. ed. Rio de Janeiro: Forense, 2015, v. I, p. 913.

de documentos. No sistema do CPC de 1973 esta figura era muito utilizada, a ponto de ter alguma representatividade numérica e estatística no universo geral de demandas. Em geral, a medida cautelar para exibição de documentos era apresentada por consumidores, para obter cópias de contratos em geral, extratos bancários ou outras informações normalmente decorrentes de contratos de adesão, de relações massificadas.[503]

Esse cenário era muitas vezes adicionado de requerimentos de justiça gratuita, e a exibição dos documentos pela via judicial acabava por gerar a condenação do requerido nos honorários de sucumbência. Fruto da evolução das decisões jurisprudenciais, passou-se a entender inexistir causalidade para a condenação em honorários, caso o autor da demanda tivesse se valido da medida judicial diretamente, sem prévio requerimento administrativo. A conclusão era óbvia, porque, não obstante o reconhecimento da inafastabilidade da jurisdição e do amplo acesso à justiça, a via judicial deve ser utilizada quando for demonstrada a resistência à satisfação do direito por via extrajudicial.[504]

O CPC em vigor deu outra solução para o tema. Regulamentou e aprimorou a exibição de documento, no bojo da ação principal, além de contemplar um procedimento específico para exibição em face de terceiros (arts. 396 a 404). Regra geral, é por aquela via que um documento deve ser requerido.

A questão então é saber se, por força daquele incidente, a produção antecipada da prova deve ser tida como incabível, para essa mesma finalidade. Em primeiro lugar, vale notar que a demanda de exibição de documento em face de terceiro, regulada nos arts. 401 e 402, possui elementos em comum com a antecipação da prova. Nos dois casos, pode não existir demanda futura. Há situações em que o requerente tem como exclusivo interesse a exibição de

---

503 O Superior Tribunal de Justiça julgou a questão sob o regime dos recursos repetitivos, definindo que "a propositura de ação cautelar de exibição de documentos bancários (cópias e segunda via de documentos) é cabível como medida preparatória a fim de instruir a ação principal, bastando a demonstração da existência de relação jurídica entre as partes, a comprovação de prévio pedido à instituição financeira não atendido em prazo razoável, e o pagamento do custo do serviço conforme previsão contratual e normatização da autoridade monetária. 2. No caso concreto, recurso especial provido". Cf. STJ, Recurso Especial n. 1349453/MS, Segunda Seção, rel. LUIS FELIPE SALOMÃO, j. 10.12.2014.

504 Em caso semelhante, já decidiu o TJSP que um requerimento administrativo insuficientemente preciso justifica eventual recusa da instituição financeira em apresentar os documentos, o que impede o preenchimento do requisito de prévio pedido administrativo da produção antecipada de prova. Cf. TJSP, Apelação n. 1025481-89.2017.8.26.0506, 38ª Câmara de Direito Privado, rel. CÉSAR PEIXOTO, j. 21.02.2018.

certos documentos, notadamente quando dele depende para aferir seu interesse e suas chances no ajuizamento de demanda futura.[505]

Temos então o seguinte "cobertor curto". De um lado, o procedimento do art. 401 é dirigido em face de um terceiro, que é citado, pode resistir ao pedido. Poderá haver instrução probatória e, ao final, a questão será resolvida por sentença, da qual cabe apelação (ver item 76). Um procedimento completo, ainda que com cognição restrita ao direito (ou não) de exibição do documento. De outro, o procedimento de produção antecipada da prova, que pode estar indiretamente atrelado a uma demanda futura, cujos contornos serão definidos justamente após a produção dessa prova antecipada, mas que não contempla defesa, qualquer caráter contencioso, que não é decidido por sentença e não faz coisa julgada.

Agora imagine-se que um sócio de uma sociedade anônima tenha interesse em examinar a escrituração contábil da pessoa jurídica, para fins de eventualmente ingressar com ação judicial contra a empresa. O exame prévio do documento pode ser útil não apenas para a análise da probabilidade de êxito, mas para definir que tipo de demanda irá propor. Pode ser que os atos revelem práticas lesivas do administrador, ou ilícitos no plano de suas relações com os demais sócios. Em cada caso, seu conjunto subsequente de providências será diferente.[506]

Admitindo que, não obstante seja reconhecido seu direito a examinar os documentos da empresa, isto lhe seja negado na via extrajudicial pelos sócios ou administradores, surge aqui o interesse da parte em exigir sua exibição. Mas, como um procedimento preparatório, não como um incidente em demanda principal que saiba, desde logo, qual será. O que deve o sócio fazer? Valer-se da demanda de exibição do documento em face de um "terceiro" (art. 401), ou do procedimento para sua produção antecipada, em face da própria parte com quem mantém relação?

---

505 De acordo com Eduardo Talamini, o CPC/2015 não prevê medida típica de exibição de documentos em caráter preparatório. O artigo 396 e seguintes estabelecem apenas procedimento para exibição de documentos no curso do próprio processo principal. Por isso, quando houver interesse jurídico na exibição de documentos, deverá ser utilizada a figura da produção antecipada da prova. Cf. Comentário aos artigos 381-383 do Código de Processo Civil. *In* CABRAL, Antonio do Passo; CRAMER, Ronaldo (coord.). *Comentários ao Novo Código de Processo Civil*. 2. ed. Rio de Janeiro: Forense, 2016. p. 591.

506 A ação para responsabilização do administrador tem pressupostos e objetivos próprios, conforme o art. 158 da Lei n. 6.404/76 (Lei das S/A). As ações em face dos sócios podem ter objetos variados, como indenizações, dissolução parcial, dissolução total, exercício do direito de retirada etc. (arts. 927 e 186 do Código Civil, arts. 599 e ss. do CPC, arts. 137, 206 e ss. da Lei n. 6.404/76 etc.).

A solução exige interpretação sistemática, pois a literalidade dos dispositivos torna a situação desse sócio sem proteção jurídica. Primeira solução, a parte se vale da medida do art. 401, flexibilizando-se a noção de "terceiro" aludida no *caput*. Segunda solução, a parte se vale da produção antecipada da prova, para exigir a apresentação do documento. Aqui, o que se flexibiliza é a vedação a qualquer caráter contencioso, apresentação de defesa e solução da causa mediante sentença.

A pior das alternativas seria considerar que nenhuma das duas acima pode ser adotada, impondo-se ao autor que promova, desde logo, uma demanda principal, para nela formular pedido incidental de exibição de documentos. Como a pretensão pode não estar delineada, ou nunca vir a ser formulada, essa alternativa é a mais danosa, porque impõe que as partes artificialmente litiguem, ou pior, que o autor promova demanda sem saber se tem algum direito que ampare tal pretensão, em verdadeira loteria.

A legislação processual precisa ser interpretada de forma sistemática. Ao pretender simplificar o procedimento, projetando que na maioria das situações a cognição será limitada, circunscrita à colheita de uma prova para apreciação futura, o legislador, corretamente, projetou que não haverá propriamente um litígio a respeito de sua produção. Por isso deixou de regular outros aspectos do procedimento. O trabalho de complementação, por via interpretativa, deste dispositivo, se revelaria mais extenso. De outro lado, se for adotado o rito dos arts. 401 e 402, quase todos os problemas estão resolvidos já no plano legal. A única questão a ser flexibilizada é a concepção de que tal procedimento só pode ser dirigido contra um terceiro, ou seja, alguém contra quem não se exercerá uma pretensão dita principal. Superada essa questão, a ação para exibição de documentos se revela o mecanismo mais apropriado para tutelar situações como as acima descritas.

Teremos então uma pretensão à exibição de documentos, que será veiculada como procedimento preparatório, não em face de um terceiro, mas da parte contra quem se pode futuramente direcionar uma demanda principal. Não obstante o fundamento desta pretensão estar no inciso II do art. 381, o procedimento deverá ser aquele previsto nos arts. 401 e 402.

Idêntico raciocínio se aplica quando o documento, cuja exibição se pretende, estiver efetivamente na posse de um terceiro, contra quem sabidamente não será proposta demanda alguma. Quando se examina a produção antecipada da prova, verifica-se que a citação da parte contra quem a prova deve ser produzida é obrigatória, mas, ao mesmo tempo, o procedimento não contempla propriamente uma defesa. Mas pode ocorrer de o terceiro se recusar a exibir o documento, por exemplo, sob a alegação de não estar obrigado a exibi-lo, ou até mesmo estar proibido de fazê-lo, por sigilo profissional.

Em um evento passível de cobertura securitária, por exemplo, a seguradora costuma se valer de serviços de terceiros para verificar as circunstâncias em que o sinistro ocorreu. Essas reguladoras de sinistro prestam serviço para as companhias seguradoras, e evidentemente produzem documentos ao final, para concluir, em sua perspectiva, se e como ocorreu o sinistro, se a hipótese comporta a cobertura do seguro ou, ao contrário, a seguradora deve negar a cobertura. Caso tais empresas fossem demandadas por um terceiro, contratante desse seguro, visando à exibição desses documentos, deveriam recusar a respectiva exibição, por serem documentos internos, atrelados a uma contratação sobre a qual paira, regra geral, a cláusula de confidencialidade.

É pelo procedimento típico, do art. 401, que os documentos podem ser exibidos. A demanda para a produção antecipada não pode, portanto, ser utilizada nessa hipótese específica. Nessa linha, aliás, inúmeros julgados vêm negando a produção antecipada da prova com essa finalidade, assim como extinguem sem resolução de mérito ações cominatórias, com pedidos de obrigação de fazer, consistentes justamente na exibição do documento.[507]

É fato que nenhuma dessas medidas é necessária, tendo em vista o procedimento específico. Mas, acaso propostas, a solução adequada é determinar a emenda da petição inicial ou, conforme o modo como o pedido foi deduzido, simplesmente receber uma medida por outra, adotando-se plenamente a fungibilidade destas demandas. A postura de simplesmente extinguir os processos ou, pior, converter uma decisão de mérito porventura dada em primeiro grau em sentença terminativa, no julgamento da apelação é formal e incompatível com o sistema processual que adotamos.[508] Tanto pior se, no caso concreto, a parte requerida tiver apresentado nos autos o documento pretendido.

Mesmo que o veículo processual seja inadequado, ou mesmo que não tenha havido resistência anterior, a apresentação do documento resolve a questão,

---

507 TJSP, Apelação n. 1003232-20.2017.8.26.0224, 38ª Câmara de Direito Privado, rel. César Peixoto, j. 21/2/2018: Ação cominatória visando à exibição de documentos. Inadequação da via eleita. Pretensão passível de solução mediante o procedimento de produção antecipada da prova, em caráter preparatório, arts. 381 a 383 do Código de Processo Civil, ou ainda de forma incidental, nos termos dos arts. 396 a 404 do aludido diploma. Carência da ação reconhecida diante da falta de interesse processual. Nesse sentido, ver: TJSP, Apelação n. 1002897-77.2017.8.26.0037, j. 14.12.2017, rel. Des. Renato Sartorelli; TJSP, Apelação n. 1057957-74.2016.8.26.0100, j. 27.07.2017, rel. Des. César Peixoto; TJSP, Apelação n. 1035330-22.2016.8.26.0506, j. 12.07.2017, rel. Des. César Peixoto; TJSP, Apelação n. 1003843-75.2016.8.26.0363, j. 01.06.2017, rel. Des. César Peixoto.

508 TJSP, Apelação n. 1003617-44.2017.8.26.0037, 28ª Câmara de Direito Privado, rel. Dimas Rubens Fonseca, j. 25.09.2017.

atende à pretensão do autor, ensejando a conclusão daquele conflito específico. Nesses casos, o Judiciário deve pura e simplesmente extinguir a demanda.[509] A questão relevante aqui dirá respeito aos honorários de sucumbência. Se não houve resistência do réu, o princípio da causalidade, que inspira tais regras, determina que seja o autor a pagar os honorários do réu, e não o contrário.

A jurisprudência tem reconhecido que são indevidos honorários de sucumbência em favor do advogado do autor, pois o documento poderia ser obtido pela via extrajudicial, sem necessidade de contratação de advogados. Mas é possível ir além, para condenar o autor a pagar sucumbência em favor do advogado do réu, que se viu obrigado a contratar advogado, sem efetiva necessidade. A fixação deverá ser equilibrada, atenta ao trabalho realizado. Mas, por pouco que seja este trabalho, ele existirá e não poderá deixar de ser remunerado.

68. Produção antecipada da prova para evitar o seu perecimento

A primeira das hipóteses de produção antecipada da prova repete a figura típica, outrora prevista nos arts. 846 a 851 do CPC/73. Cuida-se da única hipótese que exige a demonstração de urgência, a revelar sua típica natureza cautelar[510]. É fato que o CPC/2015 não preservou a tutela cautelar como uma modalidade própria de processo, nem previu procedimentos cautelares típicos. O legislador optou por disciplinar conjuntamente a tutela cautelar e a tutela antecipada, sob a categoria geral da tutela provisória (arts. 294 e ss.), além de manter disposições sobre certos procedimentos específicos, realocados, porém, no Código.

As medidas cautelares típicas de produção antecipada da prova, arrolamento de bens e justificação foram reagrupadas sob a figura da produção antecipada da prova. Mas apenas a primeira delas guarda natureza verdadeiramente cautelar, pois pela conservação da fonte de prova pretende-se preservar o resultado útil que ela pode vir a desempenhar no julgamento de uma demanda futura. O arrolamento de bens e a justificação não têm necessariamente caráter contencioso, e podem se revelar necessários mesmo sem qualquer requisito de urgência.

---

509 José Roberto Bedaque propõe solução de mesma natureza nas ações declaratórias em que o réu contesta afirmando nunca ter resistido à pretensão. O julgamento deve ser de mérito, ainda que tenha faltado àquela demanda o interesse de agir. Cf. BEDAQUE, José Roberto. *Efetividade e técnica processual*. São Paulo: Saraiva, 2010. p. 316, 323-324.

510 Daniel Neves entende que a antiga produção antecipada de provas, de natureza cautelar, foi ampliada, aprimorada, e perdeu essa natureza cautelar. Cf. *Manual de direito processual civil*. 10. ed. Salvador: Juspodivm, 2018. p. 755.

A prova futura pode ser de difícil ou impossível realização em diversas situações. Por exemplo, para se realizar uma perícia em um prédio que está prestes a desabar, para se verificar quais as causas para o dano estrutural da edificação.[511] Ou ainda, para se colher o depoimento de alguém que esteja doente, ou que tenha idade avançada, ou de uma testemunha estrangeira, cuja permanência no país por motivos profissionais esteja próxima de terminar.

Outro exemplo interessante, dado por EDUARDO TALAMINI, é o da antecipação de uma prova para avaliação ou arbitramento do valor de certas participações societárias. A medida pode ser do interesse de uma sociedade, que tenha por hipótese promovido a exclusão extrajudicial de um sócio, ou do sócio que tenha sido excluído. A vantagem da perícia neste momento é a contemporaneidade dos fatos com os números da empresa, que servirão de base para a apuração dos haveres. Como se sabe, a "data de corte" para essa apuração será justamente a data da retirada. Não faz sentido aguardar anos de litígio, para se realizar uma perícia no futuro, que terá por objeto fatos do passado. A produção antecipada da prova permite que os fatos sejam apurados praticamente em tempo real.[512]

Essa dinâmica será também importante em demandas acerca de veículos, para realizar prova técnica que permita elucidar se os danos ocorridos a um veículo decorreram de desgaste natural das peças ou de algum defeito na prestação de serviços de manutenção e revisão por parte da fabricante.[513]

Em todas as hipóteses de alegada urgência, o requerente da medida, na linha do que exige o art. 382, *caput*, deverá demonstrar as razões para o requerimento de produção antecipada da prova, sendo que, no caso específico do inciso I, deverá ser indicada a demanda futura, à qual se liga a produção da prova.[514]

---

511 BUENO, CASSIO SCARPINELLA. *Manual de direito processual civil*. São Paulo: Saraiva, 2015. p. 317.

512 TALAMINI, EDUARDO. Comentário aos artigos 381-383 do Código de Processo Civil. *In* CABRAL, ANTONIO DO PASSO; CRAMER, RONALDO (coord.). *Comentários ao Novo Código de Processo Civil*. 2. ed. Rio de Janeiro: Forense, 2016. p. 591.

513 TJSP, Apelação n. 1033135-82.2015.8.26.0576, 25ª Câmara de Direito Privado, rel. EDGARD ROSA, j. 11.05.2017.

514 EDUARDO TALAMINI afirma ser necessário demonstrar o nexo de referibilidade com outra pretensão: "Essa pretensão pode ser futura e meramente eventual, mas é indispensável sua indicação para que se ponha a proteção autônoma do direito à prova". TALAMINI, EDUARDO. Comentário aos artigos 381-383 do Código de Processo Civil. *In* CABRAL, ANTONIO DO PASSO; CRAMER, RONALDO (coord.). *Comentários ao Novo Código de Processo Civil*. 2. ed. Rio de Janeiro: Forense, 2016. p. 589.

O procedimento regulado no art. 382 é o que será seguido. Em qualquer caso, por manter a natureza de uma tutela cautelar, à produção antecipada da prova baseada no risco de perecimento da prova aplica-se, no que couber, o contido nos arts. 294 e seguintes do CPC, que traz a disciplina geral da tutela cautelar. Em especial, o requisito de risco ao resultado útil do processo (art. 300).

E se essa modalidade específica exige a demonstração da urgência, é preciso ponderar que o réu da medida pode se opor a ela, justamente objetando a configuração deste risco de perecimento da prova. Como ressalva HUMBERTO THEODORO JÚNIOR, em certas situações o requerido poderá se opor à sua realização, como medida desnecessária e onerosa, preferindo que sua realização se dê nos moldes tradicionais, como atividade instrutória típica, inserida no bojo da demanda principal.[515]

Apesar de o art. 382, § 4º, dispor que o procedimento não comporta defesa ou recurso, e sem prejuízo do que será dito nos comentários a este dispositivo, é importante ressalvar que, nas situações acima descritas, poderá sim haver objeção da parte à utilização do procedimento. Acolhido o argumento, o julgador indeferirá a realização da prova.

Outra questão, suscitada por CÂNDIDO DINAMARCO, é a de ser necessária a antecipação da prova, mas não como um processo antecedente, e sim no bojo da própria demanda principal, já proposta. O autor defende que a produção antecipada pode tanto ser deduzida em um processo antecedente como em um incidente de um processo já em curso, conforme previsto no art. 294, parágrafo único. Não se pode descartar que a situação de risco à utilidade da prova surja com o processo já em trâmite, mas antes do momento adequado para a realização da prova. É fato que a disciplina da produção antecipada sugere o contrário, pois regula a competência do juiz posterior (§§ 2º e 3º art. 381), mas, para DINAMARCO, essa previsão não exclui necessariamente o incidente, para o caso de urgência que torne necessário realizar uma prova ainda na fase postulatória.[516]

Questão dessa natureza já foi enfrentada pelos Tribunais. Diante do requerimento do autor da demanda para a determinação de liminar de produção de prova pericial, o TJSP entendeu ser razoável a concessão de tutela de urgência em caráter excepcional para determinar a imediata produção de prova pericial, em virtude da caracterização da urgência, antes da fase própria do processo de conhecimento, mas sem necessidade de um incidente separado de produção da prova.[517]

---

515 Cf. *Curso de direito processual civil*. 56. ed. Rio de Janeiro: Forense, 2015. v. I, p. 913.

516 DINAMARCO, CÂNDIDO RANGEL. *Instituições de direito processual civil*. 7. ed. São Paulo: Malheiros, 2017. v. 3, p. 115-116.

517 Da decisão extrai-se: "(...) somente após a confecção do laudo poderá a autora retirar o implante dentário, feito pela ré, que seria a causa de dores intensas, sangramentos

69. Produção da prova sem o requisito de urgência

Os incisos II e III, bem como os §§ 1º e 5º, analisados conjuntamente, conferem à produção antecipada da prova o caráter genérico a que antes se aludiu. Seja por razões atreladas de forma mais imediata a um litígio futuro, seja por motivos dissociados de qualquer conflituosidade, é de se admitir a antecipação da prova. Todas as hipóteses versadas no art. 381, à exceção do inciso I, dizem respeito a situações não cautelares (ET).

Como vem advertindo a doutrina desde a edição do Código, essa ampla admissibilidade do procedimento para antecipação da prova abrange praticamente qualquer situação,[518] impondo-se, como visto acima, até mesmo uma nova interpretação do requisito do interesse processual para demandar. Uma vez demonstrado o interesse jurídico para a produção da prova – e a explicitação dessas razões é exigida pelo art. 382 –, é de se admitir sua realização. As hipóteses, portanto, não são taxativas.[519]

Seu uso abrange, por exemplo, situações em que a parte pretenda realizar uma prova que servirá como prova pré-constituída para algum processo administrativo ou para outra demanda judicial ou, esta sim, que exija a demonstração dos fatos pela via documental, desde logo. O mandado de segurança e a ação monitória são as hipóteses mais comuns.[520]

A produção da prova como etapa anterior de um litígio pode se fazer necessária justamente porque os contornos desse litígio ainda não estão nítidos, seja quanto a seu objeto, o valor da disputa ou a parte contra quem ele deva ser dirigido.[521]

---

e outras lesões bucais. Não se mostra adequado, à vista das circunstâncias do caso concreto, relegar a produção da prova ao momento processual ordinariamente adequado. Perícia indispensável ao resultado útil do processo. Produção antecipada da prova técnica não causará tumulto processual, abreviando a substituição da prótese da demandante. Necessidade de intimação da ré para, querendo, acompanhar a perícia". TJSP, Apelação n. 2200251-10.2017.8.26.0000, 1ª Câmara de Direito Privado, rel. Francisco Loureiro, j. 06.12.2017.

518 Daniel Neves afirma que o inciso II tem caráter bem amplo, pois basta a parte alegar interesse em esclarecer melhor os fatos para que a demanda seja admitida, havendo, assim, uma amplitude "praticamente absoluta". Cf. *Manual de direito processual civil*. 10. ed. Salvador: Juspodivm, 2018. p. 755-756.

519 TALAMINI, Eduardo. Comentário aos artigos 381-383 do Código de Processo Civil. *In* CABRAL, Antonio do Passo; CRAMER, Ronaldo (coord.). *Comentários ao Novo Código de Processo Civil*. 2. ed. Rio de Janeiro: Forense, 2016. p. 589-590.

520 CARVALHO, Fabiano. A prova documentada e o mandado de segurança. *In* LOPES, Ricardo Augusto de; MEDEIROS NETO, Elias Marques de; OLIVEIRA NETO, Olavo de (coord.). *A prova no direito processual civil*. São Paulo: Verbatim, 2013. p. 181.

521 Sobre a antecipação para viabilizar autocomposição ou para prévio conhecimento dos fatos, Humberto Theodoro Júnior pondera que existem situações em que há

Imagine-se, por exemplo, um acidente de grandes proporções em um canteiro de obras de uma refinaria, ou de uma usina hidrelétrica. A seguradora da obra poderá ter interesse em realizar uma perícia envolvendo os vários fornecedores do canteiro de obras, para apurar perante todos a possível causa do acidente, a fim de instruir sua futura ação visando ao reembolso do valor que pagará a título de seguro. Porque não é incomum que esses diferentes fornecedores imputem a responsabilidade uns aos outros, e que os diferentes contratos prevejam métodos de solução de controvérsias diferentes, ou convenções de arbitragem que irão gerar processos diferentes, que não poderão ser reunidos, a melhor solução será a propositura de demanda para a produção antecipada da prova, citando-se todos os potenciais interessados e permitindo que todos participem da produção da prova. A esse cenário pode se adicionar ainda a conveniência de apurar as causas do acidente com rapidez, para permitir a subsequente reparação dos danos.[522]

Também a identificação precisa de uma área pode ser objeto da antecipação da prova, permitindo assim a seu proprietário que promova uma futura ação reivindicatória.[523]

No âmbito do direito societário, em conflitos envolvendo sócios majoritários e minoritários, com possível cogitação de abuso do poder de controle, ou prática de atos lesivos ao patrimônio da sociedade ou de seus sócios, é possível adotar a antecipação da prova com mais de um objetivo. Primeiro, para registro e prova dos fatos que podem caracterizar o abuso de gestão da sociedade. Segundo, para quantificar os prejuízos decorrentes de algum ou alguns atos praticados, o que pode servir como base para futura demanda de responsabilização dos administradores ou para exercício do direito de retirada e dissolução parcial da sociedade.[524]

---

falta de prova, retirando da parte a possibilidade de decidir acerca da propositura ou não de demanda. Por isso, é justo que o interessado se certifique da realidade da situação fática em que se acha envolvido. Cf. *Curso de direito processual civil*. 56. ed. Rio de Janeiro: Forense, 2015. v. I, p. 914. Daniel Neves sustenta que o inciso III tem por objetivo auxiliar a parte na preparação da pretensão principal, o que já foi até admitido no âmbito do processo penal, no regime anterior (apesar de ainda existir alguma resistência a esse tipo de medida em âmbito penal). Cf. *Manual de direito processual civil*. 10. ed. Salvador: Juspodivm, 2018. p. 756.

522 Humberto Theodoro Júnior traz exemplo parecido, aduzindo a exame pericial antecipado, para evitar o perecimento da coisa. Cf. *Curso de Direito Processual Civil*, vol. I, 56ª ed. Rio de Janeiro: Forense, 2015, p. 915.

523 THEODORO JÚNIOR, Humberto. *Curso de direito processual civil*. 56. ed. Rio de Janeiro: Forense, 2015. v. I, p. 915.

524 Humberto Theodoro Júnior cita diversos julgados que admitiam hipóteses semelhantes, flexibilizando a admissão da produção antecipada da prova ainda na vigência do CPC/73. Cf. *Curso de direito processual civil*. 56. ed. Rio de Janeiro: Forense, 2015. v. I, p. 916, nota de rodapé 225.

A produção antecipada da prova pode servir para o arrolamento de bens, com a finalidade limitada de inventariar uma universalidade, ou seja, para que se registre e documente quais os bens, seus tipos, quantidades e qualidades,[525] prevenindo sua dissipação ou extravio.[526] Para Daniel Neves, essa hipótese é particularmente útil em discussões de direito de família e sucessões, por exemplo. Mediante o arrolamento judicial dos bens, constata-se o total dos ativos que devem ser objeto da subsequente partilha, em ações de divórcio ou inventários.[527]

Há, porém, uma segunda possibilidade para a utilização do arrolamento, mas cuja finalidade o distancia da produção antecipada da prova. Se a parte pretende se valer da medida para afetar ou apreender uma universalidade de bens, para fins conservativos, a medida em questão será constritiva de bens, com nítido caráter contencioso e cuja atividade judicial não se limitará a acompanhar a respectiva apuração dos bens. A antecipação da prova é feita sem que o juiz perante o qual ela é realizada decida acerca da questão controvertida, sem que se atribua algum bem da vida ou se reconheça a titularidade de algum direito, exceto o próprio direto à antecipação da prova. Por isso, o arrolamento com o objetivo de constrição dos bens será realizado como procedimento autônomo, de natureza cautelar, regido diretamente pelas disposições sobre a Tutela Provisória dos arts. 294 a 311.[528] Neste procedimento haverá resistência, defesa, cognição mais aprofundada, seja no plano horizontal, seja no vertical. Não se confunde, portanto, com a modalidade prevista no parágrafo primeiro deste art. 381.

As situações acima guardam uma relação mais direta com as hipóteses legais de viabilizar conciliação, justificar ou prevenir litígios. O art. 381 contempla, ainda, a justificação, que outrora era regulada no livro do Processo Cautelar do CPC de 1973, como modalidade de medida cautelar nominada. Mas mesmo no sistema anterior, era preciso reconhecer que a litigiosidade de tais pretensões poderia ser nenhuma.

Ensinam Luiz Guilherme Marinoni e Sérgio Arenhart que "a justificação não se concentra na produção de uma prova, em si, mas na reunião de

---

525 TALAMINI, Eduardo. Comentário aos artigos 381-383 do Código de Processo Civil. *In* CABRAL, Antonio do Passo; CRAMER, Ronaldo (coord.). *Comentários ao Novo Código de Processo Civil.* 2. ed. Rio de Janeiro: Forense, 2016. p. 592.

526 ARENHART, Sérgio Cruz; MARINONI, Luiz Guilherme. Comentários ao Código de Processo Civil: artigos 381 ao 484. *In* MARINONI, Luiz Guilherme (dir.); ARENHART, Sérgio Cruz; MITIDIERO, Daniel (coord.). *Comentários ao Código de Processo Civil.* São Paulo: Revista dos Tribunais, 2016. v. VII, p. 44.

527 Cf. *Manual de Direito processual civil.* 10. ed. Salvador: Juspodivm, 2018. p. 756.

528 TALAMINI, Eduardo. Comentário aos artigos 381-383 do Código de Processo Civil. *In* CABRAL, Antonio do Passo; CRAMER, Ronaldo (coord.). *Comentários ao Novo Código de Processo Civil.* 2. ed. Rio de Janeiro: Forense, 2016. p. 591.

um conjunto probatório que permita justificar dada posição jurídica, conferindo-lhe plausibilidade". Também ela pode assumir uma natureza contenciosa, mas o tipo legal descrito no parágrafo quinto regula hipótese sem essa natureza, com o que DINAMARCO denomina litigiosidade zero.[529] Serve, por exemplo, para comprovar a morte de alguém que estava no local de uma catástrofe, para posterior lavratura de assento de óbito.

O produto da justificação será, portanto, a documentação de determinado fato. Se ele será ou não posteriormente utilizado em processo jurisdicional ou administrativo, isso é irrelevante. Importa que seja realizada, mediante o procedimento da produção antecipada da prova, o qual será concluído com decisão que meramente declara encerrado o procedimento, sem manifestação do julgador sobre a ocorrência do fato ou sua força probante, sem formação de coisa julgada.[530]

70. Competência

Reforçando a autonomia do direito à prova, o legislador previu dois cenários quanto à competência do juízo para este procedimento de antecipação, e nenhum deles coincide com o foro da ação principal. A identidade entre os foros é uma regra tradicional em nosso sistema, quando se fala em procedimentos preparatórios (art. 61). Na produção antecipada da prova, o legislador não quis repetir esse modelo, tampouco previu a prevenção do juízo para conhecer a ação principal.

A escolha se justifica, porque pode nunca haver uma ação principal, ou mesmo que ela venha a ser proposta, não há obrigatoriedade de ser proposta em determinado prazo. O possível distanciamento cronológico entre as medidas reforça a ideia de não se vincular um juízo ao outro. A lógica buscada pelo legislador é a de imprimir eficiência à produção da prova, daí por que indica o local onde deva ser produzida como o primeiro critério. Alternativamente, será também competente o foro do domicílio do réu, escolha que competirá ao autor da medida, evidentemente.[531] Caso tenha optado pelo local

---

529 Cf. *Instituições de direito processual civil*. 7. ed. São Paulo: Malheiros, 2017. v. 3, p. 120.

530 Súmula 32 do STJ: Compete à Justiça Federal processar justificações judiciais destinadas a instruir pedidos perante entidades que nela tem exclusividade de foro, ressalvada a aplicação do art. 15, II da Lei n. 5.010/66.

531 DANIEL NEVES critica essa dupla previsão, entendendo que deveria ser sempre no local da produção da prova, por razões de eficiência. O princípio geral que inspira a regra de competência no domicílio do réu em nada se relaciona com a medida para produção de uma prova, razão pela qual não deveria ser critério, nem mesmo subsidiário, para fixação da competência. Cf. *Manual de direito processual civil*. 10. ed. Salvador: Juspodivm, 2018. p. 756.

da produção da prova, o réu não poderá opor-se, não terá título para suscitar a incompetência do juízo.

Situação diversa se dá se há elementos dessa demanda que atraem a incidência de regras de competência absoluta, como a competência funcional. O § 2º já indica uma delas. A propositura da medida perante o juízo estadual só será admitida se não houver vara federal na localidade, quando esta for intentada em face da União, entidade autárquica ou empresa pública federal.[532] Portanto, será incompetente o juízo estadual se existir vara federal no local. Também pode interferir na determinação da competência a eleição de foro.

Entendo que o foro eleito para a relação jurídica como um todo abrange a medida de produção antecipada da prova. Apesar da autonomia do procedimento em relação a eventual ação sobre o negócio jurídico, se a prova a ser antecipada está relacionada com uma relação jurídica específica, o foro eleito pelas partes deve ser utilizado também para esta medida. A escolha de foro se insere na autonomia de vontade das partes, deve ser respeitada e se impõe em todas as situações. Será, portanto, o local para a produção antecipada da prova, ainda que não seja o local onde a prova deva ser produzida ou o domicílio do réu.

Também não ocorre prevenção do juízo perante o qual a prova foi produzida (§ 3º), mas essa solução é criticada por Daniel Neves em uma hipótese específica. Pode ser que a competência territorial para a produção antecipada da prova e para a ação principal seja a mesma. Se assim for, o autor não vê razão para que a prova antecipada tramite, por exemplo, na primeira vara cível de uma comarca, mas a ação principal termine sendo distribuída para a segunda vara cível. Admitida a prevenção neste caso, equilibra-se a produção autônoma com a imediatidade, permitindo que o mesmo juiz perante o qual se produziu a prova julgue a outra ação.[533] A ponderação do notável processualista é bastante razoável e deve servir como critério para justificar a distribuição por dependência da ação principal nesses casos específicos.

70.1. Medida antecipada da prova e juízo arbitral

Um comentário específico deve ser feito em relação à antecipação de prova destinada à instrução de futuro processo arbitral. Como se sabe, a escolha

---

532 Eduardo Talamini esclarece que a regra do art. 381, § 4º ampara-se no art. 109, § 3º, parte final, da Constituição Federal. A despeito da tramitação em vara estadual em primeiro grau, os eventuais recursos serão de competência do TRF (art. 109, § 4º, da CF). Cf. Comentário aos artigos 381-383 do Código de Processo Civil. *In* CABRAL, Antonio do Passo; CRAMER, Ronaldo (coord.). *Comentários ao Novo Código de Processo Civil*. 2. ed. Rio de Janeiro: Forense, 2016. p. 592.

533 Cf. *Manual de direito processual civil*. 10. ed. Salvador: Juspodivm, 2018, p. 757

da arbitragem pelas partes – em geral, pela inserção de uma cláusula compromissória no contrato que regula a relação jurídica entre elas – implica a renúncia à jurisdição estatal. Se não há jurisdição do juiz togado, evidentemente falta-lhe competência para examinar o mérito daquela relação. Proposta demanda judicial, o réu deverá alegar a exceção de convenção de arbitragem que, se acolhida, imporá a extinção do processo sem resolução de mérito (art. 485, VII, do CPC).

Admite-se, contudo, a competência do juiz togado para medidas de urgência, antes da instauração da arbitragem. Neste caso, a Lei de Arbitragem dispõe que a parte terá trinta dias para requerer a instauração do procedimento arbitral (art. 22-A, parágrafo único). A liminar deverá ser depois examinada pelos árbitros, seja para mantê-la ou revogá-la.

A questão que surge é qual a autoridade competente para o procedimento de produção antecipada da prova que se relacione com demanda arbitral futura. No caso de antecipação requerida sob o fundamento em urgência, parece não haver dúvidas acerca da competência do juiz.[534] Nas demais hipóteses, porém, é razoável atribuir ao juiz competência para essa medida?

O procedimento arbitral é regulado pela própria Lei de Arbitragem, sem remissão expressa ao Código de Processo Civil. Quando as partes elegem uma instituição arbitral para administrar o procedimento, seu regulamento será igualmente aplicável. Por fim, o próprio árbitro, ou tribunal arbitral, irá regular o procedimento, adaptando-o idealmente às peculiaridades do caso concreto.

Se se admite a competência do juiz para a produção antecipada da prova, teremos a adoção, para aquela prova específica, do procedimento da legislação processual. A diferença é relevante e pode vir em prejuízo da parte, que inequivocamente optou pela via arbitral.

Na linha do que venho sustentando ao longo deste livro, creio que a parte tem direito à prova, que se realizará da forma mais ampla possível, obedecidos os requisitos de pertinência e utilidade. Esse direito assume feições diferentes no processo judicial e no arbitral. A antecipação da prova não pode ser utilizada como uma forma de excluir da parte o direito de produzir suas provas perante a autoridade julgadora que escolheu.

---

534 EDUARDO TALAMINI considera que "Em regra, antes de instaurado o tribunal arbitral, compete ao juiz estatal as medidas urgentes e preparatórias relativas a conflito acobertado por convenção arbitral (STJ, REsp 1.297.974). Isso se aplica inclusive à produção antecipada de provas". Cf. Comentário aos artigos 381-383 do Código de Processo Civil. *In* CABRAL, ANTONIO DO PASSO; CRAMER, RONALDO (coord.). *Comentários ao Novo Código de Processo Civil*. 2. ed. Rio de Janeiro: Forense, 2016. p. 590.

Ainda que se admita que não há propriamente um julgamento do caso, e que a prova colhida de forma antecipada será depois apreciada e valorada pelo juiz ou árbitro na demanda principal, é preciso notar que o procedimento para a colheita daquela prova é, em si, um direito atribuído à parte. Uma perícia, por exemplo, pode ser realizada na arbitragem de formas muito diversas, a escolha do profissional envolvido observará outros critérios. Pode ocorrer, e é comum que ocorra, que o perito seja ouvido pelos árbitros em audiência, que seja perguntado sobre suas conclusões, sobre a justificativa técnica de suas afirmações.

Ao se realizar essa prova de forma antecipada, perante o juiz estatal, retira-se da parte todo esse conjunto de possibilidades. E, no exemplo específico, não se pode nem mesmo garantir que o perito judicial irá comparecer, meses ou anos depois, para depor perante os árbitros.

Por tais razões, entendo que a produção antecipada deve ser realizada perante os próprios árbitros, sem deslocamento da sua competência para o juiz estatal.

Art. 382. Na petição, o requerente apresentará as razões que justificam a necessidade de antecipação da prova e mencionará com precisão os fatos sobre os quais a prova há de recair.

§ 1º O juiz determinará, de ofício ou a requerimento da parte, a citação de interessados na produção da prova ou no fato a ser provado, salvo se inexistente caráter contencioso.

§ 2º O juiz não se pronunciará sobre a ocorrência ou a inocorrência do fato, nem sobre as respectivas consequências jurídicas.

§ 3º Os interessados poderão requerer a produção de qualquer prova no mesmo procedimento, desde que relacionada ao mesmo fato, salvo se a sua produção conjunta acarretar excessiva demora.

§ 4º Neste procedimento, não se admitirá defesa ou recurso, salvo contra decisão que indeferir totalmente a produção da prova pleiteada pelo requerente originário.

CPC de 1973 – art. 848

71. Delimitação e justificação da prova antecipada

A lei impõe ao autor que seja específico em relação a dois aspectos. Primeiro, que justifique por que pretende se valer desse procedimento. Como visto, há uma hipótese em que se deve demonstrar a urgência na colheita da prova, e outras em que as razões estão atreladas a causas não urgentes. Quanto às situações dos §§ 2º e 3º, há certa fungibilidade entre elas, devendo a justificação ser dada na petição inicial, mas com a ressalva de que a medida tem cabimento bastante amplo.

A segunda especificação necessária diz respeito à prova que se quer antecipar. Também a esse procedimento se aplica a regra geral de que o pedido deve ser determinado. Se a antecipação tem por objeto um depoimento de uma testemunha, ela deve ser desde logo indicada. Ao despachar a inicial, o juiz designará a audiência, determinando a intimação da testemunha e a citação da parte contrária. Se o pedido é de perícia, o autor indicará quesitos e assistente técnico na petição inicial.[535] O procedimento observará as disposições dos arts. 464 a 480 do CPC. O juiz de plano nomeará o perito e fixará prazo para a realização da prova. Citado, o requerido terá 15 dias de prazo para indicar seu assistente e formular quesitos, além de arguir eventual impedimento ou suspeição do profissional.

A petição inicial deve indicar o réu, que será a parte com quem o autor tem uma relação jurídica, ou a parte que deverá ser o futuro réu da ação principal.[536] Admite-se a cumulação simples de pedidos, ou seja, que se requeira a colheita de várias provas antecipadamente, desde que todas se relacionem ao mesmo fato e que não acarretem excessiva demora ao procedimento. Citado, o réu poderá se valer das disposições dos arts. 338 e 339 e suscitar a sua ilegitimidade passiva, assim como requerer a citação da parte que, em eventual demanda futura, ele pretenda trazer ao processo mediante o chamamento ao processo e a denunciação da lide.[537]

Como adverte Eduardo Talamini, não obstante a Súmula 154 do Supremo Tribunal Federal, editada em 13.12.1963, prescrever que "simples vistoria não interrompe prescrição", esse entendimento vem sendo atenuado, para se reconhecer que, sempre que no requerimento de produção antecipada, já se

---

535 NEVES, Daniel Amorim Assumpção. *Manual de direito processual civil*. 10. ed. Salvador: Juspodivm, 2018. p. 758.

536 Segundo Luiz Guilherme Marinoni e Sérgio Arenhart, o polo ativo será composto pela pessoa que tenha interesse jurídico na colheita da prova, seja para empregá-la no futuro, para se precaver de um eventual processo judicial, para subsidiá-lo na decisão de ajuizar ou não uma demanda, para tentar obter uma solução extrajudicial de seu conflito. O polo passivo será do sujeito que em princípio ocupará o polo oposto em processo judicial futuro e eventual. Cf. Comentários ao Código de Processo Civil: artigos 381 ao 484. *In* MARINONI, Luiz Guilherme (dir.); ARENHART, Sérgio Cruz; MITIDIERO, Daniel (coord.). *Comentários ao Código de Processo Civil*. São Paulo: Revista dos Tribunais, 2016. v. VII, p. 49.

537 Eduardo Talamini sustenta que, na hipótese em que se pretenda futuramente a desconsideração de personalidade jurídica, o sócio e a pessoa jurídica que seriam atingidos pela desconsideração devem participar desde logo da medida de produção antecipada, sob pena de a prova não poder ser depois utilizada. Cf. Comentário aos artigos 381-383 do Código de Processo Civil. *In* CABRAL, Antonio do Passo; CRAMER, Ronaldo (coord.). *Comentários ao Novo Código de Processo Civil*. 2. ed. Rio de Janeiro: Forense, 2016. p. 594.

puder identificar com clareza a intenção de exercício de uma pretensão, a medida assumirá "conotações de protesto" (art. 202, II, do Código Civil), funcionando como causa interruptiva prescricional.[538]

Interessante notar que, na nova sistemática da produção antecipada da prova, essa interpretação tenderá a ficar adstrita às hipóteses do inciso I, em que há de forma mais clara a indicação do direito violado e da pretensão a ser exercitada no futuro. Se o objeto da antecipação for o mero conhecimento de fatos ou a facilitação de futura composição, sem indicação de alguma demanda ou conflito, incidirá a Súmula 154. Em qualquer caso, o titular do direito deve se acautelar a respeito, valendo-se do protesto interruptivo para evitar a ocorrência da prescrição.

72. Citação dos interessados. Pode haver produção de prova sem a citação da parte contrária?

O § 2º do art. 382 estabelece que o interessado será citado, mas faz uma ressalva preocupante, sugerindo que pode não haver a citação "se inexistente caráter contencioso". Estaria o dispositivo autorizando que um processo judicial, cujo objeto seja a colheita de uma prova para aproveitamento futuro, possa tramitar sem a citação da parte em face de quem essa prova será produzida?[539]

A doutrina vem se manifestando de forma unânime a respeito da impossibilidade de se dispensar a citação do réu. Cassio Scarpinella Bueno, sempre atento ao que denomina modelo constitucional do processo, afirma que a citação deve sempre e necessariamente ser realizada.[540] Na mesma linha,

538 TALAMINI, Eduardo. Comentário aos artigos 381-383 do Código de Processo Civil. *In* CABRAL, Antonio do Passo; CRAMER, Ronaldo (coord.). *Comentários ao Novo Código de Processo Civil*. 2. ed. Rio de Janeiro: Forense, 2016. p. 594.

539 Cristiane Druve Tavares Fagundes sugere que a produção antecipada pode ser de prova unilateral, a exemplo de ação para demonstrar a própria idoneidade financeira, o que dispensa a citação de interessados, ainda que alguns defendam a conveniência de citação por edital de interessados incertos, por precaução. FAGUNDES, Cristiane Druve Tavares. Breves reflexões sobre a produção antecipada da prova no NCPC. *In* DIDIER JR., Fredie (coord.) *et al. Coleção Novo CPC:* doutrina selecionada – provas. 2. ed. Salvador: Juspodivm, 2016. v. 3. p. 654-655.

540 "A existência ou não de litígio ('caráter contencioso') é, ademais, questão relativa, que pode ser alterada a depender do resultado da colheita das provas. Inclusive pela ausência de prévio contraditório na sua realização... Esta orientação, que decorre do 'modelo constitucional do direito processual civil', deve ser observada ainda por quem queira ver, no § 1º do artigo 382, manifestação de 'jurisdição voluntária'. Não há como a lei querer se desviar do 'modelo constitucional', mesmo nestes casos, já que se regula a atuação do Estado-juiz." Cf. *Manual de direito processual civil*. São Paulo: Saraiva, 2015. p. 317.

EDUARDO TALAMINI ressalta que o requerido tem o direito de participar de todo o procedimento probatório, desde a proposição da prova. Para esse autor, "a prova produzida sem a presença do adversário é despida de valor, não sendo admissível no processo subsequente".[541]

Propondo uma hipótese que pode justificar a excepcional dispensa de citação, HUMBERTO THEODORO JÚNIOR cogita de situação em que a tutela provisória (aqui, de natureza cautelar) possa ser concedida liminarmente (art. 300, § 2º), para autorizar a produção antecipada de um depoimento ou perícia, sem ouvir a parte contrária. Diz o mestre que, após a inquirição ou vistoria, segue-se a citação do requerido, que pode formular quesitos complementares ou pedir nova inquirição, se ainda possível.[542] Entendo que essas hipóteses serão de excepcionalíssima aplicação, sendo desejável que, ainda que nas situações de urgência, o réu seja citado para participar da produção da prova, sob pena de ofensa a seu devido processo legal, capaz de tornar inútil a prova.

Será mais provável que, não obstante a situação de urgência, o réu possa ser citado, para acompanhar o depoimento já deferido e agendado, ou a vistoria/perícia. A desigualdade que se estabelece entre as partes, se ao réu não foi dado acompanhar a colheita da prova, será tal que dificilmente poderá ser compensada. Uma segunda oitiva, ou quesitos complementares, não suprirão a deficiência da participação do réu.

O Tribunal de Justiça de São Paulo teve a oportunidade de examinar questão dessa natureza.[543] O requerente da produção antecipada pretendia que uma certa vistoria a um imóvel fosse realizada sem a participação do réu. Determinada sua citação, houve recurso, negado pelo Tribunal. A decisão considerou que se exige "(...) a citação como condição de eficácia da prova perante aqueles contra quem se pretende que seja utilizada, observando-se o princípio constitucional do contraditório (CF, art. 5º, LV)".

Há uma interessante proposta de interpretação deste parágrafo primeiro do art. 382, feita por CÂNDIDO DINAMARCO. O dispositivo não condiciona a

---

541 TALAMINI, EDUARDO. Comentário aos artigos 381-383 do Código de Processo Civil. *In* CABRAL, ANTONIO DO PASSO; CRAMER, Ronaldo (coord.). *Comentários ao Novo Código de Processo Civil*. 2. ed. Rio de Janeiro: Forense, 2016., p. 593.

542 Cf. *Curso de direito processual civil*. 56. ed. Rio de Janeiro: Forense, 2015. v. I, p. 920. No mesmo sentido, EDUARDO TALAMINI: "Uma vez citado o réu, se o risco de perecimento da prova não se tiver concretizado, caberá repeti-la ou completá-la já agora com sua participação. Se ficar evidenciado que o pedido de produção antecipada *inaudita altera parte* foi abusivo, o juiz pode até não homologar a prova assim produzida" (p. 595).

543 TJSP, Agravo de Instrumento n. 2204821-39.2017.8.26.0000, 32ª Câmara de Direito Privado, rel. LUIS FERNANDO NISHI, j. 11.12.2017.

citação do réu ao caráter contencioso da medida. O que ali está dito é que o juiz determinará a *intimação dos interessados* na produção da prova, salvo se inexistente caráter contencioso. Porque a lei se refere a *interessados*, e não ao réu, Dinamarco considera que ali se estabelece uma espécie de intervenção de terceiros, determinada, porém, pelo próprio julgador. É, segundo o autor, uma figura estranha ao direito brasileiro, que é a intervenção *jussu iudicis*, que se justifica como uma forma de ampliação da eficácia subjetiva na colheita da prova.[544]

Em outras palavras, a despeito da preocupação manifestada pela doutrina com ilegais restrições à citação dos réus, o dispositivo não cuida disso. Réus serão sempre citados, como decorrência do sistema geral de contraditório de nosso sistema. A lei não chegou a criar exceções a esse postulado, mas sim a de ampliar a possível participação na produção da prova, autorizando o juiz que determine a citação de terceiros, interessados na produção da prova, mas que não tenham sido incluídos no polo passivo pelo autor, nem chamados ao processo pelo réu.

A interpretação é engenhosa, confere coerência sistemática ao dispositivo, porque não é mesmo concebível uma disposição legal que exclua a citação da parte a quem também interessa a produção da prova, sob o argumento de não haver caráter contencioso na medida. De outro lado, a expressão *interessados* não consta apenas neste parágrafo segundo, o que pode sugerir ter sido proposital a ideia do legislador de que, nesse incidente, não há propriamente autor e réu, mas requerente e interessados, sendo que estes últimos podem mesmo nem ser chamados ao processo. Mas, como dito, se assim for, a interpretação do dispositivo não pode se distanciar da ideia de que as garantias constitucionais do processo e a própria ideia de eficiência da tutela jurisdicional exigem a citação dos réus e/ou interessados.[545]

---

544 Cf. *Instituições de direito processual civil*. 7. ed. São Paulo: Malheiros, 2017. v. 3, p. 119. A esse tema, uma das discípulas do Professor DINAMARCO, brilhante estudiosa da nova geração de processualistas, LIA CAROLINA BATISTA CINTRA, dedicou sua tese de doutoramento, defendida na Universidade de São Paulo. A versão comercial da sua tese foi publicada sob o título *Intervenção de terceiro por ordem do juiz*: a intervenção *iussu iudicis* no processo civil. *In Coleção Liebman*. São Paulo: Revista dos Tribunais, 2017.

545 WAMBIER e TALAMINI afirmam que o art. 382, § 4º, exige interpretação que o salve da inconstitucionalidade. O juiz pode, mesmo de ofício, controlar defeitos processuais, ausência de pressupostos da antecipação, admissibilidade e validade da prova, o que evidentemente não pode excluir idêntica manifestação pela parte. A suposta proibição de defesa deve ser entendida como ausência de via específica para formular a contestação e o não cabimento de discussão sobre o mérito da pretensão à qual se vincula a prova, no futuro. Cf. *Curso avançado de processo civil:* cognição jurisdicional (processo comum de conhecimento e tutela provisória) 16. ed. v. 2, p. 374.

Porque não há previsão de uma citação para resposta do réu, os artigos em comento igualmente não preveem prazo para essa manifestação, que, portanto, deverá ser fixado pelo juiz, considerando a complexidade da questão (art. 218, § 1º, do CPC/2015).[546]

73. Limites à atividade do juiz na produção antecipada: controle do procedimento de colheita da prova, sem manifestação sobre o fato probando em si

De forma coerente com a natureza da produção antecipada da prova, o dispositivo limita a atividade do julgador às atividades de processamento da demanda, mas sem atribuir-lhe a função típica de julgar o conteúdo final do procedimento. Nesse sentido, o juiz não se pronunciará sobre a ocorrência ou a inocorrência do fato, nem sobre as respectivas consequências jurídicas (§ 2º). Isso significa que ao magistrado "é vedado *avaliar* a prova, limitando-se a *deferir* o pedido relativo à sua *proposição* e a determinar sua respectiva *produção*".[547].

Como visto nas considerações do item 8, a prova é dividida quanto a seu momento em quatro fases: o requerimento, a admissão, a produção e a valoração. No caso específico da antecipação da prova, ocorrem apenas os três primeiros. A parte formula a demanda com o objetivo específico de requerer a produção antecipada de determinada prova. O julgador examinará em cognição superficial a admissibilidade da prova, conferindo os aspectos de sua legalidade, sobretudo, mas sem a preocupação típica quanto à pertinência ou utilidade da prova, pois não há uma relação litigiosa, permeada por fatos controvertidos, que sirvam de baliza para a definição acerca da utilidade e necessidade da prova.

Deferida a produção da prova, ela será produzida, observados os parâmetros da lei acerca do respectivo meio de prova, bem como a regulamentação específica que tenha sido porventura estabelecida pelo próprio julgador. Tudo sob o signo do contraditório, assegurada ampla participação das partes quanto ao acompanhamento na produção da prova.

Nesse particular, as atividades típicas do julgador poderão sofrer alguma adaptação, pelo fato de serem colhidas antecipadamente. Se a prova consiste

---

546 FAGUNDES, Cristiane Druve Tavares. Breves reflexões sobre a produção antecipada da prova no NCPC. *In* DIDIER JR., Fredie (coord.) *et al. Coleção Novo CPC:* doutrina selecionada – provas. 2. ed. Salvador: Juspodivm, 2016. v. 3. p. 656. Complementa a autora que se o juiz não fixa prazo: ele será de 5 dias, conforme o art. 218, § 3º, do CPC/2015.

547 BUENO, Cassio Scarpinella. *Manual de direito processual civil.* São Paulo: Saraiva, 2015. p. 317.

em depoimento de uma testemunha, poderá ser feita a sua contradita? Caso venha a ser formulada, o juiz pode acolhê-la e assim indeferir a tomada do depoimento? A questão me parece complexa. Mais uma situação de "cobertor curto", que exige interpretação sistemática da respectiva disciplina no ordenamento, além de boas doses de razoabilidade e bom senso.

A determinação quanto aos atributos das testemunhas, que é objetivamente estabelecida na lei, tem como fundamento a ideia de que a atividade de esclarecimento quanto aos fatos litigiosos deva ser feita sem a interferência de fatores subjetivos, presumindo a lei que determinadas relações pessoais da testemunha com as partes ou com o objeto da controvérsia geram uma presunção de parcialidade do depoimento. Essa presunção faz surgir uma técnica processual que incide no âmbito da admissibilidade da prova. A testemunha não chega a ser ouvida, caso a contradita venha a ser acolhida.

Mas a regra legal é feita sob a premissa de que, de modo geral, o mesmo julgador que aprecia a contradita está em contato com a causa como um todo, valorará depois o restante do conjunto probatório e decidirá a causa. Na antecipação da prova, esse conjunto não é apresentado ao julgador que colhe a prova, de forma que sua decisão de eventualmente acolher uma contradita representará, de um lado, negar à parte o direito de produzir a prova e, de outro, retirar do juiz da eventual demanda principal a prerrogativa de valorar aquela prova, seja para desconsiderar em absoluto o depoimento, seja para tomá-lo em consideração, com as devidas ponderações.

Por isso, não obstante reconhecer a dificuldade do tema, entendo que, como critério geral, a prova antecipada deve ser admitida e produzida, relativizando-se o poder do julgador de indeferir as provas pretendidas, seja por cogitação de suspeição ou impedimento, seja de pertinência e utilidade. Essas tarefas competirão ao juiz da eventual e futura demanda principal. Isso se aplica tanto ao depoimento pessoal como às testemunhas.

No depoimento pessoal, não se poderá admitir que a parte simplesmente se recuse a depor, sob a invocação da inexistência do dever de depor (art. 388) ou do direito de não produzir prova contra si (art. 379).[548] Caberá ao juiz di-

548 ARENHART, Sérgio Cruz; MARINONI, Luiz Guilherme. Comentários ao Código de Processo Civil: artigos 381 ao 484. *In* MARINONI, Luiz Guilherme (dir.); ARENHART, Sérgio Cruz; MITIDIERO, Daniel (coord.). *Comentários ao Código de Processo Civil*. São Paulo: Revista dos Tribunais, 2016. v. VII, p. 40: caberá ao juiz da asseguração de prova limitar-se a registrar a negativa de depor da testemunha, deixando a critério do magistrado da ação principal a análise da legitimidade ou não dessa conduta.

rigir o ato processual, permitir que a parte formule as questões que pretender, registrando as respostas, as evasivas ou as recusas em responder, sem aplicar, contudo, a pena de confissão ficta.[549] Da mesma forma, no depoimento de testemunhas, não se poderá admitir pura e simplesmente a recusa da testemunha em responder (art. 388), assim como não se deve também admitir a contradita por considerações de suspeição ou impedimento. Melhor será tomar esses depoimentos, registrando-se todas essas circunstâncias e ressalvas, a fim de municiar o julgador subsequente com todos os elementos necessários para a adequada valoração da prova.

Tais registros devem inclusive contemplar todas as recusas das partes ou testemunhas em responder às questões ou prestar os esclarecimentos solicitados. Claro que tais considerações não se aplicam ao depoimento de menores ou para admissão de provas ilícitas, porque aqui a inadmissibilidade da prova é evidente.[550] Nessa mesma ordem de ideias, não se compatibiliza com a produção antecipada da prova o instituto da inversão do ônus da prova. A análise dos requisitos para a inversão está atrelada aos elementos do mérito da disputa, à relação jurídico-material subjacente, que não são apresentados ao julgador no contexto da antecipação da prova, daí por que não deve ser admitida a inversão do ônus da prova.[551]

---

549 EDUARDO TALAMINI afirma que não há confissão ficta, mas o juiz do futuro processo poderá avaliar eventual não comparecimento como conduta omissiva ou renitente da parte, considerando-a meio atípico de prova. Cf. Comentário aos artigos 381-383 do Código de Processo Civil. *In* CABRAL, ANTONIO DO PASSO; CRAMER, RONALDO (coord.). *Comentários ao Novo Código de Processo Civil*. 2. ed. Rio de Janeiro: Forense, 2016. p. 591. No mesmo sentido: "É possível que o juiz, no procedimento de asseguração de prova, aplique a consequência de confissão, seja a ficta, seja a efetiva? A resposta deve ser negativa. (...) é só na valoração da prova que tem cabimento pensar em caracterizar confissão efetiva, em vista das declarações da parte, ou ficta, por conta da omissão em prestar declarações ou em razão das evasivas empregadas na resposta. (...) Tocará, portanto, a este último magistrado avaliar se as declarações contidas representam ou não hipótese de confissão efetiva, bem como se, em vista da conduta da parte diante da ordem de seu depoimento, deve incidir a sanção de confissão ficta". Cf. MARINONI, LUIZ GUILHERME; ARENHART, SÉRGIO CRUZ. Comentários ao Código de Processo Civil: artigos 381 ao 484. *In* MARINONI, LUIZ GUILHERME (dir.); ARENHART, SÉRGIO CRUZ; MITIDIERO, DANIEL (coord.). *Comentários ao Código de Processo Civil*. São Paulo: Revista dos Tribunais, 2016. v. VII, p. 38.

550 Como visto, mesmo as provas ilícitas podem ser objeto de alguma ponderação. Mas será prudente indeferir tal produção na antecipação da prova, cabendo à parte requerer esse tipo de prova perante o julgador da ação principal, que poderá exercer adequadamente o juízo de ponderação inerente a essas hipóteses excepcionais.

551 TJSP, Apelação n. 1002556-52.2016.8.26.0242, 38ª Câmara de Direito Privado, rel. FLÁVIO CUNHA DA SILVA, j. 27.09.2017.

Ao final, será proferida sentença que apenas homologa, ou seja, reconhece a "eficácia dos elementos coligidos, para produzir efeitos inerentes à condição de prova judicial".[552] Não haverá, como produto desse procedimento, uma pronúncia judicial sobre se os fatos ocorreram ou não, sobre suas consequências jurídicas, ou declaração sobre sua veracidade.

Assim, ao juiz perante o qual se processou a antecipação da prova não compete valorar a prova a ser tomada, mas apenas documentar o que será declarado perante ele.[553] Não obstante ser proferida uma sentença, não haverá coisa julgada material nessas ações.

Toda a atividade de valoração da prova, que consiste no quarto e último momento da prova, será do juiz da demanda principal, caso ela venha a ser proposta. Como observa Dinamarco, "não se admite qualquer defesa ou discussão envolvendo o direito a ser eventualmente amparado pela prova postulada, o qual é estranho ao seu objeto".[554] Isso não significa, porém, que não deva ser respeitado o direito de defesa, que é de observância obrigatória, sob pena de infração às garantias constitucionais do contraditório, ampla defesa e devido processo legal.

74. Ampliação do objeto da produção antecipada

Sob a mesma consideração que autoriza o requerente a produzir antecipadamente determinada prova, a lei autoriza que o incidente seja aproveitado para a produção de outras provas, relacionadas ao mesmo fato. Cuida-se de medida claramente voltada à eficiência do procedimento.[555]

O limite desse aproveitamento estará na maior ou menor dificuldade em se produzirem as duas ou mais provas sobre o mesmo conjunto de fatos. Adverte Cassio Scarpinella Bueno que a questão é de eficiência processual, considerada em qualquer caso de cumulação de pedidos.[556] Essa análise competirá ao juiz do procedimento de antecipação. Caso seja indeferida a realização da segunda prova, como será visto no item a seguir, deverá ser admitido recurso.

---

552 THEODORO JÚNIOR, Humberto. *Curso de direito processual civil*. 56. ed. Rio de Janeiro: Forense, 2015. v. I, p. 919.

553 TJSP, Apelação n. 1016965-61.2017.8.26.0577, 7ª Câmara de Direito Privado, rel. Maria de Lourdes Lopez Gil, j. 26.04.2018.

554 Cf. *Instituições de direito processual civil*. 7. ed. São Paulo: Malheiros, 2017, v. 3, p. 118.

555 Humberto Theodoro Júnior diz que, por ter natureza administrativa, o procedimento comporta ampliação das provas inicialmente requeridas, desde que sejam relacionadas ao mesmo fato e não acarretem excessiva demora (art. 382, § 3º). Cf. *Curso de direito processual civil*. 56. ed. Rio de Janeiro: Forense, 2015. v. I, p. 918.

556 Cf. *Manual de direito processual civil*. São Paulo: Saraiva, 2015, p. 318.

75. Limites à atividade das partes: inadmissibilidade de defesa ou recurso quanto ao mérito da futura e eventual demanda

Como visto, o § 2º determina que na produção antecipada da prova não haverá qualquer emissão de juízo de valor acerca da prova colhida ou do fato sobre o qual ela incide. Essa característica do procedimento, observada tanto nas hipóteses de urgência quanto se o objetivo é antecipar a prova para melhor conhecimento dos fatos e melhor análise acerca do futuro litígio, explica também a afirmação do § 4º, de que não haverá defesa ou recurso no contexto desse procedimento.

A expressão adotada pela lei parece forte, mas evidentemente deve ser interpretada de forma contextual. Não pode haver disposição legal alguma que proíba os jurisdicionados de se defender, ou mesmo de recorrer. E não é exatamente isso que diz este dispositivo.

O que ali se afirma é meramente que nesse procedimento não haverá qualquer espaço para alegações de defesa acerca do mérito da controvérsia.[557] Se a prova é antecipada porque determinada perícia precisa ser feita, para evitar o perecimento do bem a ser examinado, e se essa perícia será oportunamente usada para instruir um pedido indenizatório, o que ali se diz é que não pode haver defesa quanto à pretensão indenizatória. Não importam, nesse momento e nesse procedimento, as razões de parte a parte acerca de suas pretensões quanto à ação principal.

Mas é evidente que o réu poderá apresentar sua defesa quanto à antecipação da prova em si. No exemplo acima, seria possível alegar que não se configura a hipótese de urgência a amparar esse procedimento.[558] Ou ainda, como já examinado pelo Tribunal de Justiça de São Paulo, porque a pretensão não se limitava à antecipação de uma prova, na medida em que o autor pretendia, além da prova pericial sobre certo veículo, também sua devolução para a loja revendedora.[559]

---

557 "Comentando esse dispositivo, Nelson Nery Júnior e Rosa Maria de Andrade Nery lecionam que (...) 'a ampla defesa e o contraditório, que por contestação ou por recurso já poderiam vir a ser alegados durante o procedimento de produção antecipada de prova, por expressa disposição legal, ficam diferidos para o momento processual adequado, no processo contencioso que eventualmente venha a se instaurar (Nelson Nery Júnior e Rosa Maria de Andrade Nery, *Comentários ao Código de Processo Civil*. São Paulo: Editora Revista dos Tribunais, 2015, pp. 1.014-1.015)'". TJSP, Apelação n. 1007345-47.2017.8.26.0602, 27ª Câmara de Direito Privado, rel. MOURÃO NETO, j. 06.02.2018.

558 HUMBERTO THEODORO JÚNIOR diz que a antecipação por risco de perecimento pode ser contestada. Se não existe o risco, o requerido pode se opor à sua realização, como medida desnecessária e onerosa. Cf. *Curso de direito processual civil*. 56. ed. Rio de Janeiro: Forense, 2015. v. I, p. 913.

559 HUMBERTO THEODORO JÚNIOR, *Curso de direito processual civil,* v. I, p. 918; TJSP, Agravo de Instrumento n. 2050452-24.2016.8.26.0000, j. 14.04.2016, rel. Des. PEDRO BACCARAT.

76. Natureza da decisão e recorribilidade

Ao final do procedimento, o juiz deverá proferir sentença para encerrá-lo. É fato que não haverá pronunciamento sobre a prova em si, nenhuma espécie de valoração. Ainda assim, o procedimento deverá ter um fim, por decisão judicial que declare encerrada a colheita da prova. Trata-se de decisão que Pontes de Miranda classificava como sentença formal.[560]

A produção antecipada da prova consiste em procedimento que guarda natureza híbrida, com aspectos de jurisdição contenciosa, mas também de jurisdição voluntária. Apesar de não haver uma decisão tipicamente adjudicatória, que atribua algum bem da vida ou reconheça o direito a uma das partes, a decisão encerrará a demanda, por isso deve ser entendida como modalidade de decisão de mérito.[561]

Na decisão, poderão ser fixados honorários de sucumbência. Como regra geral, não será o caso. Se a prova foi produzida antecipadamente, com participação das duas partes, mas se não houve resistência do réu em relação à medida, não caberá condenação em honorários. Diferentemente, o réu que resiste à pretensão, seja por negar-lhe a urgência na hipótese do inciso I, ou por opor qualquer forma de resistência nas demais situações, deverá pagar honorários.[562]

Como regra, não será cabível recurso em face da decisão que admite a produção antecipada da prova, ou da decisão final que declara encerrado o procedimento, sem emitir algum juízo de valor sobre a prova produzida. Mas, se a prova é indeferida, é de se admitir que a parte possa recorrer dessa decisão e levar a questão ao segundo grau de jurisdição.[563]

---

560 Pontes de Miranda afirma que a sentença que encerra o procedimento declara a regularidade da prova produzida e constitui (pré-constitui) a prova para eventual uso subsequente. Cf. TALAMINI, Eduardo. Comentário aos artigos 381-383 do Código de Processo Civil. *In* CABRAL, Antonio do Passo; CRAMER, Ronaldo (coord.). *Comentários ao Novo Código de Processo Civil*. 2. ed. Rio de Janeiro: Forense, 2016. p. 597.

561 Para Cristiane Druve Tavares Fagundes, não há incongruência na irrecorribilidade das decisões proferidas no procedimento de produção antecipada da prova no NCPC, porque as decisões referentes à prova, na sistemática do CPC/2015, não são objeto de recorribilidade imediata. FAGUNDES, Cristiane Druve Tavares. Breves reflexões sobre a produção antecipada da prova no NCPC. *In* DIDIER JR., Fredie (coord.) *et al. Coleção Novo CPC:* doutrina selecionada – provas. 2. ed. Salvador: Juspodivm, 2016. v. 3. p. 642.

562 TJSP, Apelação n. 1005934-91.2015.8.26.0002, 26ª Câmara de Direito Privado, rel. Felipe Ferreira, j. 08.03.2018.

563 TJSP, Agravo de Instrumento n. 2208160-06.2017.8.26.0000, 22ª Câmara de Direito Privado, rel. Alberto Gosson, j. 23.11.2017. TJSP, Agravo de Instrumento n. 2106408-25.2016.8.26.0000, 13ª Câmara de Direito Privado, rel. Francisco Gia-

Quanto ao recurso cabível, HUMBERTO THEODORO JÚNIOR sustenta que o recurso cabível é a apelação.[564] Já para CÂNDIDO DINAMARCO, o recurso correto é o do agravo, cabível pelo enquadramento no inciso XIII do art. 1.015 (demais hipóteses previstas na lei). O processualista paulista sustenta ainda que tanto o deferimento como o (in)deferimento parcial devem admitir igualmente o agravo, pena de ofensa ao duplo grau.[565] A opinião, não obstante respeitável, não parece encontrar amparo no dispositivo legal ou no espírito da legislação, que adotou viés oposto, de admitir o recurso apenas nas hipóteses taxativamente previstas.

Art. 383. Os autos permanecerão em cartório durante 1 (um) mês para extração de cópias e certidões pelos interessados.

Parágrafo único. Findo o prazo, os autos serão entregues ao promovente da medida.

CPC de 1973 – art. 851

77. Destino dos "autos" após o encerramento do procedimento

O dispositivo em questão foi redigido concebendo uma realidade que, nos anos futuros, deixará de existir. Regular se autos são ou não devolvidos ao promovente da medida só faz sentido para autos físicos, que são, hoje em dia, já uma realidade excepcional no Judiciário brasileiro.

Admitindo-se, porém, que em algum Estado da Federação haja processos não eletrônicos, a regra incidirá. Vale a ressalva de que o acesso às provas produzidas é de todas as partes, bem como de eventuais terceiros interessados. As partes serão intimadas a fazer cópias ou obter certidões pela imprensa oficial, na pessoa de seus advogados.

A questão mais interessante diz respeito à guarda dos autos eletrônicos. A lei não regula a hipótese. É razoável considerar que, após o referido prazo de trinta dias, os autos eletrônicos devam ser excluídos? Para EDUARDO TALAMINI, a única razão da medida é diminuir o volume de documentos (físicos) no ofício judiciário. Por isso, "não há razão para não se manter no ofício judicial

QUINTO, j. 15.03.2017: "Produção antecipada da prova. Decisão indeferiu tutela provisória para depósito judicial. Decisão que não comporta reexame através de agravo de instrumento. Inteligência do art. 382, § 4º, do NCPC. Na produção antecipada da prova não se admite defesa ou recurso, exceto de decisão que indeferir totalmente a produção da prova pleiteada".

564 Cf. *Curso de direito processual civil*. 56. ed. Rio de Janeiro: Forense, 2015. v. I, p. 918.

565 DINAMARCO, CÂNDIDO RANGEL. *Instituições de direito processual civil*. 7. ed. São Paulo: Malheiros, 2017. v. 3, p. 118-119.

o arquivo eletrônico dos autos – sem prejuízo de o autor receber cópia eletrônica ou impressa dos autos".[566]

Seção III
Da Ata Notarial

Art. 384. A existência e o modo de existir de algum fato podem ser atestados ou documentados, a requerimento do interessado, mediante ata lavrada por tabelião.

Parágrafo único. Dados representados por imagem ou som gravados em arquivos eletrônicos poderão constar da ata notarial.

CPC de 1973 –sem dispositivo correspondente

78. A ata notarial como meio de prova

A ata notarial se refere a um documento público que contém relato realizado por um tabelião, a requerimento de uma das partes, com o objetivo de fazer prova em juízo ou fora dele. Isto é, trata-se do "registro escrito de informações de variadas ordens ou naturezas levadas a um tabelião, ou notário, e por ele recebidas no exercício de suas funções".[567]

Sua previsão legal é a Lei n. 8.935/94, que inclui, entre as atribuições dos notários em geral, a autenticação de fatos, e dos tabeliães de notas em particular, a lavratura de atas notariais (arts. 6º, III, e 7º, III). É, portanto, uma espécie de prova documental, e não um meio de prova autônomo.[568]

O CPC/73 não disciplinava a figura da ata notarial, o que fazia com que fosse considerada uma prova atípica. Em virtude de sua ampla utilização prática, o CPC/2015 optou por incorporá-la como previsão normativa expressa, medida de modo geral aplaudida pela doutrina.[569] Sua aplicação não difere da

566 Cf. Comentário aos artigos 381-383 do Código de Processo Civil. *In* CABRAL, Antonio do Passo; CRAMER, Ronaldo (coord.). *Comentários ao Novo Código de Processo Civil.* 2. ed. Rio de Janeiro: Forense, 2016. p. 598.

567 DINAMARCO, Cândido Rangel. *Instituições de direito processual civil.* 7. ed. São Paulo: Malheiros, 2017. v. 3, p. 659.

568 TALAMINI, Eduardo; WAMBIER, Luiz Rodrigues. *Curso avançado de processo civil:* cognição jurisdicional (processo comum de conhecimento e tutela provisória). 16. ed. São Paulo: Revista dos Tribunais, 2016. v. 2. p. 311.

569 Luiz Guilherme Marinoni e Sérgio Cruz Arenhart discordam, criticam o fato de ter sido criada uma disciplina autônoma para regulamentá-la no CPC/2015. Cf. Comentários ao Código de Processo Civil: artigos 381 ao 484. *In* MARINONI, Luiz Guilherme (dir.); ARENHART, Sérgio Cruz; MITIDIERO, Daniel (coord.). *Comentários ao Código de Processo Civil.* São Paulo: Revista dos Tribunais, 2016. v. VII, p. 52.

que vinha sendo dada anteriormente: a ata notarial se destina a fazer prova de fatos ocorridos, constatar certas circunstâncias fáticas, com a adoção de formalidades que conferem a essa constatação uma presunção de veracidade.

A ata notarial consiste em documento público, dotado de fé pública. Sua eficácia é explicada no próprio CPC, cujo art. 405 dispõe que "o documento público faz prova não só da sua formação, mas também dos fatos que o escrivão, o chefe de secretaria, o tabelião ou o servidor declarar que ocorreram em sua presença".

Como bem afirma ZULMAR DUARTE DE OLIVEIRA JR., "o maior valor das atas notariais está na narrativa de fatos ou seu modo de ser percebidos pelo tabelião, o qual, sem exercer juízo de valor, descreve-os".[570] Dessa forma, o fato descrito na ata notarial considera-se provado, desincumbindo o autor do respectivo ônus ou da complementação por outras provas.[571]

Vale a ressalva, contudo, que, sendo um documento público, aplicam-se os limites relativos a qualquer outro documento público, de modo que o tabelião não pode lavrar ata notarial nos casos em que se encontre impedido[572] ou em que seja incompetente.[573] Nem tudo que se requeira ao tabelião poderá ser registrado, devendo sempre ser observadas as regras de atribuição de competência aos diferentes serviços notariais.

De outro lado, é claro que poderá haver prova do fato contrário, ou que o fato descrito na ata notarial não tenha ocorrido naqueles exatos termos. A presunção que se estabelece é relativa, admitindo prova em sentido contrário.[574] Como pondera a doutrina, a presunção de veracidade acima referida "não prevalece diante de fatos notórios ou máximas da experiência que lhe sejam

---

570 OLIVEIRA JÚNIOR, ZULMAR DUARTE DE. Comentários ao art. 372 do CPC. *In* GAJARDONI, FERNANDO DA FONSECA *et al. Processo de conhecimento e cumprimento de sentença:* comentários ao CPC de 2015. Rio de Janeiro-São Paulo: Forense/ Método, 2016. p. 317.

571 THEODORO JÚNIOR, HUMBERTO. *Curso de direito processual civil.* 56. ed. Rio de Janeiro: Forense, 2015. v. I, p. 924.

572 Art. 27 da Lei n. 8.935/94: "No serviço de que é titular, o notário e o registrador não poderão praticar, pessoalmente, qualquer ato de seu interesse, ou de interesse de seu cônjuge ou de parentes, na linha reta, ou na colateral, consanguíneos ou afins, até o terceiro grau".

573 Art. 407 do CPC/2015: "O documento feito por oficial público incompetente ou sem a observância das formalidades legais, sendo subscrito pelas partes, tem a mesma eficácia probatória do documento particular".

574 LUIZ RODRIGUES WAMBIER e EDUARDO TALAMINI afirmam, com razão, que com a ata notarial "transfere-se à parte contra quem se vai usar tal prova o ônus de demonstrar, por qualquer meio probatório (artigos 369 e 371 do CPC/2015), que os fatos certificados na ata não correspondem à realidade". *Curso avançado de processo civil.* 16. ed., v. 2, p. 312.

contrários – podendo o juiz, nessa hipótese, produzir provas, inclusive de ofício, para esclarecer a questão".[575]

Imagine-se a seguinte situação: o dono de uma obra e o empreiteiro se desentendem sobre os rumos da construção, o dono proíbe o empreiteiro de ingressar no imóvel, deixando a obra inacabada. A ata notarial que porventura seja feita servirá para retratar o estado de fato da obra, mas, em si, não constituirá elemento que permita saber de quem é a responsabilidade pela ruptura do contrato, ou se as obras foram mal executadas pelo empreiteiro. Outras provas serão necessárias, inclusive de natureza técnica.

Em certa situação concreta, o Tribunal de Justiça de São Paulo deferiu a realização de perícia, porque a ata notarial feita para retratar a situação da obra foi considerada incompleta, visto que havia avaliado somente duas unidades do empreendimento e juntado fotografias de baixa resolução. Naquele caso, a força probatória da ata se revelou menor, porque o réu alegou que foi impedido de finalizar o serviço, o que não foi negado pelo autor.[576]

Ademais, vale ressaltar que não há limitações ou parâmetros aos fatos que podem ser demonstrados por meio da ata notarial. Entretanto, como muito reconhecido na doutrina e jurisprudência, um de seus principais campos de aplicação se dá para a comprovação de fatos ocorridos no âmbito digital, uma vez que podem ser facilmente modificados *a posteriori*, dificultando sua comprovação por outros meios.[577]

Assim, pode ser lavrada uma ata notarial para o registro do conteúdo de *websites*, *tablets* e celulares, troca de correspondências por WhatsApp, registro de redes sociais,[578] por exemplo, para registrar que determinadas acusações ou ofensas foram realizadas, ou que certa empresa anunciou determinado produto, configurando, eventualmente, violação a um dever de não competir.

575 TALAMINI, Eduardo; WAMBIER, Luiz Rodrigues. *Curso avançado de processo civil:* cognição jurisdicional (processo comum de conhecimento e tutela provisória). 16. ed. São Paulo: Revista dos Tribunais, 2016. v. 2. p. 312.

576 TJSP, Apelação n. 1014496-07.2016.8.26.0309, 38ª Câmara de Direito Privado, rel. César Peixoto, j. 25.10.2017: "Ação declaratória de inexigibilidade de débito, cumulada com o pedido de indenização por danos materiais. Contrato de prestação de serviços de fornecimento e instalação de esquadrias de alumínio. (...) Ata notarial que, embora admitida como meio de prova, art. 384 do Código de Processo Civil, avaliou somente duas unidades do empreendimento e juntou fotografias totalmente indecifráveis. Alegação do réu de que foi impossibilitado de finalizar o serviço não impugnada pelo autor. Imprescindibilidade da produção de prova pericial para a devida apuração dos fatos (...)".

577 BUENO, Cassio Scarpinella. *Manual de direito processual civil.* São Paulo: Saraiva, 2015. p. 319.

578 AMARAL, Paulo Osternack. *Prova:* atipicidade, liberdade e instrumentalidade. 2. ed. São Paulo: Revista dos Tribunais, 2017. p. 136-138.

Fora do universo eletrônico, pode ser solicitada a ata notarial para registrar o conteúdo de reuniões de negócios, assembleias de condomínios ou de acionistas, para se proceder a vistorias em imóveis. Imagine-se, ainda, que alguém pretenda demonstrar que seu vizinho utiliza um imóvel residencial para realizar atividades comerciais, ou mesmo ilícitas. A ata notarial pode ser contratada para se registrar, em certo período de tempo, o fluxo de visitantes no imóvel, tempo de permanência, perfil de quem frequenta o imóvel e demais elementos que possam contribuir para a constatação do desvio de finalidade na utilização do imóvel.

Em todas essas situações, a ata consistirá em "narração objetiva, fiel e detalhada de fatos jurídicos presenciados ou verificados pessoalmente pelo Tabelião de Notas", contendo local, data, hora de sua lavratura. Como é comum que os fatos sejam presenciados ao longo de um período maior de tempo, a ata deve indicar essa circunstância, atestando a data em que os fatos foram presenciados e a data em que ela foi lavrada.[579]

A compreensão de sua exata natureza e função é necessária, porque, não obstante seja produzida como um documento público, a ata notarial retrata conteúdos que foram presenciados por pessoas – entre elas o tabelião.[580] Mas o notário não é uma testemunha, nem se converte em uma. HUMBERTO THEODORO JÚNIOR ensina, com apoio em FRANCESCO CARNELUTTI, que o tabelião forma documentos enquanto descreve fatos, para que a descrição sirva para representá-los em momento posterior. Para o professor, é importante ressaltar que o notário não dá autenticidade ao fato, apenas o relata com autenticidade.[581]

Por tais razões, não se pode comparar a ata notarial e a escritura pública, pois, além de exercerem funções diferentes, possuem planos de eficácia pro-

---

579 Normas de Serviço da Corregedoria-Geral do E. Tribunal de Justiça do Estado de São Paulo, t. II, alteradas pelo Provimento CG n. 40/2012: "137. Ata notarial é a narração objetiva, fiel e detalhada de fatos jurídicos presenciados ou verificados pessoalmente pelo Tabelião de Notas. 137.1 A ata notarial é documento dotado de fé pública. (...) 138. A ata notarial conterá: a) local, data, hora de sua lavratura e, se diversa, a hora em que os fatos foram presenciados ou verificados pelo Tabelião de Notas; (...) c) narração circunstanciada dos fatos; (...) 139. A ata notarial poderá: (...) b) ser redigida em locais, datas e horas diferentes, na medida em que os fatos se sucedam, com descrição fiel do presenciado e verificado, e respeito à ordem cronológica dos acontecimentos e à circunscrição territorial do Tabelião de Notas".

580 DANIEL NEVES entende que ata notarial possui natureza híbrida, pois tem forma documental e conteúdo de prova testemunhal. Cf. *Manual de direito processual civil*. 10. ed., p. 762.

581 THEODORO JÚNIOR, HUMBERTO. *Curso de direito processual civil*. 56. ed. Rio de Janeiro: Forense, 2015. v. I, p. 924.

batória igualmente distintos. Pela escritura pública, são celebrados negócios jurídicos, declarações de vontade, voltadas à produção de efeitos jurídicos, por exemplo, a doação ou a venda e compra de um bem imóvel. A ata notarial constitui mero relato de fato.[582] Também não pode ser equiparada aos atos realizados perante o juiz. A inspeção judicial (arts. 481 a 484), figura de rara verificação prática, quando determinada, será sempre realizada em contraditório, com comunicação prévia às partes (art. 483, parágrafo único).

A ata notarial é realizada antes e fora da presença do julgador, sem ciência prévia ou controle da parte contrária, tendo, portanto, a eficácia limitada à demonstração dos fatos ali narrados, como um ato de documentação unilateral. É nesse contexto que o documento será avaliado pelo julgador, no exercício de seu convencimento motivado.[583]

79. Hipóteses concretas para a utilização da ata notarial

Como visto, as atas notariais servem para relatar as impressões do notário sobre determinado fato, têm sua origem na praxe forense, como forma de documentação de fatos, com maior poder de convicção, em virtude das características de que se revestem os documentos públicos. Há, assim, múltiplas possibilidades para seu emprego.

Da doutrina e da jurisprudência extraem-se muitos exemplos, que aqui são condensados para facilitar a compreensão do assunto:

(i) excesso de ruído produzido em festas dos vizinhos;[584]

(ii) o contribuinte se dirigiu até a Secretaria de Finanças de certo município e se verificou a inexistência de qualquer documento referente ao débito que se cobra;[585]

(iii) registro do conteúdo de assembleias e reuniões de sócios, tais como número de presentes, discussões, deliberações, quóruns, forma de exercício de votos;

---

582 LOPES, João Batista. Comentários aos arts. 369 a 380 do Código de Processo Civil. *In* BUENO, Cassio Scarpinella (coord.). *Comentários ao Código de Processo Civil*. São Paulo: Saraiva, 2017. v. 2, p. 273.

583 Luiz Rodrigues Wambier e Eduardo Talamini consideram que, havendo dúvida concreta no tocante ao fato sobre o qual o tabelião lavrou a ata notarial, cabe ao juiz realizar sua averiguação por meio da inspeção judicial ou até mesmo da exibição de documento ou coisa em juízo. Cf. *Curso avançado de processo civil*. 16. ed., v. 2, p. 312.

584 TJSP, Agravo de Instrumento n. 2159513-14.2016.8.26.0000, 27ª Câmara de Direito Privado, rel. Ana Catarina Strauch, j. 14.02.2017.

585 TJSP, Apelação n. 1000028-77.2016.8.26.0102, 15ª Câmara de Direito Público, rel. Eurípedes Faim, j. 18.05.2017.

(iv) verificação de estado de abandono de imóvel locado;[586]

(v) confirmação de esbulho e invasão de propriedade rural no contexto de reintegração de posse;[587]

(vi) confusão patrimonial de empresas sediadas no mesmo endereço;[588]

(vii) prestação de serviços;[589]

(viii) informações veiculadas pela internet; atesta o acesso, dia, hora, conteúdo e os caminhos percorridos;

(ix) diligências de constatação; notário vai até o local e informa os fatos verificados. Exemplos, uniforme e identificação de posto de gasolina, para apuração de concorrência desleal, ou realiza compra de produto sujeito a cláusula de distribuição exclusiva em favor de outra empresa.

Uma interessante discussão envolve a utilização da ata notarial como forma de registro da declaração de testemunhas. O tema já foi enfrentado no tópico 14 sobre as provas atípicas. Em adição ao que foi dito, registro que, se as partes definem juntas sobre a admissibilidade desse método – até mesmo em negócio jurídico processual prévio ao litígio – serão admitidas as declarações, nos termos definidos pelas partes.[590]

Pode ser que juntem as declarações, sem o compromisso de trazer os declarantes como testemunhas; pode ser que os tragam, aproximando esse modelo dos "*written statements*" dos países de *common law*, fonte inspiradora do método. A liberdade na produção das provas permite essa solução, que pode até dinamizar a instrução probatória em situações específicas, por exemplo, se determinados serviços forem prestados por trabalhadores estrangeiros, que retornarão a seu país, dificultando a colheita de seus depoimentos.

Sob uma perspectiva tradicional, uma ata notarial com declaração de terceiros pode parecer chocante. Diferentemente do modelo de testemunhas, que devem comparecer pessoalmente, informar diretamente ao juiz seu conhecimento acerca dos fatos controvertidos, na ata notarial elimina-se esse contato

586 TJSP, Agravo de Instrumento n. 2071230-44.2018.8.26.0000, 34ª Câmara de Direito Privado, rel. Gomes Varjão, j. 26.04.2018.

587 TJSP, Apelação n. 1004873-91.2014.8.26.0533, 38ª Câmara de Direito Privado, rel. César Peixoto, j. 21.02.2018.

588 TJSP, Agravo de Instrumento n. 2200730-03.2017.8.26.0000, 23ª Câmara de Direito Privado, rel. Sérgio Shimura, j. 17.01.2018.

589 TJSP, Agravo de Instrumento n. 2131401-98.2017.8.26.0000, 22ª Câmara de Direito Privado, rel. Matheus Fontes, j. 29.09.2017.

590 Humberto Theodoro Júnior afirma que as declarações serão juntadas "como simples peça informativa", que não supre nem substitui o depoimento segundo o rito do CPC. Cf. *Curso de direito processual civil*, p. 925.

imediato. A prova é percebida de modo indireto. Esse registro, como visto no tópico 15, pode, inclusive, ser unilateral, extrajudicial e sob a forma de declaração direta, mero documento particular que veicule aquelas informações.

Ao lado de visões tradicionais sobre a forma e as formalidades da produção de provas, é preciso evoluir e reconhecer que outros métodos podem ser aplicados, com eficiência e segurança equivalentes, de modo que a forma da oitiva em si não pode ser o critério definidor. Como se sabe, e sempre convém recordar, a forma de um ato é preestabelecida sob a premissa de ser a garantia do melhor aproveitamento daquele mesmo ato. A forma assegura seu conteúdo, o atingimento da finalidade do ato.

No caso das testemunhas, o modelo legal clássico considera que o método adequado é composto de um conjunto de medidas: perguntas feitas diretamente pelo juiz, ou na sua presença, o compromisso da testemunha de dizer a verdade e a ameaça do crime de falso testemunho. Somente assim se assegura a contribuição de terceiros para a prova dos fatos controvertidos.

Mas, seja porque a experiência mostra que essas formas não asseguram sempre o resultado, seja porque, ainda quando não haja qualquer intenção de não dizer a verdade, as pessoas têm percepções diferentes acerca dos fatos, seja ainda porque não se pode presumir que, fora daquele modelo, as contribuições tenham menor valor ou compromisso com a verdade, é possível evoluir tais ideias, para admitir que outras modalidades de depoimentos sejam admitidas.[591]

A questão, portanto, diz mais com a igualdade das partes do que propriamente com a forma da oitiva ou da contribuição da testemunha. Como afirmado por Humberto Theodoro Júnior, as partes podem, de comum acordo, colher o depoimento de alguém por ata notarial.[592] Eu acrescento que as partes podem, também em acordo, colher de forma extrajudicial certos depoimentos, aproveitando posteriormente em demanda judicial.

Como visto no tópico sobre as provas atípicas (itens 14 e 15), as cautelas a serem adotadas são a de realizar a oitiva em igualdade de condições, com representação por advogados de parte a parte, além de se fazer o registro completo dos depoimentos.

---

591 Como aponta Vitor de Paula Ramos, "Não existem, hoje em dia, ferramentas eficientes para que se possa garantir a veracidade de um testemunho, sendo este, portanto, uma prova bastante frágil, quando sozinho". Cf. RAMOS, Vitor de Paula. *Prova testemunhal:* do subjetivismo ao objetivismo. Do isolamento científico ao diálogo com a psicologia e a epistemologia. São Paulo: Revista dos Tribunais, 2018. p. 141.

592 Cf. *Curso de direito processual civil*. 56. ed. Rio de Janeiro: Forense, 2015. v. I, p. 925

Novamente, se levarmos em conta os países de *common law*, veremos que eles costumam ser filmados, gravados e depois convertidos em depoimentos escritos, que serão submetidos ao juiz da causa. Quando isso se dá, essas mesmas testemunhas em geral são trazidas para o *cross examination* em audiência, assegurando-se, assim, um método mais amplo e completo na colheita da prova testemunhal.

Além desses exemplos, as atas notariais têm desempenhado um papel importante na comprovação de fatos ocorridos em ambientes digitais, tais como a comprovação de ofensas graves por meio de troca de mensagens de WhatsApp[593] e a verificação da existência de publicações no YouTube com teor ofensivo.[594]

Note-se que é polêmica a questão sobre ser ou não necessário registrar em ata notarial o conteúdo de mensagens extraídas de comunicadores instantâneos, como o WhatsApp. Há decisões que reputam desnecessária a ata, porque "a força probante de mensagens eletrônicas não exige ata notarial, aplicando-se a elas as disposições referentes a documentos particulares constantes dos artigos 409 e seguintes do Código de Processo Civil",[595] o que parece mais adequado. Mas há decisões em sentido oposto, exigindo a ata notarial para registro, com fé pública, do número de origem de determinadas conversas.[596]

Como tenho afirmando ao longo destes comentários, deve prevalecer a liberdade na produção da prova. Um meio ou outro pode gerar alguma repercussão na valoração da prova, mas a questão não se põe em termos de admissibilidade. O registro de conversas em WhatsApp pode ser feito por documento particular, "*print*" das telas do celular, gravação do conteúdo das conversas e posterior juntada do arquivo de *backup* no processo. Pode também ser feito por ata notarial, com maior robustez. Mas não se exclui a prova apenas porque a conversa não foi retratada por ata notarial.

---

593 TJSP, Apelação n. 1004604-31.2016.8.26.0291, 34ª Câmara de Direito Privado, rel. Soares Levada, j. 21.05.2018.

594 TJSP, Agravo de Instrumento n. 2067260-36.2018.8.26.0000, 9ª Câmara de Direito Privado, rel. Galdino Toledo Júnior, j. 08.05.2018.

595 TJSP, Apelação n. 1091545-72.2016.8.26.0100, 38ª Câmara de Direito Privado, rel. Spencer Almeida Ferreira, j. 30.08.2017: "Ação Declaratória. Inexigibilidade de títulos. Sentença de improcedência. Recurso da autora. Alegação da autora de que os títulos não foram pagos em razão de defeito nos produtos. Alegações não comprovadas. Ré que logrou demonstrar, por meio de mensagens eletrônicas, que os produtos não foram pagos por falta de recursos da autora. Mensagens eletrônicas que não exigem ata notarial para servirem como prova. Autora que não nega a troca de mensagens, sem trazer sua versão aos autos. Desnecessidade de perícia. Cerceamento de defesa não configurado. Sentença mantida. Recurso não provido".

596 TJSP, Apelação n. 1047332-08.2016.8.26.0576, 34ª Câmara de Direito Privado, rel. Soares Levada, j. 21.08.2017.

Seção IV
Do Depoimento Pessoal

Art. 385. Cabe à parte requerer o depoimento pessoal da outra parte, a fim de que esta seja interrogada na audiência de instrução e julgamento, sem prejuízo do poder do juiz de ordená-lo de ofício.

§ 1º Se a parte, pessoalmente intimada para prestar depoimento pessoal e advertida da pena de confesso, não comparecer ou, comparecendo, se recusar a depor, o juiz aplicar-lhe-á a pena.

§ 2º É vedado a quem ainda não depôs assistir ao interrogatório da outra parte.

§ 3º O depoimento pessoal da parte que residir em comarca, seção ou subseção judiciária diversa daquela onde tramita o processo poderá ser colhido por meio de videoconferência ou outro recurso tecnológico de transmissão de sons e imagens em tempo real, o que poderá ocorrer, inclusive, durante a realização da audiência de instrução e julgamento.

CPC de 1973 – arts. 342 e 343

80. Generalidades

As disposições do CPC sobre o depoimento pessoal repetem, em linhas gerais, as disposições que vinham previstas nos arts. 342 a 347 do diploma anterior. Não há modificações substanciais, apenas ajustes e aprimoramentos de redação. Efetivamente nova, apenas a disposição do § 3º do art. 385, que autoriza a tomada do depoimento por videoconferência.

Na sequência, o Código regula o tema da confissão, nos arts. 389 a 395, também repetindo, *grosso modo*, as disposições dos arts. 348 a 354 do CPC de 1973.

A partir dessa comparação, poder-se-ia concluir que as regras sobre o depoimento pessoal que aplicamos hoje foram concebidas na década de 60 do século passado. Mas a informação não é precisa, pois sua regulação remonta ao CPC de 1939. Neste diploma, o primeiro Código processual civil com vigência nacional editado no país, já sob o regime republicano, observa-se que as disposições já continham essa estrutura geral: o depoimento tinha a finalidade específica de se obter a confissão da parte contrária, o não comparecimento ou a recusa a depor faziam surgir a presunção de veracidade dos fatos alegados.[597]

597 CPC de 1939: CAPÍTULO IV. DO DEPOIMENTO PESSOAL E DA CONFISSÃO. Art. 229. O depoimento da parte será sempre determinado com a cominação de confessa.

Nosso modelo legal, portanto, foi concebido nas primeiras décadas do século XX. E essa informação explica em boa medida por que tais disposições são defasadas, pensadas para uma realidade muito diversa da que vivemos hoje, tanto do ponto de vista da nossa organização social, jurídica e econômica, como da finalidade do processo e da atividade jurisdicional. Isso sem mencionar as abissais diferenças no plano das tecnologias, que igualmente impactam o modo de pensar também as relações humanas e a possível utilidade desse meio de prova específico.

É fácil entender por que o depoimento pessoal assumia, à luz do CPC de 1939, a importância em relação à admissão de fatos desfavoráveis ao depoente. Eram relações individualizadas, em que a maioria da população ainda vivia em zonas rurais, com pouca ou quase nenhuma documentação acerca dos negócios e, principalmente, das relações de caráter social. A participação das próprias pessoas era muito mais determinante, porque era delas (na condição de partes ou de testemunhas) que se obteriam os meios para a reconstrução dos fatos e a compreensão da dinâmica com que se dera determinada controvérsia.

O legislador de 1939, ou mesmo o de 1973, não trabalhavam com a hipótese em que as partes de uma demanda produzem, diariamente, centenas de registros formais de seus atos, de seus comportamentos. No lugar das cartas escritas a mão, trocadas a cada período de algumas semanas ou meses, as pessoas hoje se comunicam por mensagens instantâneas, trocadas em segundos, registradas em servidores "na nuvem", que podem inclusive ser acessados pelo

---

§ 1º A parte será inquirida na forma prescrita para a inquirição das testemunhas.

§ 2º Si a parte não comparecer, ou, comparecendo, se recusar a depôr, será havida por confessa, presumindo-se verdadeiros os fatos alegados contra ela, desde que verosímeis e coerentes com as demais provas dos autos.

Art. 230. Será válida a confissão da parte ou de mandatário com poderes especiais.

§ 1º Nas causas relativas a imóvel, a confissão de um cônjuge não valerá sem a do outro.

§ 2º A confissão poderá ser feita por petição ou em depoimento.

Art. 231. A confissão produzirá efeitos em relação apenas ao confitente e a seus herdeiros e não prejudicará os litisconsortes, podendo ser retratada por erro de fato até o julgamento definitivo da causa, ou, em qualquer tempo, em ação direta, quando obtida por dolo ou violência.

Art. 232. A validade da confissão não dependerá de aceitação da parte a quem beneficiar.

Art. 233. Os erros de ação ou de processo serão sanados pela confissão, que, todavia, não suprirá a escritura pública, quando da substância do contrato.

Art. 234. A natureza do caso concreto determinará si, a despeito das adições ou limitações tendentes a reforçar o direito do confitente, a declaração por ele feita em juízo deverá constituir confissão.

julgador, mediante ordem judicial para sua apresentação. As cartas de hoje em dia são *e-mails*, produzidos igualmente às centenas, que contêm a sequência das comunicações, que indicam os documentos que foram trocados, as eventuais minutas contratuais, os relatórios produzidos no contexto de determinada obra ou prestação de serviço.

Tudo isso compõe um quadro probatório mais amplo e mais complexo, que, para dizer o mínimo, diminui o impacto que as declarações das próprias partes podem ter para a elucidação dos fatos da causa.

De outro lado, justamente porque se produzem muitas informações e documentos, não raro é por intermédio do depoimento das partes e de testemunhas que se chega efetivamente à compreensão da forma como os fatos se deram, das vontades que concretamente se manifestaram, permitindo assim que se complete o conteúdo dessa farta produção de documentos. Conforme a natureza da relação jurídica, a contribuição que as partes podem dar será decisiva.

Uma parte poderá, por exemplo, esclarecer em que circunstâncias participou de certo negócio, como foi solicitado o serviço, quais as dificuldades que enfrentou em sua realização, sejam aquelas impostas por problemas causados pela parte contrária, sejam as decorrentes de sua própria equipe. Poderá contribuir para se entender como, quando e onde as partes discutiram os ajustes necessários, quem reclamou do quê, se e como houve promessas de retificação de certas condutas. Enfim, um número relevante de circunstâncias ligadas aos fatos.

Parece-me que a efetiva contribuição de um depoimento pessoal se relacione ao esclarecimento dos fatos como um todo. Mas, quando se examina a literalidade da lei, a conclusão é diversa. Não pode nem mesmo haver perguntas a respeito de todas as circunstâncias fáticas. O objetivo do depoimento só pode ser a confissão, logo, a parte só será perguntada pelo juiz e pelo adversário, para que admita que errou, para que desminta o relato trazido em suas manifestações escritas, enfim, para que colabore com a versão da contraparte, e não para que esclareça como as coisas se deram.

A lei propõe um modelo adversarial, um modelo em que um traz o outro para lhe impor consequências desfavoráveis, para "pegar o outro no contrapé". Ele não é previsto para o esclarecimento de fatos, mas para a obtenção de uma admissão de fatos desfavoráveis ao próprio depoente, como se fosse natural que alguém viesse a juízo para dizer o oposto do que sustentou, para falar mal de si mesmo, e não da contraparte. Trata-se de um modelo legal que me parece rigoroso, defasado e incoerente. Rigoroso, porque não vislumbra outra utilidade para o depoimento pessoal. Defasado, porque inspirado em uma realidade de um século atrás, amplamente superada no modelo social e econômico que vivemos hoje. Incoerente, porque previsto no mesmo modelo legal que preconiza a colaboração entre os sujeitos do processo, que enfatiza o julgamento do mérito e que propõe obter soluções justas e efetivas, no menor tempo possível.

Os comentários aos artigos acerca do depoimento pessoal e da confissão serão feitos com vistas a, de forma sistemática, tentar superar essa relevante contradição do ordenamento processual brasileiro.

Fato é que a doutrina e as decisões dos Tribunais brasileiros não atentaram adequadamente para esse fenômeno. Por isso, repetem as afirmações do modelo legal, sem cogitar de possível incompatibilidade das regras específicas com a finalidade adequada do depoimento pessoal. É conveniente recapitular que as provas, em geral, são mecanismos colocados à disposição das partes e do julgador para o esclarecimento dos fatos relevantes da causa, para a obtenção da verdade possível, que conduza ao melhor julgamento possível. O depoimento pessoal, paradoxalmente, não é colocado com essas finalidades.

A doutrina ensina que o depoimento pessoal se refere a uma espécie de prova oral em que o testemunho das partes é colhido em juízo, sobre fatos que sejam "controversos, além de verossímeis, concludentes e não notoriamente inexistentes".[598] Entende-se que se trata da maneira pela qual as partes entram em contato direto com o juiz, "sem o filtro criado pelos advogados quando elaboram suas razões".[599]

O Código contempla duas modalidades de depoimento das partes. Porque o faz em diferentes artigos, a doutrina costuma explicar essa distinção justamente pela presença ou ausência do elemento "confissão". Criam-se assim, dois modelos distintos. No primeiro, o depoimento é determinado pelo juiz, em qualquer momento do processo (inclusive na audiência), tem por objetivo esclarecer sobre os fatos da causa e não gera em desfavor da parte a pena de confissão (art. 139, VIII):[600] aqui, a figura é denominada interrogatório livre da parte. No segundo, o depoimento é requerido pela parte contrária, no máximo até o momento de especificação de provas,[601] e tem por objetivo obter

---

598 ARENHART, Sérgio Cruz; MARINONI, Luiz Guilherme. *Comentários ao Código de Processo Civil.* São Paulo: Revista dos Tribunais, 2016. v. VII, p. 63.

599 NEVES, Daniel Amorim Assumpção. *Manual de direito processual civil.* 10. ed. Salvador: Juspodivm, 2018. p. 764.

600 Art. 139. O juiz dirigirá o processo conforme as disposições deste Código, incumbindo-lhe: (...) VIII – determinar, a qualquer tempo, o comparecimento pessoal das partes, para inquiri-las sobre os fatos da causa, hipótese em que não incidirá a pena de confesso.

601 Os depoimentos podem ser objeto de protestos por sua produção na petição inicial e na contestação. Sendo ou não, devem ser requeridos na especificação de provas,

declarações de fatos desfavoráveis ao próprio depoente e favoráveis à parte contrária, prestadas na audiência de instrução, e, por essa razão, constitui-se na própria confissão: aqui a figura é denominada depoimento pessoal.

Diante dessa divisão proposta pela própria lei, a doutrina afirma que o depoimento pessoal não se confunde com o interrogatório, pois este último visa "esclarecer-se ao juiz fatos debatidos no processo".[602] No CPC/73, o art. 342 regulava o interrogatório da parte, ao passo que o art. 343 dispunha sobre o depoimento pessoal, contemplando a pena de confesso apenas neste artigo. O CPC/2015 modifica a estrutura dos artigos mas preserva esse modelo. Adiciona, entre os poderes do juiz, o de determinar o comparecimento da parte, ressalvando que neste caso não se aplica a pena de confissão. E contempla o depoimento pessoal, requerido ordinariamente pela parte contrária, "sem prejuízo do poder do juiz de ordená-lo de ofício" (art. 385, *caput*). Em vista dessa nova estrutura, considera-se ser possível a cumulação de depoimento pessoal com a realização de interrogatório pelo juiz.[603]

Como será melhor desenvolvido no item seguinte, não me parece mais adequado considerar que a finalidade do depoimento pessoal seja apenas a confissão. Além de diminuir a relevância do depoimento, essa conceituação despreza até mesmo a distinção, um tanto esdrúxula, feita pelo legislador entre interrogatório livre e depoimento pessoal. Em vez de imaginar que haja duas figuras, com nomes diversos, momentos diversos (mas que podem ser sequenciais), objetivos e consequências diversas, parece-me muito mais simples, lógico e atual compreender que o depoimento pessoal visa esclarecer os fatos da causa, podendo dele se extrair afirmações tanto favoráveis como desfavoráveis ao próprio depoente.[604] Quando tais declarações forem desfavoráveis, a

---

sob pena de preclusão. Ao contrário das testemunhas, cujos nomes são indicados pela parte que as arrolar, no depoimento pessoal a parte requerente não indica o nome exato de quem fará tal depoimento. Cabe à parte que irá depor selecionar e indicar o representante mais adequado.

602 NETO, Elias Marques de Medeiros. Comentários aos arts. 385 a 388 do Código de Processo Civil. *In* BUENO, Cassio Scarpinella (coord.). *Comentários ao Código de Processo Civil*. São Paulo: Saraiva, 2017. v. 2, p. 275.

603 NEVES, Daniel Amorim Assumpção. *Manual de direito processual civil*. 10. ed. Salvador: Juspodivm, 2018. p. 765.

604 Flávio Yarshell aponta um argumento que reforça a ideia da confissão como finalidade do depoimento pessoal: conforme o art. 361, o depoimento pessoal é colhido ao início da audiência de instrução (após a oitiva dos peritos, que é extensão das provas produzidas fora da audiência), e não ao final, como ocorre com o interrogatório no processo penal. A diferença se justificaria porque o interrogatório penal é modalidade de defesa não técnica, o que exige que o réu conheça todos os argumentos que estão sendo utilizados contra si, antes de responder ao interrogatório. Por outro lado, o depoimento pessoal teria a confissão como finalidade,

repercussão sobre o objeto da prova será muito maior, pois haverá coincidência na versão dos fatos entre as partes, tornando o fato incontroverso e excluindo-o do objeto da prova. No mais, nenhuma outra distinção deve ser feita entre tais figuras de oitiva da parte.

Nessa mesma linha, entende CÂNDIDO DINAMARCO que o depoimento das partes visa "obter destas os informes que tiverem sobre os fatos relevantes para o julgamento da causa". São declarações de conhecimento, que ao contrário das declarações de vontade, não geram situações jurídicas novas, mas apenas revelam as situações jurídicas já ocorridas e a versão que as partes têm acerca dos fatos controvertidos.[605]

O depoimento é prestado pelas partes. Para essa finalidade, adota-se conceito amplo, considerando parte aquele que pede e contra quem se pede algo no processo ou, por outras palavras, "todos aqueles que, de forma adversarial, integram a relação processual: autor, réu, denunciado, opoente, assistente, substituto processual etc."[606] Se o depoimento é de terceiros, pessoas que não deduzem ou contra quem não se deduzem pretensões, esses terceiros podem colaborar na condição de testemunhas, cujo depoimento seguirá regras próprias.[607]

81. Finalidade do depoimento pessoal: esclarecimentos sobre os fatos da causa, não apenas obter a confissão da parte contrária

A partir do exame do texto legal, o depoimento pessoal é enxergado pela doutrina tradicional como meio de prova para fins de se obter a confissão do depoente. HUMBERTO THEODORO JÚNIOR destaca que o depoimento versa sobre os fatos alegados pela parte contrária, ainda que admita versar sobre fatos alegados pelo próprio depoente mas, em qualquer caso, a finalidade dessa prova é a de criar prova para o adversário do depoente.[608]

---

excluindo do objeto da prova tudo aquilo que fosse confessado ao início, promovendo a celeridade da instrução. Entendo que a prestação do depoimento pessoal no início da audiência pode ser igualmente justificada como forma de esclarecer as versões de ambas as partes antes da inquirição das testemunhas, de forma a permitir uma inquirição mais aprofundada. YARSHELL, FLÁVIO LUIZ *et al. Comentários ao Código de Processo Civil.* São Paulo: Revista dos Tribunais, 2016. v. V, p. 344-345.

605 DINAMARCO, CÂNDIDO RANGEL. *Instituições de direito processual civil.* 7. ed. São Paulo: Malheiros, 2017. v. 3, p. 725.

606 NASSER, PAULO MAGALHÃES. *Comentários ao Novo Código de Processo Civil*, p. 600. Segundo DANIEL NEVES, o depoimento pessoal sempre é prestado por "sujeito diretamente interessado no resultado do processo". *Manual de direito processual civil*, p. 764.

607 NEVES, DANIEL AMORIM ASSUMPÇÃO. *Manual de direito processual civil.* 10. ed. Salvador: Juspodivm, 2018. p. 764.

608 "Uma coisa, porém, é certa: o depoimento pessoal, quando útil, destina-se a criar prova para o adversário do depoente, nunca para a própria parte que o presta. A

Essa linha de raciocínio é igualmente seguida por nossos Tribunais. O Superior Tribunal de Justiça já decidiu que "não cabe à parte requerer seu próprio depoimento, bem assim dos seus litisconsortes, que desfrutam de idêntica situação na relação processual".[609] Na base dessa consideração está o fato de as partes já possuírem a oportunidade de se manifestar sobre os fatos referente à disputa em sua petição inicial ou contestação, assim como durante a fase postulatória, de modo que não seria útil e eficaz para o processo uma nova manifestação das partes por iniciativa própria.[610]

Também essa premissa, de que as partes falam bem de si mesmas por intermédio das petições, o que explica a inadmissão de depoimentos pessoais com outra finalidade que não a da confissão, parece dissociada da realidade dos fatos. Um dado ignorado é que as relações sociais e jurídicas de massa também geram um fenômeno da litigância de massa, em que argumentos são repetidos em petições, não exatamente aderentes às peculiaridades de cada caso concreto. Apesar de as relações serem massificadas, nem tudo que ocorre, por exemplo, no atendimento de telemarketing de uma empresa de telefonia se repete para todas as pessoas.

Outro ponto a considerar é o fato de que, na vida real, em termos práticos, as pessoas não desenvolvem seu raciocínio de forma tão binária, organizando os fatos em favoráveis e desfavoráveis. Cada pessoa interpreta os mesmos fenômenos segundo sua realidade particular, enxergando coisas diferentes, atribuindo aos fatos significados e consequências diferentes. É irreal a lei que distingue os fatos segundo essa perspectiva, impondo que uma parte só possa ser perguntada sobre fatos desfavoráveis, ou admitindo a validade do meio de prova apenas se houver a admissão desses fatos desfavoráveis.[611]

---

razão é óbvia: ninguém produz, com suas próprias palavras, prova para si mesmo." Cf. THEODORO JÚNIOR, Humberto. *Curso de direito processual civil*. 56. ed. Rio de Janeiro: Forense, 2015. v. I, p. 929.

609 STJ, Recurso Especial n. 1.291.096/SP, Terceira Turma, rel. Ricardo Villas Bôas Cueva, j. 02.06.2016.

610 NASSER, Paulo Magalhães. Comentários aos arts. 385 a 395 do Código de Processo Civil. *In* CABRAL, Antonio do Passo; CRAMER, Ronaldo (coord.). *Comentários ao novo Código de Processo Civil*. 2. ed. Rio de Janeiro: Forense, 2016. p. 600-601.

611 Pontes de Miranda ponderava ser um erro definir o depoimento pelo resultado eventual de obter confissão. "Nem sempre isso ocorre, nem sempre, ao requerê-lo, é intuito da parte adversa, ou do juiz, ou dos interessados na demanda, mesmo curadores, provocar a confissão. Não raro só se pretende captar, com precisão, o conteúdo de alguma afirmação, inserta no pedido, ou posteriormente, de relevância para a decisão, sem o caráter de concordância com as afirmações da parte adversa. A pena de confesso, com que se determina o depoimento da parte, funciona

Esse exercício argumentativo conduz a uma situação esdrúxula. O depoimento pessoal em que não ocorra a confissão deverá ser, para todos os fins, ignorado na decisão? É evidente que não. Uma vez mais, corretíssima a ponderação de CÂNDIDO DINAMARCO, de que se aproveitam não só os fatos desfavoráveis, mas também as versões favoráveis que o depoente expuser e que o juiz entenda dignas de fé. "É do passado o dogma de que o depoimento pessoal servisse única e exclusivamente como modo de extrair confissões", propondo referido autor que a visão moderna considere o depoimento pessoal como meio de prova voltado ao esclarecimento geral dos fatos, admitindo-se essa finalidade inclusive em favor do próprio depoente.[612]

O depoimento pessoal não pode se resumir ao elemento da confissão.[613] Pensar assim contraria a própria realidade das coisas e despreza a contribuição que as partes podem dar para o esclarecimento dos fatos controvertidos. Tanto pior quando se procura distinguir os fenômenos a partir de suas denominações legais ou das consequências artificialmente impostas pela lei.

82. A artificial distinção entre interrogatório livre e depoimento pessoal

Segundo a concepção dominante, como visto, temos dois grandes modelos[614]. O interrogatório livre, determinado pelo juiz, a qualquer tempo, com o objetivo de esclarecer sobre os fatos da causa. O art. 139, VIII, é expresso ao dizer que o interrogatório não gera em desfavor da parte a pena de confissão. E o depoimento pessoal, requerido necessária e exclusivamente pela parte contrária, que se realiza necessariamente na audiência de instrução, com o objetivo de extrair do depoente a confissão.[615]

---

como sanção pelo não-comparecimento, e não como finalidade do depoimento". PONTES DE MIRANDA, Francisco Cavalcanti. *Comentários ao Código de Processo Civil.* 4. ed. Rio de Janeiro: Forense, 1996. t. IV, p. 303.

612 DINAMARCO, CÂNDIDO RANGEL. *Instituições de direito processual civil.* 7. ed. São Paulo: Malheiros, 2017. v. 3, p. 725-726.

613 FERREIRA, WILLIAM SANTOS. *Princípios fundamentais da prova cível.* São Paulo: Revista dos Tribunais, 2014. p. 208.

614 Para HUMBERTO THEODORO JÚNIOR, as figuras do "interrogatório livre" e do depoimento pessoal não se confundem. Sua distinção fundamental reside no fato de que, no interrogatório não há incidência da pena de confissão, ao passo que no depoimento ela é elemento central. O que exige, aliás, a intimação prévia da parte com essa expressa advertência (385, § 1º). Ausente tal advertência, não se pode cogitar de aplicação da pena de confissão. Cf. THEODORO JÚNIOR, HUMBERTO. *Curso de direito processual civil.* 56. ed. Rio de Janeiro: Forense, 2015. v. I, p. 927.

615 Sobre o tema, WILLIAM SANTOS FERREIRA ressalta que "depoimento pessoal é meio de prova destinado à oitiva da parte no processo; se ocorrer na audiência de instrução, será denominado depoimento pessoal propriamente dito", do contrário, "sendo

A impropriedade e a artificialidade dessa distinção podem ser observadas na seguinte constatação. Imagine-se que, como autoriza a lei, o interrogatório livre seja determinado pelo juiz, para ocorrer na audiência de instrução. Imagine-se que, como costuma ocorrer, as perguntas sejam primeiro formuladas pelo juiz, mas seja depois franqueada ao advogado da parte contrária a possibilidade de formular perguntas. Se no primeiro bloco de perguntas, formuladas pelo juiz, a parte admitir a ocorrência de algum fato desfavorável, qual nome se deve atribuir a esse fenômeno? Mais ainda, será possível utilizar essa admissão de fatos desfavoráveis em desfavor da parte?

Quando se examinam as disposições legais, sob um prisma puramente formal, a conclusão deveria ser a de que as respostas se deram no contexto do "interrogatório livre", sendo expressamente vedado ao juiz aplicar a pena de confissão, ou seja, considerar que ocorreu a admissão de um fato desfavorável ao depoente e favorável ao adversário. Mas é isso que efetivamente ocorreu. Logo, a conclusão correta deveria ser a de que nosso modelo formal impõe que o juiz ignore uma prova, desconsidere a admissão desfavorável do fato, porque ela não foi obtida por perguntas feitas pela parte contrária, que é a única forma de extrair declarações desfavoráveis da parte.

Adiante nesse exemplo. Imagine-se que na sequência do depoimento, agora ao ser perguntado pelo advogado da parte contrária, a parte esclareça outros aspectos, discorra sobre fatos desfavoráveis a seu adversário e que, do conjunto do depoimento, o julgador extraia uma compreensão maior sobre os fatos da causa e conclua que, em relação a certos fatos, a versão do depoente é mais coerente do que a contrária. Pelo mesmo motivo, a conclusão formal deveria ser a de impor ao julgador que ignore tais constatações, pois a única utilidade do depoimento requerido pela parte contrária é a de extrair confissão. Fatos favoráveis ao próprio depoente estão fora do contexto do depoimento pessoal e, nessa medida, devem ser ignorados pelo juiz da causa.

A distinção proposta só se manteria hígida e útil se o interrogatório da parte fosse determinado pelo juiz em outro momento, destacado da audiência. Mas, ainda assim, permaneceria a artificial constatação de que, acaso fosse dito algo desfavorável ao próprio depoente durante o interrogatório, essa informação não poderia ser utilizada no contexto da valoração do caso. Repito, a distinção me parece artificial e irreal.

---

forma de aclarar sua realização fora da audiência, será denominado de interrogatório". FERREIRA, William Santos. *Princípios fundamentais da prova cível*. São Paulo: Revista dos Tribunais, 2014. p. 212.

Como meios de prova que são, o depoimento pessoal e o interrogatório devem ser vistos como oportunidades para o esclarecimento acerca dos fatos controvertidos, aproveitando-se o conteúdo do que é informado pelas partes para conferir coerência e integridade ao relato dos fatos. Essas informações, como é natural, podem ser tanto favoráveis como desfavoráveis ao próprio depoente. DINAMARCO observa que a parte pode falar livremente, quando convidada pelo juiz, inclusive na audiência de instrução. Ao fazê-lo, contribui para o esclarecimento dos fatos, e, nessa medida, suas declarações não serão interpretadas como confissão.

A dicotomia que a lei parece propor entre interrogatório e esclarecimentos sobre os fatos da causa, de um lado, e depoimento pessoal e confissão, do outro, constitui uma visão muito formal do fenômeno, presa a tradições que perderam sua razão de ser, mas que seguem sendo adotadas, sem maiores reflexões. Talvez tenhamos aqui outra manifestação de um dogma processual, uma verdade que vem sendo dita sem maiores questionamentos, mas que, salvo melhor juízo e com o máximo de respeito às vozes contrárias, não mais se sustenta.

83. Depoimento requerido pela própria parte

Se o processo não é um palco para o julgador assistir passivamente a disputa até que vença o mais forte, se ele é o mecanismo estatal para dirimir conflitos, aplicar a vontade da lei e pacificar pessoas, o resultado dessas premissas é que, em relação a um grande número de fenômenos processuais, deve-se buscar o aprofundamento na revelação dessa vontade concreta da lei e na pacificação.

Se a parte pode fazer prova em seu favor apresentando documentos, realizando prova técnica, selecionando os argumentos de suas alegações, contratando o profissional que lhe parece mais adequado, pode-se fazer prova selecionando quais testemunhas trazer e, em alguma medida, dirigindo o depoimento delas para os fatos que mais lhe interessam, por que não pode fazer prova oferecendo seu próprio depoimento? E por que, nesse depoimento, não pode fazer prova em seu favor?

Ao lado dessas duas figuras contempladas na lei – o interrogatório e o depoimento pessoal –, CASSIO SCARPINELLA BUENO propõe que o depoimento possa ser requerido pela própria parte, sob a consideração de se tratar de prova atípica.[616] Neste caso, não deve ser aplicada a pena de confissão, porque

616 CÁSSIO SCARPINELLA BUENO: "Não há razão para recusar que a própria parte possa pretender, independentemente de determinação judicial ou de pedido formulado

afinal não foi o depoimento pedido pela parte contrária. Para o referido autor, a parte esclarecerá os fatos, pode ser questionada pelo juiz e, "circunstancialmente, o magistrado poderá constatar em que medida o depoimento acarreta a confissão", mas não deve ser aplicado o mesmo regime jurídico do depoimento requerido pela parte contrária, porque pedir o próprio depoimento é prova atípica.

Pelas razões expostas nos tópicos anteriores, sou da opinião de que o depoimento pessoal pode sim ser requerido pela própria parte, mas interpreto que a questão central deve se fixar menos na questão da confissão, ou melhor, que devem ser separadas as ideias de depoimento pessoal e confissão. Seja qual for a modalidade de depoimento da parte, devem ser levados em consideração tanto os fatos favoráveis como os desfavoráveis. A própria lei diz que a confissão é indivisível, e assim deve também ser entendido o depoimento. Nele se apresentam argumentos favoráveis, desfavoráveis e neutros. A valoração desse meio de prova deve considerar todos os seus elementos, sem preocupações específicas com a confissão, se o fato foi dito no depoimento determinado pelo juiz, pela própria parte ou pelo adversário. Isso não importa.

Não ocorrem, no processo, as situações binárias que a lei parece propor, e que encontram algum eco na doutrina. Em uma, a parte não tem escolha, porque seu depoimento é requerido pela parte contrária, e ela só irá ser ouvida para se prejudicar. Nessa proposta, a parte não pode extrair vantagens de sua contribuição para o esclarecimento dos fatos. Na outra, a parte pede para ser ouvida (além do que já disse por petições assinadas por seus advogados) e tem certa imunidade em relação à admissão de fatos desfavoráveis. Proponho uma interpretação intermediária, em que, em todas as hipóteses, importa mais o conteúdo do que foi dito, a contribuição que a parte pode dar, seja quanto aos fatos favoráveis ou desfavoráveis, do que a forma pela qual o depoimento foi tomado, sua roupagem ou seu momento.

Nesse modelo intermediário, admite-se não apenas o requerimento da parte para o próprio depoimento, como uma amplitude nas perguntas que lhe são dirigidas, seja pelo julgador, seja pelo advogado da parte contrária, seja pelo seu próprio advogado. A lei ou sua interpretação não devem conduzir a um resultado que restrinja o campo de atuação da prova, que diminua sua utilidade. Ao contrário, deve permitir que se extraia a máxima utilidade de todos os meios de prova, para contribuir para o quadro mais amplo possível acerca de como se deram os fatos relevantes para a resolução da controvérsia.

---

pela parte contrária, prestar seu depoimento em juízo para esclarecer os fatos relevantes e pertinentes da causa", devendo ser entendida como prova atípica. Cf. *Curso sistematizado de direito processual civil,* 4. ed. v. 2, t. I, p. 293.

Tudo se resume, no frigir dos ovos, na repercussão que esses fatos, extraídos do depoimento da parte, possam trazer para a valoração das provas. O julgador avaliará o depoimento no contexto global, sempre levando em consideração o conjunto probatório. Pode sim admitir fatos favoráveis, extraídos do próprio depoimento, mas sempre terá um dever qualificado de motivação, pois a máxima de experiência indica que falar bem de si mesmo nem sempre é sincero. Seja como for, é no plano da valoração da prova que isso se resolve, não em sua admissibilidade.

84. A confissão, conceito, modalidades

A lei disciplina que, para que seja aplicada a pena de confissão, a parte deve ser pessoalmente intimada para prestar depoimento pessoal e advertida da pena de confesso. Esta, por sua vez, decorrerá tanto da ausência não justificada à audiência[617] como do comparecimento, mas da recusa em responder ou da utilização de evasivas.

Tendo em vista a gravidade da sanção legal, exige-se que a parte seja expressamente advertida sobre a consequência do não comparecimento.[618] Caso do mandado de intimação não conste tal advertência, não se poderá aplicar a pena.[619] O mesmo modelo é adotado pelo legislador em relação à pena de revelia, que só se aplica se no mandado de citação o réu for expressamente advertido sobre as consequências da não apresentação de defesa.

São escolhas do legislador, que prudentemente faz um juízo de valor e reconhece que os jurisdicionados não necessariamente conhecem as consequências

617 Se há motivo para o não comparecimento, o ato deve ser renovado, não se admitindo a aplicação da pena de confesso. Sobre o tema, há julgado em que foi anulada a sentença que aplicou a pena de confesso, pois o coautor que não compareceu em juízo para prestar depoimento pessoal apresentou prova documental de que teria dado entrada a uma unidade médica por problemas de saúde. TJSP, Apelação n. 1017943-91.2016.8.26.0506, 31ª Câmara de Direito Privado, rel. ADILSON DE ARAÚJO, j. 29.06.2018.

618 TJSP, Apelação n. 1000465-43.2016.8.26.0224, j. 10.05.2018, rel. Des. KIOITSI CHICUTA. Há uma série de outros julgados no mesmo sentido: TJSP, Apelação n. 1008075-58.2017.8.26.0602, 16ª Câmara de Direito Privado, rel. SIMÕES DE VERGUEIRO, j. 13.04.2018; TJSP, Apelação n. 1017186-19.2014.8.26.0005, 11ª Câmara de Direito Privado, rel. MARINO NETO, j. 10.04.2018; TJSP, Apelação n. 1036740-21.2016.8.26.0602, 22ª Câmara de Direito Privado, rel. ALBERTO GOSSON, j. 05.04.2018; TJSP, Apelação n. 1010949-37.2015.8.26.0068, 16ª Câmara de Direito Privado, rel. SIMÕES DE VERGUEIRO, j. 15.02.2018.

619 TJSP, Apelação n. 1043465-30.2015.8.26.0224, j. 11.05.2018, rel. Des. MELO BUENO. No mesmo sentido: TJSP, Apelação n. 1030434-36.2016.8.26.0602, 32ª Câmara de Direito Privado, rel. KIOITSI CHICUTA, j. 06.03.2018.

legais da adoção ou não de certas condutas, no âmbito do processo. É certo, por outro lado, que a interpretação exclusiva ou excessivamente formal não pode prevalecer sobre o conteúdo da norma. Se ocorrer, por hipótese, de alguém não ser advertido na intimação, mas receber tais esclarecimentos, de forma clara e completa, pelo próprio julgador, no começo da audiência, deve-se entender como suprido o requisito formal e sanada a irregularidade. O mesmo vale para uma parte que, mesmo não intimada, comparece pessoalmente no dia da audiência. Adiar o ato por consideração de ordem formal me parece um excesso. Neste assunto, também exercerá influência a qualidade da parte, sua familiaridade com o universo judiciário, sua eventual experiência com o foro e o grau de assessoria técnica que possuir em cada situação concreta.

Sem prejuízo dos comentários específicos aos arts. 389 a 395, a confissão consiste na admissão da veracidade de um fato desfavorável ao depoente e favorável ao adversário. Ela possui um efeito sobre o objeto da prova, porque exclui da investigação probatória fatos afirmados por uma parte e admitidos pela outra. A confissão pode ser total ou incidir apenas sobre alguns fatos, pode ser extrajudicial ou judicial, provocada ou espontânea.

O § 1º do art. 385 não cuida propriamente dos efeitos da confissão, mas das consequências impostas à parte que não comparece para prestar depoimento pessoal ou, comparecendo, recusa-se a responder ao que lhe é perguntado de forma objetiva.

Aqui, não ocorre verdadeiramente a admissão de fatos desfavoráveis, mas a presunção de veracidade dos fatos contrários, alegados pela contraparte.[620] O depoimento pessoal, justamente pela previsão dessas consequências processuais, deve ser entendido como um ônus da parte chamada a prestar depoimento, não um dever.[621]

---

620 TJSP, Apelação n. 0002941-18.2014.8.26.0620, 14ª Câmara de Direito Privado, rel. Lígia Araújo Bisogni, j. 03.05.2018. No mesmo sentido: TJSP, Apelação n. 1027056-48.2015.8.26.0007, 30ª Câmara de Direito Privado, rel. Penna Machado, j. 13.12.2017.

621 Sobre a distinção entre dever e ônus: "A diferença entre dever e ônus está em que (a) o dever é em relação a alguém, ainda que seja a sociedade; há relação jurídica entre dois sujeitos, um dos quais é o que deve: a satisfação é do interesse do sujeito ativo; ao passo que (b) o ônus é em relação a si mesmo; não há relação entre sujeitos; satisfazer é interesse do próprio onerado. Não há sujeição do onerado; ele escolhe entre satisfazer, ou não ter a tutela do próprio interesse". Cf. PONTES DE MIRANDA, Francisco Cavalcanti. *Comentários ao Código de Processo Civil.* 3. ed. t. IV, p. 253.

Ônus porque, caso não compareça, a parte terá contra si o possível reconhecimento da veracidade dos fatos alegados pela parte contrária. Mas, como tudo que envolve as provas, é o quadro probatório geral que irá determinar a repercussão deste ou daquele elemento de prova. Não é incomum que, não obstante o não comparecimento, não haja consequências negativas para a parte. Por exemplo, porque do depoimento das testemunhas se extrai conclusão que contraria essa presunção de veracidade que decorre da pena de confissão.[622]

De outro lado, é claro que, exceto se o depoimento tiver sido determinado pelo juiz, de ofício ou por provocação da parte contrária, a parte estará dispensada até mesmo de comparecer pessoalmente à audiência. Sem a intimação para depor, comparecer ou não à audiência é uma prerrogativa exclusiva da parte, que pode optar por não ir, fazendo-se representar apenas por seu advogado.[623]

85. Uma parte pode assistir ao interrogatório da outra parte?

O § 2º do art. 385 é explícito acerca da proibição a quem ainda não depôs assistir ao interrogatório da outra parte. Também se trata de regra contida no diploma anterior e que encontra fundamento na necessidade de equilíbrio dos litigantes.[624] Sem prejuízo da possibilidade de as partes, por acordo processual, definirem a respeito da sua participação no depoimento da outra,[625] é fato que

622 Por exemplo, O TJSP decidiu que, "ainda que a ausência fosse injustificada, a confissão ficta induz presunção relativa de veracidade e poderia, assim, sucumbir frente aos demais elementos de prova eventualmente existentes nos autos, de modo que não seria óbice à oitiva da testemunha arrolada pelos autores". Cf. Apelação n. 1017943-91.2016.8.26.0506, 31ª Câmara de Direito Privado, rel. ADILSON DE ARAUJO, j. 29.06.2018.

623 Para DANIEL NEVES, "a presença da parte em audiência não é um dever processual, sendo inadmissível a aplicação de qualquer espécie de sanção pelo seu não comparecimento. O depoimento pessoal é um ônus da parte, que, não se desincumbindo dele, se colocará numa situação processual de desvantagem". NEVES, DANIEL AMORIM ASSUMPÇÃO. *Manual de direito processual civil*. 10. ed. Salvador: Juspodivm, 2018. p. 766.

624 CASSIO SCARPINELLA BUENO sustenta que nenhuma das partes possa ouvir o depoimento da outra, por força da isonomia e do contraditório. Mas, por defenderem a possibilidade de a parte pedir seu próprio depoimento, como prova atípica, sem efeitos de confissão, o autor considera que, no interrogatório e depoimento por própria iniciativa, "não há razão para não permitir que seus próprios advogados, a exemplo do que se dá para as testemunhas, dirijam a elas, sempre por intermédio do juiz, perguntas que buscam o esclarecimento dos fatos controvertidos e sobre os quais deve recair a prova". Cf. *Curso sistematizado de direito processual civil*, v. 2, t. I, p. 295.

625 Enunciado n. 19 do Fórum Permanente de Processualistas Civis dispõe, com razão, que: "São admissíveis os seguintes negócios processuais, dentre outros: (...) convenção que permita a presença da parte contrária no decorrer da colheita de depoimento pessoal".

o modelo legal parece muito firme em vedar tal solução. Cuida-se da regra da incomunicabilidade, que impõe que nenhuma parte ouça a outra antes de prestar seu próprio depoimento.

Afinal, na medida em que alguém deverá falar antes do outro, quem falar depois terá a vantagem de ter ouvido o depoimento da outra parte, podendo adaptar sua narrativa e/ou responder especificamente informações que tenham sido dadas pelo primeiro depoente.

Por isso a prática consagrou um modelo em que o autor é ouvido sem a presença do réu na sala de audiência, mas o réu é ouvido com o autor presente, pois este já encerrou sua participação. Porém, se o objetivo da regra é o de impor isonomia, é de se ponderar sobre a conveniência de o autor acompanhar o depoimento do réu, após ter prestado seu próprio depoimento. Afinal, ainda que não mais preste esclarecimentos em via direta, o autor poderá assessorar seu advogado em relação aos esclarecimentos que estão sendo feitos, sugerir perguntas e participar de forma mais ou menos ativa no interrogatório do adversário. Oportunidade que o autor não teve.

Por isso, a solução é criticada por Cassio Scarpinella Bueno, para quem, em respeito à isonomia prevista no art. 7º, tal regra deve ser interpretada como "nenhuma parte deve ouvir o depoimento da outra",[626] solução que parece a mais adequada, exceto se o réu não se opuser à permanência do autor na sala de audiência durante seu interrogatório.

Outra situação não exatamente contemplada na lei envolve a hipótese de o réu litigar em causa própria. Uma vez que não há advogado para acompanhar o depoimento do autor, impedi-lo de participar desse depoimento implicaria cerceamento de defesa. Para Paulo Magalhães Nasser, a melhor solução que concilia ampla defesa e contraditório em respeito à isonomia seria inverter a ordem da oitiva, começando-se pelo réu,[627] o que é, ademais, expressamente autorizado pelo art. 139, VI.

86. Depoimento por videoconferência

Por fim, segundo o § 3º do art. 385, é possível a utilização de videoconferência para a colheita de depoimento pessoal. Cuida-se, como dito, de interessante inovação, para que a testemunha seja ouvida por videoconferência, de modo que seu depoimento seja colhido diretamente pelo juiz da causa.

---

626 Cf. *Manual de direito processual civil*, p. 321.

627 NASSER, Paulo Magalhães. Comentário aos artigos 381-383 do Código de Processo Civil. *In* CABRAL, Antonio do Passo; CRAMER, Ronaldo (coord.). *Comentários ao Novo Código de Processo Civil*. 2. ed. Rio de Janeiro: Forense, 2016. p. 601.

Nos dias de hoje, as comunicações remotas são muito variadas, não exigem investimentos elevados em equipamentos, licenças de *software* e a maior delas goza de elevada confiabilidade. Ao invés do modelo do século anterior, em que as comunicações se davam apenas por escrito, que o registro de fatos se dava apenas pela conversão das experiências em relatos escritos, hoje temos ampla possibilidade de vivenciar a realidade de modo mais apropriado. Se a questão envolve ouvir algo, basta gravar o som e/ou transmitir ao vivo o evento no qual o som é produzido. Se a questão envolve presenciar certo fato, como uma festa em horário e local impróprio, basta ir até o local, filmar o evento, podendo-se até mesmo realizar uma transmissão ao vivo. Não é necessário nada além de um aparelho celular, preferencialmente conectado a uma rede social, que servirá, para esses efeitos, como o local no qual tais registros poderão ser armazenados.

É do passado, portanto, a realidade de enviar uma carta precatória a outro magistrado, que, entre muitas outras atribuições, terá de ouvir e transcrever o depoimento de uma parte, ou de uma testemunha, em caso no qual não atua, no qual não tem o menor interesse. Hoje, basta organizar que tais depoimentos se realizem por FaceTime, WhatsApp, Skype, Webex e tantos outros serviços de idêntica natureza.

Uma parte que esteja doente pode depor de casa, sem se deslocar para uma viagem até o local onde tramita a demanda, ou até a comarca na qual a precatória foi distribuída. Uma parte grávida pode igualmente prestar seu depoimento no conforto da sua casa, ou alguém que resida em comarca diversa.[628] Uma pessoa residente no exterior, que seria ouvida por carta rogatória, pode ser ouvida de forma muito mais rápida por esses meios.

É preciso atenção para não permitir que resistências burocráticas impeçam a adoção dessa simples medida. Não é necessária a instalação de um aparato tecnológico diretamente nos fóruns. A videoconferência pode ser realizada com a parte depoente diretamente de sua casa ou trabalho. As crônicas dificuldades orçamentárias não podem servir de empecilho, porque é mais custoso manter estruturas para colher tais provas por precatórias e rogatórias do que qualquer solução tecnológica hoje à disposição das pessoas.

Art. 386. Quando a parte, sem motivo justificado, deixar de responder ao que lhe for perguntado ou empregar evasivas, o juiz, apreciando as demais circunstâncias e os elementos de prova, declarará, na sentença, se houve recusa de depor.

CPC de 1973 – art. 345

---

628 TJSP, Apelação n. 1014597-25.2015.8.26.0068, 13ª Câmara de Direito Privado, rel. NELSON JORGE JÚNIOR, j. 17.04.2017.

87. O conteúdo específico do depoimento. Ciência necessária dos fatos discutidos

Seja na perspectiva clássica, de o depoimento ter por objetivo obter a confissão, seja no modelo aqui defendido, de se usar o depoimento para esclarecimentos gerais sobre os fatos, com aproveitamento tanto das declarações favoráveis como das desfavoráveis, a utilidade do depoimento está diretamente relacionada ao conhecimento específico que o depoente tiver sobre os fatos da causa.

A pessoa física depõe diretamente. Mas em situações específicas deve ser admitida a nomeação de representante, com poderes específicos para prestar depoimento e confessar. Imagine-se que determinada pessoa, cuja profissão exija muitas viagens e longos períodos de ausência, que contrate um terceiro para a administração de atividades quotidianas, inclusive a administração financeira. Não obstante a aquisição de produtos ou serviços ser realizada em nome do contratante, todas as questões daquele relacionamento comercial terão sido tratadas por seu representante ou secretário. Surgida a demanda, o depoimento pessoal da parte será bem menos útil do que o de seu secretário, este sim com conhecimento direto dos fatos. São circunstâncias especiais, que devem ser submetidos ao juiz da causa para apreciação antes da audiência na qual se ouvirá o depoimento pessoal da parte.

A seu turno, a pessoa jurídica será representada ou presentada[629] por pessoas autorizadas a tanto, que além de conhecimentos diretos sobre os fatos em debate, devem ter poderes específicos para confessar, pois, como bem adverte Cassio Scarpinella Bueno, tais poderes não decorrem de um mandato regular (CC, art. 661, § 1º).[630-631]

Como visto, o depoimento pessoal será tomado em demandas de índole individual, em que as próprias partes participaram diretamente dos fatos, mas também nas relações mais diluídas, que podem ter em um dos polos empresas que atendem a milhares de pessoas, como bancos, concessionárias de serviços

---

629 A respeito da diferença entre presentação e representação de pessoa jurídica, cf. PONTES DE MIRANDA, Francisco Cavalcanti. *Comentários ao Código de Processo Civil*. 5. ed. t. I, p. 288-290.

630 Cf. *Curso sistematizado de direito processual civil*, v. 2, t. I, p. 295-296. No mesmo sentido: MEDEIROS NETO, Elias Marques de. Comentários dos arts. 385 a 404 do Código de Processo Civil. *In* BUENO, Cassio Scarpinella (coord.). *Comentários ao Código de Processo Civil*, v. 2, p. 277.

631 Dinamarco defende que o Ministério Público, quando é parte do processo, deve prestar depoimento, por meio de seu representante. Afinal, "quem exerce funções públicas de tanta relevância como são as do Ministério Público não pode ter o privilégio de esconder a verdade dos fatos dos quais tenha conhecimento" DINAMARCO, Cândido Rangel. *Instituições de direito processual civil*. 7. ed. São Paulo: Malheiros, 2017. v. 3, p. 727.

públicos, provedores de internet e de redes sociais. É necessário equilibrar, assim, a necessidade de o depoimento ser prestado por quem conheça especificamente os fatos.

Pois haverá situações em que ninguém estará em condições de ocupar tal posição, por exemplo porque o atendimento do consumidor se deu por vias remotas, até mesmo por ferramentas digitais que se valem de inteligência artificial para compreender as solicitações (robôs, *chats* eletrônicos etc.). O comparecimento de pessoas em posição gerencial, que conheçam a dinâmica geral de tais atendimentos, mas não tenham presenciado os fatos específicos daquele caso concreto, deverá suprir a exigência legal. A lei processual não pode se sobrepor à realidade das relações jurídicas e econômicas, que hoje se baseiam na despersonalização das relações. Seria absurdo que o direito processual, instrumento por excelência, impusesse um modo de ser das relações da sociedade e da economia, apenas para se impor a aplicação do dispositivo legal (que remonta ao CPC de 1939) sobre a presunção de veracidade de fatos não adequadamente conhecidos pela parte depoente.

De outro lado, é evidente que essas mudanças não podem significar um comportamento negligente da parte, de selecionar um preposto que nada saiba a respeito dos fatos. Para essas situações, como lembra DANIEL NEVES, "No caso de prepostos indicados pela pessoa jurídica, parcela da doutrina e até mesmo algumas decisões judiciais apontam para a confissão do preposto que, embora regularmente esteja representando a pessoa jurídica, desconhece por completo os fatos alegados".[632] Nesse cenário, interpreta-se que isso equivaleria à recusa em depor, sendo aplicável a pena de confissão e, portanto, a presunção relativa de veracidade.[633]

88. Confissão ficta

Se ocorrer a recusa em responder, ou o emprego de evasivas, as consequências processuais serão carreadas ao depoente. A parte que iria depor sobre os fatos que lhe são contrários, alegados pela contraparte, terá em seu desfavor a presunção de que aqueles fatos efetivamente ocorreram.

Ainda que suas manifestações escritas refutem a ocorrência desses fatos desfavoráveis, a consequência que decorre do não atendimento ao ônus de depor será a de se criar uma presunção – uma ficção jurídica, portanto, de veracidade. Como presunção relativa que é, ela admitirá prova em sentido contrário.

---

632 NEVES, DANIEL AMORIM ASSUMPÇÃO. *Manual de direito processual civil*. 10. ed. Salvador: Juspodivm, 2018. p. 767.

633 TJSP, Apelação n. 16402-73.2011.8.26.0002, 18ª Câmara Extraordinária de Direito Privado, rel. SÁ MOREIRA DE OLIVEIRA, j. 30.11.2015.

Por isso, se outros elementos de prova permitirem a conclusão de que os fatos, não obstante a ausência de resposta ou o emprego de evasivas, não ocorreram, o juiz levará isso em consideração para declará-los na sentença. De outro lado, como determina o art. 386, cabe ao juiz, na valoração das provas, estabelecer quais foram os comportamentos omissivos ou evasivos da parte, em seu depoimento, e que consequências no plano dos fatos são extraídas, para os fins do julgamento da causa.

Observe-se que não se trata de uma aplicação geral e "arredondada" da pena de confissão, como se estivéssemos diante da revelia, mas do dever de o julgador indicar quais os fatos controvertidos, qual era o objetivo da oitiva dirigida à parte e que fatos contrários se presumem verdadeiros, como decorrência do comportamento por ela adotado.

Art. 387. A parte responderá pessoalmente sobre os fatos articulados, não podendo servir-se de escritos anteriormente preparados, permitindo-lhe o juiz, todavia, a consulta a notas breves, desde que objetivem completar esclarecimentos.

CPC de 1973 – art. 346

89. Dinâmica do depoimento pessoal

A exemplo do que previa o CPC/73, o CPC/2015 contempla o dever de a parte prestar os esclarecimentos diretamente, com base em sua lembrança acerca dos fatos. A consulta a anotações e informações externas é residual, apenas excepcionalmente admitida. Tanto quanto o CPC anterior, a lei não regulamenta como se faz a inquirição. Mas, por empréstimo aos dispositivos sobre a prova testemunhal (art. 459), é de se entender que as perguntas serão formuladas diretamente pelo advogado da parte contrária.[634]

Com ainda maior razão, porque o que está em jogo é a confissão da parte, não pode haver indução de respostas nem alteração do conteúdo do que o depoente pretende esclarecer. O momento de oitiva das partes e testemunhas é sempre delicado, exige grande atenção das advogadas e dos advogados e não raro é fonte de tensão entre os profissionais. Objetiva-se extrair declarações de conhecimento de fatos que venham em desfavor do depoente, o que muitas vezes estimula os causídicos a insistir em linhas de argumentação, procurando estabelecer contradições no depoimento, para assim desacreditar o depoente.

634 Nesse sentido, ver o Enunciado 33 da I Jornada de Direito Processual Civil do CJF: "No depoimento pessoal, o advogado da contraparte formulará as perguntas diretamente ao depoente". Seguindo a mesma linha de raciocínio: NEVES, Daniel Amorim Assumpção. *Manual de direito processual civil*. 10. ed. Salvador: Juspodivm, 2018. p. 769.

Mas a lei, de forma oportuna, restringe a formulação de perguntas já respondidas, como ademais controla que o objeto da prova se concentre nos fatos (ainda) controvertidos. A eficiência que se espera do processo judicial não é compatível com a repetição de provas ou com sua produção de forma desordenada. É, em qualquer caso, um momento delicado, porque o indeferimento de perguntas pode retirar da parte o direito de provar suas alegações. É preferível adotar uma postura mais flexível, que permita a formulação das questões, admitida alguma redundância. Afinal, a menos que isso seja verbalizado pelo julgador e registrado em ata, a parte e seu advogado não poderão saber que determinado ponto já está suficientemente esclarecido, dispensando parte dos esforços probatórios.

Como acima visto, a doutrina é bastante firme quanto à impossibilidade de a parte perguntar para si mesma. Para DINAMARCO, "jamais o defensor pode fazer perguntas a serem respondidas pelo próprio constituinte, pois isso configuraria o absurdo de fazer perguntas a si mesmo – perguntar por procurador e responder por ato próprio".[635-636] Pelas razões expostas nos tópicos precedentes, entendo ser possível essa modalidade, a exemplo do que ocorre em muitas audiências arbitrais. Seja qual for a fonte da pergunta, o objetivo prevalente sempre será o de obter esclarecimentos da versão que a própria parte tem a respeito dos fatos. Ouvir a parte poderá se mostrar útil e enriquecedor ao julgador.

90. Uso de anotações e de outros recursos para dinamizar o depoimento

Também em repetição de modelo legal anterior, a lei preceitua que apenas em caráter excepcional a parte possa recorrer a "notas breves" para auxiliá-la no depoimento, vedada a utilização de escritos anteriormente preparados. A lei presume que a única forma de colaboração efetiva da parte seja mediante esclarecimentos do que ela saiba de cabeça, do que ela se recorde de forma direta.[637]

Cabe uma primeira consideração de que, efetivamente, esse tipo de informação é, em tese, sempre a mais genuína e, nessa medida, a mais apta a

---

635 DINAMARCO, CÂNDIDO RANGEL. *Instituições de direito processual civil.* 7. ed. São Paulo: Malheiros, 2017. v. 3, p. 731.

636 No mesmo sentido, MEDEIROS NETO, ELIAS MARQUES de. *In* BUENO, CASSIO SCARPINELLA (coord.). *Comentários ao Código de Processo Civil.* São Paulo: Saraiva, 2017. v. 2. p. 276.

637 NASSER, PAULO MAGALHÃES. Comentário aos artigos 381-383 do Código de Processo Civil. *In* CABRAL, ANTONIO DO PASSO; CRAMER, RONALDO (coord.). *Comentários ao Novo Código de Processo Civil.* 2. ed. Rio de Janeiro: Forense, 2016. p. 603: O objetivo de tal regra é "apenas não mecanizar o depoimento, tornando-o uma mera repetição de um discurso previamente elaborado".

contribuir para o correto entendimento dos fatos. A parte irá falar sobre o que viu, sobre o que falou, o que lhe foi dito.

É claro, outrossim, que esse modelo idealizado pelo legislador do século passado (quiçá de períodos anteriores) não se mostra mais adequado hoje para um grande número de situações. Quando se examinam essas regras à luz de causas complexas, nota-se uma vez mais a insuficiência de tais regras, e sua obsolescência. Elas certamente foram pensadas para os litígios individuais, causas de natureza mais simples, talvez demandas entre pessoas físicas. Imagine-se agora uma demanda complexa, de direito societário, em que o presidente de um grande grupo deva esclarecer sobre fatos realizados no âmbito de uma de suas subsidiárias, ou de uma de suas filiais, em que se discutam aspectos da contingência relacionada a passivos fiscais.

Aos olhos da lei, esse representante deverá saber, sem qualquer recurso a escritos ou materiais de apoio, o que foi contratado, quais os valores e as modalidades de contingências fiscais foram assumidos, quais acabaram se verificando, a distinção entre elas. Deverá saber como se deram as negociações, o que os auxiliares contábeis, fiscais e jurídicos fizeram, como a área de controladoria ou financeira trabalharam aqueles passivos.

Pense-se também em demanda sobre complexa obra de engenharia, com fases sucessivas, obras de engenharia civil, hidráulica, elétrica, montagem de estruturas metálicas etc. Em demandas dessa natureza, impedir que certas pessoas se valham de alguma informação em apoio, sob a presunção de que interessam os fatos conhecidos de forma personalíssima, é ignorar a realidade com que se dão as relações jurídicas atualmente.

Essa possibilidade de o depoente se valer de documentos de apoio, especialmente os já juntados aos autos, deve ser vista com bons olhos, porque permite um aprofundamento na investigação probatória. Repita-se, devem ser afastadas regras ou interpretações que afastem o processo da efetiva investigação sobre as circunstâncias fáticas. A regra é pela admissão das provas. O propósito é a apuração efetiva dos elementos fáticos. O objetivo é a descoberta da verdade do processo e a aplicação da regra jurídica ao quadro probatório delineado da melhor forma possível.

Outra faceta dessa questão diz respeito ao uso de informações do processo para enriquecer a tomada dos depoimentos. Da realidade de audiências em procedimentos arbitrais pode ser tomada por empréstimo ao processo estatal, especialmente ao processo eletrônico, a prática de se formularem perguntas requerendo ao depoente que examine e comente acerca de documentos juntados aos autos.

Por exemplo, para questionar o depoente (ou alguma testemunha) sobre o significado técnico de certos termos ou documentos, para a explicação sobre o conteúdo de certas correspondências, a participação do depoente em certos contextos negociais. Apesar de não ser comum no âmbito do processo estatal, em virtude do silêncio da lei, é perfeitamente possível que isso ocorra. O juiz e os advogados podem procurar aferir o conhecimento das testemunhas e partes acerca de documentos contidos nos autos.

Por fim, duas outras situações merecem ser explicitadas. No caso de depoimento de estrangeiros que não possuem condições de se comunicar em português, caberá ao juiz tomar as providências necessárias para que sejam assistidos por intérpretes. Sendo necessário o depoimento de pessoa com deficiência, o juiz deverá analisar a extensão de sua incapacidade no tocante a seus limites de compreensão e decidir se o sujeito tem situações para prestar depoimento e eventualmente confessar a respeito de determinado fato.[638]

Art. 388. A parte não é obrigada a depor sobre fatos:

I – criminosos ou torpes que lhe forem imputados;

II – a cujo respeito, por estado ou profissão, deva guardar sigilo;

III – acerca dos quais não possa responder sem desonra própria, de seu cônjuge, de seu companheiro ou de parente em grau sucessível;

IV – que coloquem em perigo a vida do depoente ou das pessoas referidas no inciso III.

Parágrafo único. Esta disposição não se aplica às ações de estado e de família.

CPC de 1973 – art. 347

91. Direito ao silêncio

A disposição do art. 388 é tradicional em nosso ordenamento. No CPC/2015 recebeu ligeiros aprimoramentos. De sua redação, extrai-se um conjunto de exceções à regra estabelecida no art. 385, § 1º, que estabelece consequências processuais para o não comparecimento ou a recusa a depor, de qualquer das partes.

Não será aplicada pena de confissão – a presunção de que os fatos alegados pela contraparte são verdadeiros – se a parte se recusar a depor sobre fatos classificados em alguma das quatro hipóteses deste dispositivo. A razão de ser de semelhante regra é a preservação de direitos relevantes da parte, que não pode ser compelida a depor sobre fatos dos quais possam resultar consequências

638 ARENHART, Sérgio Cruz; MARINONI, Luiz Guilherme. Comentários ao Código de Processo Civil: artigos 381 ao 484. *In* MARINONI, Luiz Guilherme (dir.); ARENHART, Sérgio Cruz; MITIDIERO, Daniel (coord.). *Comentários ao Código de Processo Civil.* São Paulo: Revista dos Tribunais, 2016. v. VII, p. 65-66.

negativas para si ou de sua família. A preservação da intimidade da parte, ou de seus familiares, bem como o direito à não autoincriminação prevalecem sobre o interesse no esclarecimento desses fatos diretamente pela contribuição da parte.

É claro, de outro lado, que essa disposição não significa que não possa haver prova relacionada a tais fatos. A restrição se limita ao depoimento da parte, mas mantém-se aberta a possibilidade de demonstrar os fatos relevantes por quaisquer outros modos. Vale o registro de que a demonstração de fatos desonrosos ou vexatórios pode ser do interesse do próprio depoente. Nessas situações, porque o ônus de provar é seu, deverá ele optar por depor ou não, e assim contribuir para a elucidação de fatos que, no final das contas, interessam a ele próprio.

Por isso, afirma-se que a recusa em depor se justifica se os fatos criminosos, torpes ou desonrosos assumirem importância secundária, forem circunstanciais em relação à controvérsia. Se, de outro lado, estes fatos criminosos, torpes ou desonrosos constituírem o próprio objeto da prova, pois de sua ocorrência decorre a confirmação de fatos constitutivos, impeditivos, modificativos ou extintivos do direito das partes, deverá ser determinado o depoimento a seu respeito, sem possibilidade de recusa da parte nas hipóteses dos incisos I e III. Nas hipóteses II e IV, que envolvem respectivamente o sigilo profissional e risco de vida do depoente ou parente em grau sucessível, a parte não poderá ser penalizada ao se recusar a depor.[639]

Há, portanto, dois cenários. No primeiro, o depoimento da parte interessa ao adversário, que dele pretende extrair esclarecimentos sobre fatos qualificados nas hipóteses do art. 388. A contraparte pode se negar a depor, mas a questão do ônus da prova deverá ser endereçada de outro modo. Porque de duas, uma. Ou bem as provas necessárias só podem ser obtidas mediante o depoimento, de forma que a recusa em depor, mesmo justificada no art. 388, deve gerar consequências para quem se recusou; ou bem há outro acervo probatório que pode conduzir ao esclarecimento dos fatos, justificando assim a dispensa do depoimento.

No segundo cenário, o depoimento acerca de fatos criminosos, torpes etc. interessa ao próprio depoente. Por exemplo, porque pretende demonstrar as agressões por ele sofridas, ou a coação realizada pela parte contrária para a prática de atos ilícitos (sonegação de impostos, simulação, práticas de corrupção ou improbidade). Também aqui é claro que não existe um direito de uma parte a refutar o depoimento da outra, por receio de ser incriminada. A proteção

---

639 DINAMARCO, Cândido Rangel. *Instituições de direito processual civil*. 7. ed. São Paulo: Malheiros, 2017. v. 3, p. 729.

legal deve ser invocada pelo próprio depoente, que se recusará a depor sobre fatos que podem vir a prejudicar a si ou seus familiares, nas hipóteses específicas deste artigo.

Há, portanto, um direito ao silêncio, um direito à não autoincriminação, mas que em qualquer caso deverá sempre ser compatibilizado com o direito à prova da parte contrária, bem como contextualizado nas regras do ônus da prova.

O que é inaceitável, em qualquer hipótese, é a interpretação fornecida pela jurisprudência, que ratifica o indeferimento do pedido de oitiva da parte contrária, sob a argumentação de que este dispositivo, porque consagra um direito à não autoincriminação, tornaria o depoimento pessoal inútil. Segundo essa construção, na medida em que a parte tem o direito de não se autoincriminar, seria desnecessário ou irrelevante seu depoimento, porque a parte presta depoimento sem o compromisso de dizer a verdade.[640]

Esse entendimento é, ao mesmo tempo, tecnicamente despropositado, e moralmente injustificável. No aspecto técnico, não se sustenta porque as regras acerca do depoimento – fruto de construção histórica e vigente entre nós há muitas décadas – equilibram a ausência de compromisso de dizer a verdade com a presunção de veracidade de fatos não respondidos, ou tratados com evasivas. A parte que, acreditando em um direito absoluto à não autoincriminação mantém-se quieta em depoimento, abre contra si a possibilidade de aplicação da pena de confissão. No aspecto moral, entendimentos com essa amplitude correspondem a uma percepção irreal, de que todas as partes de um processo mentiriam em juízo, apenas porque não há – ao contrário das testemunhas – um dever legal de dizer a verdade, ou a sanção legal do falso testemunho.

Levado a efeito esse raciocínio, importaria dizer que o depoimento pessoal teria sido banido do nosso sistema jurídico. Nem é preciso ir muito longe para constatar o absurdo dessa conclusão.

Tanto pior porque semelhante entendimento foi adotado em situações em que era claramente necessário o depoimento da parte. Se a discussão envolve possível fraude bancária, é de todo conveniente ouvir a parte que alegadamente sofreu um golpe e teve seu dinheiro retirado da conta, para que se compreendam as circunstâncias do golpe. Considerar que esse correntista mentiria, ou que poderia se recusar a depor, para não prejudicar a si mesmo, revela um equívoco notório na aplicação do dispositivo legal.

---

640 TJSP, Apelação n. 1042871-37.2014.8.26.0002, 12ª Câmara de Direito Privado, rel. JACOB VALENTE, j. 15.03.2017; TJSP, Apelação n. 1008462-71.2015.8.26.0011, 22ª Câmara de Direito Privado, rel. JACOB VALENTE, j. 10.11.2016.

Quando o art. 388 autoriza a recusa ao depor, ele não quer dizer que não possa haver tal recusa em qualquer caso, pelo temor puro e simples de confessar. Ele se aplica de forma restrita (e restritiva) a fatos que possam configurar práticas criminosas, ou que envolvam circunstâncias desonrosas para o próprio depoente ou sua família, além dos fatos protegidos por sigilo profissional. É preciso cuidado para não interpretar amplamente este dispositivo, como uma autorização para não ouvir a parte, porque, em qualquer caso, ela poderia mentir ou se recusar a esclarecer os fatos.

92. As hipóteses que autorizam a recusa ao depoimento

O art. 388 estabelece um rol não taxativo de situações em que o depoente poderá exercer seu direito ao silêncio. Dentre as hipóteses previstas, o inciso I dispõe que "a parte não é obrigada a depor sobre fatos criminosos ou torpes que lhe forem imputados".

Trata-se de dispositivo que tem como objetivo proteger o direito fundamental à não autoincriminação, reconhecido pelo Supremo Tribunal Federal em julgado paradigmático,[641] e a intimidade do depoente.[642]

Por exemplo, se o depoimento pessoal de uma das partes, a fim de se verificar sua culpa ou participação em fraude, implicar a discussão de fatos criminosos ou torpes, a colheita não deve ser realizada, sendo preferível o proferimento de decisão sobre a matéria em disputa com base nas outras provas produzidas pelas partes. Como dito, a questão permanecerá sendo resolvida pelas regras do ônus da prova, podendo inclusive a parte que se recusou a depor vir a ser prejudicada por tal recusa.

Em certo julgado, mesmo diante da alegação de possível constituição de prova que poderia ser utilizada em desfavor de uma das partes em processo criminal em trâmite, decidiu-se que o depoimento pessoal deveria ser admitido, em observância aos princípios da livre admissibilidade da prova e do livre convencimento motivado.[643]

Ademais, o art. 388, II, estabelece que "a parte não é obrigada a depor sobre fatos a cujo respeito, por estado ou profissão, deva guardar sigilo".

---

641 Supremo Tribunal Federal, HC 89.503/RS, Segunda Turma, rel. Cezar Peluso, j. 03.04.2007.

642 NASSER, Paulo Magalhães. Comentários aos arts. 385 a 395 do Código de Processo Civil. *In* CABRAL, Antonio do Passo; CRAMER, Ronaldo (coord.). *Comentários ao novo Código de Processo Civil,* p. 603-604.

643 TJSP, Agravo de Instrumento n. 2039845-78.2018.8.26.0000, 2ª Câmara Reservada de Direito Empresarial, rel. Maurício Pessoa, julgado em 03.04.2018.

Tal dispositivo se coaduna com o art. 154 do Código Penal, que dispõe sobre o dever de sigilo e a violação de segredo profissional, sendo punível com pena de detenção por três meses ou multa aquele que "revelar alguém, sem justa causa, segredo, de que tem ciência em razão de função, ministério, ofício ou profissão, e cuja revelação possa produzir dano a outrem".

É razoavelmente comum que, em demandas contratuais, cogite-se de ouvir o advogado que assessorou as partes na negociação e na elaboração do contrato, como forma de compreender a intenção delas no momento da celebração do negócio. Não obstante a potencial utilidade desse tipo de depoimento, o profissional pode se recusar a depor, em virtude dos deveres de sigilo a que se obrigou. O sigilo profissional, embora possa ser objeto de renúncia por parte do cliente, possui ainda evidente feição coletiva, caracterizada por um interesse público na preservação de certas relações.

O profissional, mesmo que mediante a dispensa do cliente quanto ao sigilo profissional, pode ainda assim se recusar a depor.

Seguindo adiante, o inciso III do art. 388 dispõe que a parte não é obrigada a depor sobre fatos "acerca dos quais não possa responder sem desonra própria, de seu cônjuge, de seu companheiro ou de parente em grau sucessível".

Como se nota, o conceito de desonra é bastante subjetivo, de modo que deve ser considerada "um parâmetro para a exigência judicial do dever de depor, no sentido de só poder ser aplicado quando o magistrado verificar que seria desarrazoado exigir do sujeito o depoimento (como parte ou como testemunha), pois isto o colocaria em situação de especial sacrifício, inexigível da comunidade".[644]

O mesmo vale para a hipótese prevista no inciso IV do art. 388, que trata do risco de vida. Para que tal dispositivo seja aplicado, deve-se restar caracterizado um risco de vida "sério, concreto e direto", que torne irrazoável a colheita de depoimento.[645]

Vale ressaltar que as exceções previstas no art. 388 "devem ser utilizadas pela parte em seu favor de forma integral ou serem objeto de renúncia também integral", não podendo as partes se valer da própria torpeza.[646]

Por fim, o parágrafo único do art. 388 dispõe que tais exceções ao ônus de depor não se aplicam às ações de estado e de família. De acordo com Luiz

644 ARENHART, Sérgio Cruz; MARINONI, *Comentários ao Código de Processo Civil*, v. VII, p. 103.

645 ARENHART, Sérgio Cruz; MARINONI, Luiz Guilherme. *Comentários ao Código de Processo Civil*, v. VII, p. 103.

646 NASSER, Paulo Magalhães. *Comentários ao Novo Código de Processo Civil*, p. 604.

Rodrigues Wambier e Eduardo Talamini, essa disposição precisa ser entendida com cautela, sob pena de se estar indo além dos objetivos pretendidos pelo legislador e até mesmo da ordem constitucional.[647]

Isso se deve ao fato de que, "se no processo penal não se pode impor ao acusado que confesse um crime, não se pode chegar ao mesmo resultado por via indireta nas ações relativas a filiação ou casamento".[648]

Seção V
Da Confissão

Art. 389. Há confissão, judicial ou extrajudicial, quando a parte admite a verdade de fato contrário ao seu interesse e favorável ao do adversário.

CPC de 1973 - art. 348

93. Regras legais sobre confissão que são desnecessárias ou incompatíveis com o sistema da persuasão racional

Como visto nos comentários acerca dos arts. 384 a 388, muitas das disposições legais sobre o depoimento pessoal são obsoletas, defasadas e não aderentes à realidade dos processos que vivenciamos todos os dias. Em boa medida, idêntica crítica pode ser feita aos arts. 389 a 394, que regulam a confissão.

As disposições legais se prendem a aspectos puramente formais do tema. Explicam conceitos, propõem classificações, tarefas que idealmente não deveriam ser reguladas na lei. Em outros dispositivos, pretendem estabelecer critérios para a valoração da confissão, regras que limitam a eficácia desse instituto, mas que se encontram em franca contraposição com as regras mais gerais sobre direito probatório, que asseguram a liberdade em sua produção e a apreciação pelo julgador de forma também livre, contextualizada com o restante do quadro probatório e por meio de fundamentação adequada, objetiva e racional.

Mas, quando se examinam essas regras específicas, à luz da teoria geral da prova, observa-se que boa parte delas nem mesmo precisaria existir. Outras desempenham função oposta, criando aparentes restrições ao aproveitamento

647 TALAMINI, Eduardo; WAMBIER, Luiz Rodrigues. *Curso avançado de processo civil:* cognição jurisdicional (processo comum de conhecimento e tutela provisória). 16. ed. São Paulo: Revista dos Tribunais, 2016. v. 2. p. 280-281.

648 TALAMINI, Eduardo; WAMBIER, Luiz Rodrigues. *Curso avançado de processo civil:* cognição jurisdicional (processo comum de conhecimento e tutela provisória). 16. ed. São Paulo: Revista dos Tribunais, 2016. v. 2. p. 281.

das declarações dadas pelas partes que não são compatíveis com a livre apreciação da prova, tal qual estabelecida em nosso sistema.

94. Conceito, objetivos e consequências da confissão

Como a própria lei cuida de definir, a confissão consiste na admissão da veracidade de um fato desfavorável ao depoente e favorável ao adversário. CÂNDIDO DINAMARCO a define como uma declaração de conhecimento, que incide sobre fatos, que o confitente declara em seu desfavor.[649] É um senso comum a noção de que nem sempre as pessoas são sinceras ao falarem bem de si mesmas. Podem alegar ou defender certas posições por conta de interesses que possuam, de obter posições de vantagem. Ou do puro constrangimento em admitir defeitos, fragilidades ou comportamentos impróprios. Mas a situação oposta, de falar mal de si mesmo, em geral vem carregada de uma dose maior de sinceridade, de verossimilhança.

Por isso é que a lei trabalha com a ideia de um peso maior, do ponto de vista da convicção do magistrado, quanto aos fatos desfavoráveis admitidos pela parte. A confissão de um fato prejudicial transmite ao espírito do juiz uma forte dose de confiança.

E, como visto antes, sob a perspectiva de um sistema que deve buscar resultados com a maior eficiência e o menor dispêndio de energia possível, a confissão conduz a um resultado em que as versões das duas partes coincidem a respeito de determinados fatos, excluindo-os do objeto da prova a partir de então.

Lembre-se de que o art. 374 regula tais hipóteses, dispensando investigação probatória, ou ulterior investigação probatória, sobre os fatos afirmados por uma parte e admitidos pela outra. Note-se, portanto, que a confissão é instituto aplicado e aplicável a cada fato (ou conjunto de fatos) alegado pelas partes. Caso ocorra a admissão de veracidade de todos os fatos alegados pela contraparte, a confissão será total. O mais comum, contudo, é que ocorra a admissão de algum fato isolado, desfavorável ao confitente.

Outra variável se dá quando não ocorre propriamente a confissão, mas ela surge como uma ficção jurídica ocasionada pelo não comparecimento da parte para depor, ou do emprego de evasivas nas respostas (art. 385, § 1º). HUMBERTO THEODORO JÚNIOR considera que, em vista dos deveres de lealdade

649 DINAMARCO, CÂNDIDO RANGEL. *Instituições de direito processual civil*. 7. ed. São Paulo: Malheiros, 2017. v. 3, p. 732.

e veracidade, a parte deve dizer a verdade sobre os fatos que lhe são perguntados. Ao descumprir esse dever, que prefiro, como visto no item 61, considerar um ônus, aplica-se a pena da ficção jurídica da confissão, presumindo-se verdadeiros os fatos contrários alegados pela contraparte. Essa ficção legal afeta então, o ônus da prova da parte contrária, que fica a partir daí dispensado.[650]

Portanto, a presunção de veracidade das alegações dos fatos contrários surgirá aqui como uma consequência estabelecida pela lei, mas não terá ocorrido, verdadeiramente, qualquer admissão de fatos pela parte.[651] Podemos distinguir, de um lado, a confissão, como verdadeira conduta comissiva da parte, que em declarações prestadas admite que certos fatos ocorreram de certa maneira, desfavorável a si própria, e, de outro lado, a pena de confissão, que é prevista na lei como técnica para a delimitação do objeto da prova, pois, ao estabelecer uma ficção de veracidade de certos fatos, torna dispensável sua respectiva demonstração.

A despeito da percepção predominante sobre ser a confissão um meio de prova, e de o próprio CPC parecer tratá-la como tal em alguns dispositivos, não parece adequado atribuir à confissão esse qualificativo, colocando-o no mesmo patamar classificatório da prova documental, pericial ou testemunhal.[652] Além de não se tratar, propriamente, de meios preestabelecidos na lei para se acessar uma fonte de prova, a confissão pode se materializar de diferentes formas. Como declaração prestada pela parte, a fonte da prova será sempre as pessoas, especificamente as partes da controvérsia. Mas, a depender da forma como ocorre, ela será uma prova documental (se for obtida por escrito, fora do processo), ou uma prova oral, se obtida como parte do depoimento pessoal, em audiência.

Por isso não se pode considerar que a confissão obtida em audiência configure uma "ilha" dentro da prova oral, mas sim que ela integra essa prova e dela faz parte. Se obtida em documento trazido aos autos, receberá o tratamento das provas documentais. Uma forma até curiosa de demonstrar a impropriedade dessa noção é trazida por Dinamarco. O autor observa,

---

650 THEODORO JÚNIOR, Humberto. *Curso de direito processual civil*. 56. ed. Rio de Janeiro: Forense, 2015. v. I, p. 932.

651 TJSP, Apelação n. 0002941-18.2014.8.26.0620, j. 03.05.2018, rel. Des. Lígia Araújo Bisogni. No mesmo sentido: TJSP, Apelação n. 1027056-48.2015.8.26.0007, j. 13.12.2017, rel. Des. Penna Machado.

652 Consideram a confissão um meio de prova: BUENO, Cassio Scarpinella. *Manual de direito processual civil*, p. 298; THEODORO JÚNIOR, Humberto. *Curso de direito processual civil*, v. I, p. 931.

com acuidade, que a ninguém ocorre formular um requerimento de produção de provas consistente em prova oral, prova pericial e confissão da parte contrária.[653]

95. Classificações da confissão

O *caput* do art. 389 não se limita a, impropriamente, trazer o conceito de confissão. Ele também informa que ela pode ser judicial ou extrajudicial. A disposição é óbvia e inútil. Caso a lei não o dissesse expressamente, a confissão poderia, ainda assim, ser feita dentro ou fora do processo.

A confissão se resume à admissão da veracidade de fatos. Não contém os elementos que permitam considerá-la um negócio jurídico, porque não são declarações de vontade, não são feitas com o propósito de constituir novas situações jurídicas, assumir obrigações ou assegurar direitos. A confissão é bem mais simples que isso. Por ela, a parte apenas atesta que, em sua percepção, certas circunstâncias de fato se deram em modo favorável ao adversário, e desfavorável a si próprias.

Pode ser extrajudicial, por exemplo, se alguém escreve uma mensagem afirmando que efetivamente deixou de efetuar certo pagamento, ou que manipulou um equipamento de modo impróprio. Nesses exemplos vemos outra demonstração do porquê de a confissão não poder ser considerada um meio de prova. Se essas declarações extrajudiciais não chegarem a ser trazidas ao processo, elas nunca terão aptidão para fazer prova daqueles fatos. O processo existirá sem elas, a despeito delas.

E, se forem trazidas ao processo, virão sob a forma de documentos, e como tal serão tratadas. Se é um documento particular, as regras sobre sua autoria, data e autenticidade serão reguladas nos arts. 409 e 410 do CPC.

Porque são meras declarações de fato, quando feitas, também não terão a aptidão de, por si, gerar o reconhecimento de direitos em favor da parte a quem a confissão aproveita. Porque é o conjunto fático que deverá ser examinado, e a partir dele, por exercício de subsunção, serão aplicadas as regras jurídicas à espécie. Alguém pode declarar ter operado impropriamente um equipamento, e ainda assim, não ser considerado culpado pelo evento danoso, por exemplo, porque pode também ser demonstrado que não ocorreu o treinamento adequado, ou que a causa do dano ao equipamento não está atrelada a sua utilização, e sim a um equívoco no projeto.

---

653 DINAMARCO, Cândido Rangel. *Instituições de direito processual civil.* 7. ed. São Paulo: Malheiros, 2017. v. 3, p. 733.

Aquele fato, não obstante reconhecido mediante confissão, pode não ser suficiente para caracterizar uma derrota à parte que confessou. A confissão pode ainda ser desconsiderada por aspectos formais. Lembre-se de que o art. 385, § 1º, exige a expressa advertência à parte que a ausência ao depoimento implicará admissão dos fatos alegados pela parte contrária.[654] Se essa intimação não for feita, a confissão deverá ser considerada irregular e não produzirá quaisquer efeitos.[655]

A confissão, quando ocorre, não importa o reconhecimento jurídico do pedido, por parte do réu, ou renúncia à pretensão, pelo autor. Ela será examinada no contexto dos fatos da causa, mas não dispensa o julgador de realizar sua adequada valoração. Apesar de outrora chamada a rainha das provas, e de se considerar no passado que ela fazia prova plena, nosso sistema processual não aceita mais esses parâmetros. A prova é apreciada pelo julgador, em seu conjunto, sem hierarquia.[656]

Pense-se, por exemplo, no art. 1.602 do Código Civil. Caso a mãe venha a confessar em juízo que manteve relação extraconjugal, na mesma época em que o filho foi concebido, esse fato contrário a si não será suficiente para considerar procedente a alegação do requerido de não ser ele o pai da criança. Serão necessários outros meios de prova para corroborar o quadro fático, que não se sustenta baseado tão somente na confissão da parte.[657]

Por tais razões, a confissão jamais pode ser entendida como absoluta, persistindo o dever do julgador de examinar o conjunto probatório e dar solução racional ao caso. Ao analisar os fatos, agora em sua versão incontroversa, o julgador deverá, por fim, verificar se permitem a conclusão jurídica pretendida, isto é, se se enquadram na moldura legal do direito invocado pela parte que se aproveita dessa confissão.

Art. 390. A confissão judicial pode ser espontânea ou provocada.

---

654 TJSP, Apelação n. 1000465-43.2016.8.26.0224, j. 10.05.2018, rel. Des. Kioitsi Chicuta. Há uma série de outros julgados no mesmo sentido: TJSP, Apelação n. 1008075-58.2017.8.26.0602, j. 13.04.2018, rel. Des. Simões de Vergueiro.

655 TJSP, Apelação n. 1043465-30.2015.8.26.0224, j. 11.05.2018, rel. Des. Melo Bueno. No mesmo sentido: TJSP, Apelação n. 1030434-36.2016.8.26.0602, j. 06.03.2018, rel. Des. Kioitsi Chicuta.

656 Humberto Theodoro Júnior afirma que, se o fato confessado não é suficiente, por si só, para justificar o acolhimento do pedido, pode ter havido confissão e mesmo assim a causa ser julgada em favor do confitente. *Curso de direito processual civil.* 56. ed. Rio de Janeiro: Forense, 2015. p. 931.

657 O exemplo é trazido por BUENO, Cassio Scarpinella. *Manual de direito processual civil*, p. 298.

§ 1º A confissão espontânea pode ser feita pela própria parte ou por representante com poder especial.

§ 2º A confissão provocada constará do termo de depoimento pessoal.

CPC de 1973 – art. 349

96. Requisitos da confissão

O art. 390 do CPC/2015 repete previsão tradicional em nosso sistema processual. São disposições que especificam de forma imprópria, pouco técnica, três aspectos específicos da confissão.

Primeiro, incorrendo no mesmo equívoco do artigo anterior, a lei estabelece uma classificação desnecessária, que decorre da natureza das coisas, não da previsão legal. Se a confissão é entendida como a admissão de fatos desfavoráveis à parte e favoráveis ao adversário, é evidente que ela pode ser feita de modo espontâneo ou provocado. O *caput* do art. 390 poderia simplesmente não existir, não faria falta alguma para a compreensão desse instituto jurídico.

O mesmo se diga em relação ao § 2º. Se, como visto, a concepção predominante é a de que o depoimento pessoal só pode ser requerido pela parte contrária, porque ele tem por objetivo precípuo obter a confissão do depoente, parece claro que o palco natural para que ela ocorra é justamente no momento da oitiva da parte, pelo adversário. Isso quer dizer que a confissão será, no mais das vezes, provocada. E em qual momento do procedimento ela se dará? Outra resposta óbvia, na audiência. Como então se documenta aquilo que ocorre em uma audiência? Nova obviedade, no termo de audiência, que será composto das suas múltiplas partes. Há a ata da audiência, com o resumo do que ocorreu, há o termo do depoimento pessoal, o termo do depoimento das testemunhas.

Certamente, portanto, não era necessário que a lei dissesse que a confissão provocada, porque obtida em audiência, constará do termo de depoimento pessoal.

A terceira impropriedade está no § 1º, segundo o qual a confissão espontânea pode ser pessoal ou se dar por representante com poder especial. A ideia aqui não é tanto esclarecer outra obviedade, de que pessoas jurídicas confessam por meio de seus representantes, mas a de adicionar a exigência de que os poderes de confessar não se integram nos atos gerais de administração, por isso exigem a previsão de poderes específicos.

A confissão feita de forma extrajudicial permanece sendo uma declaração de conhecimento, não de vontade. Nem a confissão provocada, judicial, nem a espontânea, extrajudicial, são um contrato ou uma transação. Enfim, não são um negócio jurídico. No caso de confissão espontânea, porque é uma declaração, produzida fora do âmbito do processo, ela se constitui, verdadeiramente, de um documento. Ou, por outras palavras, no mais das vezes ela se materializará na forma de um documento, e, como tal, receberá o tratamento que lhe é próprio.

É curioso que a lei processual se disponha a regular os requisitos de representação de uma hipótese específica de declaração feita pela parte. Porque com todas as demais o Código, com razão, não se preocupa. Porque a capacidade da parte para confessar não é, em qualquer caso, uma disposição de natureza processual, não regula um aspecto dessa modalidade de prova. A questão diz respeito ao direito material, às exigências que a lei material estabelece para a representação de pessoas jurídicas, ou mesmo de pessoas físicas. Não por acaso, disposição de conteúdo quase idêntico provém do art. 213 do Código Civil, cujo parágrafo único estabelece que, se feita a confissão por um representante, somente é eficaz nos limites em que este pode vincular o representado.

Mas aqui cabe repercutir uma aguda e procedente crítica formulada por Cândido Dinamarco. A confissão é um instituto de direito processual. Ela só se justifica porque as consequências da admissão de fatos desfavoráveis ocorrem no processo. Antes até, a confissão só pode incidir sobre fatos que estejam na base de uma relação conflituosa, razão pela qual é incompreensível que o Código Civil se disponha a regular matérias que são exclusivamente processuais.[658]

Mas, se o Código de Processo Civil erra ao regular os poderes de representação da parte para a confissão, e ao mesmo tempo o Código Civil erra ao dispor sobre qualquer aspecto do tema, de onde se deveria extrair essa regra, de que a confissão só vale se realizada por quem tem adequados poderes? Se o tema é relacionado à representação das partes, a resposta deve ser extraída do direito material, mais especificamente do art. 661 do Código Civil, que igualmente regula a necessidade de poderes especiais para o mandatário confessar.

Não há um regime específico da confissão, que exigisse uma provisão legal própria e específica. Por isso, a disposição do art. 390, § 1º, não é necessária.

658 Dinamarco critica as disposições do Código Civil a respeito, que recaem nesse mesmo erro conceitual e tratam como instituto do direito civil algo que é puramente processual. Não deveria haver tais disposições, mas, havendo-as, sua interpretação deve se dar sistematicamente, sempre à luz do amplo direito à prova e do livre convencimento motivado do magistrado. *Instituições de direito processual civil*. 7. ed. São Paulo: Malheiros, 2017. v. 3, p. 735.

O artigo, portanto, não retrata um conteúdo propriamente relevante, pois tudo que ali está previsto poderia ser extraído do ordenamento, pelo exame sistemático de outras normas aplicáveis à noção de confissão.

> **Art. 391. A confissão judicial faz prova contra o confitente, não prejudicando, todavia, os litisconsortes.**
>
> **Parágrafo único.** Nas ações que versarem sobre bens imóveis ou direitos reais sobre imóveis alheios, a confissão de um cônjuge ou companheiro não valerá sem a do outro, salvo se o regime de casamento for o de separação absoluta de bens.
>
> *CPC de 1973 – art. 350*

97. A eficácia relativa da confissão

O art. 391 é também repetição de dispositivo de conteúdo idêntico do regime anterior. Ele é uma das indicações da confusão que o legislador faz sobre a confissão, sugerindo que se trata de um meio de prova específica, que recebe regulamentação variada quanto à abrangência de sua aplicação.

Também esse dispositivo merece críticas. Ao limitar a eficácia da confissão ao próprio confitente, sem estender seus efeitos ao litisconsorte, novamente a lei parece conceituar a confissão como um negócio jurídico, limitando, porém, os efeitos das declarações de vontade apenas ao próprio declarante. Mas, como visto, toda essa ideia é inapropriada. A confissão não é uma modalidade de negócio jurídico pelo qual as partes criem ou modifiquem direitos. Ela, insisto, é uma mera afirmação de que certos fatos ocorreram de uma forma ou de outra, e, a partir dessa constatação fática, caberá sempre realizar o trabalho de subsunção, de enquadramento da situação fática na tipificação legal, na moldura jurídica, na *fattispecie*.

Alguém poderá reconhecer o fato de que vendeu certo bem para determinada pessoa. Esse fato, alegado por uma parte e confessado pela outra, tornar-se-á, do ponto de vista probatório, incontroverso. A decisão judicial poderá tomar aquele fato como verdadeiro. Contudo, se a pessoa que declarou comprar for o tutor do vendedor, aquela declaração de conhecimento de um fato não poderá produzir os efeitos próprios de uma venda e compra, porque a lei veda que pessoas nessas situações celebrem esse tipo de negócio jurídico (Código Civil, art. 1.749, I).

Por isso é que, limitando-se a confissão ao reconhecimento de certos fatos, parece evidente que, se uma pessoa reconhece fatos, mas da relação processual participam outras pessoas, que trazem versões diferentes para aquele mesmo fato, aquele fato permanecerá controvertido, não sendo excluído do objeto da prova pura e simplesmente porque um dos litisconsortes reconheceu sua ocorrência.

O dispositivo parece propor um indevido tarifamento da eficácia probatória da confissão, quando o correto é considerar que a confissão seja examinada no contexto geral das provas. Havendo ou não litisconsortes, ainda assim a confissão terá de ser valorada pelo julgador, no exercício de sua persuasão racional: "ou o juiz se convence do fato confessado e dispensa a prova, ou não se convence e exige-a".[659]

O conteúdo desse artigo, portanto, pouco repercute sobre a disciplina da confissão, eis que o seu verdadeiro conteúdo está relacionado ao litisconsórcio. Se apenas uma das partes controverte o fato, ele estará ainda assim controvertido e, nessa condição, precisará ser provado. A afirmação de que a confissão judicial não prejudica os litisconsortes é, portanto, óbvia, redundante e desnecessária. Se este artigo não existisse, idêntica solução seria extraída do art. 117 do CPC, segundo o qual os litisconsortes serão considerados, em suas relações com a parte adversa, litigantes distintos, exceto no litisconsórcio unitário, caso em que os atos e as omissões de um não prejudicarão os outros, mas os poderão beneficiar.

Cândido Dinamarco oferece um exemplo interessante. Em ação de reparação de danos por colisão de veículo, proposta em face do condutor e do dono do veículo, pouco importa que um confesse e outro não. A sentença, mesmo nesse litisconsórcio não unitário, só pode considerar uma versão dos fatos, sendo absurdo pensar em admitir, na mesma decisão, que certo fato ocorreu e não ocorreu, ao mesmo tempo.[660]

Por isso o julgador apreciará as provas livremente. Ao final, poderá entender, pelo exame do conjunto das provas, que é dos réus a responsabilidade pelo acidente, condenando inclusive o réu que não confessou o fato. A solução da causa terá de ser a mesma, do que dependerá a apreciação de todas as provas produzidas.

98. Confissão de um cônjuge, em demandas sobre direitos reais

O que se disse acima deve também ser dito em relação ao parágrafo único deste dispositivo. Ele contempla duas situações diferentes.

Nas ações que versarem sobre bens imóveis ou direitos reais sobre imóveis alheios, a confissão de um cônjuge ou companheiro não valerá sem a do outro, salvo se o regime de casamento for o de separação absoluta de bens.

659 DINAMARCO, Cândido Rangel. *Instituições de direito processual civil*. 7. ed. São Paulo: Malheiros, 2017. v. 3, p. 740.

660 DINAMARCO, Cândido Rangel. *Instituições de direito processual civil*. 7. ed. São Paulo: Malheiros, 2017. v. 3, p. 741.

Na primeira parte, estabelece que a confissão de um cônjuge ou companheiro não valerá sem a do outro. Na segunda, admite que a confissão de um valha sem a do outro, se o regime do casamento for o da separação absoluta. A doutrina chama a atenção para o duplo equívoco dessa proposição.[661]

Em primeiro lugar, porque, se o direito em questão é real, a necessidade de uma única solução para o caso está atrelada à natureza do direito debatido, independentemente da natureza do regime de bens do casal. Imagine-se que a ação diga respeito à usucapião de um imóvel. Se os requeridos são marido e mulher, e apenas o marido confessa não exercer a posse sobre o bem, tê-lo abandonado nos últimos dez anos, qual a repercussão dessa confissão sobre o julgamento?

É evidente que não pode haver uma decisão julgando o pedido procedente em relação ao marido e improcedente em relação à esposa. Mas o mesmo poderia ser dito se os dois réus são amigos, sócios ou têm qualquer outra relação. Para os fins da demanda, os réus são coproprietários. Ou bem a usucapião é reconhecida, ou não é. O fato terá de ser investigado, sendo que a confissão de um dos cônjuges será mais um elemento de prova a ser examinado pelo julgador, sem vincular o outro ou conduzir ao reconhecimento do pedido formulado pelo adversário.

A segunda parte parece propor uma solução ainda mais esdrúxula. O uso da expressão "salvo se" no meio do período parece sugerir que, se o regime de casamento for o de separação absoluta de bens, a confissão de um cônjuge ou companheiro *valerá* sem a do outro. A impropriedade da afirmação é evidente.

Além de tudo o que já foi dito, em especial sobre a compreensão do *caput* do dispositivo, é preciso esclarecer que a lei procura aqui afirmar, mas o faz de forma infeliz, que a confissão de um cônjuge pode até ser suficiente para prejudicar o declarante, mas não afetará o outro cônjuge, porque, em virtude do regime do casamento, a decisão não precisa ser uniforme para os cônjuges. Essa é a única forma de compreender e dar algum sentido útil ao dispositivo.

Mas observe-se que, uma vez mais, é a disciplina do litisconsórcio que regula o tema. Os fatos confessados por um litisconsorte não vinculam o outro. Ser um litisconsórcio "normal" ou decorrente do casamento não muda nada. Em ambos os casos, serão sempre os dois mesmos cenários:

661 DINAMARCO, CÂNDIDO RANGEL. *Instituições de direito processual civil.* 7. ed. São Paulo: Malheiros, 2017. v. 3, p. 741.

(*i*) A decisão terá de ser uniforme. A confissão de um servirá como mais um elemento de prova, que, se for corroborada pelas demais provas, pode conduzir ao acolhimento do pedido da parte contrária, que neste caso produzirá efeitos idênticos em relação aos dois litisconsortes (cônjuges ou não).

(*ii*) A decisão não terá de ser uniforme. A confissão de um servirá como mais um elemento de prova em desfavor desse litisconsorte, que, se for corroborada pelas demais provas, pode conduzir ao acolhimento do pedido da parte contrária, mas, em qualquer caso, de forma independente do pedido em face do outro litisconsorte, que não confessou e controverteu o fato. O exame do conjunto probatório poderá conduzir a conteúdos diferentes em relação a cada um dos litisconsortes (cônjuges ou não).

> **Art. 392.** Não vale como confissão a admissão, em juízo, de fatos relativos a direitos indisponíveis
>
> **§ 1º** A confissão será ineficaz se feita por quem não for capaz de dispor do direito a que se referem os fatos confessados.
>
> **§ 2º** A confissão feita por um representante somente é eficaz nos limites em que este pode vincular o representado.
>
> *CPC de 1973 – art. 351*

99. Confissão de fatos relativos a direitos indisponíveis

Tanto o art. 392, *caput*, como o art. 213 do Código Civil procuram estabelecer restrições à eficácia da confissão. Se a confissão ocorre em demanda que versa sobre direitos disponíveis, ela terá uma eficácia. Se, ao contrário, importa o reconhecimento de fatos vinculados a direitos indisponíveis, a confissão não terá eficácia.

Essa parece ser a interpretação literal proposta pelo dispositivo. Há não apenas uma, mas duas negações peremptórias: "não vale como confissão" a admissão de fatos que versem sobre direitos indisponíveis, e "será ineficaz" a confissão feita por quem não é capaz de dispor de seus direitos. Se alguém admite um fato desfavorável, que está na base da alegação de um direito indisponível, o exame descuidado ou puramente literal do dispositivo parece sugerir que o julgamento deve ser no outro sentido. Deve ser desprezada a declaração desfavorável em relação ao referido fato.

Essa impressão, como visto nos comentários aos artigos anteriores, é imprópria. A admissão de fatos desfavoráveis sempre será levada em consideração no exame global do conjunto probatório. De um lado, não é correto considerar que a confissão dispense toda e qualquer outra atividade instrutória, ou que permita ao julgador simplesmente tomar como verdadeiros os fatos confessados. O exame deve ser do conjunto, podendo concluir-se que o fato confessado ainda assim não conduz ao reconhecimento do direito da parte a quem a confissão aproveita.

Quando a discussão envolve direitos indisponíveis, o que não se admite é que a admissão de fatos desfavoráveis seja o único elemento de prova em que o julgador se baseie para dar solução à causa. Isso mesmo quando ocorre a ausência completa de resposta do réu, pois o CPC também exclui a aplicação dos efeitos da revelia se os direitos são indisponíveis.

De outro lado, a confissão em demandas sobre direitos indisponíveis não deve ser integralmente rejeitada, como elemento de prova que é. Ela deverá ser levada em consideração no cotejo geral das provas. Se, em demanda acerca de alimentos, o depoimento de um dos cônjuges reconhecer que passou a receber uma bonificação de sua empregadora, não contemplado no acordo original, e se esse fato pode influenciar na equação da possibilidade dos cônjuges em relação às necessidades alimentares dos filhos, parece sem propósito pura e simplesmente desconsiderar a informação, sob o argumento formal de não poder haver confissão em relação a direitos indisponíveis.

Não é esse o espírito da lei, nem no dispositivo em comento, nem em nenhum outro que verse sobre direitos indisponíveis. Direitos indisponíveis não são intocáveis, não são direitos que sempre e necessariamente serão reconhecidos em favor de seu beneficiário. São direitos que dizem respeito a relações jurídicas sobre as quais paira um interesse social maior, marcadas por interesse público em sua proteção, genericamente considerados. Mas em cada caso concreto serão apreciados à luz dos elementos daquela relação jurídica específica, de forma que os elementos de prova serão, como nas demais situações, amplamente considerados.

É evidente, portanto, que pode ser julgado procedente o pedido em uma demanda em que tenha havido revelia, mas o julgador não poderá basear suas conclusões apenas na presunção de veracidade que decorre dessa ausência de resposta. E pode ser julgado um pedido de forma desfavorável a quem admitiu a veracidade de um fato desfavorável (que pode ser o autor ou o réu), desde que o julgador não se baseie apenas nessa admissão. Mas, se houver outros elementos de prova que conduzam a esses resultados, eles poderão ser declarados pelo julgador, como manifestação correta do exame probatório e da fundamentação das decisões judiciais.

Em conclusão, considero que, em se tratando de direitos indisponíveis, paira um dever muito mais rigoroso de fundamentação e investigação probatória. Nesse sentido, não poderá o magistrado dispensar toda e qualquer outra prova, por ter havido a admissão de fatos desfavoráveis. Ainda assim, tudo se insere no livre convencimento do magistrado.[662]

Art. 393. A confissão é irrevogável, mas pode ser anulada se decorreu de erro de fato ou de coação.

Parágrafo único. A legitimidade para a ação prevista no *caput* é exclusiva do confitente e pode ser transferida a seus herdeiros se ele falecer após a propositura.

CPC de 1973 – art. 352

100. A impropriedade de entender a confissão como irrevogável

Repetindo equívocos do art. 214 do Código Civil, este art. 393 considera, mais uma vez de forma equivocada, que a confissão é um negócio jurídico, que como tal pode ser qualificado como revogável ou irrevogável. Como consequência dessa premissa equivocada, estabelece a errada conclusão de que ela pode ser anulada pelo reconhecimento de vícios de consentimento.

O art. 352 do CPC de 1973 adotava técnica ainda pior, pois dispunha que a confissão poderia ser revogada por ação anulatória, durante o trâmite da demanda, ou por ação rescisória, se posteriormente. Mas não se pode dizer que os equívocos tenham sido corrigidos. Quando muito, o art. 393 significa uma clara tomada de posição do legislador acerca da natureza material da confissão, considerando-a um típico negócio jurídico, anulável por erro de fato ou coação.

Mas todas essas afirmações são equivocadas. Trata-se de mais um dispositivo que não precisaria existir. Mas, pior do que reunir disposições que podem ser extraídas do sistema, este contém equívocos conceituais, que induzem o jurisdicionado e o operador do direito a erro, pois confere tratamento próprio do direito material a um instituto que é exclusivamente processual.

No plano do direito civil, quando alguém declara uma vontade, pretendendo criar ou modificar direitos e deveres, é relevante qualificar essa declaração sob o aspecto de sua higidez. É possível ao declarante mudar de ideia? O negócio pode ser desfeito por arrependimento, ou mediante certas condições?

662 Para Dinamarco, "mas uma vez feita a confissão, o juiz dará a esta o valor que livremente lhe reconhecer no exercício de sua liberdade de convencimento. Seria arbitrário desconsiderá-la pura e simplesmente, máxime quando for verossímil, estiver em harmonia com o conjunto probatório e trouxer elementos confiáveis de convicção ao espírito do julgador. Ela não terá o valor de confissão mas não será inócua no processo" (*Instituições de direito processual civil.* 7. ed. São Paulo: Malheiros, 2017. v. 3, p. 742).

Tudo isso é regulado pelo direito das obrigações, sendo comum a ideia de que um negócio qualificado (pela lei ou pelo contrato) como irrevogável poderá ser desfeito apenas pela via judicial, sujeito portanto ao controle do julgador acerca dos elementos necessários para o desfazimento daquele negócio.

O caminho para obter a anulação de um ato ou negócio jurídico é propor uma demanda específica. Se o vício for de maior gravidade, a demanda terá por objeto declarar tal nulidade, hipótese em que os efeitos da decisão retroagirão à data do ato ou negócio. O vício é de tamanha gravidade que nenhum efeito dele pode ser preservado. Cuida-se da nulidade do ato ou negócio jurídico, também denominada nulidade de pleno direito. Sob o prisma processual, a demanda será meramente declaratória. Podemos lembrar da *querela nullitatis*, ou da ação de nulidade de um testamento, outorgado por pessoa incapaz.[663]

Pode ser que a irregularidade do ato não incida sobre sua existência ou a validade, mas apenas no plano de sua eficácia. O negócio jurídico é válido, mas poderá ser retirada sua validade, por meio de sentença constitutiva negativa. Cuida-se aqui da anulabilidade do negócio jurídico. A demanda, de natureza constitutiva, terá como consequência a eliminação dos efeitos do negócio a partir da data da decisão. Não há, neste caso, retroação dos efeitos. Exemplos típicos são a rescisão de um contrato, ou a decretação do divórcio.

Mas, em se tratando de confissão, nada disso tem pertinência. Por se constituir em mera afirmação de um fato, ou conjunto de fatos, o máximo que poderia ocorrer no caso de uma confissão viciada ou equivocada seria a retificação da confissão, perante o próprio juízo para o qual ela foi feita. Alguém admite um certo fato. Em momento subsequente do procedimento, afirma que se enganou, que o fato não aconteceu de determinado modo, mas de outro. O que faz o julgador?

Ele simplesmente deverá examinar as duas versões dos fatos, confrontando-as com o conjunto probatório. Como faria se houvesse apenas a primeira confissão (não retratada, retificada ou modificada), o juiz deverá cotejar as declarações com o restante dos elementos dos autos, concluindo, de forma fundamentada e objetiva, pela versão dos fatos que estiver mais bem amparada nesse conjunto de elementos.

663 Sobre o tema, ver: ALVIM, Teresa Arruda; CONCEIÇÃO, Maria Lúcia Lins. *Ação rescisória e* querela nullitatis: semelhanças e diferenças. São Paulo: Thomson Reuters Brasil, 2018.

Não estou com isso afirmando que as confissões possam ser tomadas de forma inconsequente, passíveis de retificação a qualquer tempo. Contudo, sendo a confissão uma declaração da parte acerca dos fatos, ela não tem natureza jurídica de negócio jurídico ou mesmo utilidade fora do universo específico daquela relação processual (ou, quando muito, da relação litigiosa entre aquelas partes), razão pela qual é equivocado cogitar de uma demanda judicial que tenha por objeto exclusivo eliminar aquela confissão.

O próprio magistrado poderá "eliminar" a confissão, refutando sua eficácia para a demonstração do fato sobre o qual ela incidiu. Pode e deve reconhecer, incidentalmente, a impropriedade da confissão, por ter a parte se enganado, sido enganada, ou ter havido qualquer vício em sua manifestação acerca do conhecimento do fato. É inclusive muito mais lógico, prático e eficiente que o eventual erro que ensejou determinada declaração seja demonstrado ao próprio julgador perante o qual a declaração foi feita, o qual terá melhores elementos para aferir a sinceridade da primeira ou da segunda declaração.[664]

É evidente, de outro lado, que a circunstância de ter havido uma confissão anterior – tanto pior se ela tiver sido espontânea – servirá como elemento não apenas para a compreensão da causa, mas também para a análise da retificação da confissão. Por se tratar ainda de comportamento processual da parte, a eventual constatação de deslealdade ou abuso do direito de demandar ensejará as consequências processuais próprias (art. 77).[665] Em nenhum caso, portanto, será necessária a utilização de uma demanda própria para se obter a anulação de mera declaração de conhecimento quanto a fatos pertinentes para a causa.

---

664 Dinamarco observa que, se o confitente se retratar, apresentando nova versão dos fatos e justificando-a, o juiz deverá examinar as duas versões e verificar a consistência dessas afirmações em relação ao restante do conjunto probatório. Se ela foi prestada em erro, é ao próprio juiz da causa onde se realizou a confissão que se procurará demonstrar tal erro, para que ele desconsidere a confissão no contexto da valoração das provas. Ressalta ainda que, "tomada a confissão em sua eficácia de levar conhecimento dos fatos relevantes ao espírito do juiz e convencê-lo da efetiva ocorrência desses fatos, não há como pensar em anulá-la e muito menos por sentença judicial" (*Instituições de direito processual civil*, v. III, p. 734).

665 Helena Najjar Abdo pondera que a imposição de uma penalidade ao autor de um ato abusivo no âmbito do processo seria uma consequência natural da prática do ato, podendo consistir na aplicação de multa, na obrigação de reparar os prejuízos causados, na nulidade ou ineficácia do ato abusivamente praticado, na restrição de direitos ou na imposição de responsabilidade criminar do agente. Cf. ABDO, Helena Najjar. *O abuso do processo*. São Paulo: Revista dos Tribunais, 2007. p. 227 e 228.

Art. 394. A confissão extrajudicial, quando feita oralmente, só terá eficácia nos casos em que a lei não exija prova literal.

CPC de 1973 – art. 353, parágrafo único

101. Confissão oral e escrita

Persistindo em seu trabalho equivocado de definir conceitos ou propor classificações, o CPC repete um dispositivo que pretende regular a confissão extrajudicial oral, restringindo sua eficácia probatória.

No art. 390 foi dito que a confissão extrajudicial, no mais das vezes, será materializada em documento. Este art. 394 regula situação aparentemente diversa, de uma confissão oral feita antes e/ou fora do processo.

A prova, em nosso sistema, é livremente admitida. Não há exigências rigorosas quanto à forma de comprovação dos fatos. O modelo processual brasileiro regula alguns meios de prova de modo típico, mas permite amplamente as provas atípicas. A confissão, como uma forma específica de participação da parte, mediante a declaração de fatos que lhe são desfavoráveis, pode ser judicial ou extrajudicial e, nos dois casos, pode ser oral ou escrita. A confissão escrita será feita por declaração da própria parte, extrajudicialmente, ou por quaisquer de suas manifestações no processo. A cautela aqui se dará em relação aos poderes do procurador para confessar, que, como visto, exigem outorga específica.

A confissão oral pode ser judicial, hipótese em que será reduzida a termo, normalmente na audiência de instrução. Mas, se ela for oral e extrajudicial, a forma de seu ingresso no processo será por meio do depoimento de testemunhas, para quem foi feita a confissão.

102. A livre apreciação da prova pelo juiz. Inexistência de limitações à prova exclusivamente oral

Em equívoco de atualização legislativa, o legislador de 2015 deixou de compatibilizar este dispositivo com o modelo processual relativo às provas que foi introduzido. O dispositivo legal que exigia começo de prova escrita para a demonstração de certas relações jurídicas foi revogado, privilegiando-se a regra geral, da ampla admissibilidade dos meios de prova, sem hierarquia ou restrições impostas pela própria lei.

Não se vislumbra, assim, em que situações possa haver algum fato, objeto de confissão extrajudicial, de cuja documentação a lei exija prova literal. Muito possivelmente os defensores da ideia de que a confissão é um meio de prova, ou que identificam no instituto elementos dos negócios jurídicos, identificarão nesse dispositivo a exigência de que sejam observadas formalidades que sejam da substância do ato, como se costuma afirmar ao tratar da transmissão de propriedade imóvel, de casamentos etc. Mas a confissão não versa sobre os requisitos de validade de negócios jurídicos. Ela é bem menos do que isso. Resume-se à declaração de que certo fato, passado, ocorreu desta ou daquela maneira. Mesmo que o fato integre, por hipótese, um negócio jurídico ao qual a lei possa atribuir elementos formais para sua existência, o fato em si pode ser relatado de diferentes modos.

O casamento é ato solene, a forma integra sua substância. Mas é possível que alguém confesse, oral e extrajudicialmente, que a motivação principal para se casar foi o patrimônio da família do cônjuge, ou a projeção social que o casamento lhe traria. São planos completamente distintos. O casamento existir ou não depende do cumprimento daquelas solenidades. A validade da admissão desses fatos, relacionados ao casamento, não está atrelada a certa manifestação escrita ou algum requisito de forma. Ela é tão livre como qualquer outra declaração de conhecimento de fatos, cabendo ao julgador tomá-la em consideração no confronto com o restante do quadro probatório.

> **Art. 395.** A confissão é, em regra, indivisível, não podendo a parte que a quiser invocar como prova aceitá-la no tópico que a beneficiar e rejeitá-la no que lhe for desfavorável, porém cindir-se-á quando o confitente a ela aduzir fatos novos, capazes de constituir fundamento de defesa de direito material ou de reconvenção.
>
> *CPC de 1973 – art. 354*

103. Indivisibilidade da confissão

Como vimos, o exame da legislação e dos comentários da doutrina acerca da confissão sugerem que ela se realiza de forma típica, com a específica admissão dos fatos por uma das partes, determinando assim o desfecho da causa. Não obstante ela ser uma figura separada do reconhecimento jurídico do pedido, paira sobre o tema uma ideia de que a parte, por admitir um fato desfavorável, contribui de forma decisiva para o julgamento final.

Mas a realidade da vida demonstra que esse fenômeno é poucas vezes visto com tamanha clareza. Ocorrem, com maior frequência, duas situações. A primeira, a parte não comparece à audiência e atrai a incidência da pena de confissão, que corresponde a uma ficção legal de admissão da veracidade dos fatos contrários. A segunda, os fatos revelados pela parte são trazidos em um contexto que envolve tanto a admissão de alguns fatos desfavoráveis como de outros favoráveis.

Este dispositivo regula essas situações. Sob uma perspectiva estritamente técnica, o artigo não regula a confissão, pois ela é caracterizada apenas como a admissão dos fatos desfavoráveis. Poder-se-ia até dizer que o artigo contém um erro, ao cuidar do aproveitamento da "confissão de fatos favoráveis" juntamente com a dos fatos desfavoráveis, porque rigorosamente essa figura não constitui confissão. Tampouco se pode considerar, como a dicção legal pode sugerir, que se esteja a tratar de uma declaração de vontade, ou que a característica da indivisibilidade da confissão decorra de sua compreensão como um negócio jurídico.

Prefiro entender que o artigo examina o depoimento pessoal sob uma perspectiva mais ampla e nessa medida, entre todos os artigos dedicados à confissão, constitui o mais aderente à realidade, pois regula um fenômeno comum, vê o depoimento das partes como ele realmente é. A parte relata fatos favoráveis e outros desfavoráveis. O adversário não pode pura e simplesmente destacar do depoimento os fatos desfavoráveis e pretender ignorar as demais afirmações feitas no depoimento, porque são todas contribuições da parte para o esclarecimento dos fatos controvertidos, que serão examinadas, em igualdade de condições, pelo julgador.

De qualquer forma, também não se deve atribuir importância excessiva à expressão do *caput* de que a parte contrária aceita a confissão. Não se trata de a parte aceitar ou não a confissão da outra, seja em parte, seja na íntegra. Como todas as demais provas, a confissão será examinada pelo julgador em função da potencialidade que tiver em relação ao esclarecimento dos fatos, em confronto e no contexto de todas as provas trazidas ao processo.

É evidente, contudo, que, a partir do depoimento da parte, o adversário irá procurar extrair dele os fatos desfavoráveis, realçando-os para reforçar suas próprias alegações. Não é diferente em relação ao conteúdo de documentos ou de perícias. Cada parte sempre procura realçar os pontos fortes e minimizar os pontos desfavoráveis.

Mas o depoimento pessoal seguirá sendo examinado em seu conjunto, visando ao esclarecimento dos fatos e à compreensão das partes acerca dos fatos controvertidos, nos quais se baseia o direito disputado. Por uma consideração básica de boa-fé e lealdade, o conteúdo do que foi afirmado pela parte deve ser integralmente examinado pelo juiz, sem possibilidade de fracioná-lo, para aproveitamento apenas daquilo que prejudica ao depoente. O confitente a ela aduzirá fatos novos, capazes de constituir fundamento de defesa de direito material ou de reconvenção.

104. Relato de fatos novos, que constituam fundamento da defesa ou reconvenção

O dispositivo contém uma segunda parte, que parece excepcionar a primeira. Diz que a confissão, não obstante ser indivisível, poderá ser ´cindida´ se a parte alegar fatos novos, "*capazes de constituir fundamento de defesa de direito material ou de reconvenção*".

Também aqui, para além das críticas sobre a impropriedade da redação, é preciso pontuar que o dispositivo não estabelece verdadeiramente uma exceção à indivisibilidade. O depoimento da parte sempre será levado em consideração em seu conjunto. Nesse sentido ele sempre será indivisível. Fará prova contra o depoente – o que HUMBERTO THEODORO JÚNIOR denomina confissão pura[666] – e também contra a parte contrária. Se os fatos alegados tiverem aptidão para modificar, impedir ou extinguir o fato que em face dele é alegado, esses novos fatos, como qualquer outra alegação feita pela parte, deverão ser objeto de prova.

Mas, se a parte admite dois fatos, sendo um desfavorável e outro favorável, e se este segundo fato tem aptidão para conduzir à rejeição da pretensão do autor, é evidente que não se pode considerar um e desprezar o outro. Não há verdadeira confissão, pois a controvérsia persiste e a atividade probatória deverá prosseguir, com a obtenção de outros esclarecimentos, em outras fontes de prova.[667]

Tais fatos, além das provas que já foram produzidas a seu respeito, receberão outras provas, segundo a dinâmica normal das alegações de fato, com ônus da prova do depoente em demonstrá-los (art. 354 do CPC/73). Tudo se explica, portanto, segundo as regras do ônus da prova. O fato desfavorável, porque admitido pelo confitente, pode ser a partir daí excluído do objeto da prova. Não porque a confissão tenha força maior que outras provas, mas por haver uma coincidência na alegação da versão sobre o mesmo fato. Já o fato modificativo, impeditivo ou extintivo alegado pelo depoente pode não ser admitido pela contraparte, impondo a quem alegou o ônus de comprová-lo.[668]

Porque a confissão dificilmente consistirá no único elemento de prova no qual o julgador deverá se basear, o que deverá ser feito, no mais das vezes, é o exame de todo o conjunto probatório, inclusive a confissão, tomada em sua integralidade. A partir do exame desse conjunto, o julgador deverá estabelecer

---

666 THEODORO JÚNIOR, HUMBERTO. *Curso de direito processual civil*, v. I, p. 935.
667 THEODORO JÚNIOR, HUMBERTO. *Curso de direito processual civil*, v. I, p. 931
668 BUENO, CASSIO SCARPINELLA. *Manual de direito processual civil*, p. 301.

as hipóteses fáticas mais prováveis, para assim reconstituir os fatos, determinar uma versão de como eles se deram e então aplicar a respectiva regra de direito ao caso. Em qualquer das hipóteses, como adverte autorizada doutrina, "não há hierarquia de valor probante da confissão que impeça a aplicação da regra fundamental do art. 371".[669]

Seção VI

Da Exibição de Documento ou Coisa

Art. 396. O juiz pode ordenar que a parte exiba documento ou coisa que se encontre em seu poder.

CPC de 1973 – art. 355

105. Direito à prova como justificativa para a exibição de documento ou coisa

Como visto ao longo dos comentários deste Volume VIII, Tomo I, o sistema processual brasileiro consagra, largamente, o direito à prova, com técnicas e soluções variadas, que conduzem, em um plano mais geral, à noção de que as partes devem ter assegurados diferentes meios para a demonstração da verdade dos fatos que alegam. De forma coerente com esse modelo, o sistema igualmente regula o procedimento para que a parte obtenha documentos ou coisas que estejam em poder de outras pessoas, cujo conteúdo seja relevante para sua atividade instrutória, ou seja, para a demonstração dos fatos constitutivos das respectivas pretensões.

Consagra-se, com maior ou menor amplitude, conforme a situação, o direito de uma parte a conhecer e ter acesso ao documento ou coisa que seja por ela especificado, demonstradas as razões pelas quais ele deva ser exibido. Nesse cenário, após determinação judicial, surgirá para a parte contrária o ônus de exibir e, tratando-se de um terceiro, o dever de fazê-lo.

A exibição de documento ou coisa recebeu um tratamento uniforme no CPC/2015, inserido no capítulo dedicado às provas. No sistema anterior, era regulado em locais e sob regimes diferentes. Primeiro, como um incidente vinculado à instrução probatória, regulava a exibição incidental de um documento, quando requerida no bojo de uma demanda já existente (arts. 355 a 363).[670] Aqui, a lei regulava a presunção de veracidade dos fatos que se preten-

---

669 THEODORO JÚNIOR, HUMBERTO. *Curso de direito processual civil*, v. I, p. 931.

670 CASSIO SCARPINELLA BUENO afirma, com razão, que a exibição não pode ser considerada um meio de prova, mas sim um meio para obter meios de prova. Cf. A exibição de documento ou coisa, a Súmula 372 do STJ e o Novo Código de

diam demonstrar com a exibição do documento, caso a parte recusasse injustificadamente sua apresentação. Segundo, como um processo autônomo de exibição, inserido como uma das medidas cautelares típicas (arts. 844 e 845). À época do CPC/73 o Superior Tribunal de Justiça editou a Súmula 372, segundo a qual, "na ação de exibição de documentos, não cabe a aplicação de multa cominatória". Em sede de recursos especiais repetitivos, aquele Tribunal fixou o Tema 705 ("descabimento de multa cominatória na exibição, incidental ou autônoma, de documento relativo a direito disponível").

O tema da aplicação de multa em caso de não atendimento à ordem de exibição gerou muita polêmica. Em relação a demandas sobre direitos disponíveis, prevalecia o entendimento, resumido no Tema 705 acima mencionado, pela inaplicabilidade de multa em caso de não exibição. Alguns julgados distinguiam a situação dos direitos indisponíveis, admitindo sua aplicação excepcional. Como será visto, o CPC/2015 aprimorou a regulamentação da matéria de forma que aquela Súmula deve ser considerada revogada, mas, em qualquer caso, o mesmo tema será novamente examinado pelo Superior Tribunal de Justiça, conforme afetação realizada ao Recurso Especial n. 1.763.462.[671]

Seja como for, independentemente da definição dos contornos e limites de aplicação de medidas executivas atípicas no contexto da exibição, fato é que o procedimento para a exibição de documentos e coisas, no sistema do CPC/2015, possui um espectro amplo e efetivo, compatível com as disposições que consagram que todos têm o dever de colaborar com o Poder Judiciário para o descobrimento da verdade.[672]

Essa amplitude do direito à exibição sofre temperamentos, contudo. Em primeiro lugar, deve ter por objeto alguma fonte de prova, necessária e adequada para a causa, não podendo o incidente ser usado para a reivindicação de uma coisa que constitua o objeto principal do conflito. Assim, na esteira das lições de Dinamarco, a coisa ou documento pretendidos devem ser necessários como parte da atividade instrutória, não como a própria coisa que se pretende obter, como produto final da tutela jurisdicional, como

---

Processo Civil. *In* FERREIRA, William Santos; JOBIM, Marco Félix (coord.) *et al. Direito probatório.* 2. ed. p. 430 (Col. Grandes Temas do Novo CPC, v. 5).

671 Notícia disponível em: http://www.stj.jus.br/sites/portalp/Paginas/Comunicacao/Noticias-antigas/2018/2018-11-29_09-42_STJ-vai-enfrentar-tema-sobre-multa-cominatoria-ja-julgado-em-repetitivo-agora-sob-a-otica-do-novo-CPC.aspx. Acesso em: 23 jul. 2019.

672 THEODORO JÚNIOR, Humberto. *Curso de direito processual civil.* 56. ed. Rio de Janeiro: Forense, 2015. v. I, p. 936.

seria, por exemplo, o caso de um objeto danificado, uma obra de arte ou um animal doméstico.[673]

HUMBERTO THEODORO JÚNIOR complementa essa noção, aduzindo que o incidente de exibição abrange tanto a prova direta do fato litigioso (mas não o objeto litigioso em si) como a prova indireta ou circunstancial, de que é exemplo a escrita contábil da parte, para demonstrar que as partes faziam outros negócios, além daquele objeto da demanda.[674]

Justamente porque o objetivo é a utilização da coisa ou documento para a atividade instrutória, é plenamente possível que, feita a exibição, o interessado efetue o registro do conteúdo do documento ou da coisa, devolvendo-os em seguida ao apresentante. Se o documento é juntado por cópia, e normalmente o será, a posse do original permanecerá com o requerido. De outro lado, "se o que a parte quer não é só examinar, ter acesso ao documento ou à coisa, mas sim receber (ser-lhe transferida) a posse ou a propriedade do documento ou da coisa, o meio processual adequado não é o pedido de exibição de documento ou coisa".[675]

Outra ressalva necessária diz respeito à demonstração da efetiva necessidade da via judicial para a exibição do documento. Caso não tenha havido prévio requerimento administrativo, com prova da recusa ou da omissão na resposta, não se pode cogitar de demanda judicial para exibição. E, caso seja ela ajuizada, a solução mais prática e efetiva é a de determinar a exibição, mas, tendo em vista a ausência de resistência anterior, condenar o autor a pagar as custas e honorários de sucumbência. Registre-se, a respeito, a Súmula 389 do STJ, que exige a comprovação do pagamento do "custo do serviço" da certidão de assentamentos constantes dos livros da companhia como requisito de procedibilidade da ação de exibição de documentos ajuizada em face da sociedade anônima.[676]

---

673 DINAMARCO, CÂNDIDO RANGEL. *Instituições de direito processual civil.* 7. ed. São Paulo: Malheiros, 2017. v. 3, p. 666.

674 THEODORO JÚNIOR, HUMBERTO. *Curso de direito processual civil.* 56. ed. Rio de Janeiro: Forense, 2015. v. I, p. 936.

675 MONTORO, MARCOS ANDRÉ FRANCO. Comentários aos arts. 396 a 404. *In* TUCCI, JOSÉ ROGÉRIO CRUZ E *et al. Código de Processo Civil anotado.* 3. ed. Rio de Janeiro: LMJ Mundo Jurídico, 2018. p. 579.

676 Para ELAINE HARZHEIM MACEDO, o requisito legal de que trata a Súmula 389 do STJ é o art. 100, § 1º, da Lei n. 6.404/76, que, caso não preenchido, acarreta carência de ação do autor da ação exibitória. Cf. MACEDO, ELAINE HARZHEIM. Exibitória de documento ou coisa no Novo CPC: arts. 396 a 404. *In* DIDIER JÚNIOR, FREDIE (coord. geral) *et al. Direito probatório.* 2. ed. Salvador: Juspodivm, 2016. p. 72 (Col. Grandes Temas do Novo CPC, v. 5).

Como já visto, exemplo eloquente dessa banalização nos pedidos de exibição de documentos se dava em relação às instituições financeiras, que eram obrigadas a apresentar judicialmente extratos e cópias de contratos bancários, inclusive com condenação em honorários sucumbenciais e custas, mesmo sem ter havido qualquer pedido extrajudicial anterior. Ainda no sistema do CPC/73, passou-se a exigir a comprovação de prévio pedido diretamente ao banco, a concessão de prazo razoável e o pagamento do custo do serviço (REsp 1.349.453). E, se o pedido judicial fosse feito diretamente, a jurisprudência passou a entender inexistir causalidade para a condenação em honorários, pois o réu não contribuiu para a movimentação da máquina judiciária.

106. O objeto da exibição de documento ou coisa

O tema da exibição de documentos já foi parcialmente enfrentado nos comentários ao art. 381, acima, a cujos comentários remeto o leitor. Ali, ponderei que, em certas situações, a pretensão antecipada, voltada a obter elementos de prova que talvez instruam demanda futura, pode ser exclusivamente focada na exibição de documentos. De fato, a demanda de exibição de documento em face de terceiro, regulada nos arts. 401 a 403, possui elementos em comum com a antecipação da prova porque, nos dois cenários, pode não existir demanda futura. Nessas situações, considero que deve ser adotado o procedimento da exibição de documentos, dos arts. 396 a 404, e não o procedimento da produção antecipada de provas (arts. 381 a 383).[677]

Há, portanto, diferentes situações em que a exibição de documento ou coisa pode ser aplicada. A partir dos exemplos abaixo, é possível identificar três delas: (*i*) quando envolve pedidos formulados de forma incidental, em que uma parte dirige tais pretensões à outra, (*ii*) quando, também em demanda existente, uma parte pretende a exibição de documento ou coisa que esteja em posse de terceiros, e, por fim, (*iii*) quando não há (ainda) uma demanda dita

677 Cândido Rangel Dinamarco faz uma distinção técnica que explica, com propriedade, esse ponto. Diz o autor que, na exibição, não se tutela o direito da parte a um documento, mas seu direito à tutela jurisdicional, tanto que o juiz extrai consequências da não exibição e tutelará a parte mesmo sem a apresentação do documento (com presunções ou medidas indutivas). Na produção antecipada da prova, baseada no art. 381, II e III, o pedido é de exibição pela exibição, ou seja, o titular do direito à exibição do documento pretende apenas isso e, obtido o documento, aquela demanda se encerrará. Portanto, a produção antecipada encerra medida satisfativa de um direito subjetivo material, ao passo que a exibição de documento é instrumental a outro direito que está em discussão. Cf. DINAMARCO, Cândido Rangel. *Instituições de direito processual civil.* 7. ed. São Paulo: Malheiros, 2017. v. 3, p. 667.

principal, e surge a necessidade de pleitear tal exibição, que assim assume uma natureza antecedente, preparatória de futura demanda.

Os arts. 396 a 404 do CPC/2015 regulam essas situações. Mesmo quando se trata de um pedido antecedente, cujo único objeto seja a exibição de documento ou coisa, a especificidade do procedimento de exibição, quando comparado com o de produção antecipada de provas, aliado à existência de maiores garantias processuais ao demandado, impõem a aplicação do procedimento previsto nos arts. 401 e 402 (cf. item 67.2).

Porque há diferentes situações práticas que podem ser abarcadas neste procedimento, a lei regula as suas diferenças e lhes dá tratamento diferente. A primeira situação envolve uma demanda entre duas ou mais partes, que tenha por objeto uma relação litigiosa qualquer. Imagine-se, por exemplo, uma ação de divórcio, ou de alimentos, ou ainda uma demanda em que se pretenda a rescisão de um contrato.

Pode se dar que uma das partes, no curso da demanda, pretenda a apresentação, pela outra parte, de documentos que podem auxiliá-la na instrução probatória, na demonstração dos fatos que embasam a sua pretensão. Pense-se em demanda indenizatória, por quebra de contrato. Pode ser requerida a apresentação da escrita contábil da parte, para se demonstrar que as partes faziam outros negócios, além daquele objeto da demanda, como forma de demonstrar certo padrão de comportamento dos demais negócios, a fim de auxiliar na quantificação dos danos. A exibição dos livros empresariais é também contemplada nos arts. 420 e 421 do CPC/2015.

Ou ainda, em casos em que se pretende a exibição de prova direta do fato litigioso, como o recibo ou cópia de contrato.[678] Esses documentos serão solicitados de uma parte à outra, no curso de demanda em que litigam sobre determinado objeto. A exibição será incidental e instrumental, ou seja, requerida durante a tramitação da demanda, nos próprios autos, e a exigibilidade da exibição do documento ou coisa estará atrelada à demonstração dos fatos constitutivos da pretensão da parte que requer a exibição.[679]

A exibição pode ter por objeto documentos eletrônicos, como um contrato eletrônico ou uma foto, bem como dados armazenados em meio eletrônico.

678 THEODORO JÚNIOR, HUMBERTO. *Curso de direito processual civil.* 56. ed. Rio de Janeiro: Forense, 2015. v. I, p. 936.

679 No sistema ESAJ, adotado pelo Tribunal de Justiça de São Paulo, o pedido de exibição de documentos incidental deve ser cadastrado como "petição intermediária de 1º grau", na categoria denominada "incidente processual". Há uma categoria específica no sistema: "228 – Exibição de Documento ou Coisa Cível".

Por exemplo, os dados cadastrais e eventuais comunicações arquivadas em aplicativos, redes sociais (LinkedIn, Instagram etc.). O pedido de exibição será então dirigido aos provedores desses serviços, para que forneçam os dados cadastrais de autores de mensagens ofensivas, de forma que a vítima possa, posteriormente, propor a correspondente ação indenizatória.[680]

A segunda situação envolve o pedido incidental de exibição, isto é, no curso de uma demanda já instaurada, mas que tem como destinatário um terceiro, alegadamente em posse de coisa ou documento de interesse para aquele litígio. O trabalhador que pretenda comprovar o tempo de serviço, para fins de aposentadoria, e que não reúne toda a documentação necessária, pode se valer do procedimento de exibição em face de antigos empregadores, para que estes lhes apresentem os comprovantes de tempo de serviço, recolhimentos previdenciários e outros documentos pertinentes.

A terceira hipótese versa sobre a exibição de coisa ou documento antes da instauração do litígio, propriamente dito. Repita-se o exemplo já lançado (nos comentários ao art. 381), de um sócio pretender a exibição da escrituração contábil da pessoa jurídica, para eventual ação judicial, futura, de natureza indenizatória contra a empresa.

Esse sócio pode propor a demanda indenizatória e, no seu curso, apurar a necessidade de que lhe sejam exibidos certos documentos. Mas pode também pretender tal exibição antes da ação principal, porque do exame prévio do documento pode decorrer a constatação de que os danos efetivamente existiram ou, ao contrário, de que não há dano ou conduta ilícita a ser reparada.

Nesse cenário, a ação para exibição de documentos seguirá o rito dos arts. 401 e 402, ainda que o demandado não seja propriamente um terceiro na relação de direito material. Trata-se da própria parte, mas, em um primeiro momento, não há pretensão definida que possa ser desde logo deduzida em juízo, daí por que a exibição de documento será proposta em caráter autônomo e principal, não de forma incidental a eventual demanda pendente.

O que ocorre, do ponto de vista procedimental, é que essas duas situações recebem o mesmo tratamento. Dependem da propositura de uma ação própria tanto o pedido de exibição endereçado à parte com quem se mantém uma relação jurídica quanto aquele endereçado a um terceiro, isto é, alguém que meramente detém um documento que interessa a outra relação jurídica.

---

680 MONTORO, Marcos André Franco. Comentários aos arts. 396 a 404. *In* TUCCI, José Rogério Cruz e *et al. Código de Processo Civil anotado.* 3. ed. Rio de Janeiro: LMJ Mundo Jurídico, 2018. p. 580.

A única hipótese em que a exibição é pleiteada como um incidente se dá quando já existe uma demanda entre as partes, e, nela, o pedido de exibição é formulado.[681]

Por fim, vale registrar que, em todas as situações acima narradas, a apresentação da coisa ou documento pode se revestir do requisito de urgência, de natureza cautelar ou antecedente. O procedimento antecedente dos arts. 303 a 310 será aplicado e, deferindo-se a medida em caráter de urgência, a exibição do documento ou da coisa resolverá o objeto do incidente, tornando dispensável qualquer outra providência.

Art. 397. O pedido formulado pela parte conterá:

I – a individuação, tão completa quanto possível, do documento ou da coisa;

II – a finalidade da prova, indicando os fatos que se relacionam com o documento ou com a coisa;

III – as circunstâncias em que se funda o requerente para afirmar que o documento ou a coisa existe e se acha em poder da parte contrária.

CPC de 1973 – art. 356

107. Justificativas para o pedido de exibição

Não obstante haver um direito amplo à produção probatória, que justifica inclusive a solicitação de exibição de documentos em face da parte contrária ou de terceiros, fato é que estes pedidos devem ser especificados, para que se demonstre pertinência do fato que se quer provar com o objeto litigioso. Assim, o requerente da medida tem o ônus da prova de que o documento está na posse do requerido.

Os parâmetros para a exibição são descritos neste dispositivo. Em primeiro lugar, a descrição do próprio documento ou coisa. Por exemplo, a parte deve indicar o tipo de contrato, a data ou época de sua celebração e a descrição de seu objeto. Ou, ainda, a relação dos documentos de natureza contábil ou financeira que pretende, com indicação de seu período (balancetes, balanços,

681 Teresa Arruda Alvim afirma, com propriedade, que, "se o documento ou coisa relevante para a solução do litígio estiver na posse de terceiro, o procedimento previsto para requerer a sua apresentação será aquele dos arts. 401 a 403 do NCPC. Não se trata, neste caso, de mero incidente, mas de ação probatória, que instaura uma nova relação processual. Essa ação poderá ser autônoma, se intentada antes do ajuizamento de eventual demanda cujo objeto seja relacionado à prova que se pretende produziu; ou acessória (art. 61 do NCPC), uma vez destinada a produzir prova em demanda já existente". Cf. *Primeiros comentários ao novo Código de Processo Civil artigo por artigo.* São Paulo: Revista dos Tribunais, 2015. p. 685-686.

relatórios de auditoria externa, controles gerenciais de contas a receber, a pagar, impostos recolhidos etc.). Não se admitem pedidos inespecíficos ou genéricos. O direito brasileiro não acolhe a noção de uma exibição ampla de todo e qualquer documento em poder da outra parte, sendo de se indeferir qualquer modalidade de "*fishing expedition*" porventura tentada.[682]

Se a demanda versa sobre alimentos, uma parte pode pretender que a outra exiba extratos bancários, faturas de cartão de crédito, comprovantes de despesas relativas aos filhos, como provas necessárias para instruir a discussão acerca do binômio necessidade-possibilidade, que pauta a fixação do valor dos alimentos.

É comum que consumidores postulem a exibição de gravação de contato com empresas telefônicas, bancos ou concessionários de serviços públicos. Para tanto, deverão apresentar o número de protocolo, ou a leitura de registros de telefone fixo ou celular, como as datas em que ligações foram feitas, o consumo cuja inexigibilidade se pretende demonstrar etc. Com as inúmeras tecnologias à disposição, é muito fácil realizar a gravação de conversas, o registro de conversações por aplicativos instantâneos de mensagens (WhatsApp, Messenger, Telegram) ou, em situações mais relevantes, até mesmo demonstrar em ata notarial os registros do celular que são indícios da existência do documento que se pretende ver exibido.[683]

A indicação, *tão completa quanto possível*, do documento ou da coisa é acompanhada da argumentação acerca de quais fatos se pretende provar com o documento ou com a coisa, para que o juiz examine a sua pertinência em relação ao objeto da demanda. A exibição de laudos de vigilância sanitária ou relatórios sobre segurança do trabalho de uma planta industrial não terão qualquer relevância se a demanda diz respeito a outra planta industrial, ou se o objeto do processo diz respeito a pleitos não relacionados ao ambiente físico de trabalho.

Por fim, o requerente deve também indicar as razões pelas quais entende que o destinatário do pedido de exibição efetivamente está na posse do documento.

Vale notar que, se a indicação é feita de forma adequada e o juiz determina a exibição do documento, a recusa da parte em apresentá-lo gerará em

---

682 MONTORO, Marcos André Franco. Comentários aos arts. 396 a 404. *In* TUCCI, José Rogério Cruz e *et al. Código de Processo Civil anotado*. 3. ed. Rio de Janeiro: LMJ Mundo Jurídico, 2018. p. 584-585.

683 MACEDO, Elaine Harzheim. Exibitória de documento ou coisa no Novo CPC: arts. 396 a 404. *In* DIDIER JÚNIOR, Fredie (coord. geral) *et al. Direito probatório*. 2. ed. Salvador: Juspodivm, 2016. p. 732 (Col. Grandes Temas do Novo CPC, v. 5).

seu desfavor a presunção de veracidade do fato que se pretendia provar com aquele documento. Assim, o próprio mecanismo de exibição funciona, em certa medida, como uma forma de inversão do ônus da prova, de forma que, neste incidente, fica *a priori* excluída a necessidade de dinamização do ônus da prova. Lembre-se, de outro lado, que nem sempre a técnica da presunção de veracidade resolve o problema, pois a informação que se pretende provar pode não ser passível de reconstrução. Exemplo típico é o da demonstração de valores que o correntista possuía na conta em determinada data. Sem o extrato, pode não ser possível provar o montante. Nestes casos, recusando-se o requerido a exibir os extratos, e sem prejuízo da aplicação das medidas atípicas (ver comentário ao art. 400), caberá a inversão do ônus da prova.[684] As técnicas, conjugadas, permitirão suprir as deficiências probatórias da parte, de forma que a resistência da parte contrária não venha em prejuízo do titular do direito material.

Art. 398. O requerido dará sua resposta nos 5 (cinco) dias subsequentes à sua intimação.

Parágrafo único. Se o requerido afirmar que não possui o documento ou a coisa, o juiz permitirá que o requerente prove, por qualquer meio, que a declaração não corresponde à verdade.

CPC de 1973 – art. 357

108. Intimação e resposta do requerido

Os arts. 397 a 400 regulam o incidente de exibição, dirigido a uma das partes, como etapa interna ao processo, que em geral terá lugar nas fases postulatórias e instrutórias. Não há maiores problemas no tocante à intimação. Requerida a exibição, na forma do art. 397, a parte será intimada, pela imprensa oficial, na pessoa do seu advogado. A intimação será feita para que o requerido se manifeste se possui ou não o documento e, caso o possua, se concorda ou não com a sua exibição. Evidentemente, o prazo será contado em dias úteis (art. 219, *caput*).

No âmbito do processo eletrônico, o incidente deve ser cadastrado como tal, separadamente do trâmite do processo principal. Nos autos físicos, ele será autuado em separado, evitando tumulto ao processo principal.[685] Nos dois

684 MACÊDO, Lucas Buril de; PEIXOTO, Ravi. *Ônus da prova e sua dinamização*. 2. ed. Salvador: Juspodivm, 2016. p. 188.

685 DINAMARCO, Cândido Rangel. *Instituições de direito processual civil*. 7. ed. São Paulo: Malheiros, 2017. v. 3, p. 668.

casos, não há suspensão do andamento do processo principal. Elaine Macedo lembra, de forma oportuna, que esse incidente não é previsto como causa de suspensão do processo (arts. 313 a 315).[686]

Intimado a responder ao incidente, é evidente que, se o requerido tiver o documento e não se opuser à sua apresentação, fará a exibição desde logo, encerrando o incidente. A questão é mais complexa quando há recusa na exibição, o que pode ser feito pelos motivos indicados no art. 399.

109. Negativa do requerido e ônus da prova

A manifestação do requerido pode se limitar a afirmar que ele não possui o documento. Por exemplo, porque nunca o possuiu, ou porque o documento nem sequer existe ou, existindo, foi perdido, extraviado.

Em uma disputa empresarial, pode ser necessário a uma parte ter acesso a determinadas informações internas da outra, quanto aos custos de fabricação de certo produto, ou sobre o regime fiscal a que se sujeita o processo produtivo. Imagine-se que a parte pretenda a exibição de relatórios gerenciais muito específicos, de custos de apenas um produto, em determinado momento. A parte requerida pode recusar sua apresentação, informando que seu processo de controle gerencial não separa os custos por produto, mas os agrega em categorias ou linhas de produto, ou em unidades industriais diferentes. Não existindo o relatório em questão, sua exibição é impossível e não pode ser determinada.

O incidente, nunca é demais lembrar, serve para a exibição de documentos existentes, não para forçar uma parte a produzir documentos que não possua. Caso a informação seja de fato necessária, será por meio de prova pericial que poderá ser obtida, atribuindo-se a especialistas o encargo de fazer (ou refazer) o controle de custos do produto específico, separando-os da operação global da empresa.

Afirmado que o documento não existe ou não está com o requerido, instaura-se um contencioso acerca desse tema. O requerente terá o ônus de provar a existência e posse do documento nas mãos do requerido, por todos os meios a seu alcance, inclusive com a designação de audiência específica para esta questão, por aplicação analógica do art. 402.

---

686 MACEDO, Elaine Harzheim. Exibitória de documento ou coisa no Novo CPC: arts. 396 a 404. *In* DIDIER JÚNIOR, Fredie (coord. geral) *et al. Direito probatório.* 2. ed. Salvador: Juspodivm, 2016. p. 738 (Col. Grandes Temas do Novo CPC, v. 5).

É de se ressaltar, contudo, que, a depender da resposta do requerido, será seu o ônus da prova de demonstrar que não está com o documento ou coisa. Por exemplo, se ele afirmar que esteve na posse, mas que, no momento da resposta, não mais detém o documento. Como corretamente adverte MARCOS MONTORO, o requerido admite o fato constitutivo (o documento existe e estava com ele) e invoca um fato impeditivo (não está mais com ele), cabendo ao próprio requerido o respectivo ônus da prova.[687]

Se o requerido não apresentar o documento nem se insurgir contra o pedido, ou seja, se pura e simplesmente se omitir, aplica-se o art. 400, I, ou seja, terá lugar a presunção de veracidade a que alude este dispositivo.

Art. 399. O juiz não admitirá a recusa se:

I – o requerido tiver obrigação legal de exibir;

II – o requerido aludiu ao documento ou à coisa, no processo, com o intuito de constituir prova;

III – se o documento, por seu conteúdo, for comum às partes.

CPC de 1973 – art. 358

110. Descabimento da recusa

Na estrutura da regulação legal desse incidente, a lei contempla primeiro o poder do juiz de determinar a exibição, depois regula a fundamentação necessária para o pedido, a intimação do requerido e, na sequência, disciplina as restrições desde logo impostas à recusa em sua exibição. Somente depois é que dispõe sobre as hipóteses que autorizam a recusa. Esse conjunto de provisões legais e a ordem de sua apresentação reforçam a ideia de que a exibição de documentos e coisas deve ser interpretada como a regra, sendo a recusa a exceção.

O direito à exibição não pode ser negado se o requerido tiver obrigação legal de exibir, como é próprio de qualquer autoridade ou órgão público, ou se o próprio requerido aludiu ao documento, com intuito de constituir prova, porque nesse cenário já não pode ver negativa de que o documento exista nem que esteja na posse do requerido, de forma que sua não exibição somente se justificaria se redundasse em violação à intimidade, privacidade, alguma modalidade de segredo profissional ou alguma das outras exceções previstas em lei. Contudo, tendo o próprio requerido se referido ao documento, não poderá

687 MONTORO, MARCOS ANDRÉ FRANCO. Comentários aos arts. 396 a 404. *In* TUCCI, JOSÉ ROGÉRIO CRUZ E *et al. Código de Processo Civil anotado*. 3. ed. Rio de Janeiro: LMJ Mundo Jurídico, 2018. p. 589.

depois invocar tais restrições para recusar sua exibição. Por fim, se o conteúdo do documento for comum às partes, como é o caso, razoavelmente frequente, de um contrato assinado em uma única via.[688]

O ponto de equilíbrio consiste na necessidade de impor ao requerente a especificação do pedido e a contextualização da exibição com os fatos objeto da controvérsia. Estabelecida a pertinência e a aparente necessidade, a exibição deverá ser deferida.

O pressuposto do deferimento de semelhante pedido é o dever que partes e terceiros têm de colaborar com a instrução probatória, com o descobrimento da verdade dos fatos. Há, assim, para o requerido (do incidente de exibição), um dever de veracidade e lealdade, apresentando o documento que tenha sido indicado pela parte contrária, cuja pertinência tenha sido avaliada pelo juiz. Não se trata, propriamente, de um dever de fazer a prova, pois a parte que não apresenta suporta a sanção legal de presunção de veracidade do fato que se pretendia provar. A repercussão desse documento sobre o conjunto probatório será avaliada oportunamente, podendo até mesmo infirmar os argumentos do requerente da exibição.[689]

Fato é que, como critério interpretativo, a exibição deve ser amplamente admitida. Em dúvida quanto à exibição ou não, deve prevalecer a sua admissão. Mesmo porque, reportando-me aos momentos da prova (*vide* capítulo introdutório deste livro), devemos situar o incidente de exibição como uma etapa em que ocorrem a propositura e a admissibilidade da produção da prova. Negar a admissibilidade por uma consideração relacionada a sua valoração (porque a parte contra quem o pedido é dirigido alega sua impertinência) é misturar esses momentos e aplicar técnicas erradas para solucionar a questão.

Lembro, ainda, o que foi dito a propósito do direito de não produzir prova contra si. Mesmo no âmbito penal, informado pela garantia constitucional da presunção de inocência e que consagra, no plano legislativo, o expresso direito ao silêncio, não há limitações à atividade probatória consistente em exibir documentos ou mesmo realizar exames no acusado (como urina, sangue etc.). Assim, se não há restrição ou privilégio aplicável à exibição de documentos em âmbito penal, por que se aplicaria em âmbito civil?[690-691]

---

688 CAMBI, Eduardo. *A prova civil*: admissibilidade e relevância. São Paulo: Revista dos Tribunais, 2006. p. 220.

689 THEODORO JÚNIOR, Humberto. *Curso de direito processual civil*. 56. ed. Rio de Janeiro: Forense, 2015. v. I, p. 937.

690 CAMBI, Eduardo. *A prova civil*: admissibilidade e relevância. São Paulo: Revista dos Tribunais, 2006. p. 74.

691 NARDELLI, Marcella Alves Mascarenhas. A função epistêmica do processo e as limitações probatórias: o direito à não autoincriminação e sua (in)aplicabilida-

Outra situação, que não autoriza a recusa, mas configura, por assim dizer, uma exceção dilatória à exibição, é a existência de uma exigência de pagamento de taxa para a apresentação do documento. Se alguma taxa é exigível, o requerente só pode pretender a exibição após efetuar o pagamento. Não obstante alguma oscilação da jurisprudência, prevalece a noção de que é legal exigir tais pagamentos.[692]

Art. 400. Ao decidir o pedido, o juiz admitirá como verdadeiros os fatos que, por meio do documento ou da coisa, a parte pretendia provar se:

I – o requerido não efetuar a exibição nem fizer nenhuma declaração no prazo do art. 398;

II – a recusa for havida por ilegítima.

Parágrafo único. Sendo necessário, o juiz pode adotar medidas indutivas, coercitivas, mandamentais ou sub-rogatórias para que o documento seja exibido.

CPC de 1973 – art. 359

111. Presunção de veracidade dos fatos que se pretendia provar com a exibição

Após a instrução do procedimento incidental de exibição, inclusive com eventual produção probatória relacionada ao dever ou não de exibir, à existência ou não do documento ou coisa em posse do requerido, o juiz proferirá decisão a respeito.

Reconhecido o direito à exibição, a decisão determinará sua apresentação por parte do requerido. Trata-se de decisão de natureza mandamental, uma ordem a que a parte deve, no cenário ideal projetado pelo legislador, obedecer. Não obstante essa determinação, a previsão de que a consequência para o não atendimento é a presunção de veracidade dos fatos que se pretendia demonstrar por meio do documento faz com a doutrina, majoritariamente, reconheça aqui um ônus para a parte, não propriamente um dever.[693]

---

de no processo civil. *In* DIDIER JR., FREDIE (coord.); FREIRE, ALEXANDRE; MACÊDO, LUCAS BURIL DE; PEIXOTO, RAVI (org.). *Coleção Novo CPC:* doutrina selecionada – provas. 2. ed. Salvador: Juspodivm, 2016. v. 3, p. 74.

692 ELAINE HARZHEIM MACEDO aponta que a jurisprudência do STJ sobre o tema variou ao longo do tempo, mas vem caminhando no sentido de considerar o pagamento do custo do serviço prestado pela instituição financeira um requisito para a propositura da exibitória em face da instituição. Cf. MACEDO, ELAINE HARZHEIM. Exibitória de documento ou coisa no Novo CPC: arts. 396 a 404. *In* DIDIER JÚNIOR, FREDIE (coord. geral) *et al. Direito probatório.* 2. ed. Salvador: Juspodivm, 2016. p. 728 (Col. Grandes Temas do Novo CPC, v. 5).

693 CÁSSIO SCARPINELLA BUENO é um dos autores que sustentam que não se pode entender a exibição do documento ou coisa como simples ônus, e sim como dever.

Pois bem. No prazo assinalado, três possibilidades se apresentam. Primeiro, o documento é apresentado, resolvendo-se o incidente. Segundo, o requerido se omite, deixa de apresentar o documento. Terceiro, a parte novamente se recusa à sua exibição. Nos dois últimos cenários, o juiz proferirá decisão declarando verdadeiras as alegações que, pelo documento, a parte queria provar.

A presunção de veracidade instituída pelo dispositivo constitui técnica já consagrada em nosso sistema processual. Por imperativos de ordem prática, o legislador adota, nesse particular, a técnica que onera o requerido com desvantagens processuais, caso se recuse a exibir o documento solicitado. Estimula-se o cumprimento da ordem, como meio de evitar a formação de uma presunção desfavorável.

Aquele fato, tido a partir de então como ocorrido, será depois levado em consideração no exame do conjunto probatório.

112. A decisão sobre exibição é sentença ou decisão interlocutória?

O Código de Processo Civil de 2015, neste art. 400, não esclarece qual a natureza da decisão proferida no incidente de exibição. Quando envolve as mesmas partes, formulado de modo incidental, decidido no curso do procedimento, sua natureza só pode ser a de uma decisão interlocutória. Não há encerramento de fase alguma do processo, que segue entre as mesmas partes. Quanto ao conteúdo, essa decisão igualmente não se enquadra nas hipóteses do art. 487 do CPC/2015.[694]

A decisão é interlocutória por natureza, mas também porque quanto a ela o legislador previu expressamente o cabimento do agravo de instrumento (art. 1.015, VI, do CPC). Elaine Harzheim Macedo pondera que a exibitória é "incidente processual, sem a hierarquia de ação", porque não há vitoriosos e vencidos; o terceiro não é parte nem terceiro interessado, é apenas indivíduo que deve contribuir para o esclarecimento dos fatos. Ain-

---

Escrevendo ainda na vigência do CPC/73, era crítico da Súmula 372 do STJ e sustentava que não só terceiros têm o dever de colaborar, mas também a parte. Cf. *Curso sistematizado de direito processual civil:* procedimento comum: procedimento ordinário e sumário. 4. ed. v. 2, t. I, p. 307-308.

694 Em sentido contrário, Teresa Arruda Alvim, para quem a exibição de documento em face de terceiro requerida por uma das partes deve ser proposta em (nova) demanda acessória, em que "há ampla possibilidade para o exercício do contraditório e do direito de defesa. O processo se encerra com a prolação de sentença, de que caberá apelação". Cf. ALVIM, Teresa Arruda *et al. Primeiros comentários ao novo Código de Processo Civil artigo por artigo*. São Paulo: Revista dos Tribunais, 2015. p. 686.

da segundo a processualista gaúcha, "não há pretensões de mérito, mas sim meramente probatórias. Não há direitos e obrigações, mas deveres impostos pela lei processual".[695]

A exibição em face de um terceiro segue parâmetros diferentes. Cuida-se de um procedimento que, mesmo sendo incidental a uma demanda principal, é iniciado com citação, permite a apresentação de resposta, instrução probatória. Uma vez decidido, a relação processual se extingue, eis que formada apenas entre o requerente da medida e o requerido, suposto detentor do documento ou coisa. Do ponto de vista do objeto desse procedimento específico, pode-se afirmar que o julgamento encerra o processo incidental e aquela relação jurídica havida entre as partes. O réu dessa demanda é terceiro apenas em relação à demanda principal, na qual se discute a relação jurídica material propriamente dita, mas, nesse procedimento específico, é a própria parte, de forma que a decisão que encerra esse processo deve ser considerada uma sentença[696-697]

Com razão, Marcos André Franco Montoro critica a distinção feita entre exibição contra a parte ou contra terceiro, porque, não havendo um processo prévio, não é relevante essa distinção entre parte e terceiro, e ela causa confusão.[698]

Temos, então, a seguinte situação. Nas decisões tomadas no curso do procedimento, sua classificação só pode ser a de uma decisão interlocutória, recorrível por agravo, conforme o art. 1.015, VI. Caso seja proferida sentença parcial, o recurso será igualmente o de agravo. Contudo, se o processo for encerrado com uma decisão final, esta será sentença, e o recurso cabível será a apelação. A exibição autônoma, seja em face de um réu com quem o autor

---

695 MACEDO, Elaine Harzheim. Exibitória de documento ou coisa no Novo CPC: arts. 396 a 404. *In* DIDIER JÚNIOR, Fredie (coord. geral) *et al. Direito probatório.* 2. ed. Salvador: Juspodivm, 2016. p. 741 (Col. Grandes Temas do Novo CPC, v. 5).

696 Segundo Cândido Rangel Dinamarco, cuida-se de um processo incidente, que exige petição inicial, citação, defesa, instrução e sentença. A lei fala em decisão, mas é indubitavelmente sentença. *Instituições de direito processual civil.* 7. ed. São Paulo: Malheiros, 2017. v. 3, p. 669.

697 Elaine Harzheim Macedo considera que "a natureza jurídica da exibitória contra terceiro não permite um divisor de águas bem definido". Cf. Exibitória de documento ou coisa no Novo CPC: arts. 396 a 404. *In* DIDIER JÚNIOR, Fredie (coord. geral) *et al. Direito probatório.* 2. ed. Salvador: Juspodivm, 2016. p. 741 (Col. Grandes Temas do Novo CPC, v. 5).

698 MONTORO, Marcos André Franco. Comentários aos arts. 396 a 404. *In* TUCCI, José Rogério Cruz e *et al. Código de Processo Civil anotado.* 3. ed. Rio de Janeiro: LMJ Mundo Jurídico, 2018. p. 596.

mantém relação jurídica (o seu sócio, por exemplo), seja em face de um réu de quem ele só pretende a exibição (o Facebook, por exemplo), será julgada por sentença. Se acolher o pedido, declara o direito à exibição e determina que ela seja feita. Se rejeitar o pedido, declara inexistir tal direito. Nos dois cenários, a relação processual chega ao fim, o que se dá por sentença, que por sua vez é recorrível por apelação.

113. Medidas executivas atípicas em face do requerido

Como visto, na vigência do CPC/73, diante de uma previsão legal que também assegurava o poder do juiz de determinar a exibição de documento ou coisa e que impunha a presunção de veracidade do fato que se pretendia provar, no caso de recusa na exibição do documento, a jurisprudência evoluiu para o entendimento de que a única consequência da recusa do requerido na exibição era a presunção de veracidade. Não se admitia, no regime anterior, a imposição de multa ou qualquer outra medida de execução específica, posição bastante criticada pela doutrina, que corretamente considerava haver hipóteses em que a presunção não tinha razão de ser, como nas situações em que da mera omissão do requerido não se poderia efetivamente demonstrar fato algum.[699]

Após a edição do CPC/2015, com a introdução do parágrafo único deste art. 400, a doutrina não apenas passou a sustentar o cabimento amplo dessas medidas atípicas como sustenta ter havido a revogação expressa da Súmula 372 do STJ ("Na ação de exibição de documentos, não cabe a aplicação de multa cominatória").[700-701] Vitor de Paula Ramos, por exemplo, entende que, por esse mecanismo, provas que normalmente não viriam ao processo agora podem vir, diante do dever de exibição que se impõe à parte.[702] Cassio Scarpinella

699 BUENO, Cassio Scarpinella. A exibição de documento ou coisa, a súmula 372 do STJ e o Novo Código de Processo Civil. *In* FERREIRA, William Santos; JOBIM, Marco Félix (coord.) *et al. Direito probatório*, p. 429 (Col. Grandes Temas do Novo CPC, v. 5).

700 Cassio Scarpinella Bueno afirma que o parágrafo único do art. 400 do novo CPC é suficiente para entender que a Súmula 372 do STJ perderá seu fundamento de validade. Cf. A exibição de documento ou coisa, a súmula 372 do STJ e o Novo Código de Processo Civil, p. 436.

701 MACEDO, Elaine Harzheim. Exibitória de documento ou coisa no Novo CPC: arts. 396 a 404. *In* DIDIER JÚNIOR, Fredie (coord. geral) *et al. Direito probatório*. 2. ed. Salvador: Juspodivm, 2016. p. 745 (Col. Grandes Temas do Novo CPC, v. 5).

702 RAMOS, Vitor de Paula. Ônus e deveres probatórios das partes no novo CPC brasileiro. *Coleção Novo CPC:* doutrina selecionada – provas. 2. ed. Salvador: Juspodivm, 2016. p. 275.

BUENO também é da opinião de que a parte detentora do documento ou coisa cuja exibição é requerida não tem o mero ônus de exibi-la, mas sim o dever de fazê-lo.[703]

Por todas as ponderações já realizadas antes, entendo que os dispositivos legais não permitem que se conclua haver um típico dever da parte quanto à exibição.[704] Em primeiro lugar, porque, como visto, o descumprimento do dever acarreta sanções de natureza processual de forma quase imediata, o que não se verifica nesse caso. Em segundo lugar, porque haveria aqui a incidência simultânea de dois fenômenos: a presunção de veracidade sobre o fato que se queria provar e a aplicação de sanção processual, como a litigância de má-fé.[705]

Ainda, descumprido o dever, seriam disparadas automaticamente as medidas executivas atípicas aludidas no parágrafo único, o que igualmente não me parece ser o caso. Entendo que tais medidas, no que diz respeito às partes da demanda principal, têm campo de aplicação residual, quando a técnica da presunção de veracidade não possa ser aplicada, por circunstâncias próprias da relação jurídica material.[706] Não considero, de outro lado, que apenas nas

---

703 Dessa forma, o dispositivo é uma presunção legal relativa. A exibição de documento ou coisa, a súmula 372 do STJ e o Novo Código de Processo Civil. *In* DIDIER JÚNIOR, FREDIE (coord. geral) *et al. Direito probatório.* 2. ed. Salvador: Juspodivm, 2016. p. 430 (Col. Grandes Temas do Novo CPC, v. 5).

704 RODRIGO RAMINA DE LUCCA afirma que o entendimento de que a exibição de documentos pela parte ter-se-ia transformado em dever processual seria "verdadeiro retrocesso autoritário". A parte só terá o dever de exibir um documento quando esse dever decorrer de obrigação material, e não para fins de produção de prova. LUCCA, RODRIGO RAMINA DE. *Disponibilidade processual:* os interesses privados das partes diante da natureza pública do processo. Tese (Doutorado em Direito) – Faculdade de Direito da Universidade de São Paulo, São Paulo, 2018, p. 441.

705 JALDEMIRO RODRIGUES DE ATAÍDE JR. e JULIANA COELHO TAVARES DA SILVA são da opinião de que a recusa injustificada à exibição do documento configura ilícito processual, e não apenas a perda de uma situação jurídica, o que enseja até mesmo a aplicação de multa (art. 77, IV e § 2º, do CPC/2015). Pelas razões expostas no texto, não concordo com essa posição. Cf. Uma análise crítica do preceito cominatório, instituído no NCPC, para assegurar o cumprimento da ordem de exibição de documento. *In* DIDIER JÚNIOR, FREDIE (coord. geral) *et al. Direito probatório.* 2. ed. Salvador: Juspodivm, 2016. p. 772 (Col. Grandes Temas do Novo CPC, v. 5).

706 No mesmo sentido, ELAINE HARZHEIM MACEDO, para quem o manejo dos comandos executivos de que trata o parágrafo único do art. 400 só deverá ser realizado caso as peculiaridades do caso impossibilitem o reconhecimento ficto de que trata o *caput*. MACEDO, ELAINE HARZHEIM. Exibitória de documento ou coisa no Novo CPC: arts. 396 a 404. *In* DIDIER JÚNIOR, FREDIE (coord. geral) *et al. Direito probatório*, 2. ed. p. 744 (Col. Grandes Temas do Novo CPC, v. 5).

relações baseadas em direitos indisponíveis se possa afastar tal presunção, porque em muitas outras hipóteses pode se dar de que, mesmo na omissão da parte, não haja como reconstruir uma versão fática a partir do comportamento omissivo do faltoso.[707]

Imagine-se que determinado projeto executivo de engenharia tenha sua exibição determinada ou, como é bastante comum em obras de grande porte, que seja determinada a entrega do "*data book*", documento que congrega todas as plantas, projetos, instruções e fluxos de atividades de uma obra complexa, como uma usina, uma planta industrial. A omissão da parte não permite à outra a criação de uma ficção jurídica de que determinados fatos são verdadeiros.

Em todos os cenários, em que a presunção é inaplicável ou inócua, porque não se pode definir o que o documento seria apto a comprovar, ou porque o acesso ao documento é relevante não por seu conteúdo, mas para identificar outras fontes de prova, como outros documentos, testemunhas etc., terá aplicação a técnica das medidas indutivas, coercitivas e mandamentais.[708]

Apenas mediante o acesso a tais documentos se pode extrair os elementos de prova efetivamente necessários para o julgamento da demanda. Assim, nessas hipóteses, entra em cena a técnica de imposição de medidas atípicas, como a multa periódica, apossamento coativo da coisa por oficial de justiça, busca e apreensão dos documentos, requisição de documento junto a fornecedores, impedimento de atividade ou a expedição de uma ordem, cujo descumprimento implicará crime de desobediência, ou quaisquer outras que permitam influir adequadamente no ânimo do devedor para que ele providencie a exibição do documento ou coisa.[709]

Art. 401. Quando o documento ou a coisa estiver em poder de terceiro, o juiz ordenará sua citação para responder no prazo de 15 (quinze) dias.

CPC de 1973 – art. 360

---

707 MEDEIROS NETO, Elias Marques de. Comentários aos arts. 385 a 404. *In* BUENO, Cassio Scarpinella (coord.). *Comentários ao Código de Processo Civil*, v. 2, p. 287.

708 Luiz Rodrigues Wambier e Eduardo Talamini exemplificam também com o litisconsórcio unitário, em que apenas contra um se exige a exibição e, em caso de omissão ou recusa, não pode haver presunção em relação ao outro litisconsorte. Cf. *Curso avançado de processo civil:* cognição jurisdicional (processo comum de conhecimento e tutela provisória). 16. ed. São Paulo, Revista dos Tribunais, 2016. v. 2, p. 382.

709 DINAMARCO, Cândido Rangel. *Instituições de direito processual civil*. 7. ed. São Paulo: Malheiros, 2017. v. 3, p. 666.

114. Documentos em poder de terceiro

O documento ou a coisa que interessa para o deslinde de determinada controvérsia pode estar na posse de terceiro. Os arts. 378, 380 e 401 do CPC/2015 constituem o arcabouço legal que impõe aos terceiros o dever de fornecer os documentos que lhe sejam solicitados. Trata-se, aqui sim, de um dever, não de um ônus.

O terceiro, indiferente à relação material para a qual a prova é necessária, não pode ser afetado pelo resultado da demanda, de forma que não haveria sentido em estabelecer alguma presunção de veracidade decorrente de sua omissão. O plano é o do dever, porque pode haver a imposição de sanções processuais ao terceiro, em caso de descumprimento, ou mesmo a configuração de crime de desobediência.

Em reforço, o art. 403, parágrafo único, contempla a imposição de meios coercitivos, para forçar o terceiro a exibir o documento ou depositar a coisa.

115. Citação e formação de nova relação processual

A pretensão de exibição em face do terceiro pode ser formulada de forma autônoma e antecedente a uma demanda, ou de forma incidental, mas, ainda assim, autônoma em relação à demanda principal. Nos dois casos, trata-se de uma ação própria em relação a esse terceiro.[710] O requerente da medida será o autor, o terceiro assume a posição de réu, devendo ser citado, observados os requisitos gerais da citação, contidos nos arts. 238 a 259.[711]

Citado, o terceiro deverá constituir advogado e apresentar sua resposta. Aqui, justamente porque se está a tratar de demanda nova, o prazo de defesa é de quinze dias, como no prazo regular da contestação, contemplado no art. 335. A ação seguirá o procedimento comum, admitida ampla instrução probatória (*vide* comentários ao art. 402), será julgada por sentença de mérito, com aptidão para a formação de coisa julgada.

A ação antecedente e autônoma será proposta segundo as regras gerais de competência, observado o foro de domicílio do réu (art. 46). Se é incidental a uma demanda entre o requerente da medida e outra parte, será distribuída por dependência ao mesmo juízo.

---

710 ARAKEN DE ASSIS aponta que essa diferença entre a ação de exibição contra terceiro e contra a parte encontra inspiração no direito germânico. *Processo civil brasileiro*. 3. ed. v. III, p. 627-628.

711 Para CASSIO SCARPINELLA BUENO, a exibição em face de um terceiro não constitui direito de ação, mas um novo pedido, formulado na mesma relação processual, pelo autor ou pelo réu, "independentemente de quem seja o seu destinatário, a parte adversa ou o terceiro". Cf. *Curso sistematizado de direito processual civil*, v. 2, t. I, p. 304.

Art. 402. Se o terceiro negar a obrigação de exibir ou a posse do documento ou da coisa, o juiz designará audiência especial, tomando-lhe o depoimento, bem como o das partes e, se necessário, o de testemunhas, e em seguida proferirá decisão.

CPC de 1973 – art. 361

116. Procedimento (amplo) em caso de recusa

Como ação que é, a exibição em face de terceiro segue o procedimento ordinário. O réu não apenas é citado para contestar em quinze dias como pode apresentar deduzir em sua defesa todas as matérias de natureza preliminar previstas no art. 337. Quanto ao mérito, na medida em que a própria petição inicial contém as delimitações indicadas no art. 397, a resposta versará sobre aqueles temas.

O autor indicará de maneira circunstanciada qual documento ou coisa pretende a exibição, indicará as razões pelas quais considera que estejam na posse do réu e este, pretendendo negar sua obrigação, deduzirá as razões pelas quais considere não ter o dever de exibir a coisa ou o documento.

Tornada litigiosa a relação jurídica, as partes poderão produzir as provas em amparo de suas pretensões, inclusive a prova oral. A lei fala em "audiência especial", não porque ela ocorra de forma diversa de qualquer outra audiência de instrução, mas porque, em virtude do objeto restrito dessa demanda de exibição, a audiência terá uma finalidade mais estrita, mais específica e, nesse sentido, especial.

O texto legal não pode ser compreendido como impositivo de alguma restrição à atividade probatória das partes. Ainda que o procedimento seja naturalmente mais simples, com menos etapas, e tendencialmente seja decidido de forma mais célere, não é de se excluir que as circunstâncias do caso exijam uma atividade instrutória de espectro mais amplo.

Art. 403. Se o terceiro, sem justo motivo, se recusar a efetuar a exibição, o juiz ordenar-lhe-á que proceda ao respectivo depósito em cartório ou em outro lugar designado, no prazo de 5 (cinco) dias, impondo ao requerente que o ressarça pelas despesas que tiver.

Parágrafo único. Se o terceiro descumprir a ordem, o juiz expedirá mandado de apreensão, requisitando, se necessário, força policial, sem prejuízo da responsabilidade por crime de desobediência, pagamento de multa e outras medidas indutivas, coercitivas, mandamentais ou sub-rogatórias necessárias para assegurar a efetivação da decisão.

CPC de 1973 – art. 362

117. Resistência do terceiro e ordem para depósito da coisa ou exibição do documento

Processada a ação de exibição em face do terceiro e julgada ao final, por sentença,[712] essa decisão final terá natureza mandamental, em caso de acolhimento do pedido de exibição. O conteúdo e a natureza mudam se a decisão é de improcedência, pois nesse caso ocorre a declaração de inexistência do direito à exibição, pleiteado em face do réu.

A sentença fixará prazo para o cumprimento da decisão. A previsão de cinco dias do *caput* do artigo pode ser substituída por outro prazo, fixado pelo juiz, que seja mais aderente à realidade do objeto da disputa. Como visto antes, o pedido de exibição pode dizer respeito a documentos complexos, volumosos, cuja apresentação pode exigir mais do que o exíguo prazo de cinco dias.

Como toda e qualquer outra sentença, a decisão fixará também a responsabilidade pelo pagamento das custas e despesas processuais, bem como dos honorários de sucumbência. Isso ocorre seja na hipótese de procedência, seja de improcedência. Não há diferença no regime dessa matéria entre esta sentença e qualquer outra, proferida nos termos dos arts. 485 e 487 do CPC/2015.

O tema dos honorários pode gerar alguma perplexidade, mas a referência geral segue aplicável aqui. Porque o objeto específico da demanda – exibição de um documento ou de uma coisa, que servirão para a instrução probatória de processo alheio – não tem propriamente um valor econômico envolvido, a causa será enquadrada entre as hipóteses de valor inestimável. Difícil será controlar a adequação do valor da causa, para além da estimativa feita pelo próprio autor. Seja como for, sem um valor econômico envolvido ou uma pretensão de natureza condenatória a servir como parâmetro, os honorários serão fixados nos termos do § 8º do art. 85, considerando os parâmetros ali estabelecidos.

A sentença, apelável que é, pode ser suspensa em caso de efetiva interposição do recurso. A exibição do documento, concebida para ser incidental e acessória de outra relação jurídica, dependerá do julgamento de apelação pelo Tribunal. É essa a solução do sistema, ainda que, no caso concreto, isso acarrete demora excessiva e desnecessária. O próprio sistema propõe as soluções. A exibição pode ser determinada por decisão interlocutória ainda no curso do

---

712 Luiz Rodrigues Wambier e Eduardo Talamini discordam. Ponderam que a exibição contra terceiros não termina com uma sentença, porque, apesar de ele ser citado, não há um novo processo, mas uma ação incidental ao processo em curso. Não há fim da fase cognitiva nem do processo como um todo, por isso a decisão é interlocutória de mérito (arts. 356 e 203, §2º). *Curso avançado de processo civil:* cognição jurisdicional (processo comum de conhecimento e tutela provisória). 16. ed. v. 2, p. 383.

processo, ou ser objeto de julgamento antecipado parcial de mérito ou, mesmo no caso da sentença final, pode ser requerido e deferido pedido de antecipação dos efeitos da tutela, excluindo-se o efeito suspensivo da apelação a ser eventualmente interposta.

118. Medidas executivas atípicas em relação ao terceiro

Fruto da sentença de procedência, com sua natureza mandamental, é a possibilidade de adoção de medidas coercitivas ou de pressão psicológica.[713] O que foi dito a propósito do art. 400 serve, com ainda maior razão, ao terceiro que resiste à ordem de apresentação de documentos.

Esgotado o prazo para sua apresentação, a fixação imediata de multa diária, vigente enquanto perdurar a resistência à ordem judicial, será, no mais das vezes, a medida mais efetiva.

> **Art. 404.** A parte e o terceiro se escusam de exibir, em juízo, o documento ou a coisa se:
>
> **I** – concernente a negócios da própria vida da família;
>
> **II** – sua apresentação puder violar dever de honra;
>
> **III** – sua publicidade redundar em desonra à parte ou ao terceiro, bem como a seus parentes consanguíneos ou afins até o terceiro grau, ou lhes representar perigo de ação penal;
>
> **IV** – sua exibição acarretar a divulgação de fatos a cujo respeito, por estado ou profissão, devam guardar segredo;
>
> **V** – subsistirem outros motivos graves que, segundo o prudente arbítrio do juiz, justifiquem a recusa da exibição;
>
> **VI** – houver disposição legal que justifique a recusa da exibição.
>
> **Parágrafo único.** Se os motivos de que tratam os incisos I a VI do *caput* disserem respeito a apenas uma parcela do documento, a parte ou o terceiro exibirá a outra em cartório, para dela ser extraída cópia reprográfica, de tudo sendo lavrado auto circunstanciado.
>
> *CPC de 1973 – art. 363*

119. Motivos para a não exibição

Ao direito de caráter geral que a parte tem de pretender a exibição de documentos que estejam em poder da parte contrária ou de terceiros, opõe-se um direito dessas pessoas de se opor à exibição, nas hipóteses previstas no art. 404.

---

713 DINAMARCO, CÂNDIDO RANGEL. *Instituições de direito processual civil*. 7. ed. São Paulo: Malheiros, 2017. v. 3, p. 670.

Cuida-se de exceção ao dever geral que todos têm de colaborar com o Poder Judiciário, consagrado no art. 378 do Código. A primeira observação necessária é que os motivos da recusa não são exaustivos. Não fosse por outra razão, porque o inciso V contém uma abertura genérica para outros casos graves.[714]

A disciplina deste artigo repete provisão anterior, apenas acrescentando o inciso VI, que foi igualmente inserido apenas na Câmara dos Deputados.[715] Do exame das hipóteses, observa-se uma vez mais a necessidade de distinguir as etapas de requerimento, deferimento, produção e valoração da prova. A parte requer a exibição de um documento ou coisa que, ao seu ver, esteja no poder de outra pessoa, especificando sua natureza, conteúdo e demais informações. Pede que o juiz avalie a admissibilidade da sua apresentação e, deferido o pedido, será determinada sua apresentação. Nenhuma das hipóteses legais de recusa diz respeito à inconveniência do documento, sua impertinência, ou ao fato de que sua juntada pode ser prejudicial ao requerido. Estes são elementos relacionados à valoração da prova, que não impactam no exame de sua admissibilidade. Assim, ainda que pareça óbvio, a confusão é comum e justifica esse esclarecimento: a parte não pode se recusar a exibir documento, alegando que ele lhe será desfavorável.

Os motivos de recusa dizem respeito à inadmissibilidade do documento (porque se referem a segredo profissional, por exemplo) ou a uma ponderação entre os valores que se quer obter com sua exibição, no confronto dos valores a preservar com a recusa, de que é exemplo a hipótese de proteger o requerido de desonra, sua ou de parentes.

As causas que justificam a não exibição de um documento são as mesmas que autorizam a parte a não prestar depoimento, ou a testemunha a recusar sua oitiva.[716] Por essa razão, remeto o leitor aos comentários ao art. 388.

---

714 BUENO, CASSIO SCARPINELLA. *Curso sistematizado de direito processual civil.* 4. ed. São Paulo: Saraiva, 2011. v. 2, t. 1, p. 306.

715 IOCOHAMA, CELSO HIROSHI. O princípio da veracidade e o direito de não fazer prova contra si mesmo perante o Novo Código de Processo Civil. *In* DIDIER JÚNIOR, FREDIE (coord.) *et al. Coleção Novo CPC:* doutrina selecionada – provas. 2. ed. Salvador: Juspodivm, 2016. v. 3. p. 41.

716 VITOR DE PAULA RAMOS aduz que um limitador a esse dever de exibição é o direito fundamental à vida privada (privacidade e intimidade), valendo-se da definição de INGO SARLET, MARINONI e MITIDIERO (*Curso*), como o "direito de se estar só e se ser deixado só (*the right to be let alone*), no sentido, portanto, de um direito a viver sem ser molestado pelo Estado e por terceiros no que toca aos aspectos da vida pessoal (afetiva, sexual etc.) e familiar". Cf. Ônus e deveres probatórios das partes no novo CPC brasileiro. *In* DIDIER JR., FREDIE (coord.); FREIRE, ALEXANDRE; MACÊDO, LUCAS BURIL DE; PEIXOTO, RAVI (org.). *Coleção Novo CPC:* doutrina selecionada – provas. 2. ed. Salvador: Juspodivm, 2016. v. 3, p. 278.

120. Um lamento e um prenúncio quanto ao uso da tecnologia no tocante às provas no CPC/2015

Por fim, o parágrafo único deste art. 404 traz uma previsão que faz sentido e, ao mesmo tempo, revela as deficiências e, em larga medida, a obsolescência do legislador brasileiro, ao conceber e promulgar uma codificação processual em 2015 cujas disposições se voltam para as mesmas relações e os mesmos problemas práticos do século passado.

O conteúdo do parágrafo é compatível com a ideia de equilíbrio entre o direito à exibição e a proteção à parte quanto ao conteúdo do documento, cuja exibição possa redundar em violação a deveres legais de preservação de sigilo ou desonra e violação à intimidade e privacidade suas e de seus parentes. A solução proposta é óbvia. Se a proteção é parcial, a restrição à exibição também o será.

O problema está no método. O texto legal foi claramente pensado para processos em papel, que tramitam em autos físicos, administrados manualmente por cartórios judiciais. Fala-se em "cópia reprográfica", expedição de "auto circunstanciado", expressões e métodos dificilmente explicáveis aos estudantes de hoje em dia, e muito menos aos futuros operadores do direito, educados e treinados em realidade totalmente diversa.

Infelizmente essa é uma característica que perpassa todo o Código. Disposições idênticas ou pouco adaptadas em relação ao CPC/73, que por sua vez já repetira muitos institutos concebidos no e para o CPC/39. De forma irrefletida, seguimos praticando o direito de forma assustadoramente semelhante à sociedade do começo do século XX, predominantemente rural, com população muito inferior e todas as relevantes diferenças no modo de ser da sociedade e das relações jurídicas.

Ao tempo que este texto é escrito, já com alguns anos de vigência do CPC/2015, nenhuma mudança relevante se observou em relação ao CPC/73. Em alguma medida, é como se o novo Código ainda não tivesse entrado em vigor. Os reflexos da tecnologia no processo são tímidos. Nas provas, incipientes. Seguimos expedindo ofícios, promovendo juntadas, realizando atos presenciais, gerando cooperação entre juízos por meio de cartas precatórias. É realmente de se lamentar que tantas oportunidades tenham sido perdidas, ao tempo da edição do novo diploma processual. Minha esperança é que estes Comentários, inseridos em coletânea de altíssimo nível, possam vivenciar tais mudanças na forma de aplicação do direito processual, mediante a incorporação de novas tecnologias no âmbito do processo. Concluo os comentários com o alvitre de que outras edições sejam lançadas e que, a cada nova edição, esses avanços possam ser registrados por este esperançoso autor.

BIBLIOGRAFIA

ABDO, Helena Najjar. *O abuso do processo.* São Paulo: Revista dos Tribunais, 2007.

ALVIM, Teresa Arruda. *Nulidades do processo e da sentença.* 9. ed. São Paulo: Revista dos Tribunais, 2018.

ALVIM, Teresa Arruda; CONCEIÇÃO, Maria Lúcia Lins. *Ação rescisória e* querela nullitatis*:* semelhanças e diferenças. São Paulo: Thomson Reuters Brasil, 2018.

AMARAL, Paulo Osternack. *Prova:* atipicidade, liberdade e instrumentalidade. 2. ed. São Paulo: Revista dos Tribunais, 2017.

APRIGLIANO, Ricardo de Carvalho. *Ordem pública e processo:* o tratamento das questões de ordem pública no direito processual civil. São Paulo: Atlas, 2011.

ARENHART, Sérgio Cruz; MARINONI, Luiz Guilherme. Comentários ao Código de Processo Civil: artigos 369 ao 380. *In* MARINONI, Luiz Guilherme (dir.); ARENHART, Sérgio Cruz; MITIDIERO, Daniel (coord.). *Comentários ao Código de Processo Civil.* São Paulo: Revista dos Tribunais, 2016. v. VI.

ARRUDA ALVIM, José Manoel. Ônus da prova. *In Direito processual civil.* São Paulo: Revista dos Tribunais, 2011 (Col. Soluções Práticas de Direito: Pareceres, v. 4).

ASSIS, Araken de. *Processo civil brasileiro.* 2. ed. São Paulo: Revista dos Tribunais, 2016.

ATAÍDE JÚNIOR, Jaldemiro Rodrigues; SILVA, Juliana Coelho Tavares da. Uma análise crítica do preceito cominatório, instituído no NCPC, para assegurar o cumprimento da ordem de exibição de documento. *In* DIDIER JÚNIOR, Fredie (coord. geral) *et al. Direito probatório.* 2. ed. Salvador: Juspodivm, 2016 (Col. Grandes Temas do Novo CPC, v. 5).

AURELLI, Arlete Inês. Da admissibilidade da prova emprestada no CPC de 2015. *In* DIDIER JÚNIOR, Fredie (coord. geral) *et al. Direito probatório.* 2. ed. Salvador: Juspodivm, 2016 (Col. Grandes Temas do Novo CPC, v. 5).

AZEVEDO, Antônio Junqueira de. *Negócio jurídico:* existência, validade e eficácia. 4. ed. São Paulo: Saraiva, 2002.

BADARÓ, Gustavo Henrique Righi Ivahy. Direito à prova e os limites lógicos de sua admissão: os conceitos de pertinência e relevância. *In* BEDAQUE, José Roberto dos Santos; CINTRA, Lia Carolina Batista; EID, Elie Pierre (org.). *Garantismo processual:* garantias constitucionais aplicadas ao processo. Brasília: Gazeta Jurídica, 2016.

BADARÓ, Gustavo Henrique Righi Ivahy. *Epistemologia judiciária e prova penal.* São Paulo: Thomson Reuters Brasil, 2019.

BADARÓ, Gustavo Henrique Righi Ivahy. *Processo penal*. 6. ed. São Paulo: Revista dos Tribunais, 2018.

BARBOSA MOREIRA, José Carlos. *O novo processo civil brasileiro*. 22. ed. Rio de Janeiro: Forense, 2002.

BARBOSA MOREIRA, José Carlos. Convenção das partes sobre matéria processual. *In Temas de direito processual:* terceira série. São Paulo: Saraiva, 1984.

BARBOSA MOREIRA, José Carlos. O juiz e a prova. *Revista de Processo*, v. 35, p. 178-184, 1984.

BARBOSA MOREIRA, José Carlos. *O novo processo civil brasileiro*. 22. ed. Rio de Janeiro: Forense, 2002.

BARIONI, Rodrigo. Os limites da ata notarial como meio de prova em juízo. *In* LOPES, Ricardo Augusto de; MEDEIROS NETO, Elias Marques de; OLIVEIRA NETO, Olavo de (coord.). *A prova no direito processual civil*. São Paulo: Verbatim, 2013.

BEDAQUE, José Roberto dos Santos. *Efetividade e técnica processual*. São Paulo: Saraiva, 2010.

BEDAQUE, José Roberto dos Santos. *Poderes instrutórios do juiz*. 2. ed. São Paulo: Revista dos Tribunais, 1994.

BETTI, Emilio. Teoria generale del negozio giuridico. 3. ed. *In* VASSALI, Filippo (dir.). *Trattato di diritto civile italiano*. Torino: UTET, 1960.

BUENO, Cassio Scarpinella. A exibição de documento ou coisa, a súmula 372 do STJ e o Novo Código de Processo Civil. *In* DIDIER JÚNIOR, Fredie (coord. geral) *et al. Direito probatório*. 2. ed. Salvador: Juspodivm, 2016 (Col. Grandes Temas do Novo CPC, v. 5).

BUENO, Cassio Scarpinella (coord.). *Comentários ao Código de Processo Civil*. São Paulo: Saraiva, 2017.

BUENO, Cassio Scarpinella. *Curso sistematizado de direito processual civil*. 4. ed. São Paulo: Saraiva, 2011.

BUENO, Cassio Scarpinella. *Manual de direito processual civil*. São Paulo: Saraiva, 2015.

CABRAL, Antonio do Passo. *Convenções processuais*. Salvador: Juspodivm, 2016.

CABRAL, Antonio do Passo; CRAMER, Ronaldo (coord.). *Comentários ao novo Código de Processo Civil*. 2. ed. Rio de Janeiro: Forense, 2016.

CABRAL, Trícia Navarro Xavier. *Poderes instrutórios do juiz no processo de conhecimento*. Brasília: Gazeta Jurídica, 2002.

CALAMANDREI, Piero. Limiti fra giurisdizione e amministrazione nella sentenza civile. *In* CALAMANDREI, Piero. *Eles, os juízes, vistos por nós, os advogados*. 7. ed. Lisboa: Livraria Clássica Editora, [s.d.].

CALAMANDREI, Piero. Limiti fra giurisdizione e amministrazione nella sentenza civile. *In* CAPPELLETTI, Mauro (org.). *Opere giuridiche*. Napoli: Morano, 1965. v. 1.

CAMBI, Eduardo. *A prova civil:* admissibilidade e relevância. São Paulo: Revista dos Tribunais, 2006.

CAMBI, Eduardo; DOTTI, Rogéria; MARTINS, Sandro Gilbert; PINHEIRO, Paulo Eduardo d'Arce; KOZIKOSKI, Sandro Marcelo. *Curso de processo civil completo*. São Paulo: Revista dos Tribunais, 2017.

CAPEZ, Fernando. *Curso de processo penal*. 23. ed. São Paulo: Saraiva, 2016.

CAPPELLETTI, Mauro (org.). *Opere giuridiche*. Napoli: Morano, 1965. v. 1.

CARMONA, Carlos Alberto. *Arbitragem e processo*. 3. ed. São Paulo: Atlas, 2009.

CARNELUTTI, Francesco. *Lezioni di diritto processuale civile*. Padova: La Litotipo, 1926.

CARNELUTTI, Francesco. *Teoria generale del diritto*. 3. ed. Roma: Soc. Ed. Del Foro Italiano, 1951.

CARRETEIRO, Mateus Aimoré. Burden and standard of proof in international arbitration: proposed guidelines for promoting predictability. *Revista Brasileira de Arbitragem*, v. 49, p. 82-109, 2016.

CARVALHO, Fabiano. A prova documentada e o mandado de segurança. *In* LOPES, Ricardo Augusto de; MEDEIROS NETO, Elias Marques de; OLIVEIRA NETO, Olavo de (coord.). *A prova no direito processual civil*. São Paulo: Verbatim, 2013.

CAVANI, Renzo. Verosimilitud, probabilidad: ¿da lo mismo? Un diálogo con Piero Calamandrei, Michele Taruffo, Daisson Flach y Daniel Mitidiero. *In* DIDIER JÚNIOR, Fredie (coord. geral) *et al*. *Direito probatório*. 2. ed. Salvador: Juspodivm, 2016 (Col. Grandes Temas do Novo CPC, v. 5).

CHIOVENDA, Giuseppe. *Principii di diritto processuale*. Napoli: Jovene, 1965.

CIMARDI, Cláudia Aparecida. *A jurisprudência uniforme e os precedentes no novo Código de Processo Civil brasileiro*. São Paulo: Revista dos Tribunais, 2015.

CINTRA, Antonio Carlos de Araújo. *Comentários ao Código de Processo Civil*: arts. 332 a 475. Rio de Janeiro: Forense, 2000. v. IV.

CINTRA, Lia Carolina Batista. *A intervenção* iussu iudicis *no processo Civil*. São Paulo: Revista dos Tribunais, 2017.

COLTRO, Antonio Carlos Mathias. A prova e o Código Civil: notas aos art. 231 e 232 e a Lei n. 12.004/2009. *In* LOPES, Ricardo Augusto de; MEDEIROS NETO, Elias Marques de; OLIVEIRA NETO, Olavo de (coord.). *A prova no direito processual civil*. São Paulo: Verbatim, 2013.

COMOGLIO, Luigi Paolo; FERRI, Corrado; TARUFFO, Michele. *Lezioni sul processo civile*. Bologna: Il Mulino, 1995.

CONCEIÇÃO, Maria Lúcia Lins. Provas. *In* WAMBIER, Luiz Rodrigues; WAMBIER, Teresa Arruda Alvim (coord.). *Temas essenciais do novo CPC:* análise das principais alterações do sistema processual civil brasileiro. São Paulo: Revista dos Tribunais, 2016.

COSTA, Susana Henriques da. Os poderes do juiz na admissibilidade das provas ilícitas. *Revista de Processo*, v. 133, ano 31, p. 85-120, mar. 2006.

COSTA E SILVA, Paula. A prova difícil: da *probatio levior* à inversão do ônus da prova. *Revista de Processo,* v. 222/2013, p. 149-170, ago. 2013. Disponível em: file:///C:/Users/RICA/Documents/Paula%20Costa%20e%20Silva.%20Prova%20difícil%20e%20inversão%20do%20ônus.pdf.

COSTA E SILVA, Paula. A prova no direito em processo arbitral: *iura novit curia*. *Revista Iberoamericana de Derecho Procesal*, v. 9/2019, p. 409-414, jan./jun. 2019. Acesso em: file:///C:/Users/RICA/Documents/Paula%20Costa%20e%20Silva.%20Prova%20do%20direito%20na%20arbitragem.pdf.

CRAMER, Ronaldo. *Precedentes judiciais:* teoria e dinâmica. Rio de Janeiro: Forense, 2016.

DEZEM, Guilherme Madeira. *Curso de processo penal*. 5. ed. São Paulo: Thomson Reuters Brasil, 2019.

DINAMARCO, Cândido Rangel. *Instituições de direito processual civil*. 7. ed. São Paulo: Malheiros, 2017. v. 3.

DINIZ, Maria Helena. A prova da filiação. *In* LOPES, Ricardo Augusto de; MEDEIROS NETO, Elias Marques de; OLIVEIRA NETO, Olavo de (coord.). *A prova no direito processual civil*. São Paulo: Verbatim, 2013.

FAGUNDES, Cristiane Druve Tavares. Breves reflexões sobre a produção antecipada da prova no NCPC. *In* DIDIER JR., Fredie (coord.) *et al. Coleção Novo CPC:* doutrina selecionada – provas. 2. ed. Salvador: Juspodivm, 2016. v. 3.

FERNANDES, Antonio Scarance. O sigilo financeiro e a prova criminal. *In Direito penal especial, processo penal e direitos fundamentais:* visão luso-brasileira. São Paulo: Quartier Latin, 2006.

FERREIRA, William Santos. Transições paradigmáticas, máxima eficiência e técnicas executivas típicas e atípicas no direito probatório. *In* DIDIER JÚNIOR, Fredie (coord. geral) *et al. Direito probatório*. 2. ed. Salvador: Juspodivm, 2016 (Col. Grandes Temas do Novo CPC, v. 5).

FERREIRA, William Santos. Comentários aos arts. 369 a 380. *In* WAMBIER, Teresa Arruda Alvim (coord.) *et al. Breves comentários ao Novo Código de Processo Civil*. São Paulo: Revista dos Tribunais, 2015.

FERREIRA, William Santos. *Princípios fundamentais da prova cível*. São Paulo: Revista dos Tribunais, 2014.

GAJARDONI, Fernando da Fonseca. O livre convencimento motivado não acabou no novo CPC. *Jota*, São Paulo, 6 abr. 2015 (atualizado em 20 fev. 2017). Disponível em: https://www.jota.info/opiniao-e-analise/colunas/novo-cpc/o-livre-convencimento-motivado-nao-acabou-no-novo-cpc-06042015. Acesso em: 23 jul. 2019.

GODINHO, Robson Renault. Reflexões sobre os poderes instrutórios do juiz. *In* DIDIER JÚNIOR, Fredie (Coord. geral) *et al. Coleção Novo CPC:* doutrina selecionada – provas. 2. ed. Salvador: Juspodivm, 2016. v. 3.

GRAU, Eros Roberto. Nota sobre a distinção entre obrigação, dever e ônus. *Revista da Faculdade de Direito*, São Paulo, v. LXXVII, p. 177-183, 1982.

GRECO, Leonardo. Os atos de disposição processual: primeiras reflexões. *Revista Eletrônica de Direito Processual*, v. 1, n. 1, p. 7-28, out./dez. 2007.

GRECO FILHO, Vicente. *Direito processual civil brasileiro*. 11. ed. São Paulo: Saraiva, 1995.

GRINOVER, ADA PELLEGRINI. Conversas gravadas: ilicitude ou licitude? *Revista de Processo*, São Paulo, v. 274, ano 42, 2017.

GUIMARÃES, LUIZ MACHADO. Ato processual. *In Estudos de direito processual civil*. Rio de Janeiro: Jurídica e Universitária, 1969.

IOCOHAMA, CELSO HIROSHI. O princípio da veracidade e o direito de não fazer prova contra si mesmo perante o Novo Código de Processo Civil. *In* DIDIER JÚNIOR, FREDIE (coord.) *et al. Coleção Novo CPC:* doutrina selecionada – provas. 2. ed. Salvador: Juspodivm, 2016. v. 3.

KOMATSU, ROQUE. *Da invalidade no processo civil*. São Paulo: Revista dos Tribunais, 1991.

LIEBMAN, ENRICO TULLIO. *Manuale di diritto processuale civile*. Milano: Giuffrè, 1992.

LIEBMAN, ENRICO TULLIO. *Manuale di diritto processuale civile*. Milano: Giuffrè, 1984. v. II.

LOPES, JOÃO BATISTA. Comentários aos arts. 369 a 380. *In* BUENO, CASSIO SCARPINELLA (coord.). *Comentários ao Código de Processo Civil*. São Paulo: Saraiva, 2017.

LOPES, MARIA ELIZABETH DE CASTRO. Direito à prova e motivação da sentença. *In* LOPES, RICARDO AUGUSTO DE; MEDEIROS NETO, ELIAS MARQUES DE; OLIVEIRA NETO, OLAVO DE (coord.). *A prova no direito processual civil*. São Paulo: Verbatim, 2013.

LUCCA, RODRIGO RAMINA DE. *Disponibilidade processual:* os interesses privados das partes diante da natureza pública do processo. Tese (Doutorado em Direito) – Faculdade de Direito da Universidade de São Paulo, São Paulo, 2018.

LUCCA, RODRIGO RAMINA DE. *O dever de motivação das decisões judiciais*. Salvador: Juspodivm, 2015.

LUCON, PAULO HENRIQUE DOS SANTOS. Comentários aos arts. 369 a 380. *In* CABRAL, ANTONIO DO PASSO; CRAMER, RONALDO (coord.). *Comentários ao novo Código de Processo Civil*. 2. ed. Rio de Janeiro: Forense, 2016.

MACEDO, ELAINE HARZHEIM. Exibitória de documento ou coisa no Novo CPC: arts. 396 a 404. *In* DIDIER JÚNIOR, FREDIE (coord. geral) *et al. Direito probatório*. 2. ed. Salvador: Juspodivm, 2016 (Col. Grandes Temas do Novo CPC, v. 5).

MACÊDO, LUCAS BURIL DE; PEIXOTO, RAVI. *Ônus da prova e sua dinamização*. 2. ed. Salvador: Juspodivm, 2016.

MARQUES, JOSÉ FREDERICO. *Instituições de direito processual civil*. 2. ed. Rio de Janeiro: Forense, 1962.

MEDEIROS NETO, ELIAS MARQUES DE. Comentários aos arts. 385 a 388 do Código de Processo Civil. *In* BUENO, CASSIO SCARPINELLA (coord.). *Comentários ao Código de Processo Civil*. São Paulo: Saraiva, 2017. v. 2.

MINIDICIONÁRIO HOUAISS DA LÍNGUA PORTUGUESA. Rio de Janeiro: Objetiva, 2001.

MITIDIERO, DANIEL. *Precedentes:* da persuasão à vinculação. 2. ed. São Paulo: Revista dos Tribunais, 2017.

MONTORO, Marcos André Franco. Comentários aos arts. 396 a 404. *In* TUCCI, José Rogério Cruz e *et al. Código de Processo Civil anotado.* 3. ed. Rio de Janeiro: LMJ Mundo Jurídico, 2018.

NARDELLI, Marcella Alves Mascarenhas. A função epistêmica do processo e as limitações probatórias: o direito à não autoincriminação e sua (in)aplicabilidade no processo civil. *In* DIDIER JÚNIOR, Fredie (coord.) *et al. Coleção Novo CPC:* doutrina selecionada – provas. 2. ed. Salvador: Juspodivm, 2016. v. 3.

NASSER, Paulo Magalhães. Comentário aos artigos 385-395 do Código de Processo Civil. *In* CABRAL, Antonio do Passo; CRAMER, Ronaldo (coord.). *Comentários ao Novo Código de Processo Civil.* 2. ed. Rio de Janeiro: Forense, 2016.

NEGRÃO, Theotonio *et al. Código Civil e legislação civil em vigor.* 36. ed. São Paulo: Saraiva, 2018.

NEVES, Daniel Amorim Assumpção. *Ações probatórias autônomas.* São Paulo: Saraiva, 2008.

NEVES, Daniel Amorim Assumpção. *Manual de direito processual civil.* 10. ed. Salvador: Juspodivm, 2018.

NEVES, Daniel Amorim Assumpção. *Novo Código de Processo Civil comentado.* Salvador: Juspodivm, 2016.

OLIVEIRA, Patrícia Cozzolino de. A prova do dano moral. *In* LOPES, Ricardo Augusto de; MEDEIROS NETO, Elias Marques de; OLIVEIRA NETO, Olavo de (coord.). *A prova no direito processual civil.* São Paulo: Verbatim, 2013.

OLIVEIRA, Rafael Tomaz de; STRECK, Lenio Luiz. Como exorcizar os fantasmas do livre convencimento e da verdade real. *Consultor Jurídico*, São Paulo, 24 jun. 2017. Disponível em: https://www.conjur.com.br/2017-jun-24/diario-classe-exorcizar--fantasmas-livre-convencimento-verdade-real. Acesso em: 25 jul. 2019.

OLIVEIRA JÚNIOR, Zulmar Duarte de. Comentários ao art. 372 do CPC. *In* GAJARDONI, Fernando da Fonseca *et al. Processo de conhecimento e cumprimento de sentença:* comentários ao CPC de 2015. Rio de Janeiro-São Paulo: Forense/Método, 2016.

PAULSEN, Leandro. *Curso de direito tributário completo.* 9. ed. São Paulo: Saraiva, 2018.

PEREIRA, Paula Pessoa. *Legitimidade dos precedentes:* universabilidade das decisões do STJ. São Paulo: Revista dos Tribunais, 2014.

PISANI, Andrea Proto. *Lezioni di diritto processuale civile.* 4. ed. Napoli: Jovene, 2002.

PONTES DE MIRANDA, Francisco Cavalcanti. *Comentários ao Código de Processo Civil.* 5. ed. Rio de Janeiro: Forense, 1995.

RAMOS, Vitor de Paula. Ônus e deveres probatórios das partes no novo CPC brasileiro. *In* DIDIER JÚNIOR, Fredie (coord.) *et al. Coleção Novo CPC:* doutrina selecionada – provas. 2. ed. Salvador: Juspodivm, 2016. v. 3.

RAMOS, Vitor de Paula. Direito fundamental à prova. *Revista de Processo*, ano 38, v. 224, out. 2013.

RAMOS, Vitor de Paula. O procedimento probatório no Novo CPC: em busca de interpretação do sistema à luz de um modelo objetivo de corroboração das hipóteses fáticas. *In* DIDIER JÚNIOR, Fredie (coord. geral) *et al. Direito probatório.* 2. ed. Salvador: Juspodivm, 2016 (Col. Grandes Temas do Novo CPC, v. 5).

RAMOS, Vitor de Paula. *Prova testemunhal:* do subjetivismo ao objetivismo. Do isolamento científico ao diálogo com a psicologia e a epistemologia. São Paulo: Revista dos Tribunais, 2018.

REALE, Miguel. *Lições preliminares de direito.* 27. ed. São Paulo: Saraiva, 2004.

REDENTI, Enrico. *Diritto processuale civile.* 3. ed. Milano: Giuffrè, 1980.

SANTOS, Moacyr Amaral. *A prova judiciária no cível e comercial.* 4. ed. São Paulo: Max Limonad, 1970.

SANTOS, Moacyr Amaral. *Primeiras linhas de direito processual civil.* 12. ed. São Paulo: Saraiva, 1985.

SCHOUERI, Luís Eduardo. *Direito tributário.* 7. ed. São Paulo: Saraiva, 2017.

SILVEIRA, Bruna Braga da. A distribuição dinâmica do ônus da prova no CPC-2015. *In* DIDIER JÚNIOR, Fredie (coord. geral) *et al. Direito probatório.* 2. ed. Salvador: Juspodivm, 2016 (Col. Grandes Temas do Novo CPC, v. 5).

STRECK, Lenio Luiz. Livre convencimento no novo CPP: mas, já não apanha(ra)m o suficiente? Disponível em: https://www.conjur.com.br/2016-mai-05/senso-incomum-livre-convencimento-ncpp-nao-apanharam-suficiente. Acesso em: 23 jul. 2019.

TALAMINI, Eduardo. Um processo para chamar de seu: nota sobre os negócios jurídicos processuais. *Migalhas,* 21 out. 2015. Disponível em: https://www.migalhas.com.br/dePeso/16,MI228734,61044-Um+processo+pra+chamar+de+seu+nota+sobre+os+negocios+juridicos. Acesso em: 19 jul. 2019.

TALAMINI, Eduardo. Comentários aos arts. 381 a 384. *In* CABRAL, Antonio do Passo; CRAMER, Ronaldo (coord.). *Comentários ao novo Código de Processo Civil.* 2. ed. Rio de Janeiro: Forense, 2016.

TALAMINI, Eduardo; WAMBIER, Luiz Rodrigues. *Curso avançado de processo civil.* 16. ed. São Paulo: Revista dos Tribunais, 2016.

TALAMINI, Eduardo; WAMBIER, Luiz Rodrigues. *Curso avançado de processo civil:* cognição jurisdicional (processo comum de conhecimento e tutela provisória). 16. ed. São Paulo: Revista dos Tribunais, 2016. v. 2.

TARUFFO, Michele. Il concetto di "prova" nel diritto processuale. *Revista de Processo,* São Paulo, n. 229, mar. 2014.

TARUFFO, Michele. *Uma simples verdade:* o juiz e a construção dos fatos. Tradução de Vitor de Paula Ramos. São Paulo: Marcial Pons, 2016.

TESHEINER, José Maria. Direitos fundamentais, verdade e processo. *In* DIDIER JÚNIOR, Fredie (coord. geral) *et al. Direito probatório.* 2. ed. Salvador: Juspodivm, 2016 (Col. Grandes Temas do Novo CPC, v. 5).

THEODORO JÚNIOR, Humberto. *Curso de direito processual civil.* 56. ed. Rio de Janeiro: Forense, 2015.

TORNAGHI, Hélio. *Comentários ao Código de Processo Civil.* 2. ed. São Paulo: Revista dos Tribunais, 1978. v. II.

YARSHELL, Flávio Luiz. *Antecipação da prova sem o requisito da urgência e direito autônomo à prova*. São Paulo: Malheiros, 2009.

YARSHELL, Flávio Luiz *et al.* Comentários ao Código de Processo Civil: artigos 334 ao 368. *In* MARINONI, Luiz Guilherme (dir.); ARENHART, Sérgio Cruz; MITIDIERO, Daniel (coord.). *Comentários ao Código de Processo Civil*. São Paulo: Revista dos Tribunais, 2016. v. V.

YARSHELL, Flávio Luiz. Convenção das partes em matéria processual: rumo a uma nova era?. *In* DIDIER JR., Fredie (coord.). *Coleção novo CPC:* doutrina selecionada – negócios processuais, 2. ed. Salvador: Juspodivm, 2015. v. 1.

VELOSO, Zeno. *Invalidade do negócio jurídico*: nulidade e anulabilidade. 2. ed. Belo Horizonte: Del Rey, 2005.

WAMBIER, Teresa Arruda Alvim *et al. Primeiros comentários ao novo Código de Processo Civil artigo por artigo*. São Paulo: Revista dos Tribunais, 2015.